民国时期地方志所见基层图书馆
史料汇考

吴澍时　编著

国家圖書館 出版社
National Library of China Publishing House

图书在版编目(CIP)数据

民国时期地方志所见基层图书馆史料汇考/吴澍时编著.--北京:国家图书馆出版社,2017.7

ISBN 978 - 7 - 5013 - 6137 - 3

Ⅰ.①民… Ⅱ.①吴… Ⅲ.①图书馆史—史料—中国—民国 Ⅳ.①G259.296

中国版本图书馆 CIP 数据核字(2017)第 124859 号

书　　名	民国时期地方志所见基层图书馆史料汇考	
著　　者	吴澍时　编著	
责任编辑	金丽萍	
出　　版	国家图书馆出版社(100034　北京市西城区文津街 7 号) (原书目文献出版社　北京图书馆出版社)	
发　　行	010 - 66114536　66126153　66151313　66175620 66121706(传真)　66126156(门市部)	
E-mail	nlcpress@ nlc. cn(邮购)	
Website	www.nlcpress.com ——→投稿中心	
经　　销	新华书店	
印　　装	北京鲁汇荣彩印刷有限公司	
版　　次	2017 年 7 月第 1 版　2017 年 7 月第 1 次印刷	
开　　本	787×1092(毫米)　1/16	
印　　张	19.5	
字　　数	500千字	
书　　号	ISBN 978 - 7 - 5013 - 6137 - 3	
定　　价	60.00元	

编纂说明

1. 本书共搜集 316 种民国时期地方志中的图书馆史料,按照原文简体录入,点校,横排,按省(市)县排序。史料以县市级及以下的图书馆、图书室、流通图书馆、阅报所、讲演所、读书会,以及巡回文库、巡回讲演、展览、壁报等资料为主,偶有文献资料中包含国立图书馆或省立图书馆的内容,亦未剔除,一并收录,以保留史料的完整性。

2. 时间下限截至 1949 年中华人民共和国成立之前,上限则据原始史料的情况照录。有些史料涉及清末的内容,一并整理收录。

3. 繁体改为简体,异体改为正体,如"麤"改为"粗","棹"改为"桌"。有些保留原文原貌,如"从新"未改为"重新","取销"未改为"取消","城厢"未改为"城乡"。原文竖版双行小字改为用圆括号标注。

4. 原文中疑误字、衍字、脱字,经查核后改正,在文中加方括号注明,不出校记。

5. 为全面反映民国时期各地图书馆史料的情况,整理各地区民国时期图书馆史的文献目录,包括图书目录和论文目录,附于各地区史料之后。图书目录参考以下文献:李钟履编《图书馆学书籍联合目录》、北京图书馆编《民国时期总书目(文化科学·艺术)》、卓连营等编《中国图书馆学著作书目提要(1909—2009)》、范凡著《民国时期图书馆学著作出版与学术传承》。论文目录主要参考李钟履编《图书馆学论文索引》(第一辑:清末至 1949年 9 月)。

6. 每一地区史料原文前,先列各地区地方志史料目录,然后是各地区民国时期图书馆史文献目录的图书和论文数量说明。史料正文前为地区名称,后为地方志名称,包括所在门类和出版年代。

吴澍时
2017 年 3 月

目　录

前　言

　　民国时期是中国图书馆事业发展的重要时期,尤其是县市及以下基层图书馆的成立及发展在中国图书馆事业史上占据重要地位。全国大部分县、市、乡村等广大民众生活的地区,经历了图书馆从无到有的变化,图书馆作为社会教育的主要场所,在传播科学、增进知识、开化思想、开启民智方面发挥了重要作用。

　　图书馆史的研究,离不开史料的搜集和整理。学者对此有充分的认识:"历史研究应建立在史料的搜集以及对史料的甄别与分析之上,只有依据准确无误的史料而且是充足的史料,研究者所勾勒的历史画卷以及得出的结论才能令人信服,一般而言,这是历史研究的一条铁律。图书馆发展史研究自然也不能例外。"但是,"一些图书馆学历史研究的论文,在史料的搜集上便存在着明显的不足,表现为缺少应有的或足够的史料来佐证其论点,给人以作者重结论、轻论证的印象,使论文的学术价值受到了损伤"①。梳理现存的图书馆史料,整理、揭示出来,对于民国时期图书馆史的研究具有重要意义。

　　从目前所见文献来看,民国时期基层图书馆史料主要包括三个部分。

　　一、专门记述图书馆发展状况的专著文献,即专门记述某一地区或某个图书馆发展状况的图书。在已整理的图书馆学图书目录中,李钟履编《图书馆学书籍联合目录》、北京图书馆编《民国时期总书目(文化科学·艺术)》、卓连营等编《中国图书馆学著作书目提要(1909—2009)》和范凡著《民国时期图书馆学著作出版与学术传承》,收录了民国时期图书馆学的专著目录。

　　二、报刊中记述某一地区或某一图书馆的论文文献,即民国时期全国各种图书馆期刊或报纸上刊登的关于某一地区或某个图书馆事业发展的论文。李钟履所编《图书馆学论文索引》(第一辑:清末至1949年9月)收录了民国时期图书馆学期刊的论文目录,其中与图书馆史相关的内容主要包含在"各种图书馆专论""图书馆法规"和"图书馆史"中。"各种图书馆专论"是对各类型图书馆的设立、功能、管理等方面的学术性讨论,属于学术史的范畴;"图书馆法规"和"图书馆史"部分都属于图书馆事业发展史的内容。

　　三、民国时期地方志中的基层图书馆史料,内容包括民国时期县级及以下图书馆、图书室、阅报所、讲演所、流通图书馆、巡回文库、巡回讲演、展览、壁报、读书会,以及民众教育馆、通俗教育馆举办的各种社会教育活动。这部分图书馆史料,零散分布在各地区各种志书的不同门类中。大多数地方志中的图书馆史料在其"教育志"或"学校"的"社会教育"门类下,这是比较普遍的归类;有些地方志将教育归入"政治"门类下,如辽宁《绥中县志》《锦西县志》,山东《牟平县志》,福建《云霄县志》,广东《丰顺县志》,河北《馆陶县志》和《万全县志》;有的将教育归入行政机关门类之下,如《河北省涿县志》和《沧县志》;有的则将教育归入"民政志",如河南《淮阳县志》和贵州《兴仁县志》。而在一些指南或调查笔记类的地方文献中,关于图书馆的内容有的属于"公共事业"部分,如《北平指南》《天津指南》,有的直接归入"文化类",如《湖南各县调查笔记》。关于图书馆建筑的内容大多在建置志、营建志或地理志,如山东《临清县志》中"建置志"中的"文化类",广东《清远县志》中"建置"下"廨署"的"公共

---

①　龚威.从史料运用看图书馆学历史研究[J].江苏图书馆学报,2001(9):19-22.

机关"。阐述图书馆成立缘起、社会作用的文献或征集图书的艺文则在"诗文征""文征"或"金石志"部分,如河北《景县志》的《创办景县图书馆缘起》,黑龙江《呼兰县志》的《呼兰图书馆记》和《募建呼兰图书馆疏》,河南《淮阳县志》的《改藏书楼为图书馆序》,云南《嵩明县志》的《邵甸乡成立图书室募捐序》,贵州《息烽县志》的《息烽县民众图书馆征书启》,山东《无极县志》的《重修革新阁并筹设试验场体育场图书馆公园记》《图书馆东壁勒石》。这是一批尚未整理开发出来的文献史料。

本书搜集整理了316种民国时期地方志中的图书馆史料,按照原文简体录入并点校,按省(市)县排列,这是本书的主体内容。同时,从上述图书目录和论文索引中摘录民国时期有关图书馆史的图书目录和论文目录,按地区分类,附于地方志史料之后,以形成各地区民国时期图书馆史料之全貌。各类史料文献的具体数量统计见表1。

表1 各地区史料统计

地区	地方志数量	图书数量	论文数量
北京市	5	20	61
天津市	2	3	40
河北省(含察哈尔和热河)	22	1	19
山西省	7	2	5
内蒙古自治区	9	3	1
辽宁省	30	6	9
吉林省	13	1	2
黑龙江省	7	1	1
上海市	6	23	60
山东省	44	4	29
江苏省	10	54	98
浙江省	13	34	139
安徽省	11	5	53
福建省	13	7	48
台湾省	2	0	5
河南省	23	2	12
湖北省	3	1	13
湖南省	4	2	10
江西省	7	7	35
广东省(含海南)	8	18	18
广西省	15	0	5
四川省(含重庆和西康)	15	6	12
贵州省	10	1	4
云南省	10	5	9

续表

地区	地方志数量	图书数量	论文数量
陕西省	15	3	10
甘肃省	3	0	1
宁夏回族自治区	4	0	0
新疆维吾尔自治区	1	0	0
青海省	4	0	2
合计	316	209	701

　　本选题源于 2005 年在国家图书馆分馆地方志组工作时申报的一个馆级课题项目"民国时期基层图书馆状况研究"，课题组成员（按音序排列）有：白雪华、王菡、王珊、吴澍时、张廷银、张燕婴。2012 年底课题结题，成果是一份 3 万多字的研究报告和近 12 万字的整理史料，当时的史料来源主要以国家图书馆所藏民国时期地方志为主，辅之以"文史资料"和民国时期教育年鉴中的内容。

　　2013 年以后主要有三项补充工作：一是利用"数字方志"成果"馆藏地方志数字化资源库"，对史料重新核对，补充了讲演所、民众教育馆图书室或图书部的资料；二是通过国家图书馆网站数字资源"中国方志库"，以及影印丛书《中国地方志集成》《中国方志丛书》《重庆图书馆藏稀见方志丛刊》《南京图书馆藏稀见方志丛刊》《回族典藏全书》《中国西藏及甘青川滇藏区方志汇编》《民国藏事史料汇编》《民国时期社会调查资料汇编》《民国时期社会调查资料续编》等补充国家图书馆未收藏的民国地方志中的史料，尤其是补充了台湾省、陕西省、甘肃省、宁夏回族自治区、新疆维吾尔自治区、青海省的民国时期图书馆史料；三是全面汇考民国时期关于各地图书馆史的图书和论文情况，通过图书馆学目录著作和论文索引的成果，梳理出与各地图书馆事业发展相关的图书和文章目录，按省市排列，分列于方志史料之后，以期反映民国时期各地图书馆史料之全貌。

　　本书包括了全国除西藏自治区外所有省、市、自治区的民国图书馆史料（从目前史料来看，西藏自治区的图书馆成立于 1951 年西藏和平解放以后；另外，不含香港特别行政区和澳门特别行政区）。本次整理出版，未包括原课题的研究报告，同时删除了史料部分"文史资料"和年鉴中的内容，单纯是民国时期地方志中的基层图书馆史料，另附各地区图书馆史的图书和论文目录。全书共 50 万字。

　　在本书整理编著过程中，得到《中国图书馆学报》常务副主编卓连营老师和国家图书馆出版社图书馆学编辑室主任金丽萍老师的指导，在此一并致谢！

吴澍时
2017 年 3 月

北京市

地方志史料目录:《大中华京师地理志》《北京指南》《通县编纂省志材料》《顺义县志》《平谷县志》。

附北京市民国时期图书馆史文献目录:20 种图书,61 篇论文。

阅报所

除购阅津沪各省报章外,自以京师出版各报为多,今分类列之。

政府所出各报:政府公报　教育公报　内务公报　司法公报　农商公报　财政月刊　观象丛报　市政通告　陆海军日报

学术机关各报:地学杂志　国故　新潮　医学报　电界　铁路协会会报　交通丛报　北京大学日刊　中国大学周刊　高等师范校友杂志　清华学报

京师日报繁多,《经世》道在天,《北京》道在地,《国是》道在人,《群强》小而可观。

经世　日知　新民　大中华　中央　民国公报　正义　民和　北京　京报　京津时报　北京新闻　英文北京报　京兆新报　北洋　国是　平民　民福　公言　定一　惟一　民视　甲寅日刊　民业　群强　京话　爱国　实事　国解　国强　小小　小公　通俗周刊　戏剧

其他各报无不代登戏报,而品菊评花捧角之文妖,诚为社会之蠹也。

京师图书馆:原拟建于什刹海积水潭之间,未果行。民国后拟以午门端门为藏书楼,地方最适中,亦未果行。国立京师图书馆,最古之卷轴,得之于甘肃敦煌石室,可见唐人写经之陈迹。《四库全书》则移自热河文津馆。中华文明,保存于塞外者尤重,江浙藏书家之善本次之。全国各省通志,及各府厅州县志,尚未备也。东西人载吾国古今图书,供彼国博学参考。吾国图书馆庋藏东西文甚少,亦可愧也。分馆阅者较多,通俗儿童尤盛,岂曲高寡和欤?抑吾国硕学通儒,晚年不学,旧德销沉,非老宿颓惰之咎乎?

国立京师图书馆　现在方家胡同,国子监南学故址,庋藏最富。

京师图书馆分馆　前青厂武阳馆夹道,阅览较便。

部立通俗图书馆　宣武门内路西。京师各学区次第仿办,不如部立藏书之多。

中央公园阅书社　在社稷坛后殿,游人以千计,阅书者以十计,亦可叹也。

儿童图书馆　在西四牌楼大街路西。

阅报所　各宣讲所多附设,以果子巷五道庙为盛。

（《大中华京师地理志》第十三篇第七十六章社会　民国八年铅印本）

图书馆

京师图书馆	鸦儿胡同广化寺	东局	四二三
京师图书分馆	前青厂武阳馆夹道	南局	一六〇九
历史博物图书馆	国子监		

第一通俗图书馆	西安门内第一学区
第二通俗图书馆	正阳门外五道庙街第七学区
第三通俗图书馆	东安门外丁字街第四学区
第四通俗图书馆	西单牌楼南路西

宣讲所

第一宣讲所	前门大街珠市口南
第二宣讲所	东西牌楼北十条胡同
第三宣讲所	西直门内新街口自治公所
第四宣讲所	东安门外丁字街
第五宣讲所	西单牌楼南路西
第六宣讲所	正阳门外打磨厂铁柱宫
第七宣讲所	正阳门外五道庙街
第八宣讲所	崇文门外花儿市
第九宣讲所	宣武门外菓子巷

阅报所

第一阅报所	西安门内路北
第六阅报所	正阳门内五道庙
第七阅报所	宣门外菓子巷

（《北京指南》卷三公共事业　民国七年铅印本）

通 县

社会教育

本县社会教育，一方由教育局派员巡回讲演，一方扩充图书馆、阅报处，并提倡游艺、体育、卫生，以期普及民众教育，为改良社会之嚆矢，兹择要述之如下。

通县通俗图书馆　馆址在潞河公园，于民国五年十一月开办，十八年移至鼓楼为总馆，十九年在娘娘宫成立分馆一处。总馆设主任、馆员各一人，计有图书二十九种，一千五百九十一册。各处分馆仅设馆员一人，各有书十余种不等。总馆每日阅书者平均约三十余人。分馆每日阅书者各约十余人（又西集镇一处，马驹桥镇一处）。

通县民众阅报所　第一所所址原在潞河公园，设于民国五年，十八年迁至鼓楼。第二所所址原在孔庙内，于十七年九月成立，于十八年四月迁至娘娘宫。第三所所址原在鼓楼，于十七年十月成立，十八年三月迁至北关灵佑宫。又各乡于十八年成立阅报所五处，地址一牛堡屯，二西集，三永乐店，四张家湾，五马驹桥。以上阅报所八处共设主任一人，分设管理员各一人，其所购报纸任人阅览，概不取资。每日平均阅览者约二三十人不等。

河北省立实验城市民众教育馆　于民国十七年冬奉厅令设立，初为省立第二通俗图书馆，拨通县潞河公园内之一部及鼓楼为馆址。十八年七月教育馆成立，以省立图书馆为馆址，嗣以地方不敷应用，呈请省厅拨东仓旧址为馆址，九月间迁入。建筑操场及游艺、讲演各室，将原有图书馆并入为图书部，现共设讲演、图书、游艺、卫生四部，附设民众学校及月刊编辑部。共有图书两千余种,随时购列报纸二十余种,任人观览。馆长、主任及工作人员共计十四人,每月经费八百八十余元。

(《通县编纂省志材料》教育　民国二十一年油印本)

顺义县

民众教育馆　在治城西街,民国二十年七月立,由县立第一通俗图书馆扩大而成。馆长李瑞庭,努力经营。内分图书、讲演、卫生、游艺四部,备有书籍、杂志、报纸及各种音乐、棋弈等类甚伙。立报纸揭示牌,专供民众阅览。附设民众问字处、民众代字处、民众学校、公共体育场(在治城西北隅,两面临城垣,东南稍缺,面积十七亩,中多果树。民国二十年由教育馆第一小学校合资购置)。设派报处,并请县政府令各镇乡立报纸揭示牌。

第一通俗图书馆　在治北牛栏山镇第二完全小学校内,民国十九年九月募款组成,备书籍、报纸甚丰,分普通阅览部、妇女阅览部,主任李维瀛。

第二通俗图书馆　在治东杨各庄镇第三完全小学校内,民国二十年九月由校长李扬募款成立,内分图书阅览室、新闻纸阅览室,由学校职教员负责保管,藏书数百种,每日购报四份。

宣讲所　在治城北街王鸣之闲宅,宣统元年立,民国七年迁入阅报所。

阅报所　在治城礁东官厅,宣统三年立,民国二十年移入教育馆。

通俗讲演所　在治城财神庙,民国五年立,七年裁归京兆尹公署。

(《顺义县志》卷之八教育志·社会教育　民国二十一年铅印本)

平谷县

社会教育

　　民众阅报所:租房设立在县城内大街中间路南

　　主任:

　　王兆元　民国十八年十月任

　　郭　庠　民国二十二年任

　　通俗讲演所(附设阅报所内)

　　主任:

　　王允成　民国十八年任

　　郭　庠　民国二十一年任

(《平谷县志》卷二上学校　民国二十三年铅印本)

附:北京市民国时期图书馆史文献目录

图书(书名、著者、出版者、出版时间)

1. 北京市立第一普通图书馆概况　该馆编印　1938 年
2. 北京市立第一普通图书馆阅览指导　该馆编印　1937 年
3. 北平北海图书馆第三年度报告(1928 年 7 月至 1929 年 6 月)　该馆编印　1929 年

4. 北平市立第一普通图书馆儿童节纪念册　该馆编印　1937 年

5. 北平市立第一普通图书馆概况　该馆编印　1936 年

6. 北平市立第一普通图书馆概况　该馆编印　1938 年

7. 北平市立第一普通图书馆馆务报告(1935 年 7 月至 1936 年 6 月)　该馆编印　1936 年

8. 北平市市立第一普通图书馆借书暂行章程　该馆编印　1935 年

9. 北平市市立第一普通图书馆章则(汇编)　该馆编印　1936 年

10. 北平市图书馆协会会员录　该协会编印　[1946]年

11. 北平特别市市立第一普通图书馆周年纪念刊　该馆编印　1930 年

12. 松坡图书馆概况　该馆编印　1931 年

13. 松坡图书馆概况　该馆编印　1936 年

14. 松坡图书馆概况　该馆编印　1938 年

15. 松坡图书馆概况　该馆编印　1922 年

16. 松坡图书馆简章附规约　1922 年

17. 松坡图书馆募捐启　该馆编印　1925 年

18. 松坡图书馆募捐启　该馆编印　1947 年

19. 木斋图书馆概况　该馆编印　1933 年

20. 周年纪念刊　北平特别市市立第一普通图书馆编　中华书局　1930 年

论文(篇名、著者、期刊名、卷期、出版时间)

1. 命令　北平特别市立第一普通图书馆周年纪念刊　1930 年 3 月 24 日

2. 北平大学区各县通俗图书馆暂行规程　北平大学区教育旬刊　第 9 期　1929 年 6 月 1 日

3. 北平大学区各县通俗图书馆民众阅报事务所等主任任免及待遇暂行规程　北平大学区教育旬刊　第 9 期　1929 年 6 月 1 日;河北教育公报　6 卷 16 期　1933 年 6 月 10 日

4. 北平市社会局考查市立图书馆教育馆阅书报处民众茶社暂行办法　时代教育　2 卷 3 期　1934 年 3 月 31 日

5. 北平大学区各县民众阅报事务所暂行规程　北平大学区教育旬刊　第 9 期　1929 年 6 月 1 日

6. 北平图书馆协会简章　中华图书馆协会会报　1 卷 5 期　1926 年 3 月 30 日;北平图书馆协会会刊　第 2 期　1929 年 6 月(修正)

7. 北平特别市第一普通图书馆规则　北平特别市市立第一普通图书馆周年纪念刊　1930 年 3 月 24 日

8. 北平市木斋图书馆筹备处简章　木斋图书馆季刊　第 1 期　1937 年 2 月 1 日

9. 本馆[木斋图书馆]章规　木斋图书馆季刊　第 2 期　1937 年 5 月 1 日

10. 京师小学教员巡回文库简章　京师教育报　5 卷 5 期　1918 年 5 月 15 日

11. 调查北京各图书馆报告　杨立诚　图书馆杂志　创刊号　1925 年 6 月

12. 北平图书馆指南　北平图书馆协会会刊　第 2 期　1929 年 6 月;第 4 期　1930 年 10 月

13. 北平图书馆之调查　教育益闻录　1 卷 4 期　1929 年 12 月

14. 一九二九年北平国市私与公立图书馆统计表　文华图书科季刊　2 卷 1 期　1930 年 3 月

15. 北平各图书馆参观印象记　李絜非　浙江图书馆月刊　1 卷 5、6 期合刊　1932 年 8 月 31 日

16. [北平]市立各图书馆及民众教育馆概况表　教育统计专号(21 年度)　时代教育　2 卷 10 期　1934 年 10 月 31 日

17. [北平]市立各图书馆及阅书报处各区阅览人数统计表　教育统计专号(21 年度)　时代教育　2 卷 10 期　1934 年 10 月 31 日

18. [北平]市立各图书馆及阅书报处阅览人数统计表　教育统计专号(21 年度)　时代教育　2 卷 10 期　1934 年 10 月 31 日

19. ［北平］市立各类图书馆及各类书籍阅览人数比较图　教育统计专号(21 年度)　时代教育　2 卷 10 期　1934 年 10 月 31 日

20. ［北平］市立各类图书馆数目比较图　教育统计专号(21 年度)　时代教育　2 卷 10 期　1934 年 10 月 31 日

21. ［北平］市立各类图书馆阅览人数比较图　教育统计专号(21 年度)　时代教育　2 卷 10 期　1934 年 10 月 31 日

22. ［北平］市立各馆处所书报阅览人数表　教育统计专号(21 年度)　时代教育　2 卷 10 期　1934 年 10 月 31 日

23. ［北平］市立各馆处所各类书籍阅览人数表　教育统计专号(21 年度)　时代教育　2 卷 10 期　1934 年 10 月 31 日

24. 我所参观北平的几个图书馆　张桂森　文华图书馆学专科学校季刊　9 卷 1 期　1937 年 3 月 15 日

25. 七七事变后平市图书馆状况调查(1941 年 9 月)　李钟履　中华图书馆协会会报　16 卷 1—4 期　1941 年 10 月—1942 年 2 月

26. 北京图书馆协会原起　北京图书馆协会会刊　第 1 期　1924 年 8 月

27. 本会概略　北京图书馆协会会刊　第 1 期　1924 年 8 月

28. 北平图书馆协会会务报告　北平图书馆协会会刊　第 2 期　1929 年 6 月

29. 北平图书馆协会报告　图书馆学季刊　3 卷 1、2 期合刊　1929 年 6 月

30. 北平图书馆协会个人会员录　北平图书馆协会会刊　第 2 期　1929 年 6 月

31. 北平图书馆协会集会纪要　北平图书馆协会会刊　第 3 期　1929 年 10 月

32. 北平图书馆协会常会纪事　图书馆增刊(清华大学)　第 5 期　1929 年 10 月 7 日

33. 北平图书馆协会常会记　图书馆周刊(北平世界日报)　第 8 期　1935 年 4 月 24 日;第 30 期　1935 年 9 月 25 日;第 31 期　1935 年 10 月 2 日

34. 北平市第一普通图书馆组务报告　中华图书馆协会会报　12 卷 1 期　1936 年 8 月 31 日

35. 松坡图书馆概况　中华图书馆协会会报　11 卷 6 期　1936 年 6 月 30 日

36. 京师通俗图书馆九、十年分办理概况报告书　教育公报　8 卷 4 期　1921 年 4 月;9 卷 6 期　1922 年 6 月

37. 本馆组织系统表　北平特别市立第一普通图书馆周年纪念刊　1930 年 3 月 24 日

38. 沿革　北平特别市立第一普通图书馆周年纪念刊　1930 年 3 月 24 日

39. 本馆一年来之概况　北平特别市立第一普通图书馆周年纪念刊　1930 年 3 月 24 日

40. 馆务会议记录　北平特别市立第一普通图书馆周年纪念刊　1930 年 3 月 24 日;北平市立第一普通图书馆馆刊　第 1 期　1931 年 6 月

41. 本馆一年前所拟之计划书　罗静轩　北平特别市立第一普通图书馆周年纪念刊　1930 年 3 月 24 日

42. 统计　北平特别市立第一普通图书馆周年纪念刊　1930 年 3 月 24 日;北平市立第一普通图书馆　第 1 期　1931 年 6 月

43. 公告　北平特别市立第一普通图书馆周年纪念刊　1930 年 3 月 24 日

44. 公函　北平特别市立第一普通图书馆周年纪念刊　1930 年 3 月 24 日

45. 呈文　北平特别市立第一普通图书馆周年纪念刊　1930 年 3 月 24 日

46. 现代中国社会教育下之北平普通图书馆与今后之希望　朱英　现代教育　1 卷 2 期　1930 年 12 月 26 日

47. 两年来之谈片　朱英　北平市立第一普通图书馆馆刊　第 1 期　1931 年 6 月

48. 北平市立第一普通图书馆七、八、九三个月预定工作计划　北平市立第一普通图书馆馆刊　第 1 期　1931 年 6 月

49. 北平市立第一普通图书馆介绍　时代教育　1 卷 6 期　1933 年 6 月 30 日

天津市

地方志史料目录:《天津指南》《天津市概要》。

附天津市民国时期图书馆史文献目录:3 种图书,40 篇论文。

书报阅览处

一 天津图书馆

天津图书馆 附设于直隶学务公所,在河北公园内,藏书约千种,每日自午前十钟,至午后四钟,准购券览阅,每券铜元二枚。

二 阅报社

天津公立阅报社甚伙,欲阅报者,可随意入览,不取分文,洵开通风俗之善举也。其最著者列下。

东马路阅报社

南马路阅报社

河东大马路阅报社

(《天津指南》卷三公共事业 清宣统三年铅印本)

河北省立第一图书馆 清光绪三十三年提学使卢靖倡导,派乡张秀儒、储毓轩等筹备成立图书馆,附设学务公所内。于是郡绅严修范孙将平生收藏书籍悉数捐赠,更由两江、两广总督,浙江、山东、吉林巡抚各送该省书籍若干,又由直隶督署发书万余卷,提学使傅增湘请款购书十二万余卷。民国二年移至公园内今址,现收集书籍约计八万三千余册,杂志刊物六十余种,报纸二十余种,儿童读物九百余种。经费每月七百八十元,馆长刘潜。

河北省立第一通俗图书馆 民国三年开办,原用教育图书局楼房三楹,又曰天津通俗图书馆,及教育厅成立,改名直隶通俗图书馆。十七年十月,改名河北省立通俗图书馆。是年十二月,改名河北省立第一通俗图书馆。收藏图书共二万三千零九十册,报章二十四种。馆长华泽沆。地址在东马路。

天津市立图书馆 市教育局鉴于公共图书馆之需要,民国十八年九月开始筹备,至十九年十二月正式成立,地址在杨家花园,馆舍器具皆极美备至,藏书之富,则中文书籍五千九百零六部,日文书籍一百零九部,西文书籍一百九十五部,合三万七千二百一十二册,而新闻杂志不与焉。

市立民众教育馆 教育馆自民国十九年六月始行筹备,于二十年四月一日正式成立,馆长为孙士琛。馆中设备则有理化室、卫生室、民众刊物阅览室、游艺室,其展览物品则有图书二百六十五册,刊物一千零四册,报纸五份,史地物品八件,博物标本十二件,艺术物品四十八件,卫生标本模型五十二件,学生成绩一百二十件,理化仪器三百八十四件,乡土物品一百五十件,药品四十八件,娱乐物品五种,其工作则分馆内外幻灯及临时演讲,馆内外科学试验,编辑各种民众读物,仿制各样图表,征集各种展览品,及其他民教事业。馆址在西门内大栅栏。

通俗图书馆 自设市以来成立七处,以便民众之阅览,其设备凡普通便于阅览之书籍,略备其名称地址列表如下。

名称	管理人	地址
市立第一通俗图书馆	宋寿彤	东马路
市立第二通俗图书馆	李丹忱	西马路
市立第三通俗图书馆	崔文奎	北大关
市立第四通俗图书馆	郑恩荣	河东地藏庵
市立第五通俗图书馆	萧纲	南马路
市立第六通俗图书馆	谭滨	河北堤头村
市立第七通俗图书馆	王德本	河北元纬路

民众阅书报所 该所组织简单,惟求其数量之发展与民众以普遍之便利而已,今成立十处表列如下。

名称	管理人	地址
市立第一民众阅报所	马振英	河东郭庄子
市立第二民众阅报所	张恩禄	梁家嘴
市立第三民众阅报所	何祖炎	东于庄
市立第四民众阅报所	宋效廉	西头慈惠寺
市立第五民众阅报所	华泽灏	西广开
市立第六民众阅报所	王明德	河北昆纬路
市立第七民众阅报所	刘金铭	特一区三义庄
市立第八民众阅报所	张家誉	特三区七纬路
市立第九民众阅报所	黄松龄	河东尚师傅坟地
市立第十民众阅报所	宋琳	特二区河东中学

(《天津市概要》教育编　民国二十三年铅印本)

附:天津市民国时期图书馆史文献目录

图书(书名、著者、出版者、出版时间)

1. 天津市立图书馆概况　该馆编印　1936 年

2. 河北省立第一图书馆概况　该馆编印　1931 年

3. 河北省立第一图书馆书籍说明　该馆编印　1931 年

论文(篇名、著者、期刊名、卷期、出版时间)

1. 天津图书馆协会简章　中华图书馆协会会报　1 卷 5 期　1926 年 3 月 30 日

2. 天津市市立通俗图书馆编辑委员会规则及各部办事细则　天津市市立通俗图书馆月刊　创刊号　1934 年 5 月 31 日

3. 天津市市立通俗图书馆组织规程　天津市市立通俗图书馆月刊　创刊号　1934 年 5 月 31 日

4. 天津市市立通俗图书馆普通巡回文库暂行规则　天津市市立通俗图书馆月刊　第 3 期　1934 年 7 月

31 日

5. 天津市市立通俗图书馆学校巡回文库暂行规则　天津市市立通俗图书馆月刊　第 4—6 期合刊　1934 年 10 月 31 日

6. 天津市市立通俗图书馆家庭巡回文库暂行规则　天津市市立通俗图书馆月刊　第 7—9 期合刊　1935 年 1 月 31 日

7. 天津市市立通俗图书馆馆外借阅规则　天津市市立通俗图书馆月刊　第 10—12 期合刊　1935 年 4 月 30 日

8. 天津市市立通俗图书馆巡回文库借阅手续草案　天津市市立通俗图书馆月刊　第 3 期　1934 年 7 月 31 日

9. 河北省立图书馆视察记　冷衷　中华图书馆协会会报　7 卷 6 期　1932 年 6 月 30 日

10. 河北省立第一图书馆概况　严侗　图书馆学季刊　5 卷 3、4 期合刊　1931 年 12 月;河北教育公报　5 卷 14 期　1932 年 5 月 20 日

11. 河北省立第一图书馆概况　宇　图书馆周刊(世界日报副刊)　第 11 期　1935 年 5 月 15 日

12. 天津市立通俗图书馆流通图书概况　天津市市立通俗图书馆月刊　第 2 期—12 期　1934 年 6 月 30 日—1935 年 4 月 30 日

13. 对于各市立通俗图书馆及本刊的几个建议　于鹤年　天津市市立通俗图书馆月刊　1 卷 4—6 期合作刊　1934 年 10 月 31 日

14. 天津市立各通俗图书馆五个年度阅览人数统计与比较　谭嚣才　天津市市立通俗图书馆月刊　第 4—6 期合刊　1934 年 10 月 31 日

15. 市立通俗图书馆一年来工作的检讨　崔星五　天津市市立通俗图书馆月刊　1 卷 7—9 期合刊　1935 年 1 月 31 日

16. 统计　天津市市立通俗图书馆月刊　1 卷 7—9 期合刊　1935 年 1 月 31 日

17. 吾们市立通俗图书馆应办的几项事　翊九　天津市市立通俗图书馆月刊　第 7—9 期合刊　1935 年 1 月 31 日

18. 对于本市各通俗图书馆未来的乐观和本刊的希望　鲁深　天津市市立通俗图书馆月刊　第 10—12 期合刊　1935 年 4 月 30 日

19. 天津市市立图书馆鸟瞰　安国钧　中国出版月刊　5 卷 3、4 期合刊　1935 年 10 月

20. 天津市市立第一通俗图书馆概况　天津市市立通俗图书馆月刊　创刊号　1934 年 5 月 31 日

21. 市立第一图书馆沿革及概况　民众教育月刊　1 卷 1 期　1938 年 11 月 10 日

22. 天津市市立第二通俗图书馆沿革　天津市市立通俗图书馆月刊　创刊号　1934 年 5 月 31 日

23. 天津市市立第三通俗图书馆概况表　天津市市立通俗图书馆月刊　创刊号　1934 年 5 月 31 日

24. 本馆(第三)一年来工作的检讨　崔星五　天津市市立通俗图书馆月刊　第 7—9 期合刊　1935 年 1 月 31 日

25. 市立第三讲演所图书馆工作预定计划　天津市市立通俗图书馆月刊　2 卷 5 期　1936 年 11 月 25 日

26. 天津市市立第四通俗图书馆概况　天津市市立通俗图书馆月刊　创刊号　1934 年 5 月 31 日

27. 天津市市立第五通俗图书馆概况　天津市市立通俗图书馆月刊　创刊号　1934 年 5 月 31 日

28. 天津市市立第五通俗图书馆民国二十四全年计划大纲　天津市市立通俗图书馆月刊　1 卷 7—9 期　1935 年 1 月 31 日

29. 市立第六通俗图书馆概况　嚣才谭滨述　天津市市立通俗图书馆月刊　创刊号　1934 年 5 月 31 日

30. 天津市市立第七通俗图书馆概况说明书　天津市市立通俗图书馆月刊　创刊号　1934 年 5 月 31 日

31. 天津市立通俗图书馆组织规程　天津市市立通俗图书馆月刊　1 卷 1 期　1934 年 5 月 31 日

32. 天津市立第一民众阅书报所概况　天津市市立通俗图书馆月刊　第 10—12 期合刊　1935 年 4 月 30 日

河北省

地方志史料目录:《武安县志》《河北省涿县志》《清苑县志》《馆陶县志》《无极县志》《沧县志》《磁县县志》《万全县志》《怀安县志》《滦县志》《景县志》《邯郸县志》《续修藁城县志》《大名县志》《龙关县新志》《完县新志》《威县志》《元氏县志》《枣强县志》《香河县志》《热河省凌南县一般状况》《察哈尔口北六县调查记》

附河北省民国时期图书馆史文献目录:1种图书,19篇论文。

武安县

中山图书馆 是馆设在内城西门城楼上。民国十八年,县长赵作霖筹款建筑阅书楼,上下十间,空气新鲜,几明窗净。所有前紫金书院藏书,均迁其内,并订购各报,供人流览。十九年教育局长张堃生,又购新书五十余种,十三路侯团长捐购书洋一百元。一切经费,均由教育局支领。

武安民众阅报处一览表

名称	地点	报章
民众阅报处	中山图书馆	
第一民众阅报牌	教育局门首	
第二民众阅报牌	南门外	
第三民众阅报牌	什字街	
第四民众阅报牌	青塔铺	
第五民众阅报牌	东关	
第六民众阅报牌	西关	
第七民众阅报牌	北关	

(《武安县志》卷七教育志·社会教育 民国二十九铅印本)

涿县

涿县通俗教育馆募捐书籍古物启 周存培

盖闻左史才高,熟邱索典责之籍;孔门训著,识鸟兽草木之名。欲民智之渐开,必多文以为富,况鸿都虎观久垂文化之声,骂鬼搜神半出名流之笔。当此宏开海禁,更宜博采人文,五大洲不少新奇,数千载岂无奥秘?且国风篇富,半皆里巷之歌谣;海外书来,聿著山川之钟毓。欲宏教育,须藉图书,同人等所以有通俗教育馆之设也。顾地处一隅,山惭二酉,辽东之豕不足为功,井底之蛙讵称多见,用呼?将伯俾惠斯民所望,诸君子悯其谫陋,多为扶持。曹氏仓中，郇侯架上，但使秦输晋粟悉为馈贫之粮，即或燕误郢书亦属益智之粽。稗官野史不妨作唐代丛书，海志山经更珍比赵人之璧。其有崔庐旧族，王谢大家，或室有鼎彝，或架藏图史，或属徐黄之画，或关动植之书。与其秘而不宣，何若公诸同好，从此青年向学，漫云童子何知，行，看白传有诗，能使老妪都解。拭目以俟援手，奚难？倘以君之余波及于晋，永拜仁者，赐富以其邻，濡笔陈词，发棠是望，用修短启，敬颂公绥。

关于社会教育，由清光绪三十四年在两等小学堂大门左侧即设有阅报所及贫民夜校。迨民国元年，乃组织自治讲演所，茹秉堃、王元直、王钟蕃、周庆雯、吴恒年等担任讲演，但系自动之组织，不受行政之拘束。民国四年五月，奉京兆尹王达令选送王家槐、谭昌期、高振声、萧启宗、赵锦贤、王德馨、萧儒宗等七人前往受训练，回涿后组织通俗教育讲演所，茹秉堃任所长，王德馨为助理兼文牍，王家槐、谭昌期、萧儒宗、赵锦贤专任巡回讲演。旋高振声、萧启宗去职。本年十月间所内又添设阅报社。民国五年正月间，萧儒宗外出，乃由大兴县聘来赵容勖（京兆讲演传习所毕业）递补。二月间添置幻灯影片，王德馨与赵容勖专任幻灯巡回讲演员。六年，因涿境大水为灾，经费无着，讲演所遂宣告停办，只有阅报社由王家槐、茹秉堃暂时维持。民国十年，地方经费较裕，讲演所又复旧观，并添设四镇阅报社，复购置留声机等物，王家槐任所长，胡士恒、花学瀛为职员。民国十四年，薛京兆尹笃弼督令扩充社会教育，乃添露天讲演、露天学校，刘钟哲、胡士恒、沙德恒、刘义昆等充露天学校教员，并有国民军驻涿旅长程希圣派杜参谋协助讲演。民国十五年，劝学所所长茅恺于城内组织通俗图书馆一处，购得《四部备要》一部，连同其他图书共计用洋六百余元。民国十六年九月十六日，奉晋兵燹，将讲演所及阅报所十余年来所有文件器俱均付之一炬。民国十八年一月，奉河北省教育厅令成立通俗讲演所，并附设通俗图书馆及民众阅报事务所，刘钟哲任所长，萧承宗为主任，朱文芹为讲演员。所址设于教育局东院，每月由财务局支经常费八十余元，是年三月间刘所长因事辞职，萧承宗继任，另聘刘恩坲为主任，筹得款项六百元，更蒙各方捐助一千余元，始改建通会楼作为通俗教育馆馆址，商承萧教育局长彦辉招工包修，计用建设费两千余元，于六月初开工，至七月间告竣，遂将讲演所迁移于通会楼办公。教育馆馆址虽建，但内部各项设施因无相当经费，故将计划已定之教育馆亦延至民国二十年始行成立。彼时仅由各方捐助赠寄展览品数种，遂成一小规模之展览部，其讲演、报纸及图书因通会楼地当冲衢，听讲及阅览书报者日益增多，宋县长大章莅任召开县行政会议，萧所长遂提议筹设民众教育馆，通过。常年经费二千一百元。民国廿年三月，县政府委刘恩坲为民众教育馆筹备员，于五月初筹备完竣，正式成立民众教育馆。复奉河北省教育厅令，委刘恩坲充任馆长，先后设立码头、张村、刁窝、南良沟等处巡回文库及民众茶馆八处。廿四年三月，在县政府大门左右另辟民众书报阅览室、民众问事处，每日派专员管理，以为各乡农民来城纳粮时休憩咨询之所。并就监狱故址建筑公共体育场，面积约三亩有奇。二十一年六月，张锡麒奉教育厅令委为涿县教育局长，拟具全县教育计划书，以为改进之标准，如储备师资筹设乡镇高级小学，添委社会教育专员，普设男女民众学校等，分别缓急逐步实施。廿三年一月，教育委员陈懋改就第三区长职，遗缺，县委范墨林接充。码头、房树、张村等完全小学亦先后成立，而各乡男女民众学校增至三百二十七处。二十四年一月，教育、建设两局合并为第四科，即迁入县政府办公，原局址指定为第四科职员宿舍。

（《河北省涿县志》第四编党政组织·机关　民国二十五年铅印本）

清苑县

省立第二图书馆 清宣统元年十一月成立,馆址古莲花池内。开办之初,董事孙鸣皋,王文芹经理馆务,民国三年去职,清盐山县举人贾恩绂继任。民国五年改委姚寿昌,十八年十月教育厅改委第三科科员梁兆澧任馆务。存书经部二百三十一种,史部七百六十三种,子部五百五十三种,集部六百六十种,丛书九十种,类书一百三十种,东文书一百十八种,西文书一百三十五种,皆系学古堂旧存书籍,又陆续购科学等书共一千书零二十有六种,经费每月四百三十元,由财政厅发给,职员共六人。

民众教育馆 吾县社会教育自清光绪末年由邑绅吴昶、谢琪、朱廷祯、樊榕等在大慈阁、杨公祠两处各设阅报所、宣讲所,主任、讲员有王祖祚、张桐,义务讲员有张锡光、陈树楷等,听讲人数众多。至民元兵燹后日渐废驰,民国二年有胡振声、闵德培等在督署前设游行宣讲所。五年秋,保定警察厅又在大慈阁设讲演所,然均不久旋停。十五年县公署在县文庙设通俗讲演所,令委刘铁珊为所长。十七年冬由教育局长改设民众阅报事务所于局内,复设通俗宣讲所于西街贤良祠。二十一年二月十五日奉教育厅令改组民众教育馆,每月经费三百五十元,于教育款下拨给。馆长魏敏,清苑人。图书部与讲演部主任一人,庶务及事务员共六人。

(《清苑县志》卷三教育 民国二十三年铅印本)

馆陶县

社会教育

本县社会教育在前清时代并未举办,民国革新后,通俗讲演所、图书馆及剪发、放足、破除迷信等工作相继推扩。迨二十年,在城隍庙旧址设立民众教育馆,以张源清为馆长,内分讲演、阅览、健康、教学等部,以前之民众体育场、讲演所、图书馆、阅报所等均并入焉。二十二年,路兆栋接任馆长,取消各主任名义,一律改称馆员,以便相互办公。常年及事业等费共三千五百余元,后扩充民教事业,在第八区设民众教育实验区,成立民众学校四处,增加事业费壹千四百余元,共四千九百余元。

讲演部

民国元年,设立宣讲所于本城十字街中,由劝学员及各校教员轮流担任讲演,迨八年始正式成立,以张玉如为所长。十二年,冯性灵继任所长,添设讲员二人。十七年,崔德隆接充所长,复添讲员一人,女讲员一人,规模渐形扩大。分固定讲演与巡回讲演,固定讲演每日午后一次,巡回讲演无定期,又于所内附设平民夜校,以便贫民识字。至二十年并入民众教育馆,改为讲演部,设主任一人。二十二年路兆栋接充馆长,不设专员,每日讲演馆员担任。

阅览部

民国十一年在本城关帝庙设阅报所、图书馆,仅有新理科挂图十余幅、人体模形一具,《山东省政府公报》《大公报》《益世报》等数份,每日阅览者二十余人不等。二十年合并为民众教育馆图书部,二十二年改为阅览部,设备较为完全。旧书籍以《二十四史》为最著,新书籍有《小学生文库》一部、《儿童文库》一部、《万有文库》一千二百种、杂志十五种、图表一百六十份、报纸六份，每日公开阅览，阅览人数平均计算每日不下四五十人。

（《馆陶县志》卷二政治志·教育　民国二十五年铅印本）

无极县

民众教育馆

　　光绪三十二年劝学所聘冯启迈、谷生春为讲演员，无所谓讲演所也。民国三年，冯谷辞职，宣讲员改为四人，以潘肇晋、朱近亨、李荫绅、解怀珍任之。民国六年，奉教育厅令始设立宣讲所，附设劝学所内，成炳麟、魏克宽、赵登瀛、张同巽四人为宣讲员。十二年，劝学所改为教育局宣讲所，附设教育局内，委成炳麟为主任，谷四聪为宣讲员。十五年，改为正俗宣讲所，仍附设教育局内，添请李味园、李忠等为宣讲员。十七年，又改为通俗讲演所，委张纯怀、万砚田、尤志仁、崔荫字为讲演员。十八年，委张纯怀为主任，以关岳庙为所址。十九年，委万砚田为主任，赵梦梅、刘积玉、阎如山为讲演员。民国二十一年秋，县长令将所址迁于南大寺，重葺房屋俾作永久地址，并将体育场、图书馆、讲演所、巡回图书馆归并，改为民众教育馆，委万砚田为馆长，聘王书林、赵梦梅为主任，刘积玉、阎如山、张陈祜、魏文华等为事务员，内分图书、展览、卫生、讲演四部。二十四年七月，奉令内部组织改为生计、教导、阅览、健康事务五组，聘王书林、赵梦梅、魏文华为主任，分任馆内事务，阎如山、刘积玉为馆员，襄助各主任办理各项事务。二十五年七月，委任王书林接充馆长，杜传志、谷裕仁为主任云。

重修革新阁并筹设试验场体育场图书馆公园记

　　天花楼为邑中胜地，遐迩咸知。溯自前清光绪十九年，经曹公凤来重修后，历三十余年，墙壁崩裂，行将坍塌。民国二十年六月，耿县长之光不忍任其倾圮，遂鸠工庀材，修而新之，易名革新阁焉。并在革新阁前价买荒地数十亩，改建农事试验场，复于试验场附创公共体育场、图书馆、公园，未及两月先后落成，非特民众从此娱乐有所，亦吾邑之荣也。于是乎乐为之记。

图书馆东壁勒石

　　我邑县长杨公文甫，山东牟平人也。民国四年来治斯邑，下车伊始，即以整顿学务、推广社会教育为急务。爰创设单级师范讲习所及高小国民各学校，尽力提倡，日见发达。宣讲阅报等所逐次扩充，亦颇著成效。惟思图书馆实为补助教育之要素，非亟设立，仍属缺点。但我邑地瘠民贫，一切捐税或归国有，或归地方，担任已重，不忍复事增加，以增民累，因未果。忽于六年五月卸篆，有志未成，徒为遗憾，遂慨然乐捐大洋壹仟元，以为建设购书之费，图书馆于是垂成，我县长杨公热心教育之苦衷，至是始遂。加惠士林，造福社会，实为我县莫大之幸。爰勒斯石，以垂不朽。

劝学所长郝士芬撰文

（《无极县志》卷五教育志，卷十八金石志　民国二十五年铅印本）

沧县

社会教育

　　改良风俗，莫善于社会教育。本县前因教育经费支绌，除设有通俗讲学所、民众阅报所外,其他概付阙如。至民国十八年,开设识字运动委员会、民众娱乐促进会、公共体育场、报纸揭贴牌、民众学校等,刻民众学校报,成立者已达百处。教育局内添设社会教育主任一,董其事。又添设阅报所、图书馆。现拟宽筹经费,举办民众教育馆。前河北省立民众教育人员养成所学员亦先后训练,期满回县实习,帮同局长办理社会教育各事宜,按时备具宣传品散放各处,或在庙会及人民稠密地方作扩大之演讲与宣传。庶几风气大开,日新月异,教育普及克期可俟矣。

教育局附属社会教育机关表

类别	职员	名额	成立年月
通俗讲演所	主任	一	民国四年二月
图书馆	主任	一	民国二十年十月
第一民众阅报所	主任	一	民国十八年十月
第二民众阅报所	主任	一	民国二十年九月
第三民众阅报所	主任	一	民国二十年九月
第四民众阅报所	主任	一	民国二十年九月
第五民众阅报所	主任	一	民国二十年九月
公共体育场	主任	一	民国十九年八月

(《沧县志》卷六经制志·行政　民国二十二年铅印本)

磁县

社会教育与教育行政

磁县社会教育在民国十七年以前直属于劝学所或教育局,当时有宣讲所分设于城内及四镇(彭城、岳城、马头、林坛),实施宣讲训练。民众有巡回讲演团,分期深入民间举行演讲。民国十七年北伐告成,将宣讲所改为宣传处。民国二十年,为加大社会教育效力,特别创办磁县醒民剧社,招收学生一班,练期满至县各处演奏新旧戏剧,以期唤醒民众。因衣服化妆排演等新奇佳妙颇为民众所欢迎(民国二十五年因经费困难解散)。民国二十三年,特设民众教育馆,专办民众教育,内部组织有宣传股,担任宣传工作。有图书馆,设于中山楼上,藏书甚多,有《念四史》《万有文库》,暨经史子集新旧各书报章杂志供人阅览。事变降临,灰飞烟灭。此外有健康股,担任健康工作,并陈列动植物标本模型于馆内,启迪民智非浅,亦因事变解散。今仅恢复宣讲厅一处,办理民众教育。行政方面,在清末,磁县立劝学所办理全县教育,内有所长督学及劝学员多名。民国十三年改教育局,内有局长、督学、教育委员等。民国二十一年,裁局并科,磁县教育局遂并入县政府,改为教育科,局长改为科长,其他大半仍旧。民国二十七年,县署恢复,教育科亦附带成立,惨淡经营。恢复教育内设科长一,科员一,办事员多名,以现在磁县教育论可谓成绩斐然。

(《磁县县志》第十三章教育　民国三十年铅印本)

万全县

民众教育馆

一、沿革

民国初年,本县学校教育尚在萌芽,社会教育自难顾及。至民国二年,成立宣讲阅报所,在县城孔庙照壁之西建屋三楹以为所址。内设宣讲员一人,管理一切,并于每星期日午后一时至通衢讲演。民国九年,该所附设于劝学所内,仍设讲员以司其事。经费每月二十一元五角。二十年春改组为通俗讲演阅报所,接收县城西街之新民工厂为所址,刘君国广被委充主任,负进行之全责。是年五月,又附设教育成绩陈列馆、教育月刊社、民众学校各一处,每月经费增至一百零八元三角三分三厘,全年共洋一千三百元。二十一年八月一日奉令改组为万全县立民众教育馆,刘君改任馆长,月刊社移交教育局办理,每月提出经费洋三十六元作为该社经费。是年冬,因馆址狭隘,迁于县城东街三官庙第二女校旧址。

二、现况

1. 馆址 馆址系第二女校旧址,足敷占用。

2. 组织 根据教育部颁布之《民众教育馆暂行规程》,组织之设,馆长一人,总理一切,内分阅览、讲演、健康、生计、游艺、陈列、教育、出版等八部,暂设馆员一人协助进行。

3. 设备 有长凳、书架、黑板报架、图像、旗表、标语、报纸及公报刊物、借书证、图书目录、各校学生成绩、玻璃橱等。

4. 工作 馆长处理来往公文,下乡讲演视察所属民众学校,及指导馆员工作。馆员缮写文件表簿、经管书报、编制标语、星期日讲演及其他一切事务。

5. 经费 全年经费共八百六十七元九角九分六厘,由财政局支领。

张家口党义图书馆

一、沿革

张家口堡里孔庙置有祭产,每年收入作为祭孔之用,由圣宫董事会经管其事。民国十七年,春秋祭典明令废止,经董事会之决议,于十八年三月利用该项收入及房间,呈准教育厅成立党义图书馆,并附设阅报处,意在宣传党义,启迪民智,诚社会教育中之重要设施也。

二、现况

1. 馆址 设于张家口堡里东门口孔庙内。

2. 组织 设董事十一人,总理一切。聘用职员四人,助理馆务。

3. 设备 设有藏书、借书、阅览、办公及工友等室,书籍除购备有关党义之图书多种外,并购有《万有文库》一部,报章计有十四种,其余一切章则表簿及用具应有尽有。

4. 阅览时间 每日上午九时起至下午五时止。

5. 经费 全年经费九百元,由孔庙祭产房租项下动支。

(《万全县志》卷八政治·教育 民国二十三年铅印本)

怀安县

图书馆阅报所

民国九年,劝学所长李焕瀛曾在县立高小西偏,组成图书馆及阅报所合并一处。其书报等费,悉由该所经管售书处盈余项下开支;计曾添置书籍费约三百余元。至是读阅书报,颇称便利焉。现因裁局并科,该馆所所有各种书籍,同时移交民众教育馆管理矣。

怀安县民众教育馆

一、沿革

清宣统元年,经教育会长阮维熊筹款创设宣讲所,设于县城阁西,派王继熙兼充讲员,属劝学所;当时风气闭塞,每于三六九集日,虽为谆谆讲演,而收效实微。迨民国初年,特设专员一人,仍占旧址,并购留声机一架,以广招来。至民国十五年,县长徐维烈大加修理,并于楼上设置藏书阅报处,因受时局的影响,未及竟功,遂中辍。十六年该所连同经费,划归治城第一初级小学校,十七年复划归教育局管理。二十二年奉令改称今名。委韩晏如为馆长,并将怀安县晓报社并入馆内,经费统由本县社会教育款项下支领,地址仍旧,惟又修葺刷新云。

二、现状

1. 馆址　县城鼓楼西,底房四间,楼房四间。

2. 组织　馆长一人,馆员一人,书记一人。内分五部(一)讲演部,(二)阅览部,(三)教学部,(四)出版部,(五)健康部。馆长总理一切,馆员协助进行。

3. 设备　黑板,长凳,报章,图像,标语,及各种图书刊物。

4. 工作　馆长兼《晓报》社长,总理一切,每周刊发《晓报》一张;馆员每于集日讲演,并经管书报,编制标语等,书记缮写要闻及记录事。

5. 经费　全年带《晓报》社,共支洋一千一百一十三元。

怀安县立柴沟堡民众教育馆

1. 沿革　清宣统元年成立阅报所,民国十三年八月,改为宣讲所,二十年改称今名。

2. 地址　柴沟堡东大街。

3. 组织　馆长一人,馆员一人。

4. 设备　条凳,黑板,报架,书橱等,《万有文库》一套。

5. 阅览时间　每日上午八点至十二点。

6. 经费　每年三百三十八元。

怀安县立左镇民众教育馆

1. 沿革　民国初年创立阅报所,十三年,建筑新式平房三间,改为宣讲所,二十二年,改称今名。

2. 地址　左镇南大街。

3. 组织　馆长一人,馆员一人。

4. 设备　报章,刊物,及条凳等。

5. 阅览时间　上午八点至十点。

6. 经费　全年一百四十五元。

按本县民众教育馆,均以宣讲所改组,全县共计三处。在县城者,规模尚大,地址亦颇适中,且藏有各种书籍,经史子集,及各种新刊物;虽不能应有尽有,颇足以应社会上研究参考;倘再从事扩大,前途更有可观。柴沟堡地接平绥路线,地方亦较繁荣,社会教育尤关重要,扩充民众教育,更属刻不容缓;惟以经费无多,组织尚欠完善,殊为缺憾。至左镇民众教育馆,地址隘狭,组织亦简,尤宜努力扩展,乃为当今急务。

(《怀安县志》卷三学校,卷十贷费　民国二十三年铅印本)

滦县

民众教育

编者按:民众教育,为开发民智之先河,果能认真实行,教育易于普及。忆前清变法之初,筹设学校教育,不过仅有开通风气之一说,而民众教育,尚付阙如。光绪三十一年六月,经生员宣培佑等,假忠孝祠办官话字母学校,后迁于训导旧署,改为半日学校。以宣梦庚等为教员,教授二年余,民众识字者渐多。至三十三年,迁移县城东街,开办宣讲所、阅报社,委宣梦庚为讲员。次年,知州刘凤镳从新改组,添设陈列馆,颇极一时之盛。至民国初年,改委吴上林为讲员,迁于旧学正署明伦堂内。民国十二年,劝学所改组为教育局,宣讲所阅报社同时停止。嗣租县城东街民房十二间,筹设第一图书馆阅报社。十四年吴念祖假县城东街盐店官房,筹设通俗讲演所。至十八年,一律归并民众教育馆,兹将分组各部、详细办法列表于下。

民众教育馆一览表

地址	城内东街西口路南
职讲员名数	馆长一员,主任四员,管理文牍事务员三员,讲员二员,干事二员
常年经费	常年经费四千余元
管理事项	(甲)固定事业:(一)图书阅览室,(二)书库,(三)报章阅览室,(四)借书处,(五)巡回文库,(六)时间简报牌四,(七)公共体育场儿童部、成人部,(八)民众学校,(九)读物公告处四,(十)民众识字处,(十一)民众询问处,(十二)讲演室,(十三)巡回讲演团,(十四)游艺室:乒乓球、各种棋奕,(十五)民众茶社,(十六)乡村民校教育实验区,(十七)实验民校学董会,(十八)民众教育设计委员,(十九)民众教育研究会,(二十)第一二三实验民校,(二十一)高级民校,(二十二)成人补习学校,(二十三)短期小学,(二十四)禁烟会,(二十五)学校乡公所,(二十六)音乐练习会。 (乙)活动事业:(一)书报展览会,(二)艺术展览会,(三)农产品展览会,(四)施行种痘,(五)卫生运动,(六)清洁运动,(七)注射防疫针,(八)识字运动,(九)家庭访问,(十)家事讨论会,(十一)村长谈话会,(十二)巡回种痘,(十三)业余运动会,(十四)农业讲习会,(十五)各种纪念日宣传队,(十六)各种棋奕比赛会,(十七)乒乓球比赛会,(十八)化装讲演,(十九)名人讲演,(二十)讲演竞赛会,(二十一)社会调查,(二十二)灭蝇团

续表

附记	民国十八年十二月,馆长张鹏举开始筹办。馆内分组讲演、图书、卫生三部。讲演部,由通俗讲演所(民国十六年四月吴念祖筹备成立)改组而成;图书部,由第一图书馆阅报社改组而成;卫生部,按章创办。至民国二十二年,奉令将讲演部改为讲演游艺部,图书部改为阅览陈列部,卫生部改为生计健康部。添设教学出版部,及乡村民校教育实验区,均已筹办完备。 　　地址:租用民房一所,讲演室五间,游艺室三间,生计健康部室三间,馆长室一间,会客室二间,办公室二间,职员宿舍四间,厨房二间,共二十二间。 　　馆长管理民众教育一切事宜,阅览陈列部、健康生计部,每部设主任一、管理员一。讲演游艺部,设主任一,讲员一。教学出版部,设主任一,教员一。乡村民校实验区,设总干事一,干事一,教员一,其他文牍事务员各一

民众教育馆图书阅览室一览表

管理	阅览陈列部主任管理员,常川住室	地址房屋	在教育局前院,就前明伦堂修改阅书室、阅报室、藏书室,三大间,新筑办公室,职员住室二间
图书总数	图书类别	图书提要	
图书共计二千,一万册	图书分十类 总类 哲学 宗教 自然科学 应用科学 社会科学 历史 地理 语文 美术	古今图书集成共计一千六百三十四册,细目如下。 历象汇编:乾象典　岁功典　历法典　庶征典 方舆汇编:坤舆典　职方典　山川典　边裔典 明伦汇编:皇极典　宫闱典　官常典　家常典　交谊典　氏族典　人事典　闺媛典 博物汇编:艺术典　神异典　禽虫典　草木典 理学汇编:经籍典　学行典　文学典　字学典 经济汇编:选举典　铨衡典　食货典　礼仪典　乐律典　戎政典　祥刑典　考工典	
		三通:通志二十五函　通典六函　通考十六函 经解正三十函续四十函 知不足斋丛书三十函 汉魏丛书十函 二十四史 天下郡国利病书八函 上古三代秦汉六朝文二十函 万有文库第一集共一千种　第二集一期一百零五种	

　　赵各庄为开滦矿区,稻地为海阳巨镇,工商云集,既庶且富,须施行教育,以期日进于文明,故赵各庄设乡村民众教育馆,稻地设民众阅报所,均于地方文化有关。兹列表分志于下。

滦县赵各庄乡村民众教育馆一览表

地址	赵各庄东大街
职讲员名数	馆长一员,主任二员,事务员一员,练习生二员。

续表

管理事项	（一）教学先由成年男子入手，以扫除文盲为目标。附设民众学校。已毕业者，成年识字班五，民众高级班一，应用文字补习班一，每班平均三十人以上。 （二）讲演以改良社会，增进人民智识为目的，除每日定时讲演外，如遇庙会集期，赴附近市镇乡村，临时讲演。 （三）阅览分阅书阅报两项。书籍采购适合民众所需要者，备有二千余册。订大公、益世、华北、时言、新天津报五种，供众阅览。每日选录新闻格言，张贴简报牌。 （四）生计教育，对于农事试验，改良种籽，防除害虫等办法，选印宣传，并提倡饲养鸡鸭牲畜，栽植树木花草等副业，复倡办信用合作社，以救济乡村金融之枯涩。 （五）健康教育，在馆内设游艺室，以养成民众正常娱乐之习惯。组织国术团，以强健民众身体。春秋两季，赴乡施种牛痘，豫防瘟疫。组织卫生委员会，注重公共卫生
常年经费	常年经费二千余元
附记	赵各庄原有通俗讲演所一处，经主任刘岩于民国二十年创立。二十二年十月，筹设乡村民众教育馆，讲演所名义遂取消。 　　馆舍租定民房一所，计十五间，内分办公室三间，讲演教育室二间，游艺室一间，阅览室二间，书库一间，职员宿舍二间，接待室、饭厅、厨房等三间

滦县稻地镇民众阅报所

民国二十一年四月成立，主任耿吉亭，地址在稻地本街。阅报室三间，办公室一间，备有新闻月刊、周刊、杂志、卫生各书籍，以供民众阅览，并随时讲演，以开民智。

（《滦县志》卷八教育　民国二十六年铅印本）

景县

民众教育

图书部： 图书种类　报章种类　图书部规则

图书部掌管书报之购制，阅览调查，保管出版刊物，及附设报纸揭帖处、民众广智处、民众周刊、巡回文库等事项。

图书种类

党义类	一百零二种	丛书类	三百二十种
公牍类	四十七种	教育类	二十二种
修养类	二十七种	博物类	十五种
经济类	七种	法制类	九种
社会类	八种	政制类	七种
经学类	十八种	诗词类	二十一种
文学类	四十二种	子书类	十四种

史学类	四十九种	游记类	九种
小说类	二十七种	艺术类	四十一种
哲学类	五种	医学类	十五种
算术类	三种	地理类	三种
游戏类	二种	童话类	六种
唱歌类	七种	舆图类	十五种
童子军用书	六种	杂志类	六种
韵学类	三种		
四部丛刊			
经部	二十三种	史部	十六种
子部	四十三种	集部	一百四十九种

以上所载图书杂志,系旧存图书馆者,十九年后所购制未列入。

按图书馆有二种:一为参考图书馆,主搜集善本资专家之考究者;一为通俗图书馆,准备通俗图书以便一般民众阅览者。我景旧有图书馆粗备参考、通俗两性质。其创设年月始于民国十四年五月三十日,原因英日在沪惨杀同胞,我城内高小学生乘时组织救国运动,并捐资援助沪上学联总工各会,事后余洋四十余元,益以新班学生之捐助,遂用该款购书存校内,作为五卅纪念。十五年王功镇县长莅任,拨洋八百元,并为筹定专款(每年三百一十五元,由屠宰税、公益捐项下筹拨),作为历年添购图书之用,而景县图书馆遂以成立(校长刘圣平作有《创办景县图书馆缘起》,登录艺文门撰述目内,兹不载),初附设于高等小学校,民众教育馆成立,遂移归图书部内。

报章种类

大公报　益世报　大中时报　新天津报　民国日报

以上报五份系订购者。

党声　上海新闻　民众旬刊

以上报三份系赠阅者。

按阅报所原先直属教育局,后以地址与建设局相近,改由建设局经理,民众教育馆成立,遂移归图书部。

报纸揭贴处　现有五处:城内　龙华镇　王谦寺　野林庄　孙家镇

民众广智处:现城内一处

民众周刊:正在筹备中

巡回文库:正在筹备中

图书部规则

第一条　本部备有各种图书及新闻纸、杂志等以供民众阅览。

第二条　本部阅览券及借书券概不征收券费。

第三条　凡来本部阅览者应遵守下列各条。

一　凡来本部阅览图书者须先向管理员索取阅览券。

二　阅览人得参考本部图书目录,择其欲阅之书填写总类分类号数及册数于阅览券上,交由管理员领取。

三　阅书毕交书时须向管理员声请阅览券注销。

四　领取阅览券不得遗失或作废。

五　阅览人如将图书擦抹、污染、撕毁、剪裁时,赔偿同一之图书或相当之价值。

六　阅览室务宜肃静,请勿高声朗诵及大声互语致防他人阅览。

七　阅览室内禁止吸烟、食物、卧眠及赤背。

八　阅览室内备有痰盂,不准随地吐涕。

九　阅览人随身携带物件应自行照管,其他笨重物品不得带入室内。

十　凡来本部阅览者须绝对听从本处职员之指导及劝告。

第四条　凡来本部阅览新闻者应遵守下列各条。

一　阅览人应在原架上翻阅,请勿挪移,一免混乱次序。

二　新闻纸不得携出室外。

三　同一时间不得一人执持多份致防他人阅览。

四　本部新闻遇休息日照常阅览,以重新闻时间性。

五　其他规则与图书阅览同。

第五条　阅览书报人如有违背上列各条者,得劝告或拒绝之。

第六条　癫痴醺醉及患传染病者概不准其入馆。

第七条　本部阅览时间定为上午八钟至十一钟,下午一钟至五钟。

第八条　凡来本部借书者应遵守下列各条。

一　有妥实负责保证人得向本部请领借书证。

二　持用本部借书证换取借书券,填明书名号数得向本部借书一种。

三　借出之书须于一星期内交还,如系较大部册可续借一次,但未还者不得再借。

四　借出之书本馆遇必要时虽未满期得临时收回。

五　借出之书如有遗失损坏须按价赔偿以重公物。

六　借书期内借书证交本部保存,交书时方得换取。

七　逾期不还则停止其借书权,并由保证人负责催交。

八　借书证遗失者须向本部声明以防他人冒借,否则本人负责赔偿。

九　机关法团借书须有公函或凭条,至多不得过五种。

第九条　借书人如有违背上列各条者得取消其借书权。

第十条　每周星期一为本馆休息日,至遇重大节典均于次日补行休息。

第十一条　本部得附设巡回文库、报纸揭贴处及出版刊物,规则另订。

第十二条　本章程自公布之日施行。

第十三条　本章程有未尽事宜得随时修改之。

创办景县图书馆缘起　　刘圣平

民国十四年五月三十日,英日帝国主义者在沪无故惨杀我工人学生至数十人之多,一时函电纷驰,国人之凡有血气者莫不眦裂发指,组合团体,务达挽回之目的而后已。我城内高小学生自民四民八,凡关于民族运动向不后人,此次在酷暑烈日中结队分赴各集镇,徒步往来里以百计,平则竟目送之,悲喜交集,辄为泪下。而少小学生至则分组演讲,精神百倍,甚盛事也。其用费则由师生捐资,除函电纸笔茶水外,尚余洋四十七元钱七十二缗,即拟将此款汇之沪滨,为学联总工各会涓滴之助。无如款未付邮而沪会停顿,遂移用此款尽购民运诸书,并于每年两次招生令纳费二角以为陆续购书之用。存书之处即名为五卅纪念图书馆,藉以造成对外革命之环境。然亦仅有此意,图书馆之具体成立尚不知待至何年。至十五年冬,偶以此意禀之县长王公,冀得补助,藉速观成,幸王县长深为赞许,先后转拨公益捐洋八百余元,并由屠宰税公益捐项下指定常年经费叁百壹拾伍元以为永久之计,再有不敷,准由县款酌补,惟既动公款,名称不符,遂奉县令名曰景县图书馆,以为全县人民借阅图书之公共场所。此诚尔时师生始愿所不及料也。今幸北伐告成,训政开始,凡我民众俱宜革面洗心,以为全民政治之基础,是我农工商学兵之有赖于斯馆之开发知能者正复不浅。近来省府功令对各县公共图书馆既严责创设,而我县赵县长对于添购党义诸书慨拨巨款,促速成立,将来我县民众藉斯馆之补助,得由训政完成而速跻宪政,此更为平与拨款协助诸公始愿所不及料也。今既开幕,有期爰将发起缘由拉杂叙之,以存真象,创办之功,不敢居也。

(《景县志》卷五民众教育·图书部,卷十二艺文　民国二十一年铅印本)

邯郸县

社会教育

图书馆　在丛台下旧县议会内,为西塔寺故址。民国十三年邑令何毓琦捐修,建楼三楹,楼上藏书,其下为阅书处。民国十六年枪会起事,将书籍散佚践踏不堪,乱平经教育局检查,已失十之三四矣。文字浩劫深足悲焉。

宣讲所　在县治西道北,为刑牲所故址。民国十年邑令陆长荫修建,厂庭三楹为宣讲之地。民十六经枪会扰乱遂无形废弛。民十八虽曾再度恢复,而十九年因十三路伤兵医院将所占用,又行辍讲云。

(《邯郸县志》卷九教育志　民国二十二年刻本)

图书馆　原设于丛台下旧县议会(即旧县党部)内,为西塔寺故址。民国十三年邑令何毓琦捐廉千二百元修建楼房三楹。楼上藏书,楼下为阅书处。十六年枪会起事,盘据县城馆内,书籍备遭蹂躏,乱后检查已失去十之八九。至十九年就宣讲所故址成立民众教育馆,而图书馆附焉。二十二年县长孙振邦改修县署前鼓楼上大厦三楹,将图书馆移设于其内,内分藏书阅书诸所,陆续添购书籍甚多。二十六年事变时存书损失殆尽,间有存者亦皆零星单册,无一完书。馆舍被驻军占用,恢复尚待将来也。

(《邯郸县志》卷九教育志　民国四十年刻本)

藁城县

通俗图书馆　全年应支洋九百九十元零三角六分。

第一通俗讲演所　全年应支洋五百三十七元六角八分。

民众教育馆

民国十八年成立,初名通俗图书馆,二十一年改称今名,设在城头庙,其组织馆长一人,主任干事二人,干事三人,助理干事一人。

通俗讲演所

第一设在南董村,民国十九年成立。第二讲演所设在贾市庄,民国二十年成立,其组织各有讲演主任一人,讲演员["讲演员"原为"讲员演"]一人。

民众阅报所

民国二十年成立,设在南孟村,共组织管理员一人。

（《续修藁城县志》卷之三赋税志,卷之十政党志　民国二十三年铅印本）

大名县

通俗图书馆

民国六年成立,原址在书院街尊经阁。十一年各原址被军队占据,遂迁移于道前街宣讲所后院,以车行捐及少数地租为常年经费。

三区宣讲阅报所

中区宣讲阅报所清宣统元年成立,地址在道前街关帝庙,款项由城隍庙出驾费及县学学田拨作经费。所长一人,讲员二人,夫役一人。东区宣讲所成立于民国元年,地址在北城隍庙,主任兼讲员一人。西区宣讲所于民国元年成立,向无地点,第月按南北东西四大集镇轮流宣讲一次,周而复始,主任兼讲员一人。

（《大名县志》卷九教育志　民国二十三年铅印本）

龙关县

学校

图书馆　民国十八年,前教育局长武荣募款购书并筹经费设置,内中以馆长、馆员组织而成,并附通俗演讲所。二十一年三月,奉令改为民众教育馆。八月馆长朱正辞职,张涛继任,增筹经费。十月另觅地址,以瓮城关帝庙屋宇三十余间改修,馆内设置较前略备,如不辞劳怨,赓续振进,民众教育或可肇端于此。

（《龙关县新志》卷二建置　民国二十三年铅印本）

完县

民众教育馆　民国二十一年五月正式成立,以河北省民众教育人员养成所毕业学员张永升为馆长,内设图书、讲演、游艺卫生三部,以教育局前院乡贤名宦两祠为图书部址,以节孝祠为讲演、游艺、卫生部址,兼作民众学校教室。全部接收前通俗图书馆之书籍,及燕平书院存书,订购报纸四份、杂志三份,以供阅览。二十一年冬季,附设民众学校,招收男女生各一班,六月卒业。契纸加价一款约得六七百圆,连同前民众阅报处经费三百九十六圆,全年经费约计千圆,维持现状,颇感不易。民众教育范围至广,教育馆为民众教育发动之中心,必须增筹经费,不足以言推广也。

(《完县新志》教育第三　民国二十三年铅印本)

威县

图书馆

历史　民国十四年春,邑侯崔公莅威伊始,即言设立图书馆之必要,以为传播文明最为利器。是年三月,命教育会副会长贺鹏振筹备其事,指定关岳庙前部戏楼为馆基,拨款三百元为缮修费,遂求材问匠,阅两月工竣,开会告成立焉。

地址　本城南街关岳庙内,占用戏楼及南侧小楼共四间,其房间分配如下:事务室一间,藏书室一间,阅览室两间。

经费　每年二百四十元,由牲畜税附捐项下拨给。

职员　主任一人,事务员一人。

书籍　馆中现存各种书籍及卷数列表于下。

种类	卷数
神学及宗教学	一百三十四卷
政治及法律学	八十卷
文学及语学	二百九十八卷
小说类	一百八十四卷
哲学及教育学	一百四十九卷
数学理学医学	一百九十六卷
史地学	六十九卷
实业艺术学	七十一卷
社会经济学	四十一卷
儿童用书	三百五十六卷
杂志	一百零七卷

按此馆成立崔县长原定开办费一千二百元,以一部打造器具,余悉购置图书。仅拨给九百元,而崔公谢事去,又大半为制器所用,故购书无多。

又按上所列馆中存储书籍,由于官款购买者半,由于士绅捐助者半,而捐书最多者,惟张晴园、杨岫荚两先生。

(《威县志》续修一册　民国十八年铅印本)

元氏县

社会教育

图书馆一,讲演所一,阅报所一,公共体育场一,只设于城内,乡镇均无。民众学校共计公私立三十七处,除城内公立两处外,余均设于各乡村。

元氏县社会教育一览表

名称	地址	沿革	组织	经费	书报器俱数目	附记
通俗图书馆	鼓楼	民国十七年梅县长创办,十八年改政党令办,十九年归教育局办	十七八年管理员一人,十九年改为主任一人,工友一人	每年共计五百零四圆	图书分史部、文学部、农业部、党化部等共二十九部	
通俗讲演所	南街	清宣统三年设立,民国十三年由议参会办,十七年由教局党部合办,十八年归教育局办	十三年主任一人,讲演员一人;十七年主任一人,讲演员三人;十八年主任一人,工友一人	每年共计三百六十元		
民众阅报所	南街	清宣统三年设立	通俗讲演所代办	无	报章杂志	报章杂志均系教育局定购

(《元氏县志》教育　民国二十年铅印本)

枣强县

本县社会教育向不发达,自宣讲所成立,定期讲演,如教育浅说、白话报等,用以启迪民智,而风气渐开矣。民国十九年筹立平民学校,其一切事宜委有专员办理,城内又立图书馆一处,阅报所一处,公共体育场一处,惟以经济摧窘,仅以一人兼办各种事务,所以扩充发展暂难办到,颇为憾焉。现正筹画款项,极力扩充。如图书馆拟购大宗书籍,宣讲所分设各区,聘请合格人员分担事务,均在筹画进行中也。

(《枣强县志》卷四教育　民国二十年铅印本)

香河县

通俗教育馆　初名宣讲所,设宣讲主任一人,编辑通俗讲义,集期讲演,十八年改今名,设馆长,内分阅览,讲演,游艺,健康四部,尚称完备。

阅报所　附设通俗教育馆内,订购平津报数种任人阅看。

(《香河县志》卷之四金融　民国二十五年铅印本)

凌 南 县

社会教育

查凌南社会教育,仅有民众教育馆一处,内设馆长一员,讲演员一名,除在馆内讲演外,每逢集市,在街上游行讲演。馆内设阅报室、问字处,订有《热河新报》《大同报》《满洲报》《泰东报》各一份,以备社会人士随便阅览,俾资提倡文化,启发一般人民之知识。馆内附设民众小学一校,所有一切书籍笔墨均由公家供给,而免贫困子弟无力求学者有失学之虞。现有学生三十余名,该馆职员兼任教员,均系义务,不另支薪,该馆每月给需经费百元之□。拟将来增设图书馆一处,而谋文化之普及。

(《热河省凌南县一般状况》 民国间油印本)

察哈尔口北六县

张北县

教育

图书馆 县城内设立一所,最重要之书箱为《万有文库》《百科小丛书》等。

宝昌县

教育

无社会教育之设施。

多伦县

教育

教育局设有图书馆一所,存书多不适用。别无社会教育之设施

沽源县

教育

平民阅报室二处,宣讲所二处。

康保县

教育

社会教育均附缺如。

商都县

教育

社会教育有民众教育馆及图书馆。

(《察哈尔口北六县调查记》 民国二十二年铅印本)

附:河北省民国时期图书馆史文献目录

图书(书名、著者、出版者、出版时间)

1. 丰润县立图书馆概括　申树尧　该馆编印　1940 年

论文（篇名、著者、期刊名、卷期、出版时间）

1. 河北省各县巡回文库暂行办法　河北教育公报　2 卷 6 期　1929 年 10 月 20 日
2. 河北省立图书馆暂行规程　河北教育公报　3 卷 4 期　1930 年 2 月 10 日
3. 河北省立图书馆规程　中华图书馆协会会报　5 卷 4 期　1930 年 2 月 28 日
4. 直隶省立第一图书馆章程　浙江公立图书馆年报　第 7 期　1922 年 7 月
5. 直隶省立第二图书馆章程　浙江公立图书馆年报　第 7 期　1922 年 7 月
6. 直隶省立第一图书馆阅览章程　浙江公立图书馆年报　第 7 期　1922 年 7 月
7. 直隶省立第一图书馆参观规则　浙江公立图书馆年报　第 7 期　1922 年 7 月
8. 河北省通俗图书馆流通阅览办法大纲　河北教育公报　3 卷 4 期　1930 年 2 月 10 日;中华图书馆协会
   会报　5 卷 4 期　1930 年 2 月 28 日
9. 河北省立第二图书馆宣言　河北教育公报　3 卷 32 期　1930 年 11 月 20 日;4 卷 8—10 期合刊　1931
   年 4 月 10 日
10. 河北省民众教育馆及图书馆职员任用暂行办法　河北教育公报　6 卷 35 期　1933 年 12 月 20 日
11. 河北全省图书馆视察记　李文祎　图书馆学季刊　6 卷 2 期　1932 年 6 月
12. 河北省立第一通俗图书馆敬告民众宣言　河北教育公报　2 卷 1 期　1929 年 8 月 31 日
13. 河北省立第一通俗图书馆沿革史略　河北教育公报　3 卷 7 期　1930 年 3 月 10 日
14. 河北省立第二通俗图书馆沿革史略　河北教育公报　3 卷 6 期　1930 年 2 月 28 日
15. 河北省立第二通俗图书馆一年来的史略　陈国贵　民众半月刊　第 1 期　1930 年 4 月 16 日
16. 平山县民众阅报处附设实验民众茶社改进全县茶社计划书　河北教育公报　6 卷 6 期　1933 年 2 月
   28 日
17. [河北省立实验城市民众教育馆]本馆图书部一年来的概况　瑞书　城市民教月刊　第 13 期　1933 年
   8 月
18. [河北省立通县城市民众教育馆]本馆图书部的面面观　张翼庭　民众半月刊　第 7 期　1930 年 7 月
   16 日
19. 定县同学会管理下的巡回文库　殷子固、王仲元　民间半月刊　2 卷 3 期　1935 年 6 月 10 日

山西省

地方志史料目录:《榆次县志》《临汾县志》《洪洞县志》《襄陵县新志》《荣河县志》《临县志》《浮山县志》

附山西省民国时期图书馆史文献目录:2 种图书,5 篇论文。

榆次县

文庙图书馆

以中华民国十一年成立,取向时尊经阁藏书,及高等学堂所存参考书归之(按尊经阁原藏明代书,有五伦书、性理大全、诗传大全、书传大全、周易传义、中庸或问、论语集注、孟子集注、礼记集说、春秋集传,装订古朴,版刻精致。又有十三经注疏,则清初汲古阁毛氏刻本。二十四史,则明南北监版印。又渊鉴斋朱子全书、太原府志、榆次褚志、清光绪丁未经史。归高等小学。中华民国元年诸书归劝学所。迨文庙图书馆成立,乃兼学校所存参考书,及常氏捐赠各书统归于馆焉)。

阅报室 在思凤楼下,中华民国七年俞县长家骧,即旧寅宾馆舍址略加修茸,购置书报任人阅览,寻废。

国学专修馆 为同善社所创办,以民国十四年成立,初在该社附设,后移文庙神厨。十五年同善社解散,遂归停顿。

民众教育馆 在文庙内,以民国二十年创设,旋废。

(《榆次县志》卷八教育考 民国三十一年铅印本)

临汾县

阅报社 本社附设教育会,报章十余种,陈列几案,任人翻阅,以广见闻,惟不得携往他处。社内经手报纸及招待来宾,由教育会员役兼管之。

图书馆 本馆于民国八年创立,附设县署。十二年移劝学所,十六年移公款局,二十年因人民阅书不便,移附街南教育会。近由学生会商承县长刘玉玑提倡扩张,复择定关帝庙外,自大门内至演剧台,划为图书馆地址。长廊广厦,明窗净几,空气既称清洁,光线又极爽朗,信披览文化书籍之胜地也。

现有书籍汇列于下。

经 部	仪礼	五册	孟子	三册	春秋公羊经传解诂	三册
	玉篇	三册	毛诗	四册	大戴礼记	二册
	春秋繁露	二册	尚书	二册	春秋穀梁传	二册
	论语	二册	尚书大传	二册	韩诗外传	二册

续表

经部	尔雅	一册	孝经	一册	释名	一册
	方言	一册	京氏易传	一册	经典释文	十二册
	说文解字系传	八册	春秋经传集解	六册	周礼	六册
	礼记	五册	广韵	五册	周易	二册
史部	竹书纪年	一册	汲冢周书	一册	晏子春秋	二册
	越绝书	二册	华阳国志	三册	古列女传	三册
	稽古录	三册	大唐西域记	四册	国语	四册
	史通	四册	战国策校注	八册	水经注	十二册
	前汉纪	六册	后汉纪	六册	三朝名臣言行录	八册
	五朝名臣言行录	六册	资治通鉴外纪	五册	资治通鉴释文	五册
	资治通鉴考异	六册	资治通鉴目录	十册	资治通鉴	十八册
	通鉴纪事本末	四十二册	吴越春秋	二册		
子部	老子道德经	一册	西京杂记	一册	鬼谷子	一册
	邓析子	一册	杨子法言	一册	慎子	一册
	颜氏家训	一册	穆天子传		尹文子	一册
	商子	一册	六韬吴子司马法	一册	文中子中说	一册
	徐干中论	一册	新语		申鉴	一册
	人物志	一册	鹖冠子	二册	冲虚至德真经	一册
	新序	二册	新书	二册	王氏脉经	二册
	难经集注	二册	白虎通德经	二册	山海经	二册
	盐铁论	二册	周髀算经	二册	意林	二册
	潜夫论	二册	孔丛子	二册	金匮要略	二册
	风俗通义	二册	淮南子	四册	韩非子	三册
	世说新语	三册	太玄经	三册	九章算术	三册
	孔子家语	三册	墨子	四册	酉阳杂俎	四册
	灵枢经	四册	抱朴子	六册	齐氏要术	四册
	孙子集注	四册	管子	四册	吕氏春秋	五册
	说苑	六册	内经素问	五册	弘明集	五册
	南华真经	五册	注解伤寒论	四册	荀子	六册
	论衡	八册	重修政和证类本草	十二册	群书治要	十六册
	焦氏易林	十六册	云笈七签	三十二册	法苑珠林	三十六册
集部	李贺歌诗编	一册	孙樵集	一册	司空表圣诗集	一册
	刘晚集	一册	岑嘉州集	一册	李群玉诗集	一册
	皇甫持正文集	一册	谢宣城诗集	一册	孟浩然集	一册

集部	浣花集	一册	中兴间气集	一册	欧阳行周文集	一册
	杨仲弘诗集	一册	河岳英灵集	一册	西昆酬唱集	一册
	稽中散集	一册	温庭筠诗集	一册	陆士衡文集	一册
	林和靖诗集	一册	披沙集	一册	容甫遗诗	一册
	谷音	一册	简斋诗外集	一册	河汾诸老诗集	一册
	寒山子诗集	一册	甲乙集	一册	骆宾王文集	一册
	须溪校本王右丞集	一册	玉川子诗集	一册	丁卯集	一册
	玉山樵人集	一册	碧云集	一册	高常侍集	一册
	勾曲外史诗集	一册	文心雕龙	一册	姚少监诗集	二册
	河南穆公集	一册	国秀集	一册	梁昭明文集	二册
	贾浪仙长江集	一册	幽忧子集	二册	李文公集	二册
	吕和叔文集	二册	乐府雅词	二册	司空表圣文集	二册
	皇元风雅	二册	白石诗集	二册	沈下贤文集	二册
	笺注草堂诗余	二册	钱崖古乐府	二册	唐宋诸贤绝妙诗选	二册

述学	二册	笺注陶渊明集	二册	范德机诗集	二册
蔡中郎文集	二册	钱考功	二册	朝野新声太平乐府	二册
杨盈川集	二册	李义山文集	二册	皮子文薮	二册
李义山诗集	二册	刘随州诗集	二册	孟东野诗集	二册
嘉佑集	二册	韦江州集	二册	禅月集	二册
曹子建集	二册	鲍氏集	二册	精选陆放翁诗集	二册
徐孝穆集	二册	元次山文集	二册	凫藻集	二册
江文通文集	二册	皎然集	二册	陆士龙文集	二册
才调集	三册	栾城应诏集	二册	牧庵集	八册
樊榭山房集	八册	水心文集	八册	孙渊如诗文集	八册
尧峰文钞	八册	刘梦得文集	八册	朱文公文集	五十册
皇庙文集	四十册	欧阳文忠公文集	三十六册	鲒埼亭集	三十二册
诚斋集	三十二册	牧斋初学集	三十二册	六臣注文选	三十册
真文忠公文集	二十四册	攻丑集	三十册	鹤山大全文集	二十四册
秋涧文集	二十四册	曝书亭集	二十册	临川文集	二十册
倪云林诗集	三册	中兴以来绝妙词选	三册	河东先生集	三册
萨天锡诗集	二册	静修文集	三册	白莲集	二册
颜鲁公文集	三册	玉台新咏集	三册	张司业诗集	一册
松雪斋文集	三册	庾子山集	三册	花间集	三册
陈伯玉文集	三册	广成集	三册	苏学士文集	三册
定盦文集	三册	定盦文集补编	一册	樊川文集	五册

续表

古文苑	四册	桂苑笔耕集	三册	曲江文集	四册
圭斋文集	四册	渊颖文集	四册	张说之文集	四册
增广笺注简斋诗集	四册	河南文集	四册	中州集	四册
戴东原集	四册	曾文正公诗文集	四册	伊川击壤集	四册
揭文安公全集	四册	陆宣公翰苑集	四册	后山诗注	四册
昆陵集	四册	丹渊集	四册	预章文集	八册
石门文字禅	八册	权载之文集	八册	南雷集	八册
注释音辩唐柳先生集	八册	渔洋精华录	四册	止斋文集	八册
敬业堂诗集	十六册	黄御史公集	三册	陈迦陵文集	十四册
宋学士文集	十四册	温国文正司马公文集	十六册	清容集	十六册
潜研堂文集	十六册	唐诗纪事	十六册	挈经诗集	二十册
洪北江诗文集	二十册	皇朝文衡	二十册	栾城集	二十册
国朝文类	二十册	白氏长庆集	二十四册	后村大全集	四十八册
亭林余集	一册	亭林诗文集	四册	李直讲文集	八册
朱文公校昌黎集	八册	楚辞	五册	惜抱轩诗文集	五册
元氏长庆集	四册	小畜集	六册	小畜外集	一册
王子安集	四册	湛然文集	四册	姜斋诗文集	六册
贝清江集	六册	淮海集	五册	石湖诗集	五册
李文饶文集	六册	剡源文集	六册	潩南遗老集	六册
甫里文集	五册	苏平仲文集	五册	浮溪集	八册
翻译名义集	七册	梅村家藏稿	八册	九灵山房集	六册
高太史大全集	六册	东维子文集	六册	徐公文集	六册
于湖文集	六册	柳待制文集	八册	滏水文集	六册
抱经堂文集	八册	茗柯文	二册	茗柯文补编外编	一册
大云山房文稿	六册	梅溪文集	十二册	方望溪全集	十二册
盘洲文集	十二册	张右史全集	十二册	荆川文集	十二册
黄金华文集	十二册	渭南文集	十二册	道园学古录	十二册
分类补注李太白诗	十册	遗山文集	十二册	诚遗伯文集	十册
增修诗话总龟	十二册	苑文正公集	十册	牧斋有学集	十二册
分门集注杜工部诗	十册	宛陵集	十二册	象山全集	十册
广弘明集	十二册	文山全集	十册	匏公家藏集	十二册
元丰类稿	十册	唐文粹	十六册	经进东坡文集事略	十册
震川集	十二册	逊志斋集	十二册	乐府诗集	十六册

续表

	集注分类东坡诗	十册	鸡肋集	十六册	王文成公全书	二十四册
	鲒埼亭诗集	三册				
旧书	公羊传	二套	穀梁传	二套	春秋左传	四套
	礼记	二套	周礼	二套	孝经尔雅	二套
	易经	二套	书经	二套	诗经	二套
	仪礼	二套	说文解字	十二本	春秋三传	二套
	四书	二套	资治通鉴	十二套	山西通志	十二套
	临汾县志	一套	咏清史诗		休休堂文集	六本
	曾文正公全集	十六套	桑晖升遗集	一部	文心雕龙	一套
	楚辞	二套	植物名实图考	八套	休休堂诗集	六本
杂书	日用百科全书	洋装一册	世界大事年表	洋装一册	延年益寿	三本
	晋民快览		产育须知		卫生杂志	
	村政汇刊		国文成绩		通俗国文	
	蚕桑教科书		柳崖外编		各县名胜古迹古物调查表	
	辞源		医学杂志			
附记	万有文库第一集	共一千种正编二千册另参考图书十册				

(《临汾县志》卷二教育略　民国二十二年铅印本)

洪洞县

宣讲所先设县西城隍庙后院,民国五年五月,知事孙兊仑量移于县署西厂夫庙旧址,局面较前扩充,地点亦甚适宜,图书馆附设宣讲所内。

(《洪洞县志》卷八建置志　民国六年铅印本)

襄陵县

襄陵县教育机关一览表

名称	职员	成立年月	地址
讲演所	讲演员刘本龙		
图书馆	管理刘嘉惠	民国七年四月	在文庙前院
书报社	经理刘嘉惠	民国七年九月	附设图书馆

(《襄陵县新志》卷之十七学校表　民国十二年刊本)

荣河县

民众图书馆　在关岳庙内,二十三年县长范茂松建设。

(《荣河县志》卷三　民国二十五年铅印本)

临县

教育图书馆　民国四年知事胡宗虞创设高等小学校,校长李鸥龄承办,储有部定各种教科书,设馆长一人,司事一人,与劝学所宗圣会教育会同地。

宣讲所　民国二年知事张洽奉令创立,初借旧教谕署地址,设宣讲员三人,后移于凤山书院,裁撤二人,现移于南市场正殿内。

(《临县志》卷十一教育略　民国六年铅印本)

浮山县

图书馆　在县治东西,为旧节妇祠改造。图书馆馆长教育局长兼任,详民国职官表二。
管理员:梁维清、高莘农(尹耕)、高凌峯(摘仙)、崔生元(子中)。

(《浮山县志》卷七公署　民国二十四年刊本)

附:山西省民国时期图书馆史文献目录

图书(书名、著者、出版者、出版时间)
1. 山西公立图书馆简章　该馆编　晋新书社出版
2. 山西大同县公立图书馆纪念刊　山西大同县公立图书馆筹备委员会编　1936年

论文(篇名、著者、期刊名、卷期、出版时间)
1. 重订阅览书报规约　山西省立民众教育馆月刊　1卷1期　1934年4月15日
2. 创建山西省立图书馆的意见　意城　山西教育研究　1卷1期　1932年6月1日
3. 本馆第一民众阅报处之概况　山西省立民众教育馆月刊　1卷2期　1934年5月15日
4. 本馆一年来之图书馆阅览　聂光甫　山西省立民众教育馆月刊　1卷7期　1934年11月15日
5. 本馆一年来之流动书库　杜润芳　山西省立民众教育馆月刊　1卷7期　1934年11月15日

内蒙古自治区

地方志史料目录:《绥远志略》《归绥县志》《包头志稿》《呼伦贝尔志略》《临河县志》《和林格尔县志草》《武川县志略》《萨拉齐县志》《绥远省河套调查记》

附内蒙古自治区民国时期图书馆史文献目录:3种图书,1篇论文。

社会教育

绥远之社会教育,始自民国十三年。时李鸣钟主绥远政,李泰芳长教育厅长,于归绥市设民众教育馆一所,丰镇县设立图书馆一所。十四年复设省立图书馆一所于绥市。嗣以政局易人,经费拮据,社会教育事业,略有停顿。民国二十年,傅作义来绥主政,社会教育,复形活跃。集宁、陶林、凉城、五原、清水河等县,先后成立民众教育馆、民众图书馆、民众阅报处。丰镇、萨县、凉城、包头等县,均设有通俗讲演所。所员每日外出讲演。惟一切经费,均感拮据。总计全省,仅有民众阅报处十二,需经费一千一百一十六元,备报章杂志九十八种。平均阅览人数,每日六百余人。在此风气僻塞,文化落后之绥远,不无小补也。

(《绥远志略》绥远之教育　民国二十六年铅印本)

教育

十八年一月教育内政财政三部公布保管孔庙财产办法。是年,行政院并定阳历八月二十七日为孔纪念日。七月,教育部内政部会拟取消大成殿,改称孔子庙,一切办法呈经国府通行全国。复由内政部通令各省保护孔庙,利用地址办理图书馆、运动场或民众学校。

"内政部通令各省保护孔庙利用地址办理图书馆运动场或民众学校"原文

近来各省地方因孔祀既废,对于孔庙保护一层,多涉疏忽,以致毁坏庙宇,侵占庙产等事时有所闻,须知孔祀之废及废除迷信之祭祀与偶像之瞻拜,并非推倒其人格学问及其在历史文化上之位置,则对于各地方之孔庙仍须妥为保护,并宜利用其地址办理图书馆、运动场或民众学校,藉以作育人材。

(《归绥县志》教育志　民国二十三年铅印本)

包头

教育

社会教育机关有图书馆一所。

巡回宣讲团

阅书报社及展览所　包邑僻处边隅,内外隔阂,各地书报购阅绝鲜,求所以察时势而达舆情者,无自也。而民间收藏图书典籍罕落凤翰,异方物产之珍奇,外国器械之便利,从觇闻见,求所以资博览而开民智者,又无自也。士民掩聪塞明,长于黮闇,是宜广征中外书籍与报

35

纸杂志、物产器具汇而列之,俾供民众览阅,而收致知格物观善从长之效。矧器惟求新,民之恒情。虽非上智,不足语创物之事,而巧者述之守之,岂必无人亦或所以劝艺事欤!

(《包头志稿》 民国间稿本)

呼伦县

通俗教育机关　图书馆、宣讲所于十一年二月成立。

胪滨县

通俗教育机关　尚未成立。

室韦县

通俗教育机关　尚未成立。

奇干县

通俗教育机关　尚未成立。

(《呼伦贝尔志略》教育　民国十二年铅印本)

临河县

教育　纪略

(民国十八年)秋九月设民众阅报所

按临河风气闭塞,民智未开,议定就东关街公所附设阅报所,县署及各机关捐报若干,每月应支公费由地方款挹注之。

又查社会教育如露天学校、通俗图书馆、讲演所等项,或限于人才缺乏,或困于财力支绌,又以近年灾荒迭告,地方多故,旋议罢。现在正值地方粗平,风气日开,教育当局正在策画进行中,未敢视为缓图也。

按教育原则有三,曰学校教育,曰社会教育,曰家庭教育。论其全体,则家庭为本,学校、社会为末;论其大用,家庭为先,学校、社会为后。古人重胎教,立姆训,讲少仪,读孝经,即家庭教育也。今欧美之幼稚园等设置亦即家庭教育也。通古今中外,凡夫魁儒杰士,功名勋业,震耀寰宇者,莫不由家庭教育而起。醴泉必有源,芝草必有根。其所蓄积者然也。我河套地,染蒙俗,向则由游牧而成部落,今则由部落而始立郡县,举不知家庭教育为何事。此何怪夷秀颖于荆榛,委良才于薪棘也。欲振兴河套文化,断自提倡家庭教育始。一面扩充女学及露天学校、平民学校,使全境三十岁以下之男女无不识字之人。一而参合古今,贯通中外,为家庭订定简单平易之课程,总以养其德性,开其知识,强其体格,使小子易知易行为标准。

由是切实推行,不二十年,我临河不人文蔚兴,人才踵接者,未之有也。愿告之关心地方者。

(《临河县志》卷中纪略教育　民国二十年铅印本)

和林格尔县

图书馆　现在教育局附设
讲演所　现今停办,通衢设阅报牌三处

(《和林格尔县志草》卷五警政　民国间钞本)

武川县

社会教育

本县社会教育,只有民众学校两处,学生五十八人,于民国二十八年成立,至民众教育馆、讲演所,阅报所,图书馆等,现正计划筹设间,预料短期内当可成立。

(《武川县志略》教育　民国二十九年铅印本)

萨拉齐县

社会教育

民众教育馆　民国十四年地方士绅赵水亭、任和卿、丁绍先、白镜潭等感于社会教育之必要,建议官厅请准利用萨县旧日仓房坍塌之木料、砖石,并商同驻军旅长孙良诚募集款项,于城内中街建立楼房一所,名曰萨县图书馆,购置图书馆,即于七月一日成立。廿一年,改组为社会教育事务所,廿三年,奉令改为民众教育馆。事变后,新政树立,派员整理,仍恢复为民众教育馆,并重新组织,附设民众问字处及日语讲习所。兹将馆所藏图书列表如下:

萨拉齐县立民众教育馆藏书统计表　民国二十九年十一月

类别	种数	册数	摘要
总类	八	二一	
哲学	一四	二八	
宗教	一二	五二	
社会科学	一六〇	二七一	
语言学	二八	六〇	
自然科学	五	七	
应用技术	二四	五〇	
美术	一〇	四〇	
文学	一四〇	八四〇	
史地	三二	二七一	
万有文库一集	九五四	一九三五	暂未分类,以全套计算
万有文库二集	三四三	一五五九	同上
小学生文库	三四四	五〇〇	同上
精装文宪通考	一六	四二	同上
合计	二〇九二	五六七六	

萨拉齐县立民众教育馆新闻纸配布一览表　民国二十九年十一月

项别	地址	新闻纸名称	份数	摘要
馆内	阅览室	蒙疆新报	一	
馆内	阅览室	晋北报	一	
馆内	阅览室	民声报	一	
馆内	阅览室	新民报	一	
馆内	阅览室	庸报	一	
馆内	阅览室	泰东日报	一	
馆外	中大街	蒙疆新报	二	
馆外	西大街	民声报	二	
馆外	东大街	晋北报	二	

萨拉齐县立民众教育馆图书阅者暨借出统计表　民国二十九年十一月

项别／月份	馆内阅书者		馆外借出阅书者		小计		摘要
	人数	册数	人数	册数	人数	册数	
一月	一八	五二	一二	一九	三〇	七一	
二月	二四	四一	一七	一七	四一	五八	
三月	二六	二九	二一	二四	四七	五三	
四月	二九	三四	一九	二〇	四八	五四	
五月	二三	二三	二二	三〇	四五	五三	
六月	三〇	三六	三〇	三一	六〇	六七	
七月	二〇	二八	二一	二五	四一	五三	
八月	三二	五〇	二〇	二八	五二	七八	
九月	二八	四一	一七	二二	四五	六三	
十月	三三	三九	二四	三〇	五七	六九	
统计	二六三	三七三	二〇三	二四六	四六六	六一九	

　　宣讲所　民国二年本县隶属山西时,曾奉省令选派宣讲人员到省传习,以便办理宣讲事宜。本县派丁绍先前往受训,翌年期满回县,组织宣讲所,并充所长。嗣将该所并入县署教育科内,而宣讲遂归停止矣。宣讲所(旧设于圣母庙)。

　　　　　　　　　　　　　　　　　　　(《萨拉齐县志》教育志　民国三十年铅印本)

五原县

五原县教育概况

　　二十一年县立小学增至六处,乡村小学添设十余处。民众教育馆,增设图书馆、讲演所。平民小学亦附焉。

　　民众教育馆　创设于民二十一年,赁居于理门公所,设图书馆、讲演所,及平民小学,有主任一,教员兼宣讲二,学生六十四名,阅报所、图书馆、讲演所俱设于新城关帝庙戏台上,挂图画报,差称齐全。近又添置无线电收音机,极博民众之欢迎。经费额定一百五十元,刻仅领维持费六十五元。

（《绥远省河套调查记》教育　民国二十三年铅印本）

附:内蒙古自治区民国时期图书馆史文献目录

图书(书名、著者、出版者、出版时间)

1. 绥远省立图书馆简况　该馆编印　1935 年
2. 绥远省立图书馆概况　该馆编印　1936 年
3. 绥远省立图书馆阅览指南　该馆编印　1936 年

论文(篇名、著者、期刊名、卷期、出版时间)

1. 奏创办归化图书馆片　廷杰　学部官报　第 111 期　1909 年 12 月 1 日

辽宁省

地方志史料目录:《奉天通志》《庄河县志》《锦县志》《海城县志》《辽阳县志》《兴城县志》《绥中县志》《岫岩县志》《开原县志》《营口县志》《锦西县志》《桓仁县志》《宽甸县志略》《兴京县志》《安东县志》《铁岭县志》《铁岭县续志》《西丰县志》《盖平县志》《北镇县志》《阜新县志》《凤城县志》《复县志略》《新民县志》《沈阳县志》《抚顺县志》《辽中县志》《义县志》

附辽宁省民国时期图书馆史文献目录:6 种图书,9 篇论文。

图书馆

奉省于清光绪甲辰后,典籍散佚,尟有存者。自考察政治大臣奏准各省遍设图书博物各馆,提学使张鹤龄始请准在省城建设图书馆一,区分存储观览各室,广购各省官私刻本,暨东西洋科学图书,是为奉天图书馆之权舆。光绪三十三年,择定省城宗人府胡同程牛录官厅为馆址,旋于大南门内提学司署前建筑新馆。光绪三十四年四月落成,九月开馆,定名曰奉天图书馆。设总理、庶务、会计、管理各一员,书记二员,藏书楼司书二员,阅览室司事二员,发售室经理司事各一员,陈列室司事一员。开办伊始,以奉省款项支绌,除拨款三千余金购办藏书外,复将前省学堂前学务处购办之书尽行拨入。时陈树藩为总理,拟定馆章,编制书目,条理井然,有可观者。宣统元年八月,奉天提学使卢靖以馆舍改设中央模范小学,乃迁其址于东华门外(今清丈局址),改隶学务公所,图书科兼办谢荫昌时主其事。三年迁入学务公所内,举办讲演所,一时称盛。民国元年,复订馆章,二年三月改为独立机关。戴裕忱、孙鼎元先后为馆长,兼办巡回文库事宜。三年一月仿京师图书馆例改隶教育司,兼管孙其昌、杨成能任馆事。五年五月改为奉天公立图书馆。是年六月迁于今址,由省长聘前翰林院侍讲学士世荣为馆长。八年二月世去职,省署教育科主任恩格兼之。九月教育厅成立,派孙振棠为馆长。十年四月改委徐续生。十二年八月奉天举办市政,划归市政公所管理,改称奉天市立图书馆。十三年九月复归教育厅统辖,为奉天省立图书馆。十八年七月馆长徐去职,卞鸿儒继之,同时恢复通俗讲演。十八年度该馆所藏图书计一万九千一百五十二种,凡八万七千二百二十一册。杂志三百九十五种,凡二千六百九十四册。两项合计共一万九千五百四十七种,凡八万九千十五册。一年之内两项共添一千八百二十四种,凡四千零六十三册。故十九年度上半年统计,共藏图书杂志二万一千三百七十一种,凡九万三千九百七十八册。阅览成绩,计十八年度一年间阅览者共二万六千八百七十五人,阅书七千六百一十七种,一万四千一百八十六册。每月平均二千四百四十三人强,阅书六百九十二种强,一千二百八十九册强。每日平均一百零二人,阅书二十九种强,五十册强。每月阅览者最多时达四千五百余人,每日最多时达三百余人。阅览书籍以文学类占多数,计全年阅书三千一百三十五种,八千四百九十一册,约占全阅览总数五分之二强,册数五分之三强。至阅览者之职业,以学生为最多,约占半数。该馆已出版之刊物,为现代国际参考书目,辽宁省立图书馆之使命与其实施,及参观大连图书馆报告等三种,已编成者有革命文库书目及儿童书目二种。在编纂中者为善本书目。兹将该馆十八年度各种阅览成绩表列于后。

月份	阅览人数	阅览种数	阅览册数	说明
十八年八月	八六九	五四七	九五八	开馆二十五日
九月	一一六八	六七三	一二九七	开馆二十五日
十月	一六九三	七〇四	一四八八	开馆二十六日
十一月	三四七三	四四四	一〇四五	因举行展览会开馆十七日
十二月	八八八	五五五	九九八	开馆二十六日
十九年一月	一四五二	四七一	一二四一	开馆二十二日
二月	一八六〇	八六八	二六九二	开馆二十四日
三月	三三一〇	一〇三八	二五九六	开馆二十四日
四月	三五九一	七八四	一八七一	开馆二十二日
五月	四四七七	七七四	二〇七八	开馆二十六日
六月	四〇九四	七五九	二一五九	开馆二十五日
总计	二六八七五	七六一七	一四一八六	共开馆二百六十二日
每月平均	二四四三	六九二、五	一二八九、六	按十一个月计算
每日平均	一〇二、五七	二九、六八三	五四、一五	按二百六十二日计算

各部图书借出统计比较

部类		总部	哲学部	宗教部	自然科学部	应用科学部	社会科学部	史地部	语言部	文学部	美术部	合计
八月	种	二一	二	一	二八	一〇四	六八	五〇	五	二二七	六一	五四七
	册	九〇	二	一	三五	一五〇	八〇	四二	八	四〇四	一四六	九五八
九月	种	三〇	八	〇	四九	一二四	七四	三五	一五	二八〇	五八	六七三
	册	一〇四	八		六五	二一〇	九〇	五五	一五	六二五	一二五	一二九七
十月	种	一八	一三	〇	七三	一六八	六六	四三		二六八	五四	七〇四
	册	七七	一五	〇	一〇一	二七七	一一九	一〇九	一	六五六	一三三	一四八八
十一月	种	六	一五	〇	五八	八〇	二九	九	〇	一九四	四三	四四四
	册	一二	四八	〇	八九	一二三	六八	五〇	〇	四二四	二三	一〇四五

续表

部类		总部	哲学部	宗教部	自然科学部	应用科学部	社会科学部	史地部	语言部	文学部	美术部	合计
十二月	种	一九	二四	○	二一	一一一	六○	二三	○	二六○	三二	五五五
	册	一九	六七	○	二八	一八九	七五	三七	○	五六一	三七	九九八
一月	种	一八	○	○	一二	四四	五○	七	七	三二八	○	四七一
	册	五○	○	○	二八	八三	一二五	一五	二三	九三三	○	一二四一
二月	种	八七	○	○	四五	四二	九七	一九四	二一五	一三一	○	八六八
	册	八九	○	○	一八六	一五四	四六三	五六二	六五一	四七九	○	二六九二
三月	种	一五七	○	○	一三○	一四	一二四	一二七	一二	一八六	○	一○三八
	册	二一六	○	○	二四三	四六八	二五三	三四四	三四六	四八九	○	二五九六
四月	种	五七	○	○	四二	一七	七	六四	一	四九七	一	七八四
	册	四一	○	○	五九	一九	七	一五八	一	一五八五	一	一八七一
五月	种	四一	○	○	一○二	一○	二九	七九	二	四二六	一三	七七四
	册	四八	○	○	一五一	二四	五二	二五○	四	一四六八	一四	二○七八
六月	种	九二	三四	二	八八	七	一一八	六七	六	三三八	七	七五九
	册	五五八	三四	二	一一九	七	一九一	三八○	六	一○七五	七	二一五九
总计	种	五二八	八八	三	六四八	八二	七五二	六七八	三七二	三一三五	二六九	七六一七
	册	一○八○	一七四	三	一○一四	一七二二	一四八五	二○二	一○五五	八四七一	六九四	一四一八六

各界阅览人数统计比较

职别	教育著术及记者	学生	农业者	工业者	商业者	官吏及政治者	军人	宗教	杂业	不明	合计
八月	二九三	二一一	八	七七	五九	五六	七四	〇	四二	四九	八六九
九月	三五八	二八五	一〇	八八	七二	七七	五八	三	一八四	三三	一一六八
十月	四六五	四六六	二一	一〇二	一〇七	一一五	五〇	五	三一九	四五	一六九三
十一月	五三一	八〇七	四〇	五五五	三五七	四〇〇	八五	〇	四五九	二三九	三四七三
十二月	二〇一	二五九	七	八一	七七	八六	七八	〇	五〇	四九	八八八
一月	五六	四一五	七	三九七	四七	一〇三	一〇八	〇	二四六	四三七	一四五三
二月	二〇三	八五	六	二一八	二六九	二七	九二	〇	二〇八	三八九	一八六〇
三月	七一八	五一五	一六	四六八	四九八	二九八	三七八	〇	二〇三	二一六	三三一〇
四月	二九〇	三四七	六	八〇四	九四三	七三四	九三	〇	〇	三七四	三五九一
五月	四一五	三四四	一〇	九九三	一〇四四	八九一	一九六	〇	〇	四八四	四四七七
六月	三八六	三三六	九	七八八	九六七	八七五	一四〇	〇	〇	四九三	四〇九四
总计	三九一六	四〇七〇	一四〇	四五七一	四四四〇	三六六二	一三五二	八	一七一一	二八〇五	二六八七五

奉天省县立图书馆一览

名称	地址	设立年月	馆长	经费	馆舍	藏书	备考
奉天省立图书馆	奉天省城	光绪三十四年十月	卞鸿儒	一七二三一元	楼房七间瓦房四〇间	二一三六一种九四九八四册	

续表

名称	地址	设立年月	馆长	经费	馆舍	藏书	备考
辽阳县立图书馆	教育局门前	民国十六年七月	赵诚恕	经常三四一六元 购书一二八〇元	房舍九间	一八九一种七六七三册	按各县图书馆均已订购万有文库一部，不在此内
铁岭县通俗图书馆	县街	民国元年四月	杨丕烈	一三三八元	房舍六间	五二〇三种六三一八册	
海城通俗图书馆	县街	民国十二年七月	齐开文	一三六〇元	楼房六间平房一间	二一〇种一九〇〇册	
开原县立图书馆	县城东街路南	民国十四年三月	朱万选	九七八元二四〇元	瓦房三间	九三七种二六八七册	
盖平县立图书馆	县街鼓楼上	宣统二年十月	王兆霖	未定	瓦房六间	二〇〇〇余种	
锦县县立图书馆	锦县城内	民国十四年二月	马春圃	一四五一元	楼房六间平房一六间	三九三四种五二八二册	
营口县教育会图书馆	附设营口县教育会院内	民国十七年十一月	马孟春	六四八元	平房二间	二二种九五七册	
复县县立瓦房店图书馆	瓦房店中央街一排二十六号地	民国十四年六月	徐盛智	六三三元	瓦房五间	四七四种一九三〇册	
复县县立图书馆	城内东街路南	宣统三年四月	郭新丰	六三三元	瓦房四间	九〇三种三三六五册	
庄河县立图书馆	县街	民国元年三月	李西华	五〇二元		二〇种八七册	
兴京县立图书馆	县街	民国三年二月	王福九	一五一二元		一五一种三四七七册	

续表

名称	地址	设立年月	馆长	经费	馆舍	藏书	备考
法库县立图书馆	县城中街	民国元年	张宝贵	四五〇元	房舍三间	八〇〇种三二〇四册	
西丰县立图书馆	城南隅公园孔庙后	民国二年六月	程海楼	五二〇元	平房六间	六三〇种三三六八册	
凤城县立通俗图书馆	县街	民国十九年四月	王祥阁	四一四元	房舍三间	六一五种六五七册	
安广县立通俗图书馆	县街	民国十九年四月	彭守纪	四五六元			正在筹备中
海龙县立图书馆	教育局院内	民国十五年三月	程永禧	六八四元	房舍三间	三三种一五〇〇册	
怀德县立图书馆	县街	民国十六年八月	马景阳	二五二六元		五七七种三〇九四册	
昌图县立图书馆	县街市场北门外	民国元年八月	刘镇	一一四六元	房舍六间	三五〇种三一四七册	经费由教育会支
北镇县立图书馆	附设教育局院内	民国十五年十一月	张惠风	三六〇元	平房三间	二八三种九二九册	
通化县立图书馆	通化县城	民国十七年二月	赵鸿恩	一四〇元	瓦房四间	六七五种二四九五册	
黑山县立图书馆	县街	民国十九年六月	牛德山	一七三三元		三四种六四五册	
盘山县立图书馆	县街	民国十七年	郑维藩	七四四元		一六八种四六〇册	
梨树县立图书馆	县街	民国二年五月	岳维川	二二五三元一〇〇〇元	房舍三间	五〇〇种二五二〇册	
洮南县立通俗图书馆	县街	民国十五年六月	王世祺	一四一三元	房舍六间	二七〇〇种一三五〇〇册	

续表

名称	地址	设立年月	馆长	经费	馆舍	藏书	备考
绥中县立通俗图书馆	南大街财神庙院内	民国十二年三月	张鉴铨	四三〇元	瓦房四间	一七九六册	
开通县普通图书馆	附设教育局院内	民国十七年九月	徐长礼	二五〇元	房舍四间	二〇〇〇册	
长白县立通俗图书馆	教育局院内	民国十三年	刘克礼	一四六元	房舍一间	三一种一七八三册	
安东市立图书馆	安东县街	民国十四年五月	王鸣盛	一四六元	房舍一四间	三四六册	
岫岩县立通俗图书馆	附设教育局内	民国五年七月	郝立中	七〇〇元	房舍三间	二五二种二二九一册	
西安县立通俗图书馆	县城小十字街西首路南	民国二年七月	王允升	五五八元	房舍五间	一〇八种	
辽源县立图书馆	县街	民国十八年七月	申葆廉	一〇一二元	房舍九间	一三四八册	
宽甸县立图书馆	附设教育局院内	民国二年六月	程绍文	六二四元	房舍五间	三五九种	
突泉县立通俗图书馆	县街	民国十八年五月	张文汉	五八七六元	房舍三间	一九二册	
台安县立通俗图书馆	附设教育局院内	民国十六年五月	张玉璞	一八〇〇元	砖房三间	二四〇种	
通辽县立图书馆	教育会院内	民国十八年二月	杜皞宸	一一〇〇元	房舍五间	二二〇种	
抚顺县立民众图书馆	县街	民国十八年十一月	吴希纯	二五七八元	房舍一五间	一六八五种三六七〇册	
辽中县立图书馆	县街文庙后院	民国十六年	靳廷章	二五六〇元	房舍六间	五一八种四九六九册	
东丰县立图书馆	县城财神庙前	民国十七年	邱述伦	一五一二元	瓦房一四间	四二〇种四七二〇册	

续表

名称	地址	设立年月	馆长	经费	馆舍	藏书	备考
康平县立通俗图书馆	县街	民国三年三月	孙连城	一五三三元	房舍三间	一二八种	
柳河县民众教育馆	县街	民国十八年十二月	宋天泰	七三二元	房二八间	一一二种	
兴城县立通俗图书馆	县街	民国十四年八月	潘玉琦	六六四元	房舍三间	二五〇册	

以上省县立图书馆计四十二处。

讲演所

省会通俗讲演所创自清季光绪年间。自后逐年扩充。至民国十八年全省共有通俗讲演所十二处,经费共计八千一百三十九元。每日听讲人数多者六七十人,少者十余人,平均为三十五人。兹将全省通俗讲演所统计表列下。

十八年度奉天全省通俗讲演所统计表

名称	地址	设立年月	经费	资产及设备	每日平均听讲人数	备考
法库县立实用讲演所	县城中街	十四年三月	一三六元	房舍三间,器物二十六种	二六人	
安东市立通俗教育讲演所	安东县街	十四年五月	一三元	房舍二间,器物十八种	三二人	
岫岩县通俗教育讲演所	县城中财神庙院内	四年七月		房舍三间,桌橙四十套	三五人	该所事务均由教育局职员分任,不另支薪,经费亦动支局款
双山县通俗讲演所	县街	十三年七月	二二八元	平房三间	一二人	
西安县立通俗讲演所	县街	清宣统二年七月	六八四元	瓦房二间,器具六十四种	七〇人	
宽甸县立通俗讲演所	县城南街	二年七月	五八〇元	房舍四间器具三十二种	五六人	
辽阳县立通俗讲演所	附图书馆内	十六年	四六〇元	房舍二间器具六种	七〇人	经费列入图书馆预算中不另支
海龙县朝阳镇讲演所	朝阳镇中街	十四年三月	一〇六六元	瓦房三间器具二十种	一八人	

续表

名称	地址	设立年月	经费	资产及设备	每日平均听讲人数	备考
龙海县山城镇讲演所	山城镇中街	十四年七月	一〇六六元	瓦房五间器物二十二种	一九人	
凤城县通俗讲演所	县街	三年九月	三〇元	瓦房三间桌橙四十五套	二二人	
抚顺县通俗讲演所	县街	十八年十一月	五八〇元	瓦房四间器物二十五种	二〇人	
辽中县通俗教育讲演所	县街	十六年九月	七三六元	瓦房三间器物五种	四二人	

阅报社

十八年度,全省设有公共阅报社七所,全年经费共计一千六百二十九元。陈报纸杂志多者十一二种,少者四五种,每日阅览人数多者二三十人,少者七八人,平均每日约二十人。兹将全省阅报社统计表列述如下。

十八年度奉天全省公共阅报社统计表

名称	地址	设立年月	经费	资产及设备	报纸杂志	平均阅览人数	备考
辉南县立公共阅报室	辉南县	十七年十一月	二四〇元	瓦房五间杂具十种	四种	七人	
锦县县立阅报社	锦县城内	十四年九月	三六〇元	平房三间器物十二种	六种	二〇人	
开原县立公共阅报社	开原县城	十四年三月	二四二元	阅览室一间器物八种	八种	一八人	
法库县立通俗阅报社	县城中街	十四年三月	一七九元	阅览室一间器物六种	七种	二六人	
安东市立公共阅报室	安东县街	十四年五月	三二八元	阅览室二间器物六种	一一种	三二人	
海龙县立阅报社	附设图书馆内	十五年三月	一二四元	阅览室一间器物九种	七种	一八人	
抚顺县民众阅报所	县街	十八年十一月	一五六元	阅览室一间器物八种	一二种	一九人	

(《奉天通志》卷一百五十三教育　民国二十三年铅印本)

庄河县

社会教育

巡行文库 有六,设于治城者四,一公和店,二六合店,三万海店,四同聚店。今易东崇栈设于孤山镇者,一曰广裕店,设于青堆镇者一曰恒泰店。由图书馆置备社会教育书籍若干,按店巡回,供人阅览,依次阅毕再行更换。

讲演会 有三,一在治城,一在孤山镇,一在青堆镇,城内以中学校长、教员,劝学所长、劝学员担任讲演。余二处均以高等小学校长、教员担任。每逢日耀日依次讲演,各讲员均尽义务,不支薪水。

通俗图书馆 附设劝学所内,设馆长一,以劝学所长兼任,馆役亦以所役充之。内置备图书八百十八册,计九十二种,供人阅览。兹将书籍分门述于下。

科别	种数	部及册
法政门	十六	十一部五册
教育门	三	三部
哲学门	八	七部十三册
社会门	五	五部五册
工学门	三	三部三册
商学门	六	六部六册
兵学门	二	二部二十五册
史学门	二十三	十七部一百零四册
地学门	四	四部五册
数学门	三	三部三册
伦理门	一	一部一册
医学门	二	二部三十册
艺术门	十四	十四部二十一册
图标门	十八	十七组
杂志门	巡回文库等书籍在内	

(《庄河县志》卷六教育 民国十年铅印本)

社会教育

县立通俗图书馆 民国元年三月成立,原设于治城下街南门里路东,附劝学所前屋,名曰县立,其实彼时之图书馆与现在图书发行所界限不甚明了,员役均系劝学所人员兼任。民国十九年改设为县立通俗图书馆,订购《万有文库》,增置图书报志若干。民国二十三年三月,迁于上街南首路西县一小学分校东前屋,馆址妥定。馆舍三间,藏书室一间,阅览室二间,内置馆长、馆员、馆役各一人,常年经费大洋四百十二元。所有图书除原有一百二十八种、五百五十六册外,并订有《万有文库》《四部丛刊》,阅览人数平均每月二百二十人,兹将图书报志分类表列于下。

储藏图书表 民国二十三年七月调查

类别	门别	种数				册数			
		万有文库	四部备要	单行本	共数	万有文库	四部备要	单行本	共数
总类	目录学门	四		二	六	四六		二	四八
	普通门	一八	五	一九	三二	五二	五	一六	七三
宗教类	宗教门	六	二	一	九	六	二	一	九
社会科学类	政治门	三三	二	一	三六	二三	八	二	三三
	经济门	三〇	二	二	三四	三六	二四	四	六四
	法律门	二七	一		二九	三四	八	二	四四
	教育门	四三	四	二	四九	四二	三六	四	八二
	兵事门	二	一	二	五	二	五	六	一三
	社会门	三五	一	二	三八	三五	四	四	四三
自然科学类	数学门	二七		五	三二	三一		五	三六
	理化门	三〇		四	三四	三〇		四	三四
	博物门	四三		五	四八	五〇		五	五五
史地类	历史门	六四	二九	二七	一二〇	一九九	一二四	二五二	五七七
	地理门	四二	一四	一二	六八	四九	六四	三八	一五一
语言类	语言学门	一八	一二	二	三二	六〇	四八	六	一一四
文学类	文学门	二三九	二八五	一三	五三七	四八五	三八六	一二九	一〇〇〇
应用科学门	农学门	五二	四三	五	一〇〇	六二	四三	五	一一〇
	工学门	五八	五二	五	一一五	五九	五二	五	一一六
	商学门	二四	二〇	四	四八	二四	二〇	四	四八
	医学门	六八	五八	六	一三二	六七	五八	六	一三一
哲学类	东方哲学门	二〇	一二〇	一〇	一五〇	一二八	二五八	二四	四一〇
	泰西哲学门	七		一二	一九	七		一二	一九
	论理门	二二		一二	三四	二二		一二	三四

续表

类别	门别	种数				册数			
		万有文库	四部备要	单行本	共数	万有文库	四部备要	单行本	共数
	心理门	二七		九	三六	二七		九	三六
	伦理门	一二	三七	八	五七	一二	五六	八	七六
艺术类	艺术门	四九	二八	六	八三	一〇六	二		一〇八
杂志类	杂志门	一五		一〇	二五	二三二			二三二
参考书类	参考书门	六		五	一一	一四			一四
新闻类	新闻门	四			四				
合计 一三	二九	一〇二五	七一六	一八二	一九二三	一九四〇	一二〇三	五六五	三七〇八
说明	内计图书一三类二九门，含《万有文库》《四部备要》及单行，为一九二三种，三七〇八册								

讲演所 清宣统元年成立，附设教育会，置讲演员一。民国七年停办。民国二十三年七月，添设讲演所，附设通俗图书馆。讲演员由馆长兼任。每星期午前讲演三时。除宣传王道、建国精神外，并注重通俗讲演。

巡行文库 民国四年曾设巡行文库，县城及孤青两镇各分设若干处，于移风易俗颇收效益，七年后均已停办。

（《庄河县志》卷六学校教育　民国二十三年铅印本）

锦县

社会教育

通俗教育讲演所 设立城内南街，民国二年一月创办，所长一，讲员二，逐日讲演。

通俗图书馆 附设劝学所院内，民国二年九月创办，馆长一，馆员一。

临时讲演会 五区六十六处。讲员一，巡行讲演。

巡行文库 全境三十二处，附设各校，由通俗图书馆置备社会教育书籍若干卷，按处巡回，供人阅览，依次阅毕再行更换。

（《锦县志》卷八教育下　民国十年铅印本）

海城县

社会教育

社会教育事务所 民国二年开办，附设劝学所内，设主任一人，助理员一人，讲演员四人，办理社会教育事宜，至八年奉令停办。

社会教育讲习所 民国四年冬开办，招生一级，研究讲演，三个月毕业，旋即停办。

社会教育讲演会 民国三年六月开办,城内设模范讲演会一处,逐日讲演,四乡设星期讲演会四处,每逢星期讲演一次。以社会教育讲习所毕业生充讲演员。四年扩充讲演会至十处,寻复改组讲演团,每团二人,按村巡行讲演,至八年奉令停办。

图书馆及巡回文库 民国三年开办,城内设通俗图书馆一处,在南关、西关设巡回文库二处,四乡设巡回文库四处。置备各种社会教育书籍,按乡巡回,供人阅览,依次阅毕轮流更换。四年增设巡回文库至十二处。八年奉令停办。

(《海城县志》卷六教育　民国十三年铅印本)

辽阳县

社会教育

县立图书馆 宣统二年创办,馆址租用二道街于宅门房,民国元年停办。二年复奉教育厅令开办,租用东街市房,并附县立讲演所,设馆长兼讲演员一人,每日讲演二小时,并备各种报章,以供市民阅览。九年春忽奉厅令停办,十四年又奉厅令催办,现年秋开放。公众运动场南部隙地为市场,征收地皮押租大洋一万元,为图书馆建筑费,留其地之南面适中处即时兴筑洋式瓦房七间,合旧贫儿学校房为前后二进,即于今年春开办,仍附讲演所,并将贫儿学校移出另觅地址,即于后进之屋为藏书室,前进为讲演、阅书及讲员住室。常年经费预算七千九百二十一圆。

县立社会教育研究所及巡行讲演团 民国三年开办,附设教育公所院内,招生一级,研究三月,毕业派赴各乡讲演,分为四路,讲员四组,组各二人,巡行讲演,各["各"原为"名"]巡行讲演团,五年停办。

巡回文库及各乡讲演会 民国二年,按全境二十二自治区各设文库一组配置通俗教育书类,各组不同。每月由乡自治会依次轮转保管,分借与村人士阅览,周而复始。同年,按各自治会所在地设星期讲演会各一所,由自治人员兼任讲演,借开人民知识。其黄泥洼、刘二堡两村各设常期讲演会一处。三年,自治停办,文库收回,讲演亦停止,惟刘二堡讲演所独存。

露天学校及通俗图书馆 民国五年,就公众运动场南部高圩建屋,设露天学校一级,附县立第二通俗教育讲演所,讲员兼教员一人,每日授课讲演各二小时。嗣巡回文库停办,以其书籍附设通俗图书馆。七年,停讲演所及通俗图书馆,专办露天学校。

(《辽阳县志》卷十九教育志　民国十七年铅印本)

兴城县

社会教育

宣讲所 旧设于南街路东今电话局地址房,系邑人张广建产,因广建舍房立宣讲堂,专讲迷信因果祸福等事。民国初年,经县知事曾有严查抄入官,遴派讲员一员,其讲演大纲以开通民智、提倡实业为宗旨,附设简易识字学熟夜班,专为小本营业年长失学者而设,奈邑人守旧迂谬,风气不开,又兼经费支绌,无改良说书机器戏匣以助兴味,而剪发天足二项尤格格不入,以致听者寥寥,遂未及一年停办。

图书阅报社 设于城内南街电话局之门房左侧,民国十四年八月开办,附属教育公所,以开通民智为宗旨。自县知事恩麟到任,对于灌输人民普通知识、改良风俗特别注意,故筹集款项,始有此设阅报室两楹,夫役一人,报纸分三种:《盛京时报》《东三省民报》《益世报》,每日上午九点至十二点,下午二点至五点为阅报时间,并设有围棋、象棋、图画、书籍,东北杂志、教育杂志、文化杂志,及白话小说二十余种,供人观览,现又添购书费三百廿元,将来书籍日增,亦文明进步之一大关键也。

报纸 统计本境所阅报纸,除《行政公报》《司法公报》《教育公报》《东三省公报》《农商公报》《警甲汇报》六种外,其余《东北报》《东报》《民报》《营商日报》《教育杂志》《农业浅种》《棉说浅说》《实业浅说》,暨基督教之《通问报》《青年进步杂志》,外商之《盛京时报》,共计十一种。

(《兴城县志》卷四教育　民国十六年铅印本)

绥中县

通俗阅报与图书馆

本邑于清季变法时即设通俗讲演会并阅报处,由于君寿辰董其事,有专员按时讲演,附于财神庙商会院内。嗣因扩充民智起见,于民国十四年三月将县立第一校内图书馆移并一处,名为通俗图书馆,并附设平民夜课,聘奉天单级师范毕业生赵君庆云为馆长兼任平民教育讲演员。赵君实心任事,由院内移于沿街门房,以图阅览者之便利,收效为甚巨焉。仅将书目报目列下。

图书集成一部　　　皇清经解一部　　　子书百集一部
东西汉一部　　　　西洋富强丛书一部　日本教育法规一部
小说杂志共百十种
报目
盛京时报　泰东日报　天津益世报　上海申报

(《绥中县志》卷五政治教育　民国十八年铅印本)

岫岩县

图书馆

民国五年七月成立,附设教育公所院内,计展览室两间,可容观书者三十余人。每次限阅书籍一册,不许出借或摄影抄录。馆内设馆长一人,馆员四人,专司收发书籍,编列书目,并招待阅书来宾等事,每年由教育经费项下酌拨奉小洋七百元,以备购添书籍之需。现以书籍尚少,暂由教育公所人员兼理馆务,正在筹款扩充之际。

(《岫岩县志》卷二教育　民国二十四年铅印本)

开原县

社会教育之创办及沿革

社会教育于民国二年夏开办,其时因无专款,止于城内设讲演会一处及通俗图书馆一处。民国三年春,因自治停办,经教育公所所长景祥请准,将自治附加一成亩捐拨作社会教育经费,始行扩充,于东、西、南、东南各路均设讲演会、简易识字学塾各七处,惟北路则于二者各设八处,复于五路各设巡回文库三处。至民国四年夏,城内建筑图书馆,复事变通,将各路讲演会及简易识字学塾均行裁撤,于各路特设讲演团,每团二人,按照村屯巡回讲演。至民国五年,教育会附设讲演会及巡回文库,又将各团裁一人,止留巡回讲演员一人,其各路巡回文库则均归并为一处。

图书馆

民国二年夏创办社会教育通俗图书馆于劝学所,至民国四年春于柴草市场县立图书馆,经劝学所事务员吴绍炎监修,并将原有之通俗图书馆及通俗教育讲演所附入,额设讲演所所长兼代图书馆长一员,委任贺锡三为该所所长,并讲演员一员。民国六年夏,由劝学所长张魁梧特聘说书员,附设改良说书,馆内储藏书目另表列后。

附列图书馆储藏图书数目表

门类	种数	卷数
文学门	二百十一	一千六百五十七
教育门	八十六	八百六十一
法政门	六十三	七百二十四
哲学门	六十	二百七十三
社会门	五十二	一百四十五
农学门	三十四	五十四
工学门	十一	二十五
商学门	十三	三十一
兵学门	二十七	四十六
史学门	九十五	四百一十六
地学门	二十五	一百四十七
数学门	九十三	二百四十五
伦理门	七	十六
医学门	六十五	二百八十九
艺术门	十二	三十二
杂志门	五百五十	二千三百七十四(附设通俗图书馆说部丛书在内)
总计	一千四百零四	六千九百七十五

(《开原县志》卷五教育 民国七年铅印本)

教育机关之创设

图书馆

民国夏创办社会教育,立通俗图书馆于劝学所。至民国四年春,于柴草市创修县立图书馆,经劝学所事务员吴绍炎监修,并将原有之通俗图书馆及通俗教育讲演所附入,额设讲演所所长兼代图书馆长一员,委任贺锡三为该所所长,并讲演员一员。民国六年夏,由劝学所长张魁梧特聘说书员,附设改良说书。此后贺锡三去职,遂将图书馆移入县立中学校院内。民国十五年复由中学移归教育公所,任朱万选为馆长。

社会教育巡回文库及巡行讲演团

民国五年王作霖、张四维被选为育教会正副会长后,是年春季经该正副会长创设巡回文库多处及社会教育讲演所于会内。民国六年夏,劝学所所长张魁梧在柴草市建修通俗图书馆及通俗讲演所,并设讲演所长一员,委任贺锡三为所长,并聘讲演员袁晓三一员。每日按时招集市民等讲演新潮流及各种道德人民必需之常识,以启民智。迨至上年,该项讲员已无形取销,现在教育当局知该项事宜亟不可缓,遂又委任赵庆昌为巡讲员。

新民阅书报社

社址　设在孙家台

组织内容　分阅书阅报两部分阅览

宗旨　开通民智,提倡民德

发起人　王执中　蒋登翔　刘佩衍　孔英臣　马秀升

创办费　基本金现洋三千元

社会教育

曾办通俗图书馆一处,讲习所二处,巡回文库、简易识字学校三十处,均前后奉令停办。平民夜课学校十九级,现已毕业。

城厢图书馆一处,阅报社二处,教育研究会三十五处,并于城内通衢设立牌楼三座,张贴报章,俾众周知,以灌输国民知识。

拟于城乡区村交通盛地遍设巡回文库,扩充图书馆、阅报社,使人人得观览之机会。并于各城乡区村学内附招平民夜课,实行简易教育,俾男女失学者得受普通知识。更于街市宣传社会教育之意旨,用以换起民众对于读书识字求知之兴趣。

辽宁省开原县县立图书馆调查表　中华民国十八年六月

馆名地址及成立年月	馆长姓名履历	储藏图籍报章册数种数			每年阅览人数	阅览者职别	今年经费及其所及出	管辖支配之巡行文库名称	备考
开原县立图书馆，馆址在开原县城东街路南，于民国十五年二月成立	名誉馆长朱万选，系奉天两级师范学校毕业，曾任开原县立中学校教员、开原县教育公所事务员、开原县立第一小学校长等职，现任开原县教育局教育委员		种	册	一月 532	自治 12	全年经费一千八百〇圆，由教育经费项下拨给		
		哲学	13	15	二月 538	教育 1205			
		伦理	68	83	三月 489	军 66			
		社会	41	51	四月 558	警 218			
		文学	145	174	五月 608	农 195			
		教育	66		六月 105	工 186			
		史学	56	402 400	七月 833	商 1315			
		地理	25		八月 942	学生 3957			
		政治	12	50	九月 915	吏员 315			
		数理	58	98	十月 780	其他 1062			
		医学	32	99	十一月 795				
		农学	18	35	十二月 483				
		工农	5	33	总计：以上全年阅览者之统计，除休息六十二日，全年实在开馆之日共计三百零三日，每日平均阅览者约二十八人				
		商学	5	60					
		兵学	12	9					
		技术	17	30					
		杂书	86	20					
		图画	12	312					
		杂志	41	21					
		新闻	6						
		总计	778	1892					

（《开原县志》卷六教育，卷七全境学校一览表　民国十八年铅印本）

营口县

县立图书馆

营口县立图书馆地址在双庙子南街文庙院内，民国十二年五月经前所长李赓飏创立，即以教育公所原有之接待室两间略加修理，并请准款项购置书籍多种，是年八月正式成立，按日开馆。当时各界阅览者颇为踊跃，嗣因地方公款支绌，乏力多购，阅览者较前稍减。十五年教育公所迁移新址，复因房间无多暂行停办。十七年冬底，姜前所长希尚交卸，将存有之书籍移交县教育会办理，该会缺乏基本金常年经费，仅恃会体会员应纳会费支销，对于是项扩充计划实无余力。十八年八月间，经孙前局长凤楼以图书馆系社会教育启迪民智阐扬文化关系綦重，呈准收归教育局办理。借用文庙内先贤祠为该馆固定地址，复由商务印书馆购置图书多种,于是年十月间重新开馆,并附设阅报所一处,设有馆长一人,管理员一人,分司馆内一切事务。十九年复奉令订购《万有文库》一部,陆续寄齐,阅览人士增多,此县立图书馆之成立及沿革之大略也。

市立图书馆

市立图书馆地址在老爷阁东大街路北,于民国十八年八月间正式成立,设馆长一员,管理员一员,夫役一名,分司职务。其先于民国十二年十一月前市政公所创立时,翌年即行设立,但粗具规模,所购书籍多不完备,附设于西大庙天后宫西廊内,阅览人数无多。嗣于十八年一月市所裁撤,改为市政筹备处,范围扩充。该馆亦即重新组织,旋于是年八月五日正式开馆,搜集各种报章杂志及一切通俗书籍应有尽有,始至市所院内,命名为营口市立图书馆。二十三年三月筹备处撤销,市政改归县政府接办,县府迁移于前筹备处院内,该馆再迁于旧县府院内,仍以官署之地,又兼偏西,阅览者非适中之地,更为寥寥。嗣于是年八月间三迁于东大街现在地点。每日开馆,各界阅览者顿形踊跃,常年经费现洋一千五百二十四元,由市政捐款项下开支。

(《营口县志》 民国二十二年石印本)

锦 西 县

社会教育

县立图书馆 于民国三年创办,以阎广仁为馆长,兼营图书事业,仅具形式而已,民国七年停办。

巡回文库及讲演会 民国四年创办巡回文库,以李冬延、封绍先、伞泽洪、杨国相等四人为宣讲员,划全境为四区,分担讲演责任。未几派李冬延为巡行讲演员,周历四乡讲演,改良风俗及培养道德一切事务。民国九年奉令停办。

(《锦西县志》卷四政治教育 民国十八年铅印本)

桓 仁 县

讲演所

清宣统三年设立宣讲所于县城东门里城隍庙院内,师范毕业生翟乃文主其事,每日宣讲一小时,嗣以地方公款艰窘,公费无出,旋即停止。民国十八年七月间,奉教育厅令就平民学校院内,附设社会教育讲演所,以徐炳阳为所长,以傅广贵为讲演员,讲演颇勤,听者日见加多。

图书馆

通俗图书馆 宣统二年设立附属县立高等小学堂院内,任杨发祥为馆长,后以公款亏累,复以风气未开、阅书人少而改为商办。设肆于县城东门里,遂专以货书售卖为营业焉。

(《桓仁县志》卷十二教育志 民国十九年石印本)

宽甸县

学校会社表

名称	地址	成立年月	纪事
教育公所	城厢	前清光绪三十三年	设总董、劝学员、事务员,其县视学由总董兼任,宣统三年派李复仁充任,嗣委原宗翰接充。
教育会	城厢	前清光绪三十四年十月	经费由城镇乡教员担任,每月纳会金二元,正副会长均尽义务
社会教育事务所	附城厢前劝学所内	民国二年十一月	现归并教育公所
社会教育研究所	城厢	民国二年六月	由城镇乡各自治会分送学员十四名入所研究两月,毕业旋即停办
县立图书馆	附城厢前劝学所内	民国二年六月	由县立两等小学校送存图书二百九十七种
模范通俗讲演会	城内南大街	民国二年七月	
县立通俗图书馆	附模范讲演会	民国二年十月	
通俗讲演会	分设各镇乡之太平峭、步达远、石柱子、长甸城、古楼子、杨木川、双山子、牛毛坞、小蒲河,共九处	民国三年正月	
镇立通俗图书馆	附太平镇两等学校	民国三年五月	

(《宽甸县志略》学校会社表　民国四年石印本)

兴京县

图书馆

　　通俗图书馆于宣统三年三月开办,附设劝学所,馆务由所长兼掌,馆役一人。常年办公经费九十六元,藏书一百二十种,因风气不开,阅书人少,平均每日约十人。

(《兴京县志》卷四教育　民国十四年铅印本)

宣讲所

原设新宾堡街西头三教寺院内。光绪三十三年七年,经马俊显同知开办,遴聘讲员一名,刘廷元任之。每日宣讲一小时。助讲各员由学堂教员互任之。嗣因地僻不便观听,移设中街路北自治研究所院内。一切费用由官立两等小学堂统支分报,讲员夫役亦附寓学堂,以省杂费。民国五年七月停办。

县立图书馆

县立图书馆于宣统三年三月成立,原称通俗图书馆,附设于劝学所内,设馆长一人,馆役一人,常年经费九十六圆。至民国十八年改称县立图书馆,移于河南中街瓦正房三间,地址适中,观览亦众。组织扩大,经费增加,设馆长一人,主任一人,馆役一人,常年经费一千零肆拾肆圆。迨至民国二十年三月因公款支绌一度停办。兹于民国二十二年九月恢复,设馆长一人,馆役一人。常年经费八百九十九圆。斯时前预订第一期《万有文库》,均已先后到齐,复订购["购"原为"讲"]各种报纸、改杂志、小说、同报数十种,以便人民随意浏览。开通人民智识,改良社会教育,实利赖之。总计藏书一千二百余种,每日平均阅览人数约二十人。

附历任馆长姓名表

馆长刘树棠,劝学所长兼任,宣统三年任。

馆长刘熙春,劝学所长兼任,民国七年任。

馆长吴学毓,教育公所所长兼任,民国十年任。

馆长王福九,教育局长兼任,民国十三年任。

馆长赵振球,教育局长兼任,民国二十二年任。

馆长史永泰,教育局长兼任,民国二十三年任。

现任馆长吕松轩,民国二十四年任。

(《兴京县志》卷五教育　民国二十五年铅印本)

安东县

社会教育

巡行文库　民国二年由自治会拨款置备社会教育书籍若干卷,供人阅览,以教育公所为总机关,乡镇六区自治公所为巡行地,依次阅毕由县更换。三年自治停办,管理无人,书皆散佚矣。

讲演会　民国二年五月劝学员长姜日德与社会教育事务员刘尧臣组织社会教育讲习社,考取社员十八人。冬期毕业,开会讲演,经费由自治会担任。三年春自治停办,社会教育经费无着,由教育公所督饬,社会教育事务员并讲习社毕业诸人维持现状。旋经呈准指拨经费,赓续讲演,刘尧臣、周凤阳历充讲演员。五年因经费不足,暂行停办。六年秋复设讲演所一处。王奉璋、刘尧臣先后委充讲演员。七年八月,省视学郑兴文视查报告安东社会教育机关形同虚设,奉省长指令应行取销,以省公款。九月,遵令裁撤。经县教育会呈请恢复,由东边道尹委科员岑启瑞会同县署查明社会教育各机关无成绩可言,暂缓恢复。十四年由市政公所拨款小洋一千八百余圆,在新安街南端创办安东市通俗教育讲演所一处,聘前县立第三小学校长徐典章为讲演员,外有庶务书记差役各一人,与市立图书馆兼用。于是岁五月成立,六月一日正式讲演,听者颇形踊跃,每日平均人数四五十人。附阅报室,订购各种报纸多份,每日阅报者约五六十人。开办以来,颇受社会赞许,安东社会教育为之一振。

附市立通俗教育讲演所简章

第一条　本所定名为安东市立通俗教育讲演所;

第二条　本所以启导国民改良社会为宗旨;

第三条　本所设讲演员一人,担任讲演并管理所内一切事务;

第四条　本所为缮写事宜,得设雇员一人;

第五条　本所讲演分普通特别二种,其要项如下。

(一)普通讲演要项如下

一　鼓励爱国

二　劝勉守法

三　增进道德

四　灌输常识

五　启发美感

六　提倡实业

七　注重体育

八　劝导卫生

九　改良习俗

(二)特别讲演要项如下

一　关于临时事变者,如国内国际之天灾事变等

二　关于特别地点者,如监狱感化院等

第六条　本所讲演每日两次,时间如下。

午后一时至三时一次

晚间六时至八时一次

第七条　讲演员应按照第四条讲演要项选定题目,编撰演稿,练习纯熟,切实讲演,并于未讲前将讲题目揭示,俾众周知

第八条　讲演员应将逐日讲演题目、听讲人数造具一览表,讲演底稿汇编成册,按月呈送市政公所查核备案

第九条　本所得酌量情形置备下列各种辅助品

——理化试验之仪器标本

——幻灯及活动影片

——各种教育图画

——风琴、留声机等

第十条　本所得附设阅报室

第十一条　本所简章如有未尽事宜得随时增修之

附市立通俗教育讲演所听讲规则

第一条　市民在讲演时均可自由入室听讲

第二条　听讲者鱼贯入场,依次列坐

第三条　听讲者不可任意喧哗及动作

第四条　听讲者不可吸烟及食瓜果等物

第五条　听讲者不可任便吐痰以重卫生

第六条　听讲者有疑问时须俟讲演完毕再行发问

第七条　讲演时间依本所讲演规则定之

第八条　讲题由讲演员时前或临时宣布

第九条　讲演室内备有水及壶盏,休息时得自行取饮

第十条　本规则有适用时得随时修正公布

第十一条　本规则自公布之日施行

附公共阅报室阅报规则

第一条　本室各种报纸专供市民公共阅览之用

第二条　阅报者得自就报架选择,阅毕仍置原架,不得任意放置

第三条　阅览时务宜肃静,不得朗诵及大声偶语,致妨他人阅览

第四条　阅览室内禁止吸烟任意痰唾

第五条　各种报纸只限在室内阅览,不得携室外

第六条　如有剪切像片撕落篇幅,须按原价赔偿

第七条　阅览时间每日由午前九点钟起至十二点钟止,如有变更临时公布

第八条　本规则有适用时,随时修正

第九条　本规则自公布之日施行

图书馆　创始于民国二年秋,由自治会捐款购置图书,附设教育公所内,规模狭小。至民国五年因经费不足暂行停办。八年春,陈漱六大令注重社会教育,由公益捐项上提拨三千余圆,益以总商会之款共五千余购置逊清宫保金息侯亿藏图书一千五百余种一万一千册陈列元宝山前剧楼,名曰安东公立图书馆,供人阅览。置馆长一人,为之经理,全年经费由总商会担任。十二年春因图书被盗若干册,遂行封锁。至十四年,安东市政公所创办通俗教育,借用总商会旧有图书八十箱一千五百九十八种一万一千四百二十五册,并新购图书四千一百二十册,计分八门:第一史子集及诗文杂钞函牍,第二哲学教育,第三历史地理传记,第四数学物理化学博物,第五法律政治经济社会,第六农业工业商业,第七医学兵学艺术,第八丛书常识杂志小说杂书,都为三十类,陈列市内新安街南首楼上,下为阅览室,名曰安东市立图书馆,八月一日开馆,地址适中,阅览人数平均日常四十余人,设主任一,事务员一,雇员一,岁费大洋二千三百圆。

附市立图书馆章程

第一章　总纲

第一条　本馆隶属于安东市政公所,定名为安东市立图书馆

第二条　本馆以搜集图书供给公众阅览为宗旨

第三条　本馆对于阅览者概不收费

第二章　职员及职务

第四条　本馆设主任一人事务员一人

第五条　主任秉承市长总理全馆事务并处理下列事项

——关于办理公文事项

——关于馆内经费预决算编造事项

——关于图书选购事项

——关于图书检查及清理事项

——关于阅览图书出纳事项

——关于图书出纳及阅览人之统计事项

——关于图书分类编号及编制目录事项

第六条　事务员承主任之命处理下列事项

——关于整理书架事项

——关于图书拨付出纳处事项

——关于器具购置及保管整理事项

——关于款项帐簿经理及保管事项

——关于馆舍扫除及清洁事项

——关于图书曝晒及消毒事项

——关于图书装订及修补事项

——关于馆役考勤事项

——关于主任临时指挥事项

第七条　本馆主任每届年终应将办理情形编为报告呈报于市长,但关于图书出纳及阅览人之统计须每月呈报一次。

第八条　本馆为缮写事宜得设雇员一人

第三章　开馆时间及休馆日

第九条　本馆每日开馆时间如下

自三月一日至九月底每日午前八时至十二时,午后一时至五时

自十月一日至二月底每日午前九时至十二时,午后一时至四时

第十条　本馆于星期日照常开馆,星期一休馆一日,检查书籍。新年休馆三日,国庆日纪念日、春节夏节秋节冬节均休馆一日,临时休馆随时定之。

第十一条　本馆于七月间举行曝书休馆十日,起止日期由主任临时定之。

第四章　附章

第十二条　本馆阅览规则另定之

第十三条　本章程如有未尽事宜得随时增修之

市图书馆阅览规则

第一条　阅览本馆图书须先至出纳处索取阅览证一纸,自就目录柜检查,写明书名、号数、册数及阅览人姓名、职业、住址,向出纳处提取,阅毕出馆时如数缴还。

第二条　阅览人每次取阅图书数目须依下之定限:本装书三种十二册,洋装书三种四册,本装书洋装书同时阅览者,照前项之定限洋装书一册照本装三册计算。

第三条　图书阅毕须自行缴还不得展转传阅或倩人代缴。

第四条　图书缴还时须视出纳员将阅览证上原填书名注销,始得离馆以免错误。

第五条　阅览图书须保持原状不得圈点折叠,如有损坏须赔偿相当价格。

第六条　阅览人如见书中有错误之处,须另纸记明书名、卷数、页数,报告本馆更正,不得自行添注涂改。

第七条　如失落本馆图书须按原价二倍赔偿。

第八条　疯癫及有传染病者不得入馆阅览。

第九条　阅览人如违背本规则或不依本馆临时指示者,得令出馆。

第十条　阅览室务宜静默,并不得吸烟食物。

第十一条　本规则如有未尽事宜得随时增修之。

(《安东县志》卷三教育　民国二十年铅印本)

铁岭县

社会教育图书馆简易识字巡回文库

社会教育为通俗教育也。光绪三十三年新政初颁,民多疑惧。办学员绅并各乡教员每星期在城内关帝庙轮流宣讲,以开风气,后乃在县署西税司旧地设宣讲所,聘专员讲演,兼为公共阅报处。民国元年社会讲员刘殿元、张兆芬、高拱辰三人由省讲习毕业归,乃就宣讲阅报所改建图书馆,备农林通俗各书,以刘殿元督其事,仍任宣讲。先是各乡校附设简易识学塾,其教育之责以教员兼任之,至此乃更设巡回文库五处,期收化民成俗之实效。

附图书馆现储各书籍　依原次序登载

——哲学门　新镜花园　天上大审判　星球游行记　未来世界　三百年后之吾人

——伦理门　火山报仇录　真国民读本　附　孝女耐儿传

——社会门　泰西礼俗新编　歼仇记　黑奴吁天录　博徒别传　血手印续侠隐记　附　美人烟草　骨肉余生述　侠黑奴

——文学门　儿童过渡　普通新知识读本　女子写信不求人　蒙学尺读教科书

——教育门　家庭教育　家庭教育宣讲规范　学生教育宣讲规范　女子教育宣讲规范　农事教育宣讲规范　工事教育宣讲规范　商业教育宣讲规范　军事教育宣讲规范　社会教育宣讲规范　社会教育白话宣讲书　平民教育法　自助论　学界镜含冤花　国耻演说　军中白话宣讲书　中华民国国土演说　蒙学习字实在易　绘图识字实在易　馨儿就学记　孤雏感遇记

——史学门　中华开国全传　神州光复志演义　复国轶闻　万国新历史　中外豪杰史读本　国耻小史　埃及惨状　明季南都殉难记　铁血宰相　诸葛亮　哥伦布　讷尔逊　铁假面　亚洲三杰　拿破仑　迦因小传　十五小豪杰　林肯　共和人物万国新历史　劫后英雄略　女权发达史　日本维新百杰传　小仙源　鬼山狼侠传　神州女子新史

——地理门　天下最新全图　世界大地图　探险小说　世界三怪物　支那疆域沿革略说　中学矿物教科书　烟水愁成录　鲁滨孙飘流记　鲁滨孙飘流续记　航海少年

——政法学门 地方自治浅说 世界共和国政要 法美宪法政文 美国共和政鉴 法国宪法释义 美国议会详章 美国民政考 法国民主政治 法国行政法 中国宪法大纲论驳 美国宪法政治学 美人手 释公债 公共基本财团组合法 法学大全 法令大全 回头看 拿破仑忠臣传 新刑律笺释一数理学门 上下古今谈 泰西事务起原 中西算学实在易 初等博物书 蒙学格致教科书

——医学门 家庭新医学讲本 中西医方会通 公民卫生必读 化学实验新本草 蒙学卫生教科书 卫生堂毒疫问答 胃肠养生法 改装必读一农学门 农务新编 栽培新编 土壤新编 牧畜新编 肥料新编实验农产制造新编 植物生理新编 实验蚕桑学新编 蚕桑学令本 水产新编 昆虫新编 实验夏秋教科书 蚕饲育法教科书 植物病理新编 森林新编一工学门 中国工业史 治工轶事 奉天矿产调查书

——兵学门 滑铁庐血战余腥记 利俾瑟战余腥记 鬼士官一杂学门 废物利用编 增广智囊补 红宝石指环 风云会奇传 世界第一谈 秘密电光艇 研人十三种 铁窗红泪记 恨海春秋 三玻璃眼 新奋丛谭 南京杂录 新泪珠缘 冷笑丛谭 七襄云锦 左右敌 劫余灰 则山荄荄存单 美人岛 挥尘谈 刺国敌 三字狱

（《铁岭县志》卷四教育志 民国六年铅印本）

通俗图书馆

地址在城内西大街县政府西邻,旧为牛马税局,民国元年四月成立,设馆长一人,馆员一人,夫役一人。计阅书室二间,阅报室二间,陈列室一间,藏书室一间,馆长办公室一间,馆长宿舍一间,员役室一间,厨室一间。馆内所藏书籍计政治、教育、历史、地理、博物、数学、农业、医学、艺术、体育、经传、诗文、法律、理化、英文、尺牍、小说等共五千一百四十种,所备报张计杂志、月刊、日报等二十种。年支现大洋九百元。

（《铁岭县志》卷五教育 民国二十二年铅印本）

图书馆

图书馆曾设于城内鼓楼东,后移于县署大门右侧银冈书院,所存之书籍由教育局移于馆中保存,曾附设工科之卖货处于此,近年取消卖货处。又附设宣讲所,馆长兼任宣讲员,以期开通人民知识,改良社会教育。又订购各项报纸及杂志小说月报等,人民随意浏览。现因教育局移往县署院中,而图书馆即移至教育局旧址,即郝公故居之银冈书院,而郝公祠仍在后堂,郝公手书"致知格物"之堂匾额,仍悬于祠内。现任馆长许成。

按郝公祠由教育局岁时祭享,盖饮水思源之意也。

（《铁岭县续志》卷二教育 民国二十二年铅印本）

<h2 align="center">西丰县</h2>

社会教育

本县社会教育自民国二年始奉令办理。初由本县选送刘裕和、马民安二人至奉天社会研究所,毕业后回县设立社会教育研究所及讲演所。办理一年余,奉令停办。至民国七年,杨华山任所长,于县城北街设立简易识字学校,办理二年,因学生数少停办。及民国十年,张恩书为劝学所长,乃将社会教育拟一具体计划,如夜学校、图书馆、贫民学校、区图书馆、讲演会、巡回文库等依次举办。社会教育之规模渐备。建国以后,对于社会教育尤为急急,择其收效微者或改之,或革之,或刷新之。兹将其沿革并现在概况列下。

图书馆

本县图书馆于清宣统元年附设于县立第一小学校内,嗣又迁并于劝学所内,第以无专人经历经理,又无相当馆址,故虽略备图书,迄无局外人阅览。民国十四年冬,始筹画经费,在顺城街设立图书馆,添购书籍,至此市民始得阅览书籍之机会。民国十三年,文庙修成,其后有房六间,遂将图书馆迁入其中。十[原无"十"]六年,又于顺城街图书馆旧址添设图书分馆,嗣又并于民众教育馆。及民国二十三年七月,民众教育馆停办,所有图书并入图书馆内,任蒲文珊为馆长,张其志为馆员。现藏书八千零二十五部册,馆内附阅报所,任人阅览,以增市民之知识。

巡回文库

西丰于民国二年在城内设立巡回文库,购简明图书数百种,分寄各栈店,每星期日由经管人互相移送,以期阅览周遍。民国十八年改善办法,全县画为九区,每区按学校之多寡分为若干组,备同类之图书九份,每份为四五百种,每区内各按组数多寡平均配置。如第二区学校为十六处,而图书为四百八十种,则每组各得三十种,同时发给该十六组领取。每届星期日各组互相移送。如第一组图书送至第二组,以次推送,则第十六组之图书轮至第一组矣。嗣因转递困难,为期又促改为由县立图书馆经理,配置图书若干种,分为九组,每区指定县立学校一处,由该校长负责办理巡回文库事,如第一组图书发交一区学校附设之文库,为期二个月,期满以次递送二三区。如一组书转至九区学校附设之文库,则第九组之书又轮至一区矣。嗣因图书存在学校,乡人阅览者少。民国三十六年,将九区巡回文库之图书一律收回归图书馆保管,由该馆另定供书章程,以免遗失。

(《西丰县志》卷十五教育　民国二十七年铅印本)

盖平县

图书馆　民国三年初设,附于劝学所,后转移文昌阁,今又迁于鼓楼,计瓦房八间。

教育讲演所　清光绪三十三年设立,昼间宣讲,夜间为简易识字。民国八年停办,十八年复成立,名为民众讲演所,地址在鼓楼北路东。

图书馆　民国三年成立,原附劝学所院内,后移在鼓楼。馆长一人,馆员一人,夫役一人。藏书库统计新陈书籍一千余种,供各界人士观览云。

(《盖平县志》卷二建置志,卷五教育志　民国十九年铅印本)

北镇县

社会教育

图书馆及巡行文库

　　清宣统三年十月,劝学所长郭绍汾于劝学所院内设立图书馆一处,置备各种书籍任人阅览。民国四年,又添设巡行文库,附于馆内,至民国五年停办。

社会教育讲演所

　　民国元年,于文庙西节孝祠内设立讲演所一处,设讲员一员,逐日讲演,以开通民智。至民国五年,因无款停办。十五年八月,又呈奉教育厅令准恢复通俗讲演所及阅报室。

(《北镇县志》卷四政治教育　民国二十二年石印本)

阜新县

　　民众教育馆　于民国二十二年十二月奉令成立,因经费困难暂设馆长一员,馆员一员,担任讲演。附平民学校一班,民众阅报室、游艺室、宣传小委员会等均粗具规模。将来经费充裕,再事发展,照章进行,则必大有可观。

(《阜新县志》卷四教育　民国二十四年铅印本)

凤城县

社会教育

　　通俗图书馆　设龙凤寺前,民国三年五月成立,馆长一人,由讲演所所长兼任。藏书约三百册,每日报章三种,全年阅览者万余人。购置费及杂费年一百五十余元。

　　讲演所　名凤城县第一讲演所,光绪三十四年成立,初名宣讲所,民国元年改称讲演会,五年始改今名。旧设龙凤寺院中,今附属通俗图书馆内,所长一人。常年经费四百五十元。又于民国二年十月设讲演所三十九处,附于各区学校,每处主任讲员一人,经费年十元。今列其地址如下。

　　中区　　雪里站　红旗堡　达子堡　大堡　边门老爷庙

　　东区　　顾家屯　石头城　叆河屯　汤伴城

　　南一区　龙王庙　桦木山子　东上坡　太平寺　北井子　回龙山　黄土坎　西尖山子

　　南二区　小楼房　厢白旗　双庙子　黄旗堡　三义庙　蒙古营子　何家岗　柚梠木房　　　　　　包家营子　大房身

　　西区　　黄旗堡　赵家堡　夹山窑　二道洋河　白旗堡　王家沟　周家堡　六大门

　　北区　　通远堡　山羊峪　石庙子　大汤沟

(《凤城县志》卷四教育　民国十年石印本)

复县

社会教育表

县立模范通俗讲演会	城内关帝庙院内	前清宣统元年五月
县立星期讲演会	附城内关帝庙院内	民国六年九月
乡立沙包子通俗讲演会	沙包子	民国七年三月
乡立瓦房店星期讲演会	瓦房店	民国三年五月
乡立简易识字学校	瓦房店	民国三年五月
乡立夏期讲演会	喇嘛庙	民国三年五月
城立夏期讲演会	沙陀子	民国三年五月
乡立夏期讲演会	太平山	民国三年五月
镇立夏期讲演会	永宁监	民国四年三月
乡立夏期讲演会	邹家山嘴	民国五年七月
乡立夏期讲演会	土门子	民国五年七月
县立图书馆	城内东街路南	前清宣统三年四月
县立通俗图书馆	城内东街路南	民国二年二月
县立巡行文库	城内东街路南	民国四年五月
乡立瓦房店巡行文库	瓦房店	民国四年五月
乡立后二十里堡巡行文库	后二十里堡	民国四年五月
乡立黄旗大屯巡行文库	黄旗大屯	民国四年五月
乡立兴华巡行文库	泡子堡	民国四年五月
乡立长兴巡行文库	娘娘宫西崖	民国四年五月
乡立裴家屯巡行文库	煤窑裴家屯	民国四年五月

（《复县志略》学务表第二十二　民国九年石印本）

新民县

通俗教育讲演所　于民国二年由前清公组宣讲所改组,地址在县街关岳庙前。讲堂四间,内设主任讲演员一人,月薪小洋二十四元。夫役一人,月工小洋七元。加煤火油烛等费,计经费五百余元,由地方公款抽拨。主讲按日无间。至六年裁撤。

县立图书馆　于民国六年八月成立,地址在县街关岳庙前,即简易识字校之旧址,馆室三间。内设名誉馆长一人,经理一人,雇员、馆役各一人。馆长由劝学所长兼任,不另支薪。经理月薪小洋二十四元,雇员、馆役月各工食洋七元,外加煤火油烛等费,年计经费六百余元,由地方公款抽拨。所有图书另款购备。至七年八月裁撤,图书等项现归县立师范学校保存。

（《新民县志》卷六教育　民国十五年石印本）

沈阳县

地理

奉天图书馆 设立西华门外,光绪三十四年前奉天提学使张鹤龄创办。馆长一,管理员一,雇员二。藏书室一,储备书籍共九千四百四十二种。阅书室、阅报室、儿童阅览室各一,售券处、图书出纳暨租贷处各一。楼舍六十一。常年经费四千一百四十五圆。

附巡行文库四 每库设备通俗教育书籍五十种,社会小说五十种,报纸五份,巡行城关附设各茶肆内,以期开通社会教育,经费由图书馆公款内开支。

奉天省通俗教育讲演所 设立天佑门内图书馆南,民国二年四月创办,三年八月社会教育书籍编辑所并入,兼办通俗教育报。所长一,讲员一,技术暨雇员各一。房舍六。常年经费三千四百零五圆。

社会教育

巡行文库 附设各乡教育会内,共三十处,由县置备社会教育书籍若干卷,按乡巡回,供人阅览,依次阅毕,由县更换。

讲演会 四路三十乡各设一处,主任讲员以高等小学校校长充之,讲员以国民学校各教员充之。每逢日曜日依次讲演。本县置社会教育事务员,于农隙时赴乡讲演,并督催各会进行。

(《沈阳县志》卷一地理,卷四教育　民国六年铅印本)

抚顺县

社会教育

民众图书馆 清宣统间抚顺城南门外设有通俗图书馆一处,旋废止。民国十八年十一月,县街设民众图书馆一处,其组织为馆长、馆员、讲员、雇员各一人。赁房十五间,分为藏书室、儿童阅览室、妇女阅览室、普通阅览室、讲演室,购置图书五百二十种。每日平均阅览者约八人。常年经费为二千六百九十八元。馆内并附设民众学校,学生一级计五十八人。另设教员一人教之。

民众阅报所 与民众图书馆同时成立,附设馆内,阅览室一间,并报纸揭贴牌五处,常年经费一百八十元。

(《抚顺县志》卷二政治志　民国钞本)

辽中县

社会教育

图书馆 民国二年设立图书馆,馆址向未专设,附于教育公所内,馆长一席为所长兼任,不另支薪。迄十六年九月,经监督李委靳廷章接充馆长,当将馆内书籍等件移出,另辟馆址,于大东门外文庙院内,假教育会场为市民阅书报之所。经费仍隶属于教育局预算案内,并由局支领。

讲演所 清宣统元年始行创设,当时民智未开,听讲者寥寥。然省令催办,刻不容缓,当时租赁民房,延周八百为讲员。宣统二年周君辞职,罗怀赉继续讲演,未几,罗亦去职。至民国三年,假东门外工厂门房为讲演地址,委侯荫封为讲员,侯君辞职后亦停办。十六年又假文庙临街正房作讲演所地址,委常甲圣为讲员,间设活动电影,现在仍旧。

(《辽中县志》卷十七教育　民国十九年铅印本)

义县

县社会教育自民国开办以来,计设模范讲演会一处,四乡星期讲演会三十处,巡行文库十二处,图书馆一处。并于民国二年又招集全境鼓书员六十八名,在该馆传习改良新曲六个月,以期改良而开风气

(《义县志》中卷之八学制志　民国十九年铅印本)

附:辽宁省民国时期图书馆史文献目录

图书(书名、著者、出版者、出版时间)

1. 辽宁省立图书馆馆刊(第一卷)　该馆编印　1930 年
2. 辽宁省立图书馆之使命与其实施　卞鸿儒　辽宁省立图书馆编印　1929 年
3. 奉天省立图书馆概览　该馆编印　1943 年
4. 奉天省图书馆联合研究会年报(第一辑)　奉天省民生厅社会科、奉天省图书馆联合研究会　1941 年
5. 参观大连图书馆报告　辽宁省立图书馆编印　1929 年
6. 私立沈阳佛教民众图书馆一览　该馆编印　1947 年

论文(篇名、著者、期刊名、卷期、出版时间)

1. 辽宁省县立图书馆一览　孙树身　辽宁省立图书馆馆刊　第 1 期　1930 年 9 月
2. 辽宁全省图书馆与东省日侨所设图书馆之比较观　夏万元　文华图书科季刊　2 卷 3—4 期合刊　1930 年 12 月
3. 辽宁省立图书馆之使命与其实施　卞鸿儒　辽宁教育月刊　1 卷 9 期　1929 年 9 月;1 卷 10 期　1929 年 10 月
4. 本馆略史　辽宁省立图书馆刊　第 1 期　1930 年 9 月
5. 本馆十八年度经费预算表　辽宁省立图书馆刊　第 1 期　1930 年 9 月
6. 十八年度工作报告　夏蔓园　辽宁省立图书馆刊　第 1 期　1930 年 9 月
7. 十八年度馆务纪要　李光蕚　辽宁省立图书馆刊　第 1 期　1930 年 9 月
8. 十八年度馆务会议纪录　辽宁省立图书馆刊　第 1 期　1930 年 9 月
9. 十八年度馆藏图书统计　辽宁省立图书馆刊　第 1 期　1930 年 9 月

吉林省

地方志史料目录：《长春县志》《西安县志略》《延吉县志》《海龙县志》《通化县志》《怀德县志》《续修怀德县志》《临江县志》《东丰县志》《梨树县志》《抚松县志》《珲春县志》《吉林方正县志》

附吉林省民国时期图书馆史文献目录：1 种图书，2 篇论文。

长春

长春图书馆

民国元年十一月创立，初名图书馆阅览场，购备书籍多种，公开借阅。五年，改为长春简易图书馆。十一年取消简易字样，称长春图书馆。嗣因规模狭隘，不敷应用，乃于十四年在中央通建筑宏阔馆舍。现购藏各种书籍六千九百四十四册，读者会员七百六十八名，常年阅书人达一万一千余名。

公家藏书目

长春图书馆系由捐募而成，原属教育局兼管，继改归市政筹备处，馆址在旧道胜银行院内，规模尚称阔大，藏书亦甚多，约分经史子集等各若干种，皆由北平等处购来，版间有珍贵典雅者并委有专人经理，文萃攸关，自当重视也。兹将该馆藏书目录照钞于下。

经部

皇清经解	六十函	周礼正义	二函
续经解	三十二函	说文释例	二函
通志堂经解	四百八十本	说文句读	二函
经籍纂诂	六函	经义考	八函
御纂七经	一百四十二本	小学考	十二本二板
音学五书	二函		

史部

正续通鉴五种	共二十三函	四库全书总目	十四函
五朝纪事本末	十二函	书目答问	一函
二十二史劄记	二函	语石	一函
十七史商榷	二函	李氏五种	十二本一板
先正事略	二函	历代舆地图	四函
方舆纪要	一百零六本	通鉴辑览	八函
天下郡国利病		史通通释	一函
水道提纲	一函	史通削繁	一函

史记精华录　　一函　　　　国朝画征录　　一函
画史汇传　　四函　　　　　国朝诗人征略　　一函
大清一统图　　八本　　　　历代史表　　一函
金石萃编　　四函　　　　　古泉丛话　　一本
钞录　　一函　　　　　　　皇朝藩部要略　　一函
三史语解　　一函　　　　　吉黑外纪　　一函
历代帝王年表　　四本一板　蒙古游牧记　　一板
光绪东华录　　六十四本一箱　蒙古鉴　　一本
日本国志　　一函　　　　　东三省政略　　一箱代图
吾学录初编　　一函　　　　金石丛书　　四函
汉学师承记　　一函　　　　金石文字典　　四函
佩文斋书画谱　　八函

子部

百子全书　　十函　　　　　啸亭杂录　　一函
廿二子　　八函　　　　　　阅微草五种　　一函
庄子集释　　一函　　　　　广事类赋　　一函
庄子集解　　一函　　　　　北堂书钞
荀子集解　　一函　　　　　初学记
老子核故　　二本　　　　　太平御览　　十二函
东塾读书记　　一函　　　　数理精蕴　　六函
困学纪闻　　一函　　　　　协记辨方　　二函
大学衍义　　一板　　　　　医宗金鉴　　六函
大学衍义补　　四函　　　　景岳全书　　四函
日知录集释　　二函　　　　黄氏八种　　二函
容斋五笔　　二函　　　　　温病条办　　一函
渊鉴类函　　一箱　　　　　陈修园二十三种　　四函
佩文韵府　　一箱　　　　　东医宝鉴　　五函
骈字类编　　一箱　　　　　沈氏遵生　　二函
少室山房笔丛　　二函　　　一切经音义　　一函
子史精华　　四函　　　　　弘明集　　一函
安吴四种　　二函　　　　　广艺舟双揖　　一本
无邪堂问答　　一函　　　　韩非子　　一函
书林清话　　一函

集部

全上古今三代文　　十夹板　宋诗纪事　　四函
汉魏三名家集　　十二函　　胡文忠公集　　二函
全唐诗　　四板　　　　　　明诗纪事　　四函

元诗纪事	一板	东壁遗全	二函
施德苏诗	二函	江都汪氏丛书	一函
二程全书	二函	古今诗选	一夹板
制义丛话	一函	八代诗选	一函
章氏遗书	四函	骈体文抄	一函
章氏丛书	三函	吴梅村诗集	二函
王文成全书	二函	樊山全集	四函
弘正四杰集	二函	杜诗详注	二函
壮悔堂集	一函	东雅堂韩文	二函
惜抱轩全集	二函	五百家韩文	二函
石笥山房集	一函	八旗文经	二函
王船山全集	十函		

杂部

知不足斋丛书	三十函	音韵阐微	一函
粤雅堂丛书	三十函	盛京通志	二函
士礼居丛书	四函	越漫堂日记	八函
颜李丛书	四函	杜诗镜铨	二函
玉函山房丛书	六夹板	正续古文辞类纂	四函
抱经堂丛书	十函	历代沿革表	二十四本
平津馆丛书	六函	三苏全集	八函
春在堂丛书	六夹板	宋诗钞	六函
昭代丛书	二十函	汉书补注	四函
皮氏八种	二函	于中丞集	二函
小方壶斋丛钞	一箱	广板十三经注疏	
段氏说文	二夹板	曾文正公全集	十六函
康熙字典	六函		

（《长春县志》卷四政事志·教育，卷六人文志　民国三十年铅印本）

西安县

图书馆，以宣统三年春，知县雷飞鹏捐给百元并议募集，既少，应者会有民人宋恩波请捐二千元以助新政，乃以一千元兴筑县署办公室，以一千元为图书馆资，并得一千二百余元，由劝学所于预算修造两等学堂饭厅项下拨八百元为筑馆工资，事可成矣。

（《西安县志略》教育篇第八　清宣统三年石印本）

延吉县

社会教育

查延吉社会教育如阅报处、宣讲所,曾于前清宣统二年创办就绪,惟图书馆因彼时款项支绌未能同时举办,颇为缺点。劝学员长因鉴社会教育之发达与否为图书馆之有无攸关,前经详请延吉县转请延吉道道尹批准,将延吉河西公园所存图书移入本所,以便人民阅览而为补助社会教育之不足。其改良词曲戏等事,此时虽未举办,然既于社会教育有关,自宜次第实力奉行,以谋发达。

(《延吉县志》卷七教育　民国油印本)

海龙县

图书馆

粤我海龙地处旁陲,教育幼稚。自清以降,文化渐开,学校林立,然对社会教育仍未能十分扩展。迨光绪三十三年,长教育者以教育虽为立国大本,然非教育普及不足以言进步,爰择适当地址,设立图书馆一处,购书多种以备一般民众观览,迄三十年矣,民智大开。文盲日减,事半功倍,岂偶然哉!兹将图书馆历来变迁及其他事项胪举如下。

一、沿革

清光绪三十三年二月成立,附设劝学所院内,其后劝学所易名为教育公所,而图书馆仍无变迁。民国十三年经教育公所俞所长迁于县城南门里路西,并附设阅报社,兼代售小学教科书。迄民国十八年,教育公所改组为教育局,经王局长迁该馆于县城东门里路北,复委馆长一人,专掌其事。民国十九年八月因经费艰窘,裁撤馆长,移于教育会院内,馆长由局长兼任,民国二十一年八月,复移于教育局院内。民国二十四年,因教育局归县办公,局址改为科局长公馆,乃将图书馆移附县立师中学校院内,即由该校校长张延龄负责办理。

二、设备(民国二十四年度调查)

房间	2 间		
藏书柜	5 个		
杂具	10 件		
图书	哲学类	种	10
		册	866
	应用学类	种	8
		册	48
	社会学类	种	5
		册	6
	史地类	种	3
		册	22

续表

图书	语言类	种	1
		册	2
	文学类	种	32
		册	145
	杂志	种	132
		册	383
	新闻	种	6
		册	15
	计	种	199
		册	1470

三、经费

本馆经费向由县公署发给,年约六百八十四元。民国十九年全年经费仅三百六十元。迄民国二十四年,移附师中学校院内,经费全无。

四、阅览状况(民国二十四年度调查)

阅览状况调查表

每月平均开馆日数	二七日
每日平均阅览人数	一九六人
每月平均阅览图书数	三〇种
每月平均阅报人数	一四〇人
每月平均阅杂志人数	一二〇人
备考	

五、现在状况

因经费无着,故移附师中校内,一切事务即由该校校长兼办,每日照常开馆,以供阅览,惟所有图书几经焚毁,所存无几。阅书者除少数各界人士外,余则多为该校教师与学生。

六、将来计划

图书馆虽为社会教育之重要设施,然馆址不适宜,不便观览,亦难收效。本县有见及此,似不久即将该馆移设于县城南门里路东文庙左侧教育会院内,设馆长一人,办理一切,以专责成,并拟定购应用图书数十种、杂志多份,以便于一般民众之观览,而增闻见。

(《海龙县志》卷六教育 民国二十六年铅印本)

通化县

社会教育

图书馆之沿革

图书馆为人类汇宗知识处所,介绍文化机枢,搜罗古今著述,供社会探讨,阅览便利,贫儒不叹仰屋，译集东西新说，备学者借镜俯拾即是，志士无烦思问，是图书与吾人不可须臾或离，而图书馆之设关系进化密且巨矣。本县图书馆于民国二年经潘县长创办，附设于劝学所内，仅将县署存书拨出一部，未另筹款广事采选，亦未集有基金确立根株。彼时现馆长赵鸿恩适任劝学所文牍员，即委令兼办，不支薪俸，而县中人士不谙图书馆命意所在，无人利用，故阅者寥寥。洎县立中学成立，复拨作该校参考书，图书馆之名义亦不存在，校中历任校长从未加以整顿，更无增添，凌乱无章，已多有损失。民国十七年奉令设立图书馆，始行归还。于四月间正式成立，任徐云翔为馆长，注册编号，粗具规模。惟图籍不全，仍不发达。十九年七月改委赵步瀛为馆长，任期仅止月余。无何更易于八月终委赵鸿恩为馆长。鉴于图书馆之重要，内容设施复杂，系属专门学识，非可凭一人臆度所能措置裕如者。因请县署筹款，赴各埠内外大图书馆参观，采取先进制度，筹募图书基金，建藏书室三间，至各大书局选购图书，使各科知识具备，以供社会人士需要。在职三年惨淡经营，阅览者与日俱增，扩充阅览室，增添图籍，方期再进，竟遭自卫军之变，损失将半。遂于民国二十一年十一月奉令停办，民国二十二年社会秩序安定，经济渐充，于十二月恢复，仍任赵鸿恩为馆长，保荐萧注禹为事务员，襄助整理分类编号，添置卡片，一仿各图书馆所用最新编制法，费时四阅月，始行就绪。惟因事变以后，社会凋弊，公私窘迫，无力发展，勉就所能及者，稍事增添而已。民国二十三年三月，调升赵馆长为县署财务局理财股股长，另委徐炳南为馆长，继续整理，于四月终完全告竣，竟以公务繁忙，积劳成疾于十二月逝世。复调赵鸿恩为馆长。此图书馆沿革之大概也。兹将馆内组织及历任馆长职员衔名列下。

馆长一员　承受县公署内务局命令，综理馆内一切事宜。

管理员一员　承馆长命令理[原为"理理"]馆内事宜，暨图书注册分类、管理等事项（此系恢复前之名义，现不存在）

事务员一员　掌管同前（此系恢复后之新名义）

历任馆长及职员姓名一览表

职别	姓名	别号	籍贯	到职年月	备考
馆长	徐云翔	仞千	通化县	民国十七年四月	
馆长	赵步瀛	少青	通化县	民国十九年七月	于八月三十日调任电话局长
馆长	赵鸿恩	锡三	通化县	民国十九年九月	于民国二十一年十一月停办，二十二年十二月复任
馆长	徐炳南	焕章	通化县	民国二十三年三月	于十二月十四日病逝
馆长	赵鸿恩	锡三	通化县	民国二十三年十二月	现任
管理员	蔺德芳	子仁	通化县	民国十七年四月	停办时去职
事务员	萧注禹	宜民	通化县	民国二十二年十二月	现任

（《通化县志》卷三教育志　民国二十四年铅印本）

怀德县

社会教育

　　巡行文库　民国二年创办,城乡共七处,归各镇乡董事会办理,由劝学所附设之图书馆购备书籍三百余种,分发各文库,供人阅览。嗣因民国三年自治停办,而社会教育亦无形取销矣。民国十七年,设图书馆,存储多种书籍,备人观览。

　　讲演会　民国二年创办,城乡共二十六处,除本城有专员外,余均以各校教员于日曜日内分任讲演。三年停演,而本城讲演会则民国八年五月停办,民国十七年复设。

（《怀德县志》卷四教育　民国十八年铅印本）

图书馆

怀德县立图书馆

成立年月	民十八年八月
经费约数	八百六十五元
藏书册数	四千四百五十八册
阅览人数	六千二百五十七人

满铁会社公主岭驿图书馆

成立年月	宣统元年十一月
经费约数	经费七百元
藏书册数	六千五百九十一册
阅览人数	一万五千六百五十五

范家屯驿图书馆

成立年月	民国五年十月
经费约数	六百三十元
藏书册数	六千六百四十六册
阅览人数	二万一千四百九十三人

（《续修怀德县志》卷五教育　民国二十三年铅印本）

临江县

社会教育　图书馆

　　教育事业类别甚繁,要而言之,不外家庭、学校、社会教育三种而已。家庭者,教育之胚胎也;学校者,教育之发轫也;社会者,教育之实施也。权以轻重,学校教育固属紧要,倘无社会教育补其不逮,恐有心求学者非限于钱财,即于年龄,则教育前途必无发达希望。故临江于民国十九年秋,经董敏舒县长饬令,教育局长孙丕承创办临江县立图书馆,委经克苏为馆长,翌年春正式成立,在县前正阳街赁用瓦房三间,辟为藏书室、阅览室、食宿室,并由上海商务印书馆购来《万有文库》及各种书籍,以备官商学工各界之阅览。惜于事变时该馆书籍遗失不少。刘维清县长到任后,对于教育异常注重,复将该馆书籍严饬保存,并另购《四库全书》,暂移教育股管理,拟委妥人另行组织,以专责成而重社会教育。兹将图书目录择要列下。

万有文库　盛京通志　四库全书

(《临江县志》卷四政治志教育　民国二十四年铅印本)

东丰县

通俗图书馆　设立于民国九年一月,馆址附设教育局内,及民国十八年始由局迁于财神庙前。购置古今各种书籍凡五百三十余种,及现在各种杂志、报章,供县人阅览之需,用以开启人民知识。设馆长馆员各一人,办理该馆一切事务,而辖属于教育局焉。

讲演社　设立于民国二年二月,初办社址在南大街路南租用民房,后迁于财神庙前通俗图书馆内,设讲员一人,每月分上下午讲演。所讲题目多关于国内要闻、民众常识、破除迷信及三民主义等项。

民众阅报社　附设于通俗图书馆内,社长即由馆长兼任。备有新闻杂志多种,用供一般民众之观阅。

民众学校　民国十七年间仅设县立民众实验学校一处于通俗图书馆内,及十八年冬奉令催办农民识字运动,由教育局召集各学校并各机关人士作大规模之识字游行宣传,教育局又令行各校凡三级以上各校,无论城乡,皆附设民众学校一所,计先后成立者凡四十八校,连同原有一校,共四十九校,学生五十一级,一千四百五十一名。自此社会教育日见进步焉。

(《东丰县志》卷二教育　民国二十年铅印本)

梨树县

社会教育

民国元年冬奉令筹备社会教育,分目创办,兹将成立年限、地址及组织法分列于下。

图书馆　民国二年五月成立县立图书馆、通俗图书馆二处,地址一在北街路东,一在城隍庙门房。七年归并裁撤。馆长由教育公所兼办,计阅书室二间、藏书室一间。十三四年,添购图书九百五十余种,报纸十六种。每日阅览时间上午九时开馆,下午三时闭馆,星期一日休假。全年阅览人数约一万零九百八十余人。现仍归教育局兼办,局长兼馆长。

巡行文库　民国三年在榆树台、小城子、啦吗甸三处设立巡行文库,阅书者人数无多,七年停办。

讲演所　民国二年在县立图书馆、通俗图书馆附设二处,听讲者人数不少。三年在榆树台、小城子、啦吗甸、郭家店四处均设讲演所,以巡行讲演员二人轮流讲演。初则人数踊跃,嗣渐寥寥,均于七年停止。

(《梨树县志》丙编政治卷三教育　民国二十三年铅印本)

抚松县

社会教育

图书馆 县内官绅商农参各界捐款购置图书,于十八年十二月成立,附设教育局内,设馆长一人,系义务职,不支薪水。兹将其设备志下。

一 购置《万有文库》以备人士之阅览

二 购置儿童书报备儿童之阅览

三 购置通俗书报备一般民众之阅览

此系开办之设备,继兹以往,凡社会有新出之图书,必随时募款,随时购置,务期社会教育与时并进焉。

通俗教育馆

通俗教育馆附设通俗讲演所,于十八年十二月成立,内分四部。

一 图书部 备浅近党义、平民书报月刊等,以备民众之阅览。

二 讲演部 每日由讲演员按时讲演,使一般民众了解三民主义、国家时事、国际间情形、世界之趋势,并宣传风俗之改革,新正之设施,四权之行使,以树地方自治之根基。

三 新闻部 备各种新闻纸以便民众阅览,并随时为之宣讲以期了悟。

四 娱乐部 备电影留声机及游艺器具等,既易招来民众听讲,复以导作正当娱乐。

(《抚松县志》卷三教育　民国十九年铅印本)

珲春县

社会教育

珲春县通俗教育讲演所

珲邑社会教育之讲演机关孕于前清宣统二年三月间,于县城中街设学务宣讲所,经珲春广署委劝学所聘基熊骧为所长,师范生庆琪为宣读员。宣统二年并入自治。宣讲所以何廉惠为所长,何廉德为宣讲员。民国三年二月奉令停止。民国五年春筹设通俗教育讲演所,经珲春县公署委何廉惠为所长兼讲演员。继因民国三四年失禊重大,经费无着,附于劝学所内。民国六年,改设通俗教育巡回讲演员,经县公署委吉林通俗教育巡回讲演所毕业生郎寿山为讲员,于七年四月设通俗教育讲演所,以何廉惠为所长兼讲演员,改巡回讲演为通俗教育讲演所,讲演员经县公署委任蔺玉衡为讲演员,是年八月蔺玉衡辞职,委任王书修接充。八年二月,王书修辞职,暂委通俗图书馆馆员郎海顺兼充。十年三月,委任郎寿龄接充。二十一年三月郎寿龄辞职,委郎恩玉接充。十三年七月郎恩玉辞职,委赵锡五接充。于每日上午十时到十二时在所讲演,以留声机为讲演之辅助。于民国十一年改为公立第一通俗教育讲所,并于德惠乡设公立[“公立”原为“立公”]第二通俗教育讲所,所长以第五高等小学校长兼充,讲演员由该校教员兼充,酌支津贴。按日于午前十时至十二时为讲演之期,于农忙时则改为星期[“星期”原为“期星”]讲演。兹录表如下。

珲春县公立通俗教育讲演所一览表

名称	所址		设立年月	附记
	乡名	地址		
公立第一通俗教育讲演所	守善乡	县城北大街	民国七年四月	原系公立通俗教育讲演所,十一年改易名称
公立第二通俗教育讲演所	德惠乡	蜜江	民国十一年十二月	附设于县立第五高等小学校内

公立通俗图书馆

公立第一通俗图书馆,始民国七年四月,设于县城中街。设主任一人,经县公署委任劝学所所长何廉惠兼充,设司事一人,由主任任用,计存储书籍文学类十一种,政法类七十种,教育类三十种,历史类十一种,地理类七种,实业类八种,医学类六种,杂志类六种,小说类二十一种,图画类五种。由司事按日经管阅览事宜。十一年十二月设第二通俗图书馆于蜜江,主任一人,由县公署委派县立第五高等小学校长兼任,司事一人,由该校教员兼充。计存储书籍文学类五种,政法类十二种,教育类二十五种,地理类三种,商业类二种,共计五十二种。

阅报所

阅报所,民国三年设于劝学所院内,六年停止,七年四月附于通俗图书馆内。八年十二月又于守善、兴二、崇礼、敬信、德惠等五乡设立第一二三四五阅报所,兹列表如下。

珲春县阅报所一览表

名称	经理机关	地址	设立年月	踞城里数	附记
阅报所	第一通俗图书馆	县城中街	民国七年四月	本城	
第一阅报所	灵宝寺	首善乡二道营子	民国八年十二月	二里	
第二阅报所	县立第二高等小学校	兴仁乡三家子	同上	十里	
第三阅报所	县立第三高等小学校	崇礼乡廉川子	同上	十二里	
第四阅报所	县立第四高等小学校	敬信乡黑顶子	同上	九十里	
第五阅报所	县立第五高等小学校	德惠乡蜜江	同上	六十里	

巡回文库

巡回文库　民国八年十二月于守善、兴仁、崇礼、敬信、勇智等五乡设立第一二三四五巡回文库。兹列表如下。

珲春县巡回文库一览表　十四年调查

名称	经理机关	地址	设立年月	踞城里数	附记
第一巡回文库	灵宝寺	首善乡二道营子	民国八年[原无"八年",据前文增]十二月	二里	

续表

名称	经理机关	地址	设立年月	踞城里数	附记
第二巡回文库	县立第二高等小学校	兴仁乡三家子	同上	十里	
第三巡回文库	县立第三高等小学校	崇礼乡廉川子	同上	十二里	
第四巡回文库	县立第四高等小学校	敬信乡黑顶子	同上	九十里	
第五巡回文库	县立第六高等小学校	勇智乡桦树底	同上	十三里	原于八["八"原为"十八",据上下文删]年设于德惠乡蜜江,十三年春设于勇智乡桦树底下,踞城十三里,附设于县立第六小学校

民众教育[原为"教育教育"]馆

民国二十年二月,教育局长徐宗伟奉令将公立通俗图书馆、公立通俗教育讲演所、阅报所等机关改为珲春县民众教育馆,内设馆长一人,秉承县长办理本馆一切兴事事宜。馆员四人,秉承馆长分任书报部、讲演部、娱乐部及其他各事务。兹录该馆各部事务范围如下。

一、书报部　管理图书报章,编撰歌谣、标语,绘作简报、书报指导等,及提倡阅读书馆事宜。

二、讲演部　管理宣传讲演事宜

三、娱乐部　筹设及掌理公园、戏曲、棋社、音乐会、说书社、公共体育场等事宜。

(《珲春县志》卷九教育　民国二十年复写本)

方正县

讲演所

通俗教育讲演所一处,设本城大街西头道北,讲演员一员,讲演时间悉照定章。

(《吉林方正县志》学务门　民国八年铅印本)

附:吉林省民国时期图书馆史文献目录

图书(书名、著者、出版者、出版时间)

1. 吉林省立图书馆概况　该馆编印　1931 年

论文(篇名、著者、期刊名、卷期、出版时间)

1. 东省特别区教育管理局暂行通俗图书馆规程　教育月刊(东省特别区教育会编)　1 卷 2 期　1922 年 5 月

2. 吉林省民众图书馆办法大纲　中华图书馆协会会报　6 卷 1 期　1930 年 8 月 30 日

黑龙江省

地方志史料目录:《黑龙江志稿》《巴彦县志》《呼兰县志》《宾县县志》《绥化县志》《望奎县志》《景星县状况》

附黑龙江省民国时期图书馆史文献目录:1 种图书,1 篇论文。

学务

拜泉县劝学所系宣统元年成立,民国元年设教育会,三年设通俗教育社,社分讲演所于县城南街及三道镇两处。五年在县城者改为第一讲演所,在三道镇者改为第二讲演所,并在兴隆镇设第三讲演所。八年于劝学所内附设图书馆。

呼兰县劝学所系前清光绪三十三年设立,同时设通俗教育社,宣统元年教育会成立,图书馆成立于宣统三年。

绥化县劝学所系前清宣统二年设立,民国元年县城设讲演社,民国四年改组为通俗教育社,同时设通俗图书馆。

肇州县劝学所系前清光绪三十三年成立,民国二年设通俗教育讲演所一处,八年教育会成立,九年设图书馆。

兰西县劝学所系前清光绪三十四年设立,民国二年组织通俗教育社,附设图书馆。

嫩江县劝学所系前清宣统三年设立,先有图书馆、通俗教育社,至民国五年停办,书籍归入劝学所。

江省前无书肆,自设学务处,两次派员赴京沪购教科图书,就垦务局东厢设馆发行。光绪三十三年,简放提学使就学署西南建筑馆舍,为发行印刷之所。复奏请于省城西关外古庙建修图书馆,广购经史子集并东西各国图书译印精本,其各省官书局之书,则咨请各省长官咨送以饷边区。派专员管理,妥定开办简章暨藏书规则,规模具备,遵照部章,图书馆应设古物保存。适巴彦民人掘地得总领古印一方,稽之金史,品秩可考,即付馆存储。

原奏称:窃维时局日新,政学递变,非博通古今之故,则用有所穷,非并读东西之书,则才难应变,近日欧美各邦竞尚文化,一国之内,藏书楼多至百数十所,卷帙宏富,建筑精良,于以尽图籍之大观,资学人之参考,洵盛事也。江省僻处边隅,罕沾文教,城市之间,书坊绝少,村塾之子,《论》《孟》不知。近日学务甫有萌芽鼓箧之士,略见海外译书学堂课本经史巨册无可寻求,若不设法提阐学风,讲求古籍,即使学堂渐立,教课如程,诚虑笃守方隅,稍识粗浅之新书,不闻精深之国学,根柢不固,知识不完,其影响于风俗政教者所关甚巨。伏查学部奏定各省学务官制,内称图书馆亟须筹设。江省原有图书馆,向经租屋数椽。市厘湫隘,册籍不全,非择地另修,无以广储藏而资披览。现于省城西关外,勘得原有古庙基地址拟改建图书馆一区,屋室略求宽敞,并添修藏书楼、检发室、阅览室,以期完备。一面派员广购经史子集各种并东西各国图书,皆译印各精本。其在京各衙门及各省官书局刻印各书,拟咨由各处寄送以饷边区,并由臣等派委专员管理,分别收储,详定规则,听人入馆观览。所冀积轴填委,学理昌明,国粹藉以保存,人才因而辈出,似于补助教育,启发民智,不无裨益。谨奏奉批学部知道。

清光绪三十四年,将军程德全奏设图书馆,规模粗具。民国建之后,各县有相继设立者,因陋就简,未足以餍士民之望。十九年,以省政府行政会议之决定,令教育厅长高家骧、省府参议张庆琦相度基址于龙沙公园望江楼之南,拓地建筑,以精细之研究先行绘图,期合于最新式之图书馆。经始于是年四月,至十月竣工,广购图籍,贮之馆内,供众阅览。省政府主席万福麟为文记其事,教育厅长高家骧复为题名记并刊碑焉。

黑龙江图书馆碑记:岁戊辰秋,福麟来督黑龙江边防军务,其明年,制置政府,兼应主席之任。扬厉雅教,崇奖学校,窃欲有以新邦人之耳目图实效者。会群僚而谋焉,乃创建图书馆于城南望江楼之侧。以庚午孟夏始工,越七月而工竣。董其役者,教育厅长高家骧、省政府参议张庆琦等,慎筹精画,既固既周,高楼遂宇,奂奂闳矣。图书馆之名,昉于近代,稽诸往古,若周之藏室,汉之金马石渠兰台东观,实其权舆。惟今制殆犹广焉者耳。夫图书者,至治成法之所存也。统天地之心,着善恶之归,明利害之辨,通人道之正,学者于此因其材质而考索之,察其迹,观其用,未有求而不获也,即自孔子圣人,其学亦必求百二十国宝书,故常言曰述而不作,曰好古敏求,盖有然矣。黑龙江自古以武界著称,有清一代,名将踵兴,索伦劲旅震于天下,忠勋建节者彪炳简册,而英儒硕士独罕传焉。岂天之生材有所限,抑亦风俗陶铸之渐有致然哉。方今国步艰难,衅患纷乘,文事武备,不可偏废。而教育尤为政之先务,则斯馆之立,导其涂辙,固宜知所感奋也。馆中储聚群经诸子百家之书以及东西各国哲人巨著,无虑数千万卷,邦之俊士果能抟心揖志,探讨篇籍,则凡天地事物之理与夫圣贤修己治人之要,讲贯而博辨之,出其识绪,将必有以润泽乡里而佐当世之用者。继今以往,其雄朴之风,骁健不屈,郁而发为人文道德之宏词章之美,蔚然媲乎先民武功之烈,斯固余所厚望也。书于石,以为劝云。农安万福麟。

新建图书馆题名记:图书馆者,藏书观书之所也。盖邃古策府之遗规,而后世明堂石室金匮玉版之藏,则皆掌于太常太史博士之官,虽私家秘籍,代有传录而率不能共人人以览观也。顾今之制,大抵皆放西方诸国区,为参考普通,且有两者兼备,例弥广矣。我黑龙江图书馆实创立于有清之季,迄今垂二十年。初仅于教育厅,辟室插架,缄庋缥帙,而陋陕莫能容,览者尝慊焉。岁己巳春,家骧提学乡邦,辄谋有以扩之。会遭边警,遂以奄迟。其明年夏,始得请于东北边防军副司令官黑龙江省政府主席农安万公,乃与参议张君庆琦措画而趋为之。相城外龙沙公园望江楼之南,拓广衺得二十丈,九工比材,造作重楼,通以闶阆,缭以修垣,盖凡藏书之室,观书之堂,休息之庐,以至事员役之所居,罔不序具。经始于夏四月,而落成于冬十月。凡用银万有奇,渠渠翼翼,规制隆矣。我黑龙江当边徼之衢,外变靡宁,内政方作,而教育实为之本图。图书馆者,犹其一方耳,盖书之为类也繁,其为用也溥。随人之材智求自得之,观乎博,守乎约,虽古茂彦硕夫,其学未尝不始于观书也。今聚书数十万卷,藏兹精舍之中,俾后生学子昕夕揣摩,得所津逮,以摅发其材智,群萃以广益,积久而自通,则魁垒雄卓之才,其将于是出乎?斯固万公乐育之志,抑亦家骧区区之顾也。爰述建馆岁月颠末而与斯役者,并书其官职乡贯,庶有考焉。巴彦高家骧撰书。

省政府委员财政厅厅长庞作屏镇湘,辽宁绥中。

省政府委员教育厅厅长高家骧季喆,黑龙江巴彦。

东北边防军副司令官公署黑龙江省政府秘书长汪维城宗可,河北滦县。

东北边防军副司令官公署黑龙江省政府参议张庆琦仰韩,江苏铜山。

(《黑龙江志稿》卷二十五"学校志" 民国二十二年铅印本)

巴彦县

社会教育

光绪三十四年知州陈元慎设立宣讲所于城内文治街,定每月一、四、七日为讲演之期,午前十一钟起,午后四钟止。管理一员,讲演员四、编撰员五、印刷一。凡人伦道德、政治、常务、农工商、实业与巡警、保安、卫生及道路、桥梁、施医、赈恤一切公益之事,先由撰述员博采新书,编成白话讲义,刷印多张,分给听讲人携回各处,互相传述听讲,秩序一如讲堂式。平时阅书看报,与学生自习无异。所内备图书馆、游戏体操场,俾人人皆知自由于范围之内,他如淫书、邪声、淫戏,警察随时查禁,近来渐成习惯矣。合西集厂、兴隆镇两处宣讲所,岁共支大银洋一千六百七十元。

(《巴彦县志》卷四教育 民国六年抄本)

呼兰县

学校

通俗教育社 民国二年成立,附设劝学所院内。三年迁于东十字街娘娘庙院内,假东厢房三间为社所,凡设社长一人,雇员一人,全年经费大洋二千五百二十元。

通俗教育讲演所 民国元年设立,地址在南大街,初名通俗宣讲所。二年迁至东二道街路西,改称今名。设主任讲员一人,讲员二人。讲演稿由讲员自行编辑,其资料多取材于报纸及杂志。每礼拜讲演六次(礼拜一休息),其时间由下午一句钟至四句钟。讲员轮流讲演。当春夏秋季,除在所讲演外,并另组巡回讲演团赴人烟稠密之处露天讲演。每逢纪念日举行特别讲演会,俾民众明了该纪念日之价值及意义。在所听讲人数,当春夏秋季平均每日在三十人以上,至冬季即十余人不等。全年应需薪工,由通俗教育社经费内开支。

通俗图书馆 民国二年成立,附设讲演所院内。三年,迁于东十字街娘娘庙院内,假西厢房三间为办公室。设管理员一人。北二间为图书馆。创设之初,绌于款项,藏书无多。至十六年,在地方募集大洋三百六十元,添购书籍。现分为文学、政治、经济、法律、教育、科学、丛书、小说、杂志、通俗十类,共六百七十余种。每日阅书人在十五人以上。南一间附设阅报所,购报若干份,每日阅者二三十人不等。全年应需薪工由通俗教育社经费内开支。

呼兰图书馆记 廖飞鹏

呼兰故有通俗图书馆,其地址近市而嚣,好学深思之士病之,又以义取通俗,所蓄之书类皆普通习见之本,不足以供有心深造者之渔猎,盖几等于无云。余,窭人子也,回忆少之时,亦颇欲读书而苦不可得,每出游过书肆,辄低徊不忍去。其世家故族富有藏书者又不能公之于人,往往韫椟藏之用饱蠹鱼而已。自近代图书馆之制行,于余心乃大洽,迨后通籍宦游于四方,尤时时以立图书馆为素志。呼兰所谓通俗图书馆者,余既以为未足屡,拟卜地更筑,金曰:莫如西冈公园为宜。遂就公园花坞之旁,鸠工庀材,从事于建筑,其地高爽幽静,行见落成之后,将萃聚古今中外之密籍异帙,以供此邦人士有心深造者之所探讨。非敢曰嘉惠士林,亦聊以酬余之素志焉。是役也,赀率出于募集,驻呼兰剿匪司令马公秀芳,洮昂路局长万公国宾捐助为独多,县之荐绅先生亦踊跃随之,遂以集事,兹并列其姓氏如下,以志弗忘。至董其役者,为今教育局长苏景吕堃、前县志审定会委员孙景溪正濂也。例应附书,是为记。

募建呼兰图书馆疏 孙正濂

窃闻挟君山之群书敢与猗顿比富,拥李泌之万卷不羡南面称尊良以不入。西园谁抉三才之奥为窥东壁,离阐万古之奇而世之,庆藏缃帙,搜集芸编,于是乎尚焉。然古人如曹仓杜库,邺架陆厨,率皆秘以私己,未闻公以饷人,致使好学如陆羽徒坐牛背以叹穷,颖敏如王充阆入书肆而窃读,夫天生其才而环境厄之,世须其才而社会弃之,岂非数千年来以大可慨事耶?须知人与人群而成家庭,家兴家群而成社会,故社会者一大家庭也,公共图书馆者乃应备之府藏庖厨也,又乌可付之阙如,视之默然也哉?呜呼!地广人稠,允推望郡,所为公共图书馆尚未入手筹办,揆之世界潮流,社会需要公众道德、团体精神,得毋有重贻文明之羞,违反汎爱之旨也乎!爰拟急起直追,醵资兴筑,伏望达官、巨子、儒士、绅衿,或解义囊,或捐清俸,既多之而益善,自郁之以观成,俾上至宛委灵宝之篇,下至金绳玉缕之牒,旁及佉卢诸皋之奇,无不应有尽有,秩然厘然。将见截蒲之温舒,写柳之孙敬,杜家左癖刘氏书淫,纷至沓来,心唯口诵,既肴馔乎,东西百家,复笙簧乎!古今七略蔼蔼祁祁,岂非甚盛事欤!异日也,濯灵瀹智,蔚起人材,而饮水思源,宁忘厚赐。正如高立太学之碑广招士子,红然青藜之大照彻兰城,则此馆之岿然长存,即大名之千秋不朽也。事关公益,谅必争允仁施,还乞冰衔列左。

(《呼兰县志》卷九教育志,卷十六艺文志 民国十九年铅印本)

宾县

社会教育
通俗教育馆

初民国八年,于县城中设讲演所一处,设所长一,讲员二,定章讲演,以便启迪民智而改良社会。民十五年七月,设通俗教育馆于东大街路北内,分演讲、图书两部,即将前讲演所并入,改所长为馆长,仍讲演员二,悬有黑板。图书部分,购古今中外书报任人浏览,设馆员一人经理之,年支经费吉大洋四千零九十二元,其民众教育学校现入手筹备云。

(《宾县县志》教育志 民国十八年铅印本)

绥化县

社会教育

绥化在旧制时代无社会教育之可言,只有私立宣讲所,明则讲演善书,暗则假藉神道私立乩坛,引导愚人迷信异端。虽略寓劝善惩恶之意,而人民知识愈因而固陋流弊所致,竟有挂号学神之风,嗣经奉令查禁取消。自民国元年十月于县城创立讲报社,派社长讲员专讲报章,斯为绥化社会教育之发轫也。二年五月,改讲报社为讲演会,会长由劝学员长兼充,派讲员一人,义务讲员一人,专讲报章,范围极狭,形式实效兼无可观。迨民国四年四月,就讲演会改组通俗教育社,派县视学刘振书兼充社长,兼充一切社会教育。遵照部定章程,斟酌本地情形,按人情之趋势,妥定方策,就原有之陈迹改弦更张,归并讲演会为公立通俗教育演讲所,同时并办通俗图书馆、公众补习学校、公众体场、改良戏曲会、评词鼓词研究改良所、审查小说会等七项,刊发通俗教育白话周刊。五年春季,归并永安镇讲演会,改为永安镇通俗教育讲演分所。又于七年一月刊发通俗要言。七年九月,修正通俗教育社简章,改改良戏曲会为改良戏曲部,改评词鼓词研究改良所为说书部,计前后共办十种事项,兹将该通俗教育社简章暨办理社会教育经费等分志如下。

绥化县通俗教育社简章　民国七年九月修正

第一章　总则

第一条　通俗教育社以实施通俗教育方法,力图社会教育发达暨社会改良进步为宗旨。

第二条　本社定名为绥化县通俗教育社。

第三条　本社事务所设于县城内。

第四条　本社成立后应由县行政长官呈报省教育行政["行政"原为"政行"]长官立案并通令城镇乡警察协助办理之。

第二章　组织

第五条　本社职员之组织及职务共分三项于下。

甲　本社设社长一人,由县行政长官委任之,总理本社一切事务,负监督职员办公暨筹画社务进行各责任。

乙　本设编辑员一人,商承社长经理本社公牍公物并编辑等事宜,设讲演员二人,担任讲演暨编辑讲稿等事,设雇员一人,专管缮写一切文件并经理收发公文暨报纸书籍等事,以上各员均为有给职员,并得兼充本社各部主任或管理员等差。

丙　本社调查员四人至八人,专司调查关于社会教育事项,随时报告本社以便采择施行,此项职员均为名誉职。

第六条　本社各职员均由社长拣选相当之人,呈请县行政长官委任之。

第七条　凡以著作赞助本社者认为顾问员。

第八条　凡热心教育家赞助本社或以财力资助本社者,本社均认为名誉赞成员。

第三章　经费

第九条　本社经费由县行政机关列入教育预算支拨,并随时劝募义捐,其预算另订之。

第四章　社务

第十条　本社举办之事于下

一　公立通俗教育讲演所:各镇乡得立分所,采用巡回讲演方法,夏日露天讲演,冬日则于戏园茶馆等处讲演之。

二　通俗图书馆:分来馆展阅暨巡回书库二种。

三　公众补习学校：分露天夜课二种。

四　公众体育场：各学校学生暨有志体育者均得入场练习。

五　改良戏曲部：监查旧戏排演新戏。

六　改良说书部：监查说书生发给说书许可证，每星期一日招集说书生来会教授家庭教育公民读本等。

七　审查小说部：征集各书肆及小书贩等之小说唱本，开会审查之，取缔诲淫诲盗迷信诸书。

八　通俗教育白话周刊：内容分十项，一讲坛，二国事要闻，四本地新闻，五来件，六杂俎，七小说，八实业，九家庭教育，十广告。

九　通俗要言：此系非卖品，随时刷印随地贴张，并附刊商号门票，上其内容分社说、谈片、本地时事、故事、讽画、本地时事六栏。

以上九项施行细则暨实况等均详于该社周年报告卷宗，兹不繁赘。

第十一条　凡关于改良社会开通民智各事务，本社得随时筹画方策，呈请县行政长官办理之。

第五章　推广

第十二条　本社对于应行办理之事项，得征集各界人士改良社会之意见，择要推行，以期次第见诸实效。

第十三条　本社应先搜罗各种稿本，并购置各国及本国新刊行之小说杂志等，以为研究编辑之资料，并随时刊发分给各界人士，藉资普及教育，以期开通民智。

第六章　附则

第十四条　本社简章虽经修正，如有未尽事宜仍得随事修正之。

第十五条　本社简章修正以县行政长官核准之日施行。

办理社会教育经费纪要

通俗教育社经费由本县学款项下开支，按月由劝学所支领，全年共支大洋二千六百四十六元，合并志之。

（《绥化县志》卷五教育志　民国九年铅印本）

望奎县

社会教育

望奎荒榛甫辟，国筑未开，欲人民渐荐于共和思想，爱国观念，则社会教会尤为当务之急。当于民国六年五月，组织通俗教育通演所一处，内设所长兼编辑一员，讲演员二员，每日讲演四点钟，所讲者皆以改良风俗，激发人民合群爱国之心为宗旨，附设通俗图书馆阅报室，许人民随意入览，以广见闻而增智识，附设音乐会以陶冶人之品性，怡悦人之情趣，小说审查会以挽正人心,维持风俗,辅助社会教育之进步。若能款项充足,于各镇市分设讲演所巡回讲演,并设巡回文库,则有益于改良风俗,殊非浅鲜也。

通俗教育讲演所简章

　　第一条　本所以实施通俗教育,力图社会教育发达,暨提倡社会改良,增进国民常识为宗旨。

　　第二条　本所定名为望奎通俗教育讲演所。

　　第三条　本所地址设于本城关帝庙前路东。

　　第四条　本所成立后,应由行政长官呈报道尹备案。

　　第五条　本所成立后,应由行政长官令知城镇乡警察均应负协同赞助之责。

　　第六条　本所设所长兼编辑一员,由县行政长官委任之,总理本所一切事务。讲演员二人,专司每日轮流讲演事务,雇员一人,专司缮写文件讲演稿等项事务(讲演员、雇员由所长延聘及委任之)。

　　第七条　本社设名誉调查员五人,专司调查与社会有关系及应行改良事项。

　　第八条　凡热心教育家以著作赞助本所者,本所认为顾问员,以财力资助本所者,本所认为名誉赞成员。

　　第九条　本所应行举办之事如下

　　一讲演:每日由上午十时起至下午三时止。

　　二通俗图书馆:购备杂志报纸图书三项,任人随便入览。

　　三补习学校:分简易识字学校暨日曜学校一种

　　第十条　本简章自奉县行政长官批准之日施行。

(《望奎县志》学务志　民国八年铅印本)

景 星 县

社会教育

　　查本县因教育经费支绌,尚无社会教育机关之设立。仅于春秋二季巡游四乡讲演宣讲,或藉庆祝纪念及星期休暇之日在城内通衢讲演帝国要意及社会常识,惟总以寡趣之讲演,鲜有成效。当候学款稍裕,创设各种民众教育机关,以期改进人民思想,灌输社会常识,方可造成有机的社会,增进农民有趣的生活矣。

(《景星县状况》第十三章教育　民国二十四年影印本)

附:黑龙江省民国时期图书馆史文献目录

图书(书名、著者、出版者、出版时间)

1. 东北图书馆概况　该馆编印　1949 年

论文(篇名、著者、期刊名、卷期、出版时间)

1. 东省特别区教育管理局暂行通俗图书馆规程　教育月刊(东省特别区教育会编)　1 卷 2 期　1922 年
　5 月

上海市

地方志史料目录:《民国上海县志》《川沙县志》《宝山县续志》《宝山县再续志》《宝山县新志备稿》《崇明县志附编》

附上海市民国时期图书馆史文献目录:23 种图书,60 篇论文。

上海县

社会教育
通俗宣讲社

通俗宣讲社在上海市南区陆家浜中道桥南,首由邑人顾祥和、王立才、顾旭侯、袁顺年共同发起。于纪元前一年组织,元年呈禀县知事备案,各区分设宣讲所。东区设老白渡街龙王庙,理事单鑅;西区设林荫路西林寺,理事邓立铭;南区设复善堂街迎春高昌庙,理事俞达;北区设邑庙萃秀堂,理事王佐才。二年起,又往浦东各村分段宣讲,同年发起人兼任市政厅调查学龄儿童。三年起开设通俗夜校。六年起办暑期卫生演讲。七年起办通俗图书室,同年又办露天学校。九年起,每逢夏季开暑期半日学校。所需经费由发起人担任外,并由上海市公所补助。

少年宣讲团发起于辛亥光复之际,强俄乘我内顾无暇之机,侵占库伦时,沪各界莫不愤恨,乃有沪北启明小学校学生汪龙超毅然发起组织宣讲团,以课业余暇分起四乡宣讲国耻,促醒民众,定名少年宣讲团。宗旨以改良风俗,补助教育,执行教育厅应有之事务,对团员之训练有一戒嗜吸烟草,二戒戏传赌博,二戒无故饮酒,四戒迹趋奢华,五戒轻弃寒素,六戒毁人名誉,七戒有始无终,八戒多购外物,九戒虚耗光阴,十戒妄自尊大十项戒约。又定一行本团所办之事业,二行爱人如己之美德,三行节俭储蓄之良法,四行救急助难之义务,五行有过相劝之友谊,六行提倡国产之责任,七行谋展实业之利源,八行刻苦勤劳之习惯,九行百折不回之志愿,十行个人体育之锻炼之十行,以养成社会青年之模范。于民国元春,宣告成立。有团员二十人,学界居多,先设事务所于英租界晋福里启明小学校,四年春发行少年月刊一种,又筹设半夜学校于美租界桃源坊。秋复设办事处于巨籁达路文安坊汪宅。又改坊间旧有小曲以通俗劝世之歌定名,改良小调前后发行凡十万余册,游行全国甚广。五年冬发刊新少年报,六年春附办第一露天学校于沪西庐家湾。七年春分露天学校为十区,与宣讲一致进行。又鉴于沪地失业青年良多,附办童子负贩团。是夏,接办尚新国民学校。秋分,设支部于南通推广宣传范围。又组化装演讲部,通俗游艺部,辅社会教育之进行。是冬呈准上海县知事沪海道尹,江苏教育厅江苏省长均批准在案。八年春,为力谋进行,征求团员,迁总部于嵩山路四十七号。入夏,附设公众阅报社,订全上海各日报,以利地方人士。又拟分设支部,呈请教育部,亦批准在案。九年春,发起筹建团,所以垂永久而谋社会教育发展。汪龙超曾历赴全国重要区域劝募捐款,各界慷慨赞助。购定中华路尚文门口十一保二十五图空地一方,为基地建筑及通俗演讲场,又分设苏州支部于四月成立。入夏请医送诊,以济贫民。又改临时为永久。是冬,又开办通俗夜学校于总部。十年春,择定上海定所,宣讲分为东南西北中本六区。每逢星期开讲,又分游行宣讲为一二三四四队,近期出发宣讲。并组织调查部,调查社会生计风俗卫生交通等项,以资参考。实业部从事发起工商农各业,以谋生利,储金部储蓄金钱,藉图社会个人经济之活动。入夏又组暑疫救急队,分赴四乡急救时疫,发赠痧药。又刊新商人修养录,为商界少年之修养。十一年春发展计画设立公众阅报牌于上海老四门口,开上海社会教育之先声。又设立华英中学校于闸北养成,应用人才。是年冬,为筹备建筑事宜利便起见,迁总部于小西门外养志坊。十二年春建筑总部团所及上海通俗演讲场开工。是秋,江苏教育厅社会教育指导员张世毅莅沪到团参观,力为赞扬。乃呈报教育厅,由厅转咨上海县公署,传令嘉奖。至冬,团所落成,是时,由沪南工巡捐局定团所后面公路为少年路,以为纪念。发起人汪龙超以基础永固,建筑团所之责任已毕,即行辞去。

(《民国上海县志》卷七教育　民国二十五年铅印本)

川沙县

社会教育

社会教育之沿革　本县社会教育在民国十五年仅在城区设体育场一所,借用仓场基地。又在顾家路镇河西,租用民地,设立分场。十七年后,当局尽力提倡社教,于是设施粗备。兹为后之读者,有所参考,纪其最近社教概况于后。

城区民众教育馆　在北门上内仓场基北。馆舍特建(即民国十四年陆培亮、杨承震创办私立初级中学时募建之通俗教育馆)。二十年开办,将原有体育场,合并办理。

龚镇农民教育馆　在龚家路明强学校东。十八年十月开办。馆舍特建,其地址之一部分租用民田。

小湾农民教育馆　在小湾镇,借设岳王庙内。二十一年七月开办。

民众学校　以教育不识字之成人为主。有特设者,有附设社教机关及学校者,全境有二十余校。

公共阅报处　每日揭示报章于热闹地方,供一般民众阅览,全境有二十六处。

问字处　以代民众阅信,及代写书信为最多。均设于各学校内,全境有四十六处。

改良茶园　就各地原有茶园,加以教育设施。

民众壁报　每周绘通俗图画,加以浅近文字,揭示于通衢。

(《川沙县志》卷九教育志　民国二十六年铅印本)

宝山县

社会教育

通俗教育社　光绪三十三年三月袁希涛等发起设立购备电光活动写真,试演关于军事、卫生、教育及日俄战争之影片,更延请讲员分赴各市乡演讲,开办费约银二千元,半由本邑及上海通州南汇各学会募集,半由发起人筹任。经常费就地酌收,参观费弥补。旋以费绌停办。

县立通俗教育馆　在城内邑庙东楼,民国六年二月奉省令筹办,由县委县视学王钟麟为主任,以吴人豪为助理员。拨给开办费银二百元,暂设图书、博物两部,其宣讲、体育、音乐三部尚待扩充(展览时期每星期三次,日曜日上午九时至十二时,下午一时至五时,火曜木曜日下午一时至五时,另有阅报室,每日均得展览)。

图书馆 城厢所设立者称城市图书公会,在城西公园东首半茧斋会中,图书于光绪二十四年由袁希涛、宋应佑等集合同志出资购备。吴淞所设者称吴淞藏书会,在镇北积德堂内是亦轩,光绪二十五年朱庭禄、李维勋等筹办,民国六年归并乡教育会接管。商务印书馆所设在宝山路编译所涵芬楼,计藏有中文书一万四千余种(内宋刊元椠旧钞之本五百余种),西文书六百余册,东文书七千余册,日报杂志一千六百余号,图书一千五百余号,影片五千四百余号。

阅报社 一在城厢西门外勤余公墅,民国元年城厢市公所设立。一在罗店镇西巷,民国元年孙启麟等捐款创办,今已停止。一在殷行镇西市,民国元年朱宗洛等创办,今亦停止。一在吴淞第一国民学校余屋,民国六年乡教育会创办。

宣讲团 清季劝学所章程设有宣讲部,光绪三十三年七月始由协董朱庭禄偕同讲习员分赴各学区宣讲,其宗旨以劝学为归。民国四年五月省颁宣讲章程,由各区学务委员任之。五年七月省署组织巡回讲演团,即日分组出发,乃令各县暂行停办。县教育会宣讲团曾办两次,以灌输国民常识为主。第一次民国元年八月举办,推宣讲员十二人分南北两组,周历各市乡宣讲两星期,并刊宣讲录一册。第二次三年七月举办,推举宣讲员五人合组周历各区,并携县属成绩展览会物品,一面陈列纵观,一面实行宣讲,为期共三十九日,宣讲录附载教育界杂志,未另印行。

(《宝山县续志》卷七学校　民国十年铅印本)

社会教育

通俗教育馆 六年二月奉省令筹办,以邑庙东楼为馆址,曾载前志。十二年九月于邑庙前辟揭示场,是年冬搜集县教育会城西图书公会前劝学所与教育局所藏各种图书,于邑庙西楼推设图书部。十五年冬装置邑庙戏台,辟作阅书报室之用。十六年夏因有军队驻扎,博物陈列部及图书部均停止开放。十七年一月遵照国立第四中山大学各县通俗教育馆暂行条例,及本县教育局暂行组织大纲改组,委教育委员陈被禄兼任馆长,改博物陈列部为自然部,并增设总务、宣传、扩充三部,以邑庙东厢楼下户籍事务所原址为办公室,图书、自然两部以驻军旋去旋来,只能整理内部,仍未开放。

通俗宣讲 本县通俗宣讲在清末民初之际曾由劝学所县教育会举办,惟皆临时施行,并无经营组织。八年一月,遵照省令,各市乡设宣讲主任一人,由劝学所呈县委任,讲员由主任商同小学教员轮流分任办理之。始曾将宣讲情况按月报告,卒以小学教员职务繁重,不克分身兼顾,几于无形停顿。十一年二月由县教育会议决另聘专员担任,以冯福声为专员,于同年五月开始实行。十二年九月,演讲职务由县教育局派教育委员冯福声、马孟元、徐平分兼。十七年一月,县立通俗教育馆奉令改组,增设宣传部,于是本县通俗宣讲事宜乃无形间移归通俗教育馆办理。

图书馆 本县图书馆事业曾载续志。十二年冬,通俗教育馆搜集城西图书公会、县教育会前劝学所教育局所藏图书,推设图书部,至此图书馆遂移归通俗教育馆经理,无复独立存在者矣。

东方图书馆 成立于十三年,新屋落成后先为涵芬楼(曾见续志),仅供编译人员参考之用,至是而全部开放供人阅览(十六年度阅览二万五千余人)。图书编目暨排列分类均采王云五之四角号码检字法,中外图书统一分类法,现藏书籍计中文书二十六万八千册,东西文书六万九千册,杂志二万八千册,报章二千册,全年经费五万元有奇,由商务印书馆负担,总其事者海盐张元济。

(《宝山县再续志》卷七学校教育　民国二十年铅印本)

社会教育

民众教育馆 原名通俗教育馆(再见续志)。十八年二月馆长陈被禄辞职,更聘陈兆丰继任,时馆务较前扩充,原有馆址局于邑庙东厢,不敷办公。四月间,经教育局呈准,修葺邑庙废殿憩所等充作馆用,八月迁入,并遵令改称民众教育馆,重分总务、图书、宣传、推广四部,并以正殿为民众大会堂,原有办公室为民众夜校教室。十九年一月陈兆丰辞职,改聘蔡有常继任,十月张镐继任馆长,并就馆后余地辟作儿童乐园。二十年四月推设分馆于第三区之顾村,定名顾村民众教育馆。

农民教育馆 十八年春奉令实施乡村民众教育,筹设农民教育馆。由教育局租用积福桥地方民田七亩余,建筑馆屋七间,聘蔡有常为馆长,十月正式成立,分总务、成人、妇孺、儿童等部,并附设农业补习学校、书报阅览处、农民娱乐会等。十九年一月,蔡有常调任民众教育馆长,另聘盛止功继任,十月改委王沂清继任,是年冬由局备价收买租用田亩。

(《宝山县新志备稿》教育志第六　民国二十年铅印本)

崇明县

图书馆

祝氏私立图书馆在城北街,民国七年县学生祝燮纲创设。遵母龚氏遗命,将所居第宅自大门至后庭,凡屋四重都四十余间作为馆舍基地二亩一分七厘八毫(苗在东四,图在城北街,朝东,七分四毫。明威巷,朝西,一亩四分七厘四毫)。并遵嗣母季氏命,捐永丰杨家沙底面地一顷二十五亩七分三厘八毫,长沙东南区荡地二顷五十亩七分五厘七毫,续捐惠安永昌沙底面地七十六分八厘五毫,保定沙荡地五十四亩二分一厘二毫以为馆产,并斥赀购书三万卷。邑女士施淑仪助书三千余卷,历年增购书二万余卷,都藏书五万三千余卷。燮纲拟章呈县转申省厅道备案。馆务有董事、协助、主管人、司理,岁由县教育局拨银二百四十圆,地方款产处拨银三百六十圆以资补助,其藏书阅书诸室规制秩然,后有贤者因而增益之。其有裨于文化岂曰小补之哉!(燮纲呈县备案文略,云切维文明丕启,文字滋繁,声教覃敷远方,图物化治既久。学术之派别益分,斯图书之效用愈广,是以重道右文之世,莫不摩挲金石、搜考琳琅,而问俗采风者亦率以插架之多寡卜是地人文之兴替。我崇文献盛于前清雍乾之时,道咸以来流风稍替,诗礼之家数传而后继起无人,致珍藏之本每遭散佚,况今寰海大同,百科学术,月盛日新。若不多方购备,供人观览,恐无以颉颃欧美,陶铸人才。燮纲少承家学,粗有见闻。惧国学之将衰,复虞新学之未启。乃竭其绵薄,创设图书馆一所,购置新旧书籍三万卷。复得同邑女士施淑仪助三千余卷,即以两家之书为一邑之倡。惟办理初基规画宜久,一人之愿力有限,公众之维持无穷。爰订馆章,设主任一人,馆董十人,分任馆务。现因甫经成立,主任暂由燮纲担承,如后经费稍充,即由馆董会推主任接替。复蒙嗣母季捐置永丰沙底面熟地二十六亩七分一厘五毫,杨家沙底面熟地三十六亩五分四毫,复益以本生。故父遗产杨家沙底面熟地六十二亩五分一厘九毫,长沙东南区荡地二顷五十亩七分五厘七毫,作为馆中基本财产。又奉本生故母龚遗命将北街朝东别墅一所及随房基地永远充作图书馆及附设学校之用。燮纲仰承慈训,期于久远遵行。合将所订章程暨馆董、馆员衔名履历并所捐田亩、苗册、房券分别缮呈鉴核备案,并请转呈云云。)

(《崇明县志附编》卷之一图书　民国十九年刊本)

附:上海市民国时期图书馆史文献目录

图书(书名、著者、出版者、出版时间)
1. 东方经济图书馆开幕纪念册　该馆编印　1947 年
2. 东方图书馆概况　该馆编　商务印书馆　1926 年
3. 东方图书馆概况　该馆编　商务印书馆　1929 年
4. 东方图书馆纪略　该馆编印　1933 年
5. 上海各图书馆概览　冯陈祖怡　国际图书馆　1934 年
6. 上海市立图书馆概况　该馆编印　1932 年
7. 上海市立图书馆馆刊(第三号)　该馆编印　1948 年
8. 上海市立图书馆指南　该馆编印　1947 年
9. 上海市市立图书馆成立纪念册　该馆编印　1936 年
10. 上海市市立图书馆民国 23 年度概况　该馆编印　1934 年
11. 上海市图书馆、博物馆奠基纪念　上海市图书馆、博物馆、体育场筹备委员会　1934 年
12. 上海市图书馆成立纪念册　该馆编印　1936 年
13. 上海通信图书馆宣言及章程　该馆编印　1928 年
14. 上海图书馆史　胡道静　上海市通志馆　1935 年
15. 上海县公共图书馆十八年度馆务报告　该馆编印　1930 年
16. 申报流通图书馆第二年工作报告——纪念史量才先生　上海申报流通图书馆编　申报社　1935 年
17. 申报流通图书馆一周年纪念册　该馆编印　1934 年
18. 量才流通图书馆各种简章摘要
19. 最近之上海图书馆　吕绍虞　中国图书馆服务社　1938 年
20. 张堰图书馆协赞会年报　该馆编印　1926 年
21. 中国流通图书馆　该馆编印　1938 年
22. 中国流通图书馆开幕特刊　该馆编印
23. 中国流通图书馆章则　该馆编印　1938 年

论文(篇名、著者、期刊名、卷期、出版时间)
1. 奉令修正图书馆规程第九条条文转饬遵照由　上海市教育局　上海教育　4 卷 4 期　1947 年 11 月 3 日
2. 上海市私立图书馆立案规则　中华图书馆协会会报　6 卷 4 期　1931 年 2 月 28 日
3. 上海民众图书馆协作社章程　上海民众图书馆特刊　1926 年 9 月
4. 上海图书馆协会简章　中华图书馆协会会报　1 卷 5 期　1926 年 3 月 30 日
5. 上海特别市市立民众图书馆暂行条例　大学院公报　1 卷 4 期　1928 年 4 月
6. 萧场儿童流通图书馆组织大纲及借书阅书规则　生活教育　1 卷 6 期　1934 年 5 月
7. 萧场儿童流通图书馆组织大纲　生活教育　1 卷 6 期　1934 年 5 月 1 日

49. ［上海中国华洋义赈会］合作巡回书库报告 曹进学 合作讯 第 100 期 1933 年 11 月 10 日

50. 东方图书馆创办流通部 中国出版月刊 1 卷 6、7 期合刊 1931 年 6 月

51. 上海儿童图书馆的使命 胡祖荫 中华图书馆协会会报 15 卷 6 期 1941 年 6 月 30 日

52. 上海儿童图书馆筹备委员会会务经过报告书(1940 年 9 月 28 日至 1941 年 5 月 17 日) 中华图书馆协会会报 15 卷 6 期 1941 年 6 月 60 日

53. 萧场儿童流通图书馆的初等活动 张新夫 生活教育 1 卷 6 期 1934 年 5 月 1 日

54. ［上海通信图书馆］四年来的工作 上海通信图书馆月报 第 1 期 1925 年 8 月

55. 上海通信图书馆执行委员会组织大纲及议事细则 上海通信图书馆月报 第 1 期 1925 年 8 月

56. 上海通信图书馆 申报本埠增刊 1925 年 10 月 31 日；上海通信图书馆月报 第 3 期 1925 年 10 月

57. 上海通信图书馆共进会执行委员会组织大纲 上海通信图书馆月报 第 1 期 1926 年 4 月

58. 介绍上海通讯图书馆 许性初 觉悟(上海民国日报) 1928 年 8 月 29 日

59. 记上海通信图书馆 读书与出版 2 卷 3 期 1947 年 3 月

60. 供给精神食粮的孤岛图书馆 张扬 中美周刊 2 卷 17 期 1941 年 1 月

山东省

地方志史料目录:《牟平县志》《东平县志》《续修博山县志》《曲阜县志》《重修泰安县志》《寿光县志》《临朐续志》《齐河县志》《清平县志》《临清县志》《茌平县志》《重修莒志》《冠县志》《民国东阿县志》《潍县志稿》《高唐县志稿》《续修广饶县志》《莘县志》《夏津县志续编》《增修胶志》《高密县志》《临沂县志》《济宁县志》《沾化县志》《四续掖县志》《德县志》《利津县续志》《长清县志》《胶澳志》《邹平县志》《单县志》《莱芜县志》《昌乐县续志》《续修平原县志》《重修商河县志》《重修博兴县志》《德平县续志》《济阳县志》《陵县续志》《齐东县志》《无棣县志》《续修历城县志》《续修临邑县志》《阳信县志》

附山东省民国时期图书馆史文献目录:4种图书,29篇论文。

牟平县

社会教育

通俗图书馆,由前县长邹允中于民国三年以追回前州牧刘荣绶挪用学款千串,并拨公益捐款共二千余缗,在学宫西院构成戏园式楼房一座。楼上四围,满装玻璃,楣间悬以图画,北之极端为阅书室;楼下池中,设有精良新式二人之几案坐椅,前后十行,能容六十人,其北端为讲台,池之四周,设有木栏,以外则置有玻璃方器,陈设学生成绩品,四壁满挂博物标本图画;大门内之两旁,各成一室,东为存储室,西为办公室,室之南窗,一置人体解剖模型,一置人体骨骼模型,均向外,间以大幅玻璃,引起行人注意;阅报讲演,具附设其中。常年经费,仅在二百缗,规模虽小,而内容尚较完美,不幸军兴以来,强被占据,兵祸所及,不惟器物荡然,并屋瓦亦不翼而飞矣。变乱而后,教育复兴,此馆仍为刘军占居,遂移在东门大街租借民房,藉以恢复,局面较尤扩大,初名为县立图书馆,继称民众教育馆,所有通俗讲演所、民众读书阅报所,民众体育场,均归其管辖,分总务、图书、讲演、推广、体育五部。常年经费三千元,二十年,为购置图书,增筹临时费至二千二百元。二十四年六月,学宫西院重修,并添加新屋若干(详地理志建筑),该馆复回原址,又于馆之东南学宫隙地,新筑民众体育场,为公共运动处所,归该馆管理,现任馆长为姜伯平。

(《牟平县志》卷四政治志·教育 民国二十五年铅印本)

东平县

社会教育

本县旧有通俗讲演所及图书馆,附设教育局内。十七年十一月,讲演所迁至县府前街,租赁市房办公,图书馆迁至旧教育会地址。十九年讲演所再迁城隍庙,图书馆再迁东栅栏门外旧学署。二十二年五月讲演所、图书馆合并,成立民众教育馆,内分阅览、教学、讲演、健康四部。二十三年馆内附设短期小学及民众学校各一处,民众体育场一处,内置游戏器具多种,且备有巡回文库,定期分送各区小学代为转借,藉资启迪民智。各乡区设立民众学校二十处,阅报所十一处。近复延聘编蒲织席技师在馆传习并巡回各区,提倡农民副业,俾利生产。二十四年,本县划归行政实验区,四月将民众教育馆裁撤,将来社会教育拟责之乡农学校。现乡农学校正在筹备组设,因时势之需要,先成立九区自卫训练班,其余各部各班分别地方情形次第设立。盖本政教富卫合一之原则,就乡村现实生活,促进其文化,培植其能力,以谋社会之根本改造,其用意至为美善,吾邑社教前途庶有新发展欤!

东平县社会教育一览表

教育种类	学校名称	处	人数	地址	面积	开办年月
机关	民众教育馆	一	二十	城内城隍庙旧址	本馆二十亩二分八厘,分馆四亩九分九厘四毫	民国二十二年五月一日
学校	民众学校	二十	五千八百二十人	散布四乡	附设初小或借用民房	农暇时间开办
备考	查民众教育馆已于民国二十四年奉令取销登明					

(《东平县志》卷七政务　民国二十五年铅印本)

博 山 县

县立民众教育馆

县立民众教育馆地址在孔子庙(民国十一年八月成立通俗图书馆、讲演所于城里节孝祠,后移于洪教寺南院。十五年,军队占据,书籍一空。十七年五月,由县党部接办)。十八年十月成立,接收前图书馆、讲演所原有物件,照章组织,设馆长一人,馆员三人,内分讲演、阅报、图书三部,由馆员各任一部,后改为教学部、阅览部、讲演部。兹将历年经费表列于后。

年度别	十八年度	十九年度	二十年度	二十一年度	二十二年度	二十三年度	备考
经费数	二二四元	一四〇〇元	一六八〇元	一四五二元 事业费七二八元	一四五二元 七二八元	一五二七元 二五三元	

(《续修博山县志》卷六教育志　民国二十六年铅印本)

曲 阜 县

社会教育

学校教育而外又有所谓社会教育,以辅助学校之不及,故人民知识之增进,社会风俗之改良胥于此是赖。清季光宣之际即有阅报、讲演等所之设立,为我国社会教育之权舆。民国成立,更加提倡。国内各大都市间如通俗教育馆、通俗图书馆、阅报所、露天讲演、改良说书、开演电影等种种组织,成绩颇著。下至各县,对于社会教育事业亦罔不粗具端倪。惟各县社会教育往昔均隶属于县教育行政机关,民国十九年秋,遵命设立民众教育馆,所有社会教育部分统属之,自此始具有独立性质矣。兹就本县民众教育馆略述如下。

一、沿革　民国十七年前阅报所、讲演所、民众夜校均有设置,概隶属于教育局。十九年秋令设民众教育馆,统归并之。以经费关系由教育局长兼馆长。二十二年教育局改为县政府第五科,馆长仍以科长兼之。至二十三年五月,教育厅委任孔昭霓为馆长,始有专责。

二、组织　内分四部:(一)阅览部;(二)教学部;(三)讲演部;(四)健康部。前二部均已设置,后二部亦正在汲汲筹备中。

三、馆址　就城内西门大街节孝祠房屋改为阅书室、阅报室及办公室等,并设有民众夜校,此外分设阅报所二处,一鼓楼门内,一泮池四明亭。

四、经费　常年经费一千零四十六圆。

(《曲阜县志》卷四政教志教育　民国二十三年铅印本)

泰安县

社会教育

学校教育而外莫重于家庭教育,所谓父兄之教不先,子弟之率不谨也。然家家而稽之,户户而察之,势不可得也。家庭教育而外,其可纪者曰社会教育。

阅报所　清光绪间知县毛澄用公款在城里将军庙创设,后移资福寺,未几改附于图书社。

图书社　清光绪三十一年举人赵正印等在岱庙环咏亭捐款创设,知县李玉锴捐廉百金以为之倡,购图书八十余种,资人浏览,毛澄所创阅报所亦迁附于此。至宣统元年,为知县张学宽取消,与阅报所同并天书观高等小学校。

通俗图书馆　中华民国五年,知县沈兆伟遵照部章在岱庙东御座创设,由天书观高小校书仓内移来各书籍。经类,《皇清经解》等四十二种;子集类,《古文渊鉴》等四十四种;时务类,《时务通考》等二十八种;科学类,各种科学须知等五十五种。由中学校索还原在各图物,又陆续购["购"原为"讲"]通俗小说及少年丛书二百余种,于是图书满壁裒然,成巨观焉。又于其内附设阅报所,每日阅报、阅书者不下数十人,至今犹循其旧焉。

通俗讲演所　中华民国八年,教育会长葛延瑛等请知县曹光楷用公款在图书馆创设,置所长一员,讲演员一员。至十五年,图书馆内成立县志局,讲演所改设岱庙后宫之东配殿。

通俗教育研究会　中华民国十年由讲演所同人组织,有志改良戏曲,未几即行停办。

论曰:戏曲小说鼓词之类与社会人群之关系大矣哉!庚子拳匪之乱,兴妖作怪之徒,其所假借皆西游记侠义传人也。而贞女节妇乡曲多有之,亦未始非蒙瞽讽诵所感发,世有志士欲改良社会,其知所从事哉!

(《重修泰安县志》卷五政教志·教育　民国十八年铅印本)

寿光县

学校

图书馆在大西门外迤北仓圣墓前,即同文书院故址。昔为师范讲习所,今东院为图书馆,西院为民众教育馆。考同文书院,旧为禅刹之遗迹,门南向中厅三楹,计长廊二十六间,方亭十二楹,皆康熙辛未丁丑间知县刘有成买贾氏地十亩所经营创造者,至乾隆十八年,知县王椿改建为书院,咸丰八年知县傅岩因书院几废,乃捐金募款重修,延师课士,弦诵不辍,故士林咸称之。光绪三十一年,改为师范传习所,民国四年又名师范讲习所,俱在斯地。旧有房舍二十四间,后又新修四间,分东西两院。十九年又于大门前购地官亩三亩余作为公共体育场。

通俗教育

国家者,社会之积也。社会贫弱,国家自不能富强。今欲提高社会程度,使普通人民智识晓然于现今之环境形势,各思图强,则通俗教育尚焉。县自民国六七年设通俗讲演所,是时规模简陋,讲演员只一人。十八年设县立图书馆,分藏书室及阅览室,以供参观。讲演则每逢西关集期,假借适用民房宣讲,五日一次。十九年在图书馆大门前购地址立公共体育场,供民众运动。改讲演所为民众教育馆,内分图书、阅览、讲演三部。司讲演者遇西关集期在广场中对民众讲社会之需要,反复开导,使闻者动听。又增设巡行讲演,分赴乡镇演说,一年四次。二十年,奉令图书馆、讲演所、阅报处及公共体育场合并,成立民众教育馆,分总务、推广、图书、演讲、体育、陈列六部,每部设主任一人。二十一年复奉令变更,总务改为阅览部,推广改为教学部,体育改为健康部,图书改为出版部,余仍旧。于是西关集期讲演依旧进行,巡行者每月一次。出版部印《民众周刊》,并翻印各种宣传品以广流传。教学部立民众学校,健康部添设各种运动器具,欢迎公共运动。二十二年,举行识字运动宣传大会,添民众学校九处。二十三年,举行新生活运动、拒毒运动、卫生运动等大会,设儿童读书室、游艺室、国术研究会、民众茶园各一处。又以东方庄为实验区,作民众教育之模范,由此再事推广,俾民众智识渐高,社会团结愈固,庶有济乎!

(《寿光县志》卷四学校,卷九通俗教育　民国二十五年铅印本)

临朐县

县立民众教育馆

考清时县官考绩例曰:如期宣讲当时圣谕广训,宣讲拾遗遍天下在上者,以为士,列庠序矣。而愚夫愚妇无由得闻孝弟忠信、礼义廉耻之道,使良有司约会而为讲明之,亦化民成俗之一法也。入民国后,力倡社会教育,其逊清宣讲之遗意乎? 临朐,当民国二年初办宣讲所一处,赁城内路东民房为宣讲及阅报地址,嗣改为临朐通俗教育宣讲所。至民国七年,邑人王玉芝为所长,始呈准县知事锡昌增筑房舍,自此通俗教育乃渐有基础,尔时名为临朐通俗教育讲演所。迨十四年,复大事扩充,于讲演所后院新建图书馆一处,设馆长一人,购置书籍供人阅览。及十七年秋,又附设民众读书阅报所一处,设主任一人。十八年,因房屋狭小,图书馆移于文庙东庑。迨十九年六月,奉令将讲演所、图书馆及民众读书阅报所归并(图书馆由文庙迁回),改称今名。同年七月,设立第二阅报所于北关,是时馆员十一人,内分阅览、讲演、游艺、生计、教学、出版、健康、总务八部。二十一年,奉令将馆员裁为五人。二十二年又稍加改组,内分阅览、讲演、教学、出版、健康、总务六部。至二十三年,又在第二区七贤店附近九村设立民众试验区一处。此外尚附设民众阅报所八处,第一在馆内,第二在北关,第三在龙岗,第四在冶源,第五在柳山寨,第六在纸坊,第七在七贤店,第八在五井。兹并将其馆内所藏图书附载如下。

图表类

实用中华挂图一张	现代世界地势图一张
国民政府建国大纲表一张	日本要求二十一条原文二张
中国革命运动史二张	三民主义表解一张
中国国耻条约一张	中俄交界详图十二幅
人体生理图五幅	中华大地图一张
新中国大地图一张	世界改造大地图一张

古书类
经部

孟子注疏一部	周礼注疏二部
穀梁传注疏一部	御注孝经(大本十七本,小本十本)
御纂春秋直解一部	钦定春秋传说汇纂四部
钦定仪礼义疏四部	钦定诗经传说汇纂三本
论语注疏二本	节本礼记十六本
钦定礼记义疏二十一本	钦定周官义疏三十本

史部

资治通鉴目录六本	通典九本
皇朝通典四十一本	先政事略十六本
三通考辑要二十一本	万国通鉴九本
皇朝政典絜要七本	列女传一部
续富国策六本	临朐县志四部
山东通志十二函	

子部

御纂性理精义一部	近思录六本
小学集注十本	

集部

随园全集一函	经籍纂诂补遗二本

科学类
史地

西洋史要二本	地文学问答十九本
中学地理中国志六十九本	增广海国图志十五本

数理博物

几何学原本	物理学
化学	生理卫生学

植物学

政法类

约章分类辑要二十八本　　　　　　　地方自治浅说二十三本

约章成案汇览四十二本　　　　　　　现行法令全书八本

大清会典全部

其他关于实业教育及尺牍小说之类甚多,兹不备载。惟今购《万有文库》全部,计共二千零七十册,尚足供时人参阅云。

(《临朐续志》卷十二之十四教育略　民国二十四年铅印本)

齐河县

社会教育

甲　社会教育机关之沿革

本县自民国初年即设有通俗讲演所及阅报所各一处,至民国十八年将阅报所改为民众读书阅报所,添设公共体育场一处,旋于是年八月,遂将上项各社会教育机关合并为一,定名为民众教育馆。

乙　社会教育机关之组织

民众教育馆内分阅览、讲演、健康、出版、教学五部,于馆长下设阅览兼出版主任一人,健康、讲演主任各一人,馆员一人,教学部主任由馆长兼充,共五人组织之。

丙　社会教育费历年之统计

十八年度实支一千九百二十五元一角八分

十九年度实支三千一百四十七元

二十年度实支二千八百十八元

丁　社会教育事业(自十八年后所举办事业,摘要分述于下)

一,设立民众读书阅览所,在城内、北关、大夫营、伦镇、焦庙、晏城、化店、孙耿等重要市镇共设八处,以利民众阅览。

二,倡办民众夜校,择就城关各大市镇村庄,先后倡办民众夜校五十二处,毕业学生计六十一期,四个月为一期,并由民教实业费项下按期择优发给补助金,以资提倡。

三,创办巡回文库,置备大宗书籍,招雇专员负责挟带巡回于乡间公立初小,以备乡村教师及民众之借阅。

四,巡回讲演,讲演员按月巡回各市镇乡村讲演,以期唤起民众。

五,设立固定讲演所二处,在城内大寺及北关关帝庙各设一处,由讲演主任定期讲演。

六,印刷刊物,每旬出版《民众旬刊》一期,赠送各机关团体、各乡村学校阅览,并每三日出壁报一期,张贴城关,俾民众阅览。

七,添置图书,购备《万有文库》全套,及其他书籍刊物一千五百一十种,以备民众借阅。

八,开辟游艺室,在民众教育馆内附设游艺室,置备各种游艺器具,以备民众业余消遣。

九,承办民众问字代笔处,该处暂附设于馆内,由馆职员兼司民众问字缮写等事,嗣后再渐次扩充。

十,推行注音符号,组织注音符号推行委员会,成立注音符号传习班,藉资推广。

十一,组织派报所,订购各种报章,雇用专差多人,逐日分送各乡学校,以广乡村教师学生及民众之见闻。

十二,举行识字运动,每年分期举行识字运动大会,藉广宣传。

十三,施种牛痘,每年春季延聘医师购备药品,以为民众种植,不取分文。

(《齐河县志》卷之十八教育　民国二十二年铅印本)

清平县

社会教育

社会教育原以补学校教育所不及。民国成立,本县为开通民智计,于劝学所附设讲演会,以李焕奎为主任,假本城西街民宅为会址。嗣又添置书报,设阅报所,以李维清司讲演,马澄海管书报。十三年委薛惠熙为讲演所所长,兼图书馆馆长,始与劝学所分离。十七年后又设讲演分所于康庄,李永生、温莲舟等为讲员,李国华、冯遂生等管图书馆事宜。至二十年,讲演、图书两部复行合并组织,始定名为民众教育馆,以城内团防总局之一部为馆址,委刘景德为馆长。二十一年委舒可亭为馆长,二十二年委张淑纲为馆长。下设馆员三人,置讲演、阅览、健康、教学四部,各部主任由馆长及馆员分担。他如游艺、出版等部,均因经费不充,未能设立,兹将已设四部情形分述如下。

一、讲演部　讲演方式分普通、化装、巡回三项,普通讲演又分固定、临时两种,固定讲演每值五十集期于本馆讲场举行,每星期二、五于看守所举行临时讲演,无定期。化装讲演定为每月一次,巡回讲演每两周一次。

二、阅览部　计分四项如后。

甲　阅览室有普通阅览室、儿童阅览室二种。普通阅览购备大宗书籍、定期刊物、杂志、挂图,以供各界成人浏览参考借阅。儿童阅览设置未久,除习见儿童读物外,尚无其他设备。

乙　阅报所按区分设,第一区设于本馆讲场,第二区设于康庄小学,第三区设于麻佛寺小学,第四区设于赵官营小学,第五区设于金郝庄小学。现正计画于吕庙、李洼两村设民众学校,各增设阅报所一处。

丙　巡回文库按全县五自治区分为五段,再以每段适中庄村为中心,分设大宗书籍,供众借阅,每月更换一次。更换办法,系于每月终了时,将甲所书籍送于乙所,乙所书籍送于丙所,依次转送,俟转送一周,再换新书。现因书籍无多,特先于康庄、麻佛寺、赵官营、金郝庄等四县立小学试办,并计画于吕庙李洼两专设民校增设。

丁　保管古物　本馆现存古物计有铜佛四座,古钟三个,内一传系唐钟,确否未能证明。

三、健康部　本部因为经费所限,于卫生防疫等运动多未设置,惟设民众体育场一所。场位于本城中心,面积约五亩,内设径赛道栏,阻沙地,及各种球场,以及秋千、双杠木、马浪桥等运动器械。运动人数学生为多,军政次之,农商又次之。

四、教学部　民众学校计分专设、附设两种。专设者,一设于吕庙,一设于李洼,皆创设于本年三月,经费由本馆发给。附设者,系由各小学代办,本馆仅发补助费及教员津贴。专设、附设悉于农闲时期举办,四个月毕业。自二十二年七月至二十四年六月,附设民众学校统计招学生一百一十一班,毕业者达三千零一十四人。专设民众学校两处,每处同时招生两班,每班三十人。

（《清平县志》教育篇社会教育　民国二十五年铅印本）

临清县

文化类
图书馆

民十九年,张树梅长教育,委丁咏南为图书馆筹备主任,就大寺后殿改建,搜集前书院藏书万余卷,并增购《万有文库》及通俗小说百数十种,置架陈列之,内附阅报所。翌年,徐福田继任馆长,添设无线电收音机,创民众快报及新剧社附其中。

讲演所

民国八年成立,在大宁寺之鲁般殿,旋即停顿。十年秋复立。十二年迁考棚街文昌阁东院。十七年并于县党部之周报社。十九年毁于兵。夏五月,教育局筹备恢复,扩文昌宫之东偏建夏屋,容百人,添置留声机及无线电机,规模粗备。复在乡间设讲演分所四处。

二十年,民众教育馆奉令成立,凡讲演、图书、出版、健康、游艺等部均附之,图书馆、讲演所成立在前,其余各部尚待续办,故另述之。

社会教育

社会教育即通俗教育,所以开通民智,矫正民俗,补助学校教育之不及也。清光绪三十年,知州张承燮设阅报所、阅书所于文昌宫,是为本县有社会教育之始。民国以来,通俗讲演所、通俗图书馆相继成立,而剪发放足、破除迷信等工作亦继续办理。至民国二十年设立民众教育馆,内分讲演、图书、出版、健康、游艺、推广六部,以前之讲演所、图书馆、阅报所等均并入,复成立晨光剧社、民众快报社、民众体育场及民众学校等,社会教育稍称完备。馆长以下设主任、馆员,快报社并置编辑一人。二十二年辛青云为馆长,后各部不设主任,一律改称馆员。常年经费三千元,大部用于薪工。兹分部述之如下。

一、讲演部

通俗讲演在各部中成立最早,清宣统二年即有宣讲会之成立。民国元年设立宣讲所于大宁寺之大雄殿,由劝学员及各校教员轮流担任讲演。至民国八年通俗讲演所始正式成立,地址在大宁寺内之鲁般殿,所长为陆锡麟。九年因岁饥停顿。十年秋复成立。十二年移于考棚街文昌宫之东侧院(即今之民众教育馆)。初仅所长一人,讲员一人,至是增为讲员三人,规模渐扩充。十七年党务公开,该所遂并于县党部之周报社,由党员担任讲演。十八年复成立讲演所于大宁寺,谢灿章、牛宝元相继为主任兼讲员。十九年春党政冲突,无形解体。夏间,张树梅任教育局长,在文昌宫东侧建筑讲场五间,办公室二间,门房一间,委赵丕塈为讲演主任,复由大寺迁回。此时新建讲场,主任下有讲员四人,固定巡回讲演各二人。固定讲演每日午后一次,巡回讲演无定期。二十年改为民众教育馆,讲演部并为教育馆馆址,赵丕塈仍以馆长兼讲演部主任,又添设无线电话机以助听讲人兴趣。二十二年,辛青云为馆长,后不设讲演专员,每日讲演一次,由馆员担任。

二、图书部

本县阅报所、阅书所于前清光绪三十年设立,当时并无图书馆之名。而通俗图书馆则成立于民国四年十二月,赵焕文为经理,馆址在甘棠祠,常年经费仅四十四元,且仅有旧书经史等数十种,新理科挂图四十八幅,人体模型一具,附设阅报室,内有政府公报、山东公报、益世报等数份。因该馆地处偏僻,每日阅览者仅十人左右。十一年迁于考棚街劝学所前院,与讲演所、阅报所萃于一处。十九年丁咏南为馆长,移于大宁寺后大殿,修饰整理,焕然一新。购置书架及阅览桌凳,并购《万有文库》《四部备要》各一部,规模遂大有可观。二十年合并为民众教育馆,图书部规模仍旧。现有书籍旧书以《二十四史》《大清会典》为最著,惜均残缺不全,新书有《四部备要》一千二百九十三册,《万有文库》五百七十三种,《ABC丛书》一百零三种,《新时代史地丛书》十九种,杂志十种,图表一百五十三份,报纸七份,每日公开阅览。此外尚有民众阅报所五处(一养济院澡塘内,二会通街口关帝庙内,三浮桥口东三官庙内,四禅觉寺民众小学,五估衣街东口德昌泰杂货店),每处每日平均阅览人数均不下三十余人。

三、出版部

本县出版事业创始于民国十七年党务公开后之《临清周报》,当时系党部与讲演所合办,党部委员朱辅宸主其事,嗣后有党政周刊,系党部同县政府合办。二十年,民众教育馆安设无线电机。二十一年一月,出版部始创办《民众快报》,以徐又我、宋致中董其事。初仅为传达中央无线电消息及地方新闻,每日出一小幅。至二十二年十月,始增设副刊,改为两面。十二月间,更扩大篇幅,改为一开四之。现在报纸内容为国内外要闻及地方新闻、文艺、医学常识、商情报告等,每日出一大张,一千五百份。经费每月百二十元,由社会教育费项下拨六十元,由县政府津贴六十元。各乡公所、各乡村小学,以及城内各机关、各大商号,莫不订阅,于本乡文化之传播,实有莫大关系。此外,尚有《自治半月刊》,系区治协进会主办,《鲁北月刊》,系鲁北民团指挥部倡办,均发行不久,旋即停刊。惟自二十二年秋,《民众快报》社改组后,宋致中脱离该社,独力创办《临清日报》,每日销数与《民众快报》相等。清源印刷社、汶卫印刷公司二处,皆随出版部发生也。

四、健康部

健康部之设施最要者为体育场。本县自社会教育开办以来,向无此项设施。至民国二十一年秋,始于汶河东岸旧无为观址以东购地三十六亩,成立民众体育场,将该场西部高地辟为球场,分篮球、网球、足球三种,东部低地辟为田径赛场,周围设径赛跑道以备开运动会之用。田径赛场东并建戏楼一座,以为开大会演新剧之用,此外,并设有滑板、秋千、轩轾板、云床等以备儿童游戏。二十二年冬,进德分会址建于其北,指挥部、操场辟于其东,壤地相连,规模益为宏阔。近又建篮球、网球新场,国术馆亦附设其中,当春夏之间,夕阳西下,民众来场游戏、运动者,往来如织,于民众健康上裨益颇多云。

五、游艺部

游艺部成绩可述者,惟新旧剧。晨光新剧社成立于民国二十一年,中山国剧社亦于是时成立,均由图书部主任徐又我兼理。每社社员十余人,并由北平延聘导师自编戏曲练习。虽民众参加者不甚发达,然每逢地方庆祝会大会,由该两社社员联合各校新剧团表演新旧剧,于开通风气上亦不无小补焉。

六、推广部

推广部之首要为民众学校。十七年度,本县共有民众补习学校十七处,由教育局、公安局、县党部、货物税局、临清关通俗讲演所及各高初级小学等机关附设之。补习课程为党义、平民千字课、国语、算术、常识、习字、珠算,六个月毕业,当时共有学生七八百人。至十九年,但存教育局、公安局、货物税局、临清关及通俗讲演所所附设之五处。二十年,临关与货物税局取消,通俗讲演所合并,乃仅余教育局及公安局二处。二十一年度,县政府、县党部各增加一处,城南姜油坊、城内白衣阁亦设民众学校,拨归民众教育馆,共为六处。二十二年度,白衣阁改为初级小学,现又仅余五处,共学生三百八十余人。此外,六县联立乡村师范为办理乡村活动,在学校附近林园、黑庄、宾阳桥、三里庄等村成立民众夜校四处,学生人数多寡不定。民教馆在各乡村小学拟办之民众夜校,尚未举办。此本县民众学校之大概情形也。其次为民众识字运动。二十二年,在城内设民众识字牌二十七处,东自南门鼓楼,西至河西棋杆街灶王庙,南起东西夹道,北至华美医院,凡冲要街口无不均有。现又筹办民教实验区,拟在实验区内筹办民众学校四处,附校六处,阅报所十处,讲演所、疹病所各一处,已拟具草案,着手进行办理。

以上六部均属民众教育馆范围之内。此外尚有国术馆,附设于进德分会,系受省国术馆之委,来县提倡民众练习国术,强健身体。进德分会举办之国剧社,所以增进民众之娱乐。县党政机关举办之放足会,以及指挥部、县政府附设之戒烟所,指挥部饬办之民众训练,虽不属于民众教育馆范围,然均于社会教育有关,故例得附志于后。

（《临清县志》建置志文化类,教育志社会教育　民国二十三年铅印本）

茌平县

社会教育

社会教育事业即实施教育于社会之各项事业也,现在虽施行各项学校教育,但多为儿童设施,而成年失学失教之民众随在皆是,故更不得不施行各项民众社会教育以补助之,使受相当之教育。茌邑虽小,此项事业之推行不遗余力。兹就现代所采用者胪列于下,俾明终始及其目的之所在焉。

民众教育馆

民众教育馆为社会教育之总机关,是为普及社会教育而设,由第五科直接管理指导之。在十七年以后即有组织,不过仅有党部派出一人以司讲演,曰讲演所,而讲演之范围又仅限于党义也。至二十年七月,政局大定,始由讲演所改组为民众教育馆,首由教育局管理之,亦甚简单,至以后则逐渐扩充。降至现在则设有馆长一人,以省立师范毕业之屠景昌任之。馆员四人,民众学校教员一人。设有阅览部,该部内部有图书室、民众阅览书报室、露天阅报处、巡回文库、每日壁报、读书会等,可谓尽阅览之能事矣。讲演部中则有固定讲演、巡回讲演、监狱讲演,是亦无微不入矣。关于民众之健康教育,则于健康部中设有民众体育场,使人民自由练习,游艺室、国术团是所以注重体育教育也。此外则尚有民众学校、书词训练处、民众俱乐部、古物陈列室。民众识字牌每日悬书两字,附加注音,使民认识。民众问事处,以备疑难之咨询。此外有注音字母推行委员会。近于二十三年十月将新源王桥乡、董冯乡等划为教育实验区,由该馆派员指导,并延地方有德望者数人,为之协助进行,以图教育事业渐次深入农村,而收其速效。兹将其各部工作情形申述于下。

阅览部中设有图书室,任人到馆借阅书报。阅览室设于讲演场内,每日除讲演外,任人观阅。而巡回文库地址则假各区立小学,每月实行巡回一周,而各乡村中另组有多数读书会,露天阅报处设有十处,城关则由该馆自办,乡区派有专人代办。此其办理经过之大略情形也。

讲演部之固定讲演,每逢集期在讲演场内举行,巡回则无定期。凡各大乡镇之集期或有庙会,而人数众多时则派专员前往讲演,以开导民智、增进其国民常识为主也。

健康部民众体育场内设有篮球、网球、排球及单杠、双杠、跳高架、秋千架、滑板、轩轾板等器具,任人游习。并组有国术团,使民有练习武术之机会。而馆中之游艺室内,设有乒乓球及棋具等,使民众暇时得有正当之娱乐与运动也。

此外,则于馆内设有民众学校一班,各乡之初小校内附设有民众学校者,计有七十余处,乡村以戏剧为唯一之娱乐,故戏曲书词亦关教育,旧式词句多属淫靡之词,必须改良,该馆设有书词训练班一班,注音符号传习所,每年训练三班,以期渐次推广。此外有民众代笔处、民众问事处,皆所以便利民众,促进教育之发展也。

新源民众教育实验区虽含试验性质,然皆有助于教育,有利于民众。该区设有民众学校三班,一在王家桥,一在董庄,是先藉学校以联络地方民众情感,为便利民众起见。设有盘碗桌凳,会以供民众婚丧集会之用。设有戒除烟酒会,以除民众之无益消耗。为提倡生产计,设有种棉及花生会,改良农产品种,以增收入。设有小先生教学会,利用小学生之识字知识,使一人教家庭间之妇女,二人以推行妇女教育。现有小先生十七人,已经开始教授也。

民众教育馆虽为消耗机关,然可为将来之收获。但此初期,经费因人员之众多,亦不得不求助于公家。在二十年度下,此项社会教育经费计有二千五百元,该馆为一千三百零八元。二十一年度,该馆增加二十四元。二十二年度,社会教育经费增至二千八百五十三元,该馆则为一千五百一十二元,而事业费为一千三百四十一元。但此事业费之支配,必先造册,呈厅核准,方准动用。在该馆亦组有经费稽核委员会,以审查之。现二十四度,亦仍其旧贯焉。是为茌邑负社会教育事业之最大机关也。

(《茌平县志》卷之四教育志　民国二十四年铅印本)

莒县

社会教育

讲演所　社会教育,辅翼学校教育、家庭教育所不及,启迪普通民智,莫要于此。莒邑自民国十二年创设讲演所,是为有社会教育之始。县知事周仁寿就旧县署地址建造讲演所,设所长一人,由教育局长庄厚泽兼任。讲演主任一人,聘管狱员李艳兼任。讲演员二人,轮流讲演。每有山会,巡回各会场,并制五色瓷牌,上书格言,悬之通衢及城门。每星期更易瓷牌颜色,另书格言,醒人耳目。行之既久,颇著成效。后民众教育馆成立,遂归并。

阅报所　民国十二年,县知事周仁寿于旧县署地址建造阅报所,由讲演所管理,后与讲演所同时改附于民众教育馆。

通俗图书馆　通俗图书馆与讲演所、阅报所同时创建。将城阳书院旧日所藏书籍及高等小学藏书移入,添购新书,供人阅览。张国耻图画,儆民众生爱国心。备地图、地球仪、自然现象图、动植物标本等,增长民众知识。由讲演所兼理,有时设幻灯、留音机供民众娱乐,由讲演所员为之说明讲解,成效颇著,后并入民众教育馆。

平民夜学 平民夜学,附设于讲演所,教员由教育学员担任,昼讲演夜授课,贫寒子弟及有职业者,咸得就学,所需书籍、石板等均由学校发给。课程则平民千字课、笔算、珠算、习字等,每夕授课二小时,学生踊跃。十五年停办。

莒邑社会教育,分为讲演所、阅报所、通俗图书馆、平民夜学,实以讲演所为纲领,是以用费少而收效宏,当时成绩为鲁省冠。张宗昌祸鲁,政烦赋重,人民不得安居。战事起,兵马扰攘,社会秩序愈形紊乱。社教机关,均为驻兵之所。各项社会教育事业,一例停办。迨民国十七年,始有民众教育馆之设立。

民众教育馆 民众教育馆,以孔庙为馆址,固定事业设阅览部、讲演部、健康部、教学部、编辑部,活动事业有巡回文库、巡回讲演、化装讲演、新生活运动、农场、合作社等。

馆内附设实验民众学校,现有二班,学生共六十四人。已毕业者二班,共六十八人。统计自十九年至二十二年,所办城乡民众学校,共一百零九班。毕业人数,共三千七百五十三人。二十三年春,成立民众教育试验区,开办学校八处,阅报所一处,以及筹设之农场,合作社等,已奉令移交乡教试验区办理。

馆内现有书籍,除自通俗图书馆移交者外,购《四部丛刊》一部,《万有文库》第一集,现代书籍六百七十六册,儿童书籍三百九十六册,杂志五种,新闻纸五份。

成立之始,附设民众读书阅报所,城乡共立十三处。自二十二年,因经费支绌,奉令撤销十二处,只存城区一处。

（《重修莒志》卷三十教育　民国二十五年铅印本）

冠县

鼓楼仍旧址,清咸丰四年洪军破城,楼上大鼓遗失。光绪二十七年,以楼颓圮,知县白璞臣拆卸木材移作别用。宣统二年,王以桢、郭进魁等募金修。民国十九年冬,添筑二层楼,敷设阶梯,旁辟院宇,规模推广,图书馆移此。

民众教育馆

民国二十年,省教育厅令各县教育局设立民众教育馆。是年奉教育局令合并旧有通俗讲演所、图书馆及公共体育场,另事推广,成为一机关。馆址设县西街南首,定名为冠县民众教育馆。内分五事务部,每部设主任一人,干事一人,馆长兼推广部主任,讲演部主任兼事务部主任。二十一年,教育厅预算变更,馆内五部改组为四,一教学部,二讲演部,三阅览部,四健康部,每部设主任一人,裁干事,馆长兼教学部主任。常年经费三千三百二十二元,由教育局支领。

附教育图书馆

清光绪季年,吾冠购书百余种,皆精印善本,藏之清泉书院。自书院改为学堂,此书无人经理,累累卷轴悉为士夫所攘据,邺架无存,此亦文物之憾事。民国四年,奉省令成立教育图书馆,乃远搜旧籍,旁索新书,勉集数十帙,并附设报纸数种,供人浏览。馆址在北街路西。经理一人,夫役一人,每月经费共京钱四十六千文。县委宋尚德为经理,掌管馆务。五年宋文萃接充经理。七年移馆址于县西街南首路东。十四年,杜廷举接充经理,为义务职。十六年,移于县前街中间路北。十八年移于古楼上层。添购图书数十种。二十年合并于民众教育馆,改馆长为主任,勤务一人,每日开馆,阅览书籍报章者颇形踊跃。

附通俗教育讲演所

清光绪二十九年,史村殷书云、谷培增、张梦龄、固子头、陈金枝等在史村创立宣讲会,每逢城内集期,在城隍庙前宣讲圣谕广训及宣讲拾遗等书,遇有乡镇集会亦于群众中设座讲演。光绪三十一年,县知事豫咸嘉许是举,假以吕祖堂东屋讲员住址,名为宣讲公所,奖以"善与人同"及"史村宣讲会""好行其德"等匾额。东昌府知府魏家骅闻而慕之,亦奖以"乐善不倦"匾额。当时讲演最工者推谷培增一人,喜笑怒骂涉口成趣,高声朗诵,四座倾听,亦讲演之雄也。及改建,民国以宣传词旨不合时,尚不复为官府所推许,并经费无着,此所遂渐即沈销。民国七年奉省令设讲演所,附设县西街图书馆内,定名为通俗教育讲演所,所长一人,讲演员三人,每逢集期及休假日轮流讲演,藉以启发民智,宣传主义。县委杜廷举为所长,常年经费京钱一千三百千文。自职员加薪,改给银洋,常年经费增至七百元,由教育费项下支领。十一年,宋文萃以讲演员兼所长,十四年宋文萃辞职,沙士宸接充,十七年田增林接充,十八年任书章接充所长,十九年张福安接充所长,旋改称主任。二十年合并于民众教育馆内,主任一职,改委侯朝宪充任。二十二年,又改委王金川接充。

附阅报所

我国报纸萌芽于清光绪庚子年,以后亦只北之平,津南之沪汉设有报馆,采录各界时事供人浏览。然类多官办,出板寥寥,未能普及。当时吾冠士夫未曾寓目。光绪三十三年,县知事白璞臣为开通风气,益人智识起见,设立阅报所一处,附于吕祖堂宣讲所内。民国初建,图书馆、讲演所次第成立,其中各备有报纸数种备众阅览,以前附设宣讲所之报纸应时取消。二十年设立民众教育馆,内设阅览一部,专司其事,图书馆、讲演所皆设有报纸,其他祭器库、南北街及四乡村镇共设有阅报所二十余处,皆教育局所设,备惜吾冠人多不识字,阅报一事,形同虚设。

社会教育

民众教育馆 馆址在城内布市街,自民国二十年十一月合并冠县公立图书馆、通俗讲演所,添民众体育场而成。馆长下有职员七人,内分事务部、讲演部、推广部、图书部、体育部,各部设主任,分别负责进行,常年经费二千四百元。其沿革,先是民国五年成立通俗图书馆一处,八年成立通俗讲演所一处,十八年成立河北于集讲演分所一处、民众阅报所四处、民众学校二十八处、私立新剧社一处。十九年度,讲演所附设代写书信处一处。至经费之支配,十九年度,图书馆五百十六元,讲演所九百零六元,民众学校六百元。阅报所四处,附设于图书馆,讲演所及教育局内均不另外开支。先是图书馆馆址初在北大街,后移布市街及县署街,或占用官舍,或赁用民房,均不合适。自民国十九年冬,就城内古楼大事改建落成后,图书馆即迁于此地址,较为适中。图书亦较前增益良多。

(《冠县志》卷之二建置,卷之四图书　民国二十三年刻本)

东阿县

社会教育

学校教育之设，必以国文、历史、中西文字为先，所以培道德之基，立人事之本也。抑知涵养德性，非陶冶品性不为功，完全人格，非锻炼体格不为用。当此训政时期，而欲为民众增知识，欲为社会长技能，以智育、体育、德育之发展，完成民治、民有、民享之国家。有非阅图书、听讲演、习技艺不能浚沦其灵明而活泼其心机者，此学校教育而外，社会教育所必不容缓也。试溯其沿革以述之。

图书馆

民国四年，县长邢之襄创立，定名为通俗图书馆，馆址设于县城隍庙后院。十四十五两年，屡遭驻军，图书器具损失殆尽。十七年，南北统一，县长马楸庭奉令改为县立图书馆，遂迁于文昌阁。十八年，复奉令改为公立图书馆，又迁于文庙前院。二十年，并入民众教育馆。

通俗讲演所

民国九年，县长方家永创立，所址设于县城隍庙。十七年，迁于文庙前院。二十年，并入民众教育馆。

民众读书阅报所

民国十八年成立，所址设于文庙前院。二十年，并入民众教育馆。

民众教育馆

民国二十年，奉令将社会教育机关合并改组为县立民众教育馆，以县文庙为馆址，委王占一为馆长，自是关于社会教育之各项事业统属于民众教育馆焉。

其组织计分五部

一、总务部

办理文书、会计、庶务等事项

二、图书部

办理图书阅览事项，设有藏书室及阅览室，计藏有图书一千一百四十九种，两千四百一十册，每日开放，任人借阅。

三、讲演部

办理讲演宣传事项。其讲演类别有三，曰固定讲演，设有讲演所，在县政府前，每日按时举行，曰巡回讲演，曰化装讲演，均系择时举行，以增进民众知能，改良社会风化。且每日张贴壁报于通衢，以广民众见闻焉。

四、体育部

办理民众体育事项，设有民众体育场，在第二小学后，面积约六亩，内设各项运动器具，以供民众运动。

五、推广部

办理推广民教事项，设有民众夜校及民众俱乐部，一则补救民众识字，一则提倡正当娱乐。

（《民国东阿县志》卷之八政教　民国二十三年铅印本）

潍县

社会教育

通俗讲演所

民国二年十月,教育部公布《通俗讲演所规程》,规定每省省会地方须设置讲演所四处,县治及繁盛市镇须设二所以上。潍县于七年设通俗讲演所于东门大街旧庠门内,职员二人,除每月二七集期在东门外沙滩作定期讲演外,余则四乡山会演剧报赛时间作讲演而已,旋于庠门外设通俗讲演社,略备各种杂志报章,惟地甚狭窄,难容多人。至十七年,为杂军所毁,书册器具荡然无存。

民众教育馆

本县民众教育馆于二十年开办,馆址就县东门内之东岳庙改建。设馆长一人,主任三人,干事二人,讲演员一人。内分五部:一阅览部,除订阅各种报章杂志外,现有《万有文库》全部,普通书籍一千六百四十一册,儿童书籍七百八十册,每年仍继续添购。其阅览办法,馆内分普通阅览、儿童阅览、报章阅览三处,外有各区书报阅览所、巡回文库、馆外借书处等之组织,所以期普遍也。二教学部,所属有民众学校、民众夜校、民众写信处、民众问字或问事处。三讲演部,分固定讲演、巡回讲演、临时讲演三种。固定讲演于每月之二七集期在沙滩讲演,更辟东门大街之忠孝祠旧址为讲演场,每星期讲演二次。巡回讲演按各处集期赴四乡重要集镇讲演。临时讲演于各种纪念日及其他参加临时集会时举行之。四出版部,每五日出壁报一次,载国内外重要消息,期使民众明了世界现状。又有民众半月刊,关于固有道德科学常识,颇多阐明。五健康部,设有游艺室一所,备有各种游艺品。

(《潍县志稿》卷二十二教育　民国三十年铅印本)

高唐县

民众教育馆

一、民众教育之沿革

本县于民国初年,即设有通俗讲演会、图书馆、阅报所各一处。八年,将图书馆、阅报所合并,同时复改通俗讲演会为通俗讲演所。十七年,又改为宣传所,而图书馆阅报所附于其中。十八年,分为通俗阅报所、通俗讲演所,更添设公共体育场一处。十九年,奉令改组,合并为今之民众教育馆,所有一切社会教育事项皆属之。成立后,设有儿童班一班,其他工作大致如前,二十一年,分为四部:(1)教学部,除儿童班外,办有平民学校四十三处,民众询问处代笔处。(2)阅览部,内设图书馆,入览与借览,均有规则,乡间设有巡回文库四处,阅报所八处。(3)讲演部分固定讲演、巡回讲演及化装讲演。(4)健康部,设有体育场、游艺室、国术研究班。二十二年七月,将以上四部合并为实验、推广二部,除固定工作外,尽量作活动事业,并办有民众实验区等,列举于后。

二、组织及行政

本馆组织,设馆长一人,实验、推广两部主任各一人,两部各分六股,每股有主任一人,最高行政组织为馆务会议,又设经济稽核委员会,及各种临时委员会,其系统略表于下。

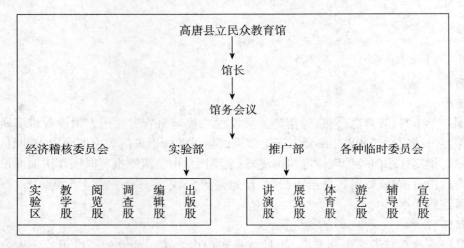

本馆各种工作,均按照年度计划进行,但因临时需要而举办之活动事业,须馆务会议决定之。本馆职员,因限于经济,不能增多,各职员除应负之专责外,关于各种活动事业,皆通力合作。本馆工友三人,均系高小毕业,儿童阅览室一人,轮流照拂,办公室及陈列室一人,司厨房一人。除固定工作外,兼办杂务。本馆工作以八小时为标准,但遇必要时得延长之。休息日定为星期一,工作较缓,但遇集期,则工作一如平时。

三、经费

本馆经费支出预算,每于年度开始时,经厅核定后,方得支配。各月经费收支,由本馆组织之经济稽核委员会稽核后,呈县教育经费委员会核销,简表于下:

收入部分	支出部分
薪工一七八八元	薪工一七七八元
办公费三三二元	办公费三三二元一
事业费二一二八元	事业费二一二七元九九
总收 四二四八元	总支 四二四八元
本馆最高薪额,每月三十八元;最低额十五元,工友每人七元	

四、设备及其工作

本馆设备方面,有固定设备,有临时设备。固定设备有普通阅览室,儿童阅览室,阅报陈列室,游艺室,民众诊病室,民众茶园,民众体育场,儿童乐园等等。临时设备,具见于工作方面。其工作方面,事类颇多,兹择其重要者,述之于次:

1. 民众学校:二十三年,除在本馆内设立民众学校一处外,并在各区附设民众学校六十七处。入校学生共一千六百七十六人,学生所用课本,均由本馆发给,教员按所办成绩发给奖金。

2. 注音符号传习班:本馆为推行注意符号起见,除通知民众学校一律推行外,特请练习纯熟之小学教练五人,办传习班五班,毕业期限,均定为一月。

3. 书词训练班:招集全县说书人员,办一书词训练班,毕业后,分派各区演唱,以资劝化。

4. 柳条包训练班:利用本地所产原料,设一柳条包训练班,特聘教师一人,招集贫苦学生来馆学习,期限四个月,此外又有幻灯教学,露天学校,民众识字牌等等设备,皆属教学部分者。

5. 讲演及宣传:讲演有普通讲演,巡回讲演,全馆陈列讲演——此种讲演每旧历二月举行一次。宣传——有国历宣传、国耻宣传等等。又有民众半月刊,民众壁报,属于出版及编辑部分,然亦与讲演宣传,同其性质者也。

6. 辅导:一为民校辅导,在民校开学后,特派人赴各校作巡回辅导;一为农民辅导,即辅导农民组织团体,如棉花产销社是,又有巡回图书馆,询问代笔,乡长谈话,乡老谈话等,亦与辅导同其意义者也。

7. 各种活动:如识字活动,秋季卫生活动,美棉产销社活动——每年十一月印制表册,下乡宣传,植树活动,毽子比赛,风筝比赛,国述表演,冬防活动,种痘活动,儿童节庆祝大会,民众同乐会等。

8. 附属团体:有民众教育实验区,民众教育促进会,书词研究会,读书会,体育会等,以上各团体,惟实验区规模颇为完备,另目述之。

民众实验区

一、沿革

本实验区发生于民国二十三年,当时呈报教育厅备案,其原地点系在本县城西十里铺附近四村,试办一年,因地点不甚相宜,工作方面,又感觉困难,于二十三年六月,始择定七区,呈厅实行迁移,即今之区域,距城十五里。区内包括王化庄,吴庄,陈庄,庞庄,小李庄,杨寨子六村。各村距离皆不远,因王化庄位于中心,办事处即设于此。

二、组织

办事处设总干事一人,助理干事一人,其系统如下。

实验区:

总务股:文书 事务

文化股:民众学校 书报流动 编辑印刷 通俗讲演 民众询问代笔

经济股:改良农业 改良农副业 组织合作社 职业介绍及指导

政治股:工民训练 组织自卫团体 举办卫生事业 发展交通 提倡农娱乐

三、经费

区内经费于本年度教育厅批准,共五〇四元,其支配办法民校费占百分之五九点五四,活动费占百分之二三点五四,工资占百分一六点六七。

四、期限

实验期限暂定三年分为三期:第一期,注重调查社会,扫除文盲,及实行工民教练等工作。第二期,注重提供合作,增加农业生产,改良农副业,及改良交通等工作。第三期,注重训练民权,完成地方自治,及卫生娱乐等工作。

五、调查

(1)户口,现全区共 283 户。(2)人数,现全区共 1193 名。(3)耕地,现全区可耕地 1178 亩(按 240 步成亩计算)。(4)地价,最高地价为 80 元,中等 50 元,三等 30 元。(5)农产,以锦花出产为最多,其次为麦、谷、高粮、棒子、豆等。(6)教育区完全小学一处,计高级二班,学生 68 人;初级一班,学生 37 人。识字成人共 152 人,失学者共 772 人;学龄儿童入学者 43 人,失学者 120 人。(7)风俗,各村风俗尚称古朴。(8)宗教,区内王化庄有老母娘娘庙,逢节日拜神者甚多,今将神像毁除,拜神之风亦绝。

六、语文教育

1. 短期小学:办事处设一年制短期小学一班,招有贫苦学生四十四名,自二十三年七月开办,至二十四年八月结束,毕业学生三十六人。

2. 民众学校:王化庄、小李庄、杨寨子三个庄村各办民众学校一处,总共学生九十八人,每晚上课二小时,规定五个月毕业。

3. 书报流动:各村设有书报阅览处,每星期派人换书报一次,指导方面,由各民学教育员负责。

4. 民众壁报:各村制有壁报墙,每隔五日派人将壁报新闻用粉笔写一次,但所写文字务须浅明。

(《高唐县志稿》社会教育 据民国二十五年手抄本影印)

广饶县

民众教育

民国二年,讲学所成立,地址设于船亭,孟昭信任所长,刘晋臣等为讲演员。三年,在旧考院前高扎席栅,内列几案,由各学校教职员轮值讲演。十年,迁于旧考院前,租借民宅为讲演所,赵麟奎任所长。十一年,迁于县十字口东,租用路南民房,后复迁入船亭。十七年停办。至十九年八月,民众教育馆成立,教育局委任司蓬山为馆长。二十一年六月,改委郭道中。二十三年夏教育厅委周效思,二十四年改委王廷春为馆长。自十九年八月至二十一年六月,该馆设馆长一人,内分总务、讲演、图书、扩充四部,各部设主任一人,又设讲演员、图书管理员各一人。二十一年七月至二十三年六月奉令改组,馆以下分设教学、讲演、健康、阅览四部,馆长兼教学部主任,其他三部各设主任一人。此该馆组织情形也。至该馆之经费已前者不可考,自十九年后逐渐加增,十九年度经常费二千三百二十八元,临时费五百元。二十年度经临费同上。二十一年度经常费一千九百四十四元,临时费二千零六元。二十二年度经常费二千二百九十二元,临时费一千六百五十八元。本年度又增。此该馆款额历年扩充情形也。自十九年设讲演所阅报所于城西门内,以地址狭隘,二十年迁入文庙。除筹设民众周刊外,如图书馆、游艺室、革命纪念馆、民众学校暨民众体育场等,继续筹备,但因馆址僻处一隅,与民众不易接近。二十一年乃与县立第一小学易地,该馆迁于旧考院内南段,筹设民众学校八处,在县府东旁设第二阅报所。二十二年五月,划定大王桥附近三村为民众教育实验区,分立民众学校十一处。在县府东设备民众体育场,购置儿童游戏器具,并备购国术器具多种,聘指导员一人,指导民众学习国术。二十三年,在各区添设阅报所七处,又购图书及巡回文库等,此该馆之沿革及历年筹备情形也。

(《续修广饶县志》政教志教育六 民国二十四年铅印本)

莘县

莘县社会教育一览表

名称	位置	成立年月	历任馆长	历任职员	备考
莘县民众教育馆	县城东门内，假废城隍庙改为馆址	民国二十年前将旧有图书馆讲演所合并成立	历任馆长为县籍人祝同勋、李培钦、李湘东，现任馆长泰安人孙继元	徐丕德 高登云 李际盛 魏子彬 康兆祥 相宝田 秦凤箫 刘十范 郑连登	内容组织，馆长一人，设有讲演、阅览、健康、教学四部，主任三人。最近新设民众诊疗所一处，不取分文，每日来所诊疗者约五六十人，惠及贫民不浅

各种事业概况		民教实验区概况
阅览部备有《万有文库》、杂志、报章并巡回文库及各种小说，每日按时任人借阅游览。讲演部于县城集期作固定讲演，并作按巡回演讲部。健康部备有田径运动器械，并馆内设有儿童游艺、乒乓球、滑板、轩轻板，并弈棋、乐器种种，每日按时任人游览。教学部设有民众夜校一所，每晚授课两小时，并代笔问字处，遇民众婚丧简帖、信件随时办，最近又设有民众诊疗一处，专为贫病同胞就诊		本属实验区址在西北四里后高家庙，设有试遵员姜占禄、刘东林二人，设有成年班、儿童班，代笔问字处，并调解委员会、学董会

（《莘县志》卷五教育志教育概况　民国二十六年铅印本）

夏津县

社会教育				
名称	通俗讲演所	县立图书馆	民众阅报所	民众教育馆
成立年月	民国六年二月	民国十七年七月	民国十七年七月	民国十九年
地址	初设文庙名宦祠，继迁大十字街南路东，后又迁马道街路西	同左		旧文昌宫后空院新建房舍
职员名数	三人或四人	馆长馆员各一人	以图书馆员兼任	馆长一人，各部各主任一人
经费	初年经费无多，后增为五百数十元	五百四十元		经常费千八百七十二元，事业费二千一百三十六元

续表

| 备考 | 本所初名讲演会,后改今名。定章每月讲演稿及听讲人数按期呈县转报教厅备案。原有所长一人,讲演员二人,后添事务员一人。十八年,党政改组,增加经费及人员,并不时延请各机关临时讲演 | 按章名通俗图书馆,馆设阅报所,由教育会长兼理,不支薪。每日阅报人数按期报县转教厅备查。初时附此于劝学所,有名无实。十七年始正式成立,馆长馆员各一人。十八年改易今名,后又改通俗图书馆,复改中山图书馆。馆长既易,经费亦增,并添购党义书籍五十余种 | 自本馆成立,凡社会教育均属之内,旧分三部,曰讲演,曰图书,曰阅报。迄二十年十月奉令将通俗讲演所、中山图书馆合并,改易今名。内图书阅报并为阅览部。又增教学、健康两部共为四部。各部均委主任一人,馆长兼任教学部。教学部设民众学校,城乡共二十四["四"原为"西"]处,流动教学。讲演部分固定、巡回、化装、变格等讲演。阅览部有图书三千余种(新旧中西俱备),阅报所城乡共十四处。健康部设民众体育场一处,内有铁饼、铁球,标枪、篮球、网球、队球、足球、秋千等,以及各种径赛 |

(《夏津县志续编》卷三学校志教育变迁　民国二十三年铅印本)

胶县

社会教育			
名称	通俗讲演所	胶县公立图书馆	民众读书阅报所	民众教育馆
成立年月	三年九月	民国四年		十九年十月
地址	菩萨庙,又迁北坛,并教育馆后移财神庙。	初在北坛,后移财神庙	同左	钱市街财神庙
职员名数	所长一人,讲员二人	馆长一人	所长一人	馆长一人,各部设主任一人。
经费	八百十六元	四百五十六元	三百元	
备考	此所初名讲演会,后易今名,定章每月讲演稿及听讲人数须按期呈报县署转呈教育厅备查。原有所长一人,讲演员一人。十八年党政改组,增添经费及讲演员	初设时名通俗图书馆,馆中附设阅报所,均由教育会长兼理,不支薪水。书记一人,月薪十二元。每日阅书人数须按期呈报县署转呈教育厅备查。十八年党政改组,二者均易今名,且分离		自此馆成立后,凡社会教育均属之,内分三部,曰讲演部、图书部、阅报部,各委一人主之,以前各长名义取消

(《增修胶志》卷二十二学校民国学校　民国二十年铅印本)

高密县

教育类别	社会教育
教育名称	县立民众教育馆
成立年月	民国十九年十月
地址	西门外
组织	分阅览、讲演、健康、教学四部，此外在第五区康家庄等六村划设民教实验区一处
职员名数	馆长兼教学部主任一人，阅览部主任兼讲演部主任一人，健康部主任一人，讲演员、体育指导员、民校指导员各一人，民教实验区主任一人
备考	民国元年以前即设有阅报所。民国二年成立图书馆，附设阅报所内。民国九年成立通俗讲演所，系赁民房。民国十八年成立公共体育场，系赁民地。至民国十九年，教育厅通令各县教育当局成立民众教育馆，为全县社会教育中心机关。本县教育局遂于是年十月委任王宝箓为馆长，分别接收通俗图书馆、通俗讲演所、公共体育场，正式成立县立民众教育馆。

（《高密县志》卷之九教育志　民国二十四年铅印本）

临沂县

民众教育馆

地址　分三部，一在营房街关帝庙，一在北大寺，一在地藏王庙（今北大寺已改建进德分会，只有两部分）。

沿革　原名通俗讲演所，通俗图书馆，民国十七年改为通俗教育馆。二十年改民众教育馆。

组织　分总务部、宣传部、阅览部、教学部，职员五人。

经费　由县教育费项下开支，全年四千六百四十八元。

工作概况　除半日学校有专员教授外，民众夜校系馆员轮流分担。新设书词训练班，三十余人，盲者居半。课程分鼓词、平词、音乐、常识四种，教材以改良社会恶俗，启发民众知识为标准。宣传方面有固定讲演、巡回讲演、临时讲演及宣传小册。阅览部有图书馆，内藏新旧书籍三百余种，分阅书处、阅报处及中心阅览处，任人观览。附设金石、保存所二处，博物室一所，动植物百余种。外设游艺部一所。此外乡村有阅报所二十四处，露天阅报所五处，民众学校二十九处。其已出版宣传之小册十种。

（《临沂县志》卷八教育　民国二十四年铅印本）

济宁县

教育篇

通俗图书馆在禹五庙，民四年五月成立，其内附设阅报所。

馆长刘元奎、曹敦淦。

通俗讲演所在西学,民国四年一月成立。

所长解行素。

(《济宁县志》卷二法制略 民国十六年铅印本)

沾化县

学校

社会教育

(一)通俗讲演所 民国七年成立,设所长一人,讲演员一人,每月经费五十元。十七年冬,附设图书、阅报两部,职员人数仍旧,职务由所长及讲演员分任,每月经费增至六十元。十八年无变更,至十九年,地方变乱,所有一切,损失净尽,该所遂即停顿。

(二)民众教育馆 民国十九年,取销通俗讲演所。二十年,改组民众教育馆,内分讲演、图书、体育、推广四部,并附设民校一处,全年经费共计三千三百十二元。二十一年,该馆内分阅览、讲演、健康、教学四部,全年经费为一千四百二十八元,事业费七百六十二元。二十二年至今,除改教学部为图书部外,并设民众夜校及巡回文库,余无变更。

又流钟镇设分馆一处,租用民房,附设民众夜校及巡回文库。

(《沾化县志》卷五教育志 民国二十四年铅印本)

掖县

教育

教育各机关自设立至民国十七年经历概况表

名称	地址	设立年月及沿革	组织情形	主管人姓名	建筑
通俗讲演所	文昌祠	民四年立(后并民众教育馆)	原设讲演主任一人,讲员三人,民国十三年改所长一人,讲员四人	民国四年讲演主任宋鸣盛,民国十三年所长宋元章。	
通俗图书馆	府学东官厅	民四年立(后并民众教育馆)	馆长一人	民国四年馆长赵玺书,民国六年馆长刘津。	

社会教育

县立民众读书阅报所

县立通俗讲演所

县立民众教育馆: 二十年成立,在城内小十字口内,藏各种书籍并铜像列下。

中国人名大辞典 中国地名大辞典

教育辞典 万有文库第一集(计二千册)

小学生文库(计五百册) 辞源

续辞源 掖县志 余书不备载

铜佛像一尊

四部丛刊(计二千一百十二册,全书书录一册,在第五科保存)

摸刻唐开成石壁十二经(张宗昌赠,计十四大套,在第五科保存)

(《四续掖县志》卷三教育　民国二十四年铅印本)

德县

民众教育

民众教育馆

一、成立年月　于民国十七年成立,系以通俗图书馆及通俗讲演所合并改组为民众教育馆。

二、地址　设于旧州署街关帝庙。

三、组织　详后列之组织表。

四、全年经费

经常费洋一千六百八十元

事业费洋一千八百四十二元

五、工作概况

(1)固定事业分晰列下

民众读书、阅报处二处

民众问询代笔处十处

图书阅览室、讲演所、体育场、诊疗所、古物陈列室、游艺室各设一处

民众学校六处

(2)活动

巡回文库

巡回讲演

识字运动

卫生运动

种痘及注射防疫

民众同乐会

民众运动会

演说竞赛会

国术比赛会

书画展览会

(3)出版刊物

民众丛书七种

民众壁报

乡村周刊

六、附属机关

民众教育实验区　择定运河西岸五里庄、张庄、李庄、阎庄、陈庄、大屯镇为实施区域,以五里庄设办事处,普及乡村教育。以生计教育为主,以文字、政治、康乐为辅,以期增进农业

生产、改良农民生活及农村陋习、完成地方自治为宗旨。

实验区小学一处

民众学校六处

国术团一处

纺织训练班一处

民众诊疗所

乡村壁报(每周出二次,共六张,分贴区内各村)。

七、图书种类

庋藏图书三十五种,五千五百二十一册

杂志二十四种

图表十五种

组织系统表

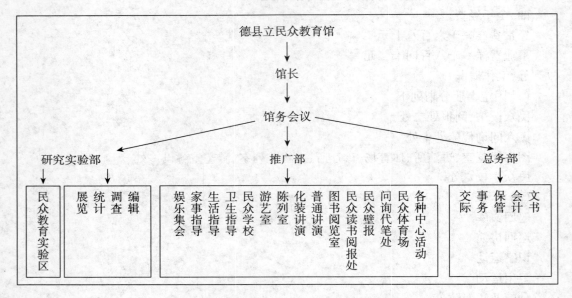

(《德县志》卷八学校志　民国二十四年铅印本)

利津县

教育

社会教育自民国三年成立通俗图书馆,添设民众夜学。十三年添办通俗周刊。十四年因驻军之扰停办。十七年秋始行恢复。二十年改组为民众教育馆,设图书、阅览等部。二十一年添办民众学校、小学教员注音符号讲习会。二十三年,增添讲演部,妇女夜学,并于第一区双堂镇筹设民众教育实验区。

(《利津县续志》卷二法制　民国二十四年铅印本)

长清县

学校志上

讲演所

民国成立,改变旧法,各州县设讲演所,讲演自治法规、民主大义。又于各集镇派员演讲,仿佛古制月朔讲法之典(设所长一人,讲员二人,薪金由学款项下开支)。

图书馆

馆内设古今图书及世界书籍,令人随便入馆观览,广人知识。贫民子弟无力购书者亦可入馆借书,以读有益于民,良非浅鲜。馆内附设阅报所,国家政治之得失,交涉之优良,水旱偏灾,全行备载,俾阅者知所从违,藉广耳目。

学校志下

附东关小学校史纪略

图书馆 甲 书籍:参考书三百零七册,儿童用书六百七十一册,共计九百七十八册。乙 挂图:自然科挂图九十三幅(内损坏六十余幅),卫生挂图三十幅(内损坏二十余幅),算学挂图二十幅,国语挂图九幅,社会科挂图五十二幅。共计二百零四幅。丙 杂志:旧存各种杂志二百三十二册,儿童杂志二百五十册,现定东方杂志、国闻周报、申报月刊、中华教育界、儿童杂志、儿童世界、小朋友共七份。器械:甲 理化仪器一百六十余件(均已损坏不能应用),乙 体育器械:篮球杆二架、网球二架、排球一架、哑铃五十对。

社会教育

民众教育馆 县内社会教育机关。民国三年藉石麟书院东偏设立图书馆、讲演所、阅报处三处,设在一室,因地址窄小,设备简单,于民国八年迁于县东门里文庙南新建房舍内。十八年,图书馆与讲演所分立,图书馆仍在原址,讲演所在文庙院内。二十年,奉令将图书馆、讲演所合并为民众教育馆。至于该馆历年经费有卷可查者,列表附后。

民众教育试验区 民国二十三年一月奉令成立民众教育试验区委员会,计划关于该区民众事宜。区址设在第二区,由民教馆派主任一人,在该区办理民众日夜学校、讲演所等,而不属于委员会。乡村建设研究院结业生在该区办理民众学校七处,直辖民教委员会。四月奉令改为乡村教育实验区。

乡村教育实验区 该区为试验区所改组而成,以第二区不甚适宜,故于民国二士三年四月移于第三区。该实验区设主任一人,由教厅直接委任,兼中心小学校长,直辖县乡村教育辅导委员会,现正积极进行。

县社会教育经费历年数目一览表

年度	数目	备考
民国十五年	大洋三百三十六元	
民国十六年	同上	
民国十七年	同上	

续表

年度	数目	备考
民国十八年	大洋二千三百二十八元	
民国十九年	大洋五千二百二十三元	
民国二十年	同上	
民国二十一年	大洋五千四百一十五元	
民国二十二年	大洋五千四百一十五元	预算数

(《长清县志》卷八学校志现代教育　民国二十四年铅印本)

胶澳县

平民教育

本埠德日时代向无平民学校。十三年春,中国青年会创办平民教育促进会,筹设平民读书处十余所。八月间复由督办公署组设平民教育委员会,设平民学校七所。于市内并于乡区分设三十余所,学生约三千余人,以四个月毕业,并由永裕盐业公司捐助二千元,专充平民教育经费。第一期办理毕业,所有义务教员均经分别给予奖章。迨二期办理将竣,适以时局不宁,因而停顿,现有基督教青年会及平教协进会并万国体育会之平教部分期办理读书处多所,公家正在设法推办,以期普及。

通俗教育

接收后,本埠设有私立通俗教育讲演所,曾经呈准立案。十四年春以捐款不继、经费无着停办。至公立通俗教育讲演所,由督办公署于十三年暑期筹设,分定期、临时巡回讲演,常年经费三千三百元。同时并筹设公立通俗图书馆一所,购置书籍约千余元,常年经费二千二百余元。馆址在莒县路。十四年秋,讲演所与图书馆归并,常年经费裁减为二千零二十元。

(《胶澳志》卷七教育志　民国十七年铅印本)

邹平县

教育

公民讲习所

光绪三十三年知县钱琳叔先生开办,在崇圣祠,各校职教员轮班讲演。三十四年,先生挂冠归,遂停办。

图书馆

馆附视学所内,清光绪三十三年钱大令以振创建,购储图籍七百余种,牙签叠架,琳琅满室。订有阅书章程,由视学所兼理。

(《邹平县志》卷四建置考上　民国三年刻本)

单县

学校

图书馆　民十五年菏泽中校学生孔宪灼、孙镕修等募赀创立,每月由教育局补助经费二十千。

(《单县志》卷四学校志　民国十八年石印本)

莱芜县

社会教育

民国成立后,在城东关街设图书馆,附设阅报所。每逢三八集期由专员演讲,并随时赴四乡宣导一切应行改进事。至十七年,分设馆所于吐子口、鲁西两集镇,所办事务与在东关街者同。旋又并吐子口、鲁西二处馆所,在东关街改设民众教育馆,广置应用书籍及新闻报纸多份,供人阅览,并由该馆出资在附近城厢设立民众夜学班十余处,以启迪民众智识焉。

(《莱芜县志》卷十一政教志学校　民国二十四年铅印本)

昌乐县

教育志

民众教育馆:民国元年设阅报所(在城内大十字口东),三年六月改讲习所(移大十字口北),十八年改通俗讲演所(移大十字口西),十九年改为民众教育馆(移乙种实业学校旧址),立民众体育场,置《万有文库》及各种丛书(总数凡四千八百一十三册)。立图书部巡回文库,供民众翻阅,以增学识。二十三年(移建设胡同)于都昌镇设立实验区以实验民众教育。

(《昌乐县续志》卷十四教育志　民国二十三年铅印本)

平原县

学校
书籍

旧志所载书籍迭遭兵燹,损失已尽。光绪二十八年,知县姚诗志捐廉百五十两,并地方集款三百五十两,由山东官书局购置,经史约占十分之五,子集占十分之二,科学书占十分之三。装四大厨,书面盖有印信,存储于县立小学堂。因管理失当,故十余年后遗佚不全。现民众教育馆购存书籍共六千八百六十二册,其类目计普通三百零五册,哲理九十册,教育四百一十册,社会四百二十六册,艺术一百三十一册,自然七十册,应用二百九十二册,语言四十册,文学四百五十二册,史地二百零八册,儿童与民众读物二千二百七十八册,《万有文库》二千册,省志一百二十册,府志四十册。凡属邑人觅有妥保,即准照章借阅。

(《续修平原县志》卷之四学校　民国二十五年铅印本)

教育

民众教育馆

县立民众教育馆在东门内。民国十八年开办,附设民众学校。

民众教育馆实验区在第一区十三乡。

平原县民众体育场在县政府东偏,民国十九年设立,附属于县立民众教育馆。

(《续修平原县志》卷之十一教育　民国二十五年铅印本)

商河县

教育志

民众教育馆

　　(甲)地址　县内城南门外迤西福胜寺旧址

　　(乙)房舍　新建房舍共四十八间

　　(丙)成立年月　民国十九年二月,就以前通俗讲演所改组

　　(丁)馆长　由教育厅委任

　　　　李永荣　泉庄人　十九年二月任

　　　　杨泰峰　路庄人　二十三年一月任

　　　　张殿中　张王庄人　二十三年五月任

　　(戊)职员　由馆长聘任　共四人

　　(己)任务共分四部分,详于下

　　　　(一)阅览部　分三项如下

　　　　(子)阅书处　备有书籍千余种,杂志七种,由民众随便填具阅书券取阅

　　　　(丑)阅报处预备有纸四种　大公报　益世报　申报　平民日报　并办有壁报,每
　　　　　　日将报纸摘要缮写,分贴各城门冲要地点,以便民众看阅

　　　　(寅)问字处　民众问字随便代为解释

　　　　(二)讲演部　分二项如下

　　　　(子)固定讲演　在城内讲演堂,每日下午七点至九点为讲演时间

　　　　(丑)巡回讲演　赴各区集镇讲演,每月巡回一周

　　　　(三)教学部　设有成人补习班,每晚上课二小时

　　　　(四)健康部　设有公共体育场,备置各种运动器械,由该部主任指导民众运动,并
　　　　组有新剧团,每星期六开演,供给民众娱乐,藉资观感

　　(庚)经费　全年经费四千三百零三元

(《重修商河县志》卷之五教育　民国二十五年铅印本)

博兴县

教育

　　通俗讲演所　民国八年成立,初假民房为所址,后移居县署西大街路南公宅,并附设阅
报所及图书馆。置所长一人,讲演员一人,随时赴城关暨各乡镇轮流讲演。十九年并入民众

教育馆。

民众教育馆 民国十九年十月奉令成立,由讲演所、图书馆、民众学校合并而成,馆址藉用学官前院,规模宏敞。内设馆长一人兼教学主任,健康部主任一人,阅览部主任一人,讲演部主任一人。其应办事项概为社会教育,兹择要分述于下。

一 馆内应设民众读书阅报处,由教学部主任负责指导

二 添置大字图书,创办巡回文库,备乡村老师及民众借阅

三 印刷民众周刊,分送各机关团体、各乡村学校阅览,或定期张贴壁报俾民众阅览

四 组织注音符号推行委员会,成立注音符号传习班

五 应于城乡设立固定讲演所多处,由讲演部主任巡回讲演,以期唤起民众

六 每年春季,延聘医师,置备药品,为民众施种牛痘,不取医赀

七 每年应分期举行识字运动大会,藉广宣传

八 广辟民众体育场及娱乐场,置备各种运动游艺器具,备民众业余消遣,藉资运动而保健康

按该馆于二十五年八月奉省令改为民众图书馆,由馆员中检定一人,委为图书馆管理员,馆长改为民教辅导员,办理全县民众学校。

(《重修博兴县志》卷十一教育　民国二十五年铅印本)

德平县

社会教育

本县小学教育未臻普及,成年人之失学者尤居多数,推广义教,励行强迫,固属急不可缓,而扫除文盲,牗启民众,亦未可忽视。此社会教育之所宜亟也。

(一)沿革

本县社会教育倡办于民国初年,先设通俗讲演所一处,地址在明伦堂,继迁于城隍庙之道院,阅报所因附设于内。图书馆成立于十八年春,在大街赁房而居,规模颇为狭隘。十九年奉令成立民众教育馆,乃将讲演所、图书馆等合并焉。

(二)机关之组织

讲演所、图书馆时期各有主任一人,规模极简。自教育馆成立,乃设阅览、讲演、出版、健康、推广五部,由馆长一人及馆员四人分工任事。民国二十三年奉令裁员,只余馆长一人馆员三人。

(三)历任负责人员表

邓金榜　毛振声　刘永武　蔺德成　李熙恭　阎兴俊　张继禹　刘蓬山　李元和　董静亭

(四)活动概况

甲、推广民众学校并编发课本

乙、成立实验区于丁家庄

丙、扩充阅览室

丁、力行固定及巡回讲演

戊、购置体育场于南关

己、设立诊疗所并施种牛痘

庚、附设代笔处及问字处

辛、开办游艺室、科学室及古物陈列室

壬、出版民众读物

癸、举行讲演竞赛会、游艺比赛会

（《德平县续志》卷之八教育　民国二十四年铅印本）

济阳县

通俗讲演所　民国四年成立，附设于劝学所前院，初由劝学所兼办，嗣设所长一人，由马明俊充任，又有讲演员二人，担任宣讲事宜，并随时赴城关及各乡镇轮流讲演，经费由县教育费项下开支，十九年底并入民众教育馆。

中山图书馆　位于振武街东首路北，民国十七年创修，规模宏敞，藏书颇富，并有藏经二千余卷，内设馆长一人，馆员一人，十九年底并入民众教育馆。

民众教育馆　民国二十年元旦成立，由讲演所、图书馆、体育场、俱乐部等合并而成，沿用图书馆及俱乐部旧址，内设馆长一人，兼教学部主任，健康部主任一人，阅览部主任一人，讲演部主任一人，现任馆长陈济及各部主任均力图进展，将来社会教育庶可蒸蒸日上云。

（《济阳县志》卷八教育志　民国二十三年铅印本）

陵县

民众教育馆之沿革及其设施

馆址在南门里，系租赁民房。民国十七年二月成立，先是图书馆附设讲演阅报两部。十八年十月，讲演部独立成为通俗讲演所。二十年一月，奉令合并图书馆、讲演所，改为民众教育馆，内分五部，即阅览部、教学部、健康部、讲演部、编辑部，其附设机关有民众读书阅报所四处，一在神头镇，二在鬷场店，三在滋博店，四在柏林店。

（《陵县续志》第七编教育志　民国二十五年铅印本）

齐东县

民众教育馆

民国十七年前原有图书馆、讲演所各一处，经兵匪之乱，所有文化设备销毁无余。十八年八月重行设立图书馆及民众读书阅报所各一处，馆长及主任由教育局长兼任，讲演员二人兼任图书馆管理员及阅报所事务员。十九年合并改组为民众教育馆，设馆长一人，职员四人，以城里关帝庙房舍为馆址，内分讲演、健康、阅览、教学、出版五部，外设民众学校八处，读书阅报所六处。

（《齐东县志》卷三政治志　民国二十四年石印本）

无棣县

讲演所僦民宅,附设图书馆、阅报所,民国十一年立。

(《无棣县志》卷二建置　民国十四年铅印本)

历城县

宣统元年,建图书馆于贡院东新号遗址。

孙葆田山东创建图书馆记

　　皇帝嗣服之元年夏,山东提学使罗正钧钦遵明诏、兴学造士,乃创建图书馆于省城旧贡院之隙地,附设山东金石保存所。其地面山背湖,方广二十有六丈,为楼十二楹,前列广厅,以为藏书及阅书之室,特详请巡抚使者奏咨立案。其略曰:山东乃圣人桑梓之邦,为中国数千年文明所自出,经师传注,衣被方来,金石留遗,甲于寰宇。而济南省会之区,图书缺焉未备。见拟设立图书馆一所,首储四库善本,兼收列国宝书。将以通新旧之机缄,非徒侈观瞻于耳目,并拟别筹经费按年采办,积以岁月,蔚成巨观,似于学术不无裨益,奉旨报闻。秋九月工成,学使以命葆田为之记,葆田窃惟古今藏书之富,莫盛于本朝康熙时,圣祖仁皇帝敕编《图书集成》,仿前明《永乐大典》,举内府所藏各书,勒成一编,用示薄海内外。当是时,天子典学于上,学士大夫从风于下,而所重者乃二帝三王之道,故天下道德一而风俗同。迨乾隆时,高宗纯皇帝诏开四库全书馆,则搜罗益富,至海外之秘籍,以及职方外纪等书,莫不登诸册府,以视前代四库七略之藏典章,尤为美备。而圣谕谆谆,必取其有阐明性学治法关系世道人心者为宜,先采录列圣,规模宏远,虽百代率从可也。今自五洲交通以来,新政迭兴,将使人人皆由于学所以开民智而力辟风气,则图书馆之设诚为当今急务。近年,朝廷又尝以重印《图书集成》,颁赐各直省高等学堂。此馆之设,所由与学校相辅。与昔牛宏序书有五厄,请开献书之路,今则天下一家,所谓兴集之期属膺圣代者。正在此时,抑尝读苏子瞻李氏山房藏书记,以为孔子圣人,其学必始于观书,而因叹学者有书不读为可惜,而朱子亦致慨于俗儒记诵词章之习,其功倍于小学而无用,至如其他权谋术数,一切以就功名之说,与夫百家众技之流,所以惑世诬民,充塞仁义者,今世当无虑是矣。然则吾乡人士,苟有志于读书,一登是馆,其亦知仰体列圣遗谟,与当事诸公经营缔造之意哉!(经校室文集)

(《续修历城县志》卷一总记,卷十三建置考　民国十五年铅印本)

临邑县

民众教育

　　查本县于前清宣统元年创立图书馆,设馆长一员,总司其事。馆址设城隍庙西院。民国二年组设讲演所,由所长主持,其所址与图书馆同设于县署前。民国十四年,图书馆内附设讲演所,所长即由图书馆长兼任。民国十六年,图书馆与讲演所分别设立,图书馆仍为馆长,讲演所所长改为主任,所址与馆址同时迁于文庙内。民国十八年,迁移于南门内大街路西。民国十九年十一月,图书馆、讲演所依照法定组织将上项机关合并改为民众教育馆,由馆长主管。民国二十一年,复将馆址移于北门内增福庙。民国二十四年,因民团裁撤,始迁回城隍庙前院。民国二十五年取消民众教育馆,专设图书馆。

民众教育机关沿革表

机关名称	主管名称	姓名	成立时期
图书馆	馆长	马焕英	前清宣统元年创立
讲演所	所长	石凤亭	民国二年
图书馆附设讲演所	所长兼馆长	谢淑躬	民国十四年
图书馆	馆长	谢淑躬	民国十六年
讲演所	主任	崔源仑	民国十六年
民众教育馆	馆长	谢淑躬	民国十九年
图书馆	馆长	李宪恭	民国二十五年

(《续修临邑县志》卷之二地事编　民国二十五年铅印本)

阳信县

通俗教育

　　通俗教育讲演所　现代社会为提高平民程度计,则通俗教育极关重要。讲演所初借名宦祠办公,民国六年成立后移南门大街路东,设讲演员一人,总理所务,兼管阅报所。

　　阅报所　初设乡贤祠内,继迁关岳庙,又随讲演所迁南门大街路东。

　　图书馆　图书馆附设县立高级小学校。

(《阳信县志》卷四新政志　民国十五年铅印本)

附:山东省民国时期图书馆史文献目录

图书(书名、著者、出版者、出版时间)

1. 山东省立图书馆概况　该馆编印　1933年
2. 山东省图书馆章程　该馆编印　1909年
3. 山东省立通俗图书馆章程
4. 青岛市立民众教育馆图书馆概况　该馆编印　1936年

论文(篇名、著者、期刊名、卷期、出版时间)

1. 济南图书馆协会简章　中华图书馆协会会报　1卷5期　1926年3月30日
2. 山东省立图书馆委员会组织规则　文教月刊　1卷3期　1940年3月
3. 无隶县乡村儿童图书馆简章　山东教育行政周刊　第330期　1935年2月23日
4. [山东省立民众教育馆]新订图书出借章程　山东民众教育月刊　3卷5期　1932年5月25日
5. 山东图书馆的今昔　罗复唐　民众教育(山东省立民众教育馆)　第4期　1947年1月12日
6. 山东省立图书馆工作计划大纲　山东教育行政周刊　第60期　1929年10月19日,第61期　1929年

10 月 26 日;山东省立民众教育馆月刊　1 卷 2 期　1939 年 2 月

7. 山东省立图书馆组织章程　山东教育行政周刊　第 66 期　1929 年 11 月 30 日

8. 一年来本馆工作之回顾　王献唐　山东省立图书馆季刊　1 卷 1 期　1931 年 3 月

9. 山东省立图书馆概况　浙江图书馆月刊　1 卷 9 期　1932 年 11 月 30 日

10. 山东省立图书馆参观记　大公报记者　大公报　1933 年 4 月 1 日;浙江图书馆馆刊　2 卷 2 期　1933 年 4 月 30 日

11. 视察省立图书馆报告　彭汝霖　山东教育行政周刊　第 276 期　1934 年 2 月 10 日

12. 奎虚书藏营建始末记　王献唐　山东省立图书馆季刊　1 卷 2 期　1936 年 12 月

13. 青岛市图书馆概况　中华图书馆协会会报　11 卷 6 期　1936 年 6 月 30 日

14. 济宁图书馆通讯　胡英、李文裪　图书馆周刊　第 112 期　1937 年 4 月 28 日;中华图书馆协会会报　12 卷 5 期　1937 年 4 月 30 日

15. 济南县立图书馆组织大纲　胡英　图书馆周刊　第 116 期　1937 年 5 月 26 日

16. 图书部工作概况　山东民众教育月刊　1 卷 2 期　1930 年 2 月

17. 我们的图书馆　景台　山东民众教育月刊　2 卷 1 期　1931 年 8 月 25 日

18. 我们的民众阅报所　山东民众教育月刊　2 卷 1 期　1931 年 8 月 25 日

19. 一月来的图书馆　刘景台　山东民众教育月刊　2 卷 2 期　1931 年 9 月 25 日;3 卷 8 期　1932 年 8 月 25 日

20. 一年来的民众刊物阅览室　山东民众教育月刊　3 卷 8 期　1932 年 8 月 25 日

21. 一年来的阅报所　山东民众教育月刊　3 卷 8 期　1932 年 8 月 25 日

22. 图书室概况　山东民众教育月刊　5 卷 8 期　1934 年 10 月 25 日

23. 图书馆　山东民众教育月刊　5 卷 8 期　1934 年 10 月 25 日

24. [青岛市立民众教育馆]本馆二十二年阅览工作报告　青岛民众季刊　第 1 期　1934 年 3 月 31 日

25. [山东民众教育馆]办理巡回书箱经过及杂感　李靖宇　山东民众教育月刊　7 卷 3 期　1936 年 4 月

26. 青岛市立流动书库　中华图书馆协会会报　5 卷 6 期　1930 年 6 月 30 日

27. 青岛市教育局乡区小学校流动书库流动表　青岛教育　1 卷 11 期　1934 年 4 月 1 日

28. 薛家岛阴岛两区流动书库流动表　青岛教育　1 卷 11 期　1934 年 4 月 1 日

29. [山东民众教育馆]我们的儿童读书所　刘岫云　民众教育月刊　2 卷 1 期　1931 年 8 月 25 日

江苏省

地方志史料目录:《新京备乘》《民国泰县志稿》《续修盐城县志》《阜宁县新志》《续修兴化县志》《甘泉县续志》《江都县续志》《海门县图志》《南通县图志》《三续高邮州志》

附江苏省民国时期图书馆史文献目录:54 种图书,98 篇论文。

图书馆

龙蟠里四松庵,旧名盋山园。清陶文毅公总督两江,喜其面对方山天印,极登眺之盛,改名博山。复仿西湖诂经精舍规程,建惜阴书院。光绪之季,端匋斋制军,斥巨金购丁氏八千卷楼藏书。因故址辟地,建楼二十二楹贮之,命名为江南图书馆。保存国粹,其功有足多者。民国纪元三年。伊通齐震岩来长是邦,锐意以整饬国故为己任。礼罗名彦,就善本书重加校理,于刊钞配补卷帙完阙考核尤谨。纂成覆校善本书目四册,特定阅书专章八条,易名为江苏省立第一图书馆,增设省立第二图书馆于吴县之可园。干戈扰攘,潮流澎湃,犹复汲汲焉于固有文化偶乎远矣。

附录江南第一图书馆覆校善本书目序

清同光间,海内藏书之富,称聊城杨氏海源阁、常熟瞿氏铁琴铜剑楼、归安陆氏皕宋楼三大家。而钱塘丁氏八千卷楼,亦最有声于东南。光绪中叶,东瀛以重金敛皕宋楼以去,复耽耽于丁氏八千楼藏书。时溧阳尚书总制两江,乃及市之以归江宁。因惜阴书院故址,辟地建楼二十二楹于盋山之麓,命曰江南图书馆。以十九楹贮藏阅书,而以三楹别庋善本。凡宋元明旧椠暨精钞孤行本,与夫经故家收藏名流校勘者,胥于是乎在。丁氏故有善本书室藏书志四十卷,篇帙繁重,流传甚稀。前馆员刊简目以行,世所习见者,皆属此本。民国三年,余来巡是邦,屡遇盋山登善本书楼,偶取旧籍与简目对勘,间有异同,心窃疑之。爰特定阅书专章八条,付与馆员守之。属同年胡宗武曹椽染公约两君重加校理,凡六阅月而竟,纂成书目四厚册,备载历朝名人收藏印记,于刊钞配补卷帙完阙考核尤详,视前简目加勤焉。暇取而互勘之,如读易小得,如杨雄蜀都赋读,如春秋左氏传补注,如春秋师说,如篆体偏旁点画辨缺,如锦绣万花谷前后集,如禅宗永嘉集,如陆士衡文集,如友石山人遗稿,胥属丁氏善本书,藏书志漏载,而简目不收。如春秋通说,如崔清献全录,如素问入式运气论奥、黄帝内经素问遗篇,如宋宝佑四年丙辰岁会天万年具注录,如宝章等访录,如山房四友谱,如蝶庵道人清梦录,如大慧普觉禅师书,如老子□义,列子□义,庄子□义,如元刊分类补注李太白诗集,如元刊集千家注分类杜工部诗,如孟浩然集,如后山诗注,如西塘郑先生集,如格斋四六,如巽斋四六,如翰林珠玉,如江月构风集,如毂庵集选,皆藏书志所载,原书具在,而简目亦不收。其尤异者,宋张景斋医说二部,仅入明椠。而黄尧圃所藏宋本,亦不著录。今均一一随类列入,为书不下三十余种,则当日丁氏之疏尚小,而前馆员编纂之率略泰甚也。兹目,经之属三百五十三部,六千一百四十六卷。史之属四百九十部,二万零零七十四卷。子之属五百八十五部,一万一千零六十八卷。集之属一千一百二十部,二万二千五百九十二卷。都二千五百四十八部,五万九千八百八十卷。而藏阁书五百四十四厨,尚不与焉。收藏之富,近世官所领者,自京师外殆罕与俦。缅维咸同之交,丁氏掇拾于兵火之余,积三十年乃始蔚斯美备,几随海舶东渡,得浭阳乃获幸留。而辛亥癸丑金陵两次事变,公私荡尽,惟斯楼岿然独存。循览是目,宁亦有造物者呵护之欤?孔子曰,其人存则其政举,是则邦人君子与夫后之来者,有共同抱残守阙之责也!戊午嘉平伊通齐耀琳。

通俗教育馆

图书馆,名山孤帙,保守珍奇,备经生考订,非以供市民浏览也。于是谋通俗教育计,另辟新馆之议起。馆设于江宁之韬园,定名为通俗图书馆。附设博物、讲演、体育、音乐四部。事既竟,以图书与其它各部,设置分量略相埒,遂改今名。馆长以教育科一员兼充,事举而费节也。五年二月六日开馆,音乐部以费绌缓设,他部俱成立。图书一部,自通俗书籍外,更取龙蟠里旧馆通行本中之重出者,移而列之,为设特别阅览室。此距开馆才九月,游览者都十万二千九百八十有五人。莘莘学子,桓桓军士,以及村妪牧竖贩夫走卒之流无不至。比年各部逐渐扩充,民智日形增进,今改为民众教育馆。

(《新京备乘》卷中建置　民国二十一年铅印本)

泰县

教育志
书院

国学研究社　设图书馆内。十一年知事郑延、韩国钧、吴同印、刘显曾、王贻牟、袁鏞为社长,刘法曾、沈秉乾、陈恩洽、管得泉、高炳华、徐天璋、单毓元、徐藻、徐炳华、陈祖培、王斯谋、马锡纯、王谌谟、窦学曾为评议员,订简章十二条。社长主持社务,指示学员读书方法,并研究经世有用之学,间及经史、政治、诗赋。凡愿入社者,经甄录以后为学员,每月一课,四课毕,开评议会,择优调员住社,余亦给奖,仿学院制,首八元,末第四十名一千文。年拨小宝带桥船捐一千元。十六年春停办。

社教
县立通俗教育馆

六年设于学宫,委徐钟岳为主任,分图书、博物、演讲、学校成绩四部。十四年改为公共理科实验室、公共演讲所。十六年军事,仪器、标本、模型尽损失。十七年重创通俗教育馆于积谷仓中央大学,委张文衡为馆长,设自然、艺术、讲演三部(附设巡回团往市乡演讲),十八年更名民众教育馆,改自然部为科学部,接收公园,增设推广、体育、总务三部。年共支六千元。出版物《民众画报》《泰县民众》。

泰县图书馆(附古物保存所)

十一年韩国钧等设于东公廨(前志书局),由县聘陈启彤为经理,设编辑、保管等职,以程□等任之,搜集图学书籍四千余卷(分经史子集四大类,汇编总目),人纳铜元二枚即可入馆披阅。年支一千五百元。十二年陈熙祖继任,嗣以图书增分经史子集丛五部,议建藏书楼以实之，未果。十六年，县政府聘武国良继，方欲着手改革，倏时局变化，国良滞首都，县署以萧斯接充。事平，改隶教育局，更名泰县县立图书馆，正主任刘立人兼（本任扩充教育课主任）。设特别、普通、儿童三阅览室，采图书十进分类法，订自由阅览规则。十七年秋更名泰县公共图书馆。中央大学委陈熙良为馆长，设编目、流通、管理三部，订馆外借书章程。十八年，建普通阅览室于中山塔东，内附讲演部、民众问字处，后于馆内添妇女阅览室，购置书目卡一千张，分类编目，计普通图书四千六百余册，特别九千三百余册，儿童七百余册，党义九十余册，图表九十余幅，《四部丛刊》二千一百二十册（徐藻赠），《万有文库》二千册。

古物有金石、文字、图书，以唐武曌时之陀罗尼经幢，宋嘉佑姜谔墓志铭等为最可贵，书版有道光泰州志、吴野人诗集、惟康伯山诗话等，书残版已朽。

海安通俗教育馆

在三茅宫，十四年设，王传桐、韩宝琨办，分图书、博物、音乐、讲演四部。

县立通俗讲演所

十六年立在钟楼巷大街，十七年并入教育馆，民众阅书报室（十处），民众阅报处（十九处），实验民众学校（四处），普通民众学校（二十处，四个月毕业）。

以上均教育局十七、十八两年度设（六年以后曾设城市巡回文库、阅报社、姜埝阅书报社）。

巡回文库

十八年，图书馆办置图书三百余种，留声机一架，并书籍，八月，分三组巡回。

又十六年，县长、许局长单拟创教育实施事务处于公园，以事变停。

（《民国泰县志稿》卷十四教育　1962 年油印本）

盐城县

社会教育事业
图书馆

清光绪二十七年知县刘崇照以宾兴款息九百缗购置经史、时务书籍三百余种，储尚志书院，手订借读章程，名曰：读有用书社，为本县创办图书馆之权舆。书院停后，其书移存城西学堂。宣统二年有愚民毁学事，零散无存。民国十七年故留美学生祁鸿钧之父金镕捐赀，与教育局合建硕陶图书馆于城东南隅，十八年落成。硕陶，鸿钧字也。楼上设书库，楼下设阅书室、阅报室、儿童阅览室。金镕捐送《四部丛刊》一部，连年续购书籍、杂志、报章，规模略备。馆址建筑阔壮，馆外风景清幽，迤南城上建亭，足供眺览。

民众教育馆

一在城中大街，民国七年成立，原名通俗教育馆，十八年改名，其后馆务组织迭有变更。一在伍佑关帝庙，二十二年秋成立；一在上冈文庙，二十五年一月成立；一在孟家庄复兴庵，二十五年一月成立。以上四馆并于二十五年二月奉令停办。

农民教育馆

一在磉闸海神庙，十八年十二月成立，二十四年六月停办。一在大冈文昌宫，二十年秋成立；一在朱尤庄普兴庵，二十三年秋成立；以上两馆并于二十四年改名民众教育馆，二十五年二月停办。

（《续修盐城县志》卷七教育　民国二十五年铅印本）

阜宁县

社会教育

本邑社会教育虽萌芽于十数年前,而设置寥寥,又复中辍,收效实未能广。自规定经费以来,社教事业乃渐次扩张,兹特胪述于下,以征推进。

通俗演讲团 民国六年春曾设巡回讲演团于县治东观音庵,由讲演员轮赴各学区讲演,以灌输常识、改良风俗为主旨,翌秋停办。十六年秋,就教育局复设改此名,十七年秋并入通俗教育馆(见城中民众教育局)。

通俗书报社 在县治吕祖庙,民国十六年秋设立,翌秋并入通俗教育馆(详前)。

第一民众教育区城中民众教育馆 民国十七年夏就常平仓西半院开办,初名通俗教育馆,设体育部,并通俗演讲团为演讲部,并通俗书报社为图书部,设阅书室、阅报室,印行壁报。翌年秋改称县立民众教育馆,撤体育部。以实验民众学校(详后)并入,增总务、推广、艺术三部,设娱乐室。十九年组织乒乓队,设艺术展览室。翌年秋设民众学校(原附城南城西两初小,嗣并一所,附设馆内)、民众问字处、代笔处,举行学塾改进会、棋类竞赛会、音乐演奏会。二十一年春设中心展览室、民众法律咨询处。是年秋改科学部为教育部,内分青年班、补习班、妇女班,是年冬改今名。有标本五十三种,仪器百二十种,图书八百余种,千二百余册。常年经费最近规定四千元。

第二民众教育区东坎民众教育馆 民国二十一年春筹设民众教育实验区,就东坎大悲院成立办事处,分总务、教导、研究三部,固定事业如壁报、艺术、展览室、民众学校、特约改良农田均次第举办。是年冬改今名,常年经费一千六百元。

第九民众教育区海河民众教育馆 在关帝庙,民国二十一年秋筹设,初名县立第二民众教育馆,冬改今名。常年经费一千六百元。

第五民众教育区空寺农民教育馆 民国十八年五月设,馆舍与空寺初小合用,馆址、运动场及模范农田均由本地寿安寺产拨充(原案四十余亩)。初名县立农民教育馆,分总务、农艺、指导三部,是年秋办民众学校,翌年设农民问写处、代笔处,编印壁报,举行农作品比赛会、农民娱乐会。二十年设农民医院,举行农作品展览会。翌秋,增研究部,冬改今名,常年经费一千八百一十九元。

县立公共图书馆 在县治观音阁,民国十八年秋筹备,翌秋成立。分总务、保管、推广三部。计藏书千九百余种,常年经费最近规定一千六百元。

民众阅报处 民国十八度设立,其数岁有增减,二十一年度计二十所,处址均从略。

按社会教育费,自民国十七年度以普及教育亩捐内应占之三成,与教育厅拨发箔税内应占之七成五,合并而成,均由教育局发给。箔税七成五悉充空寺农民教育馆经费,其余以收入之多寡,按事业之繁简支配数目。至各社教机关经费,自二十一年度起奉令规定,人员薪工占百分之五十,事业费占百分之四十,办公费占百分之十。

(《阜宁县新志》卷七教育志 民国二十三年铅印本)

兴化县

社会教育

讲演所 民国元年邑人陈国梁等呈准组织通俗宣讲社,由张鼎、孙燕谟、陈鸿第、徐道诚分任宣讲。民五设立公立通俗讲演所,委刘循程为所长,所址借尊经阁楼下编辑讲稿,规定每星期讲演一次,呈送教育部核准作通俗讲稿之用(讲稿选登劝学所学事年报)。民十五并入通俗教育馆讲演部。

图书馆 民国五年县知事章家驹奉令设图书馆,委刘循程为馆长,馆址在尊经阁楼上三间,原有文正书院藏书各种移藏馆内。设馆员一人,助理阅书事宜。民十改委魏廷栋为主任。民十五县教育局遵令将图书馆改组,并入通俗教育馆图书部。

通俗教育馆 民国十五年秋教育局设立通俗教育馆,委张惟一为馆长,假文庙为馆址。分图书、讲演、体育三部,每部置主任一人,讲员五人,馆员一人,指导员一人。采购图书、模型、标本各种,俾众阅览。民十七改委许炳麟为馆长,派往无锡、常州等处参观,以资改进。明年又改为民众教育馆。

推广社教事业 民众教育馆、农民教育馆、民众实验学校、民众茶园、民众专校、民众识字班、中心民校

民国十八年委刘明孝为本县民众教育馆馆长,徐凤彩为戴窑民众教育馆馆长,孙荣生为西鲍农民教育馆馆长,民教馆内分阅览、书报、问字、代笔、暑期学校、民校、固定讲演、巡回文库、职业及升学指导、壁报、画报、弈棋、纳凉、各种球类、音乐、绘画、歌剧、研究科学、艺术、陈列、民众诊疗、器械、运动等类,农馆分总务、成人、妇孺、儿童、宣传、五部。在十八、十九两年度内,厅令各县注重义教外,兼重社教,教育局又设民众茶园两所,民众实验学校一所,民众专校四所,附设民校三十六年。自民二十大水后,城厢民众教育馆长由邹宝符代理,余均停顿。民二十一年秋,教育局恢复,社教机关逐渐推广,山子庙设民众实验学校一所,委孙元龙为校长。民二十二安丰设立民众教育馆一所,委陆名泉为馆长,并改委李金寿为城厢民众教育馆馆长,成蔚春为戴窑民众教育馆馆长。民二十四,委周佩玉为竹横民众教育馆馆长,孙荣生为白驹民众教育馆馆长,委毕兆麟、徐步融先后为农民教育馆馆长,是年奉令停办民众学校,改办民众识字班,责令各乡镇保长办理教员为义务职,由各地小学教员担任。民二十五,各区设中心民校一所(第一区周佩玉、第二区卢仁昌、第三区徐步融、第四区成蔚春、第五区崔日新、第六区赵宝森),其校址就民众教育馆改办,在社教经费内动支。城厢民众教育馆馆长李金寿辞职,由孔庆俊、陈国梁先后继任。自民二十五年以后,社会教育事业遂日有变迁,城中仅设图书馆,委陆名泉、任曾沂、徐道诚等负保管之责。

图书目录

十三经注疏一百八十三册	钦定七经一百四十二册	皇清经解正续编六百七十九册
经义考四十八册	春秋大事表二十四册	古微书六册
廿四史二百册	十七史商榷十六册	资治通鉴一百册
续通鉴六十四册	石印正续通鉴七十二册	十一朝东华录八十八册

畴人传六册	先正事略十册	路史十六册
九种纪事本末五十六册	碑传集六十册	续明纪事本末六册
圣武记十二册	湘军纪八册	平定关陇纪略十册
中东战纪本末十四册	万国通鉴六册	日本维新史二册
俄史辑绎四册	罗马史二册	日本国志二十四册
土耳基史一册	英国志二册	英国通典二册
印度史三册	西国近世汇编十八册	普法战纪十册
四裔编年表四册	舆地丛钞六十四册	舆地补编共二十册
大清一统志六十册	天下郡国利病书五十六册	方舆纪要六十六册
海国图志二十四册	续瀛寰志略四册	九通一千册
大清会典二十四册	大清律例二十四册	通商条约十二册
治平十议十二册	郡斋读书志十册	四库全书提要一百廿册
子书三十一种四十五册	二十三子三十六册	宋元学案四十八册
明儒学案八册	五种遗规四册	朱子语类四十册
西洋兵书十种十一册	中西兵略指掌八册	文公家礼三册
谈天传四册	历象考成前后编五十三册	算法统宗三十二册
九数通考十册	代数术五十六册	数理数蕴四十八册
中西算学大成前后编三十册	中西算学汇通四十册	勾股六术五册
微积溯源十二册	形学备旨二册	白芙堂算学丛书一百六十册
经筞通纂五十九册	佩文韵府六十册	顾亭林二十种十六册
陆宣公集六册	三鱼堂集六册	结埼亭集二十四册
赵瓯北集六十四册	鹿洲全集二十册	洪江北集八十四册
安吴四种十六册	李氏五种共十二册	胡文忠集三十二册
林文忠集十六册	曾文正集一百四十册	彭刚直集八册
左文襄集六十四册	江忠烈集十二册	庸庵文集六册
湘谷集十四册	沈文肃公政书六册	许竹筼疏稿五册
汉魏百三名家一百廿册	古文苑四册	经世文编二十四册
盛经世文编八十册	麦经世文编二十四册	葛经世文编二十四册
经世文三编六册	汉魏丛书一百廿册	蛰庐丛书六册
玉函山房丛书一百册	恤斋丛书二十册	积学斋丛书二十册
渐学庐丛书二册	南菁丛书三十二册	西学大成二十八册
西学考四册	新学汇编四册	万国公法四册
西政丛书九十六册	西艺知新二十册	西学启蒙十六册
化学大成二十册	矿务丛钞二十册	电学大成五册

续表

光学大成一册	地学大成二册	氧学大成四册
各国铁路图考八册	空气测学丛谈四册	格物探原四册
动物学新编二册	植物学一册	光学图说一册
水学图说一册	热学图说一册	电学图说一册
植物图说一册	重学图说一册	矿石图说一册
画形图说一册	声学揭要一册	湘学报八册
外交报十六册	教育丛书三十六册	青年修养录四册
公民模范一册	辞源二册	清史纲要六册
饮冰室文集三十三册	医学五种四册	经济概要二册
少年丛书六册	导淮商榷书二册	国音字典一册
哲学大纲一册	中国文学史一册	欧洲文学史一册
程中丞奏稿十册	中国革命史二册	原富八册
格致汇编二十册	小学考六册	明纪二十册
史姓韵编八册	汉宋学师承渊源记四册	通鉴目录十二册
扬州府志四十八册	续扬州府志八册	泰州志十二册
学事年报一册	大清疆域地图一幅	一统舆地图二幅
直省地图一幅	满洲图一幅	历代舆地险要图一幅
支那疆域沿革图一幅	东洋历史地图一幅	万国舆地图一幅
五大洲图说一册	植物图一册	工作图一册
世界最新地图两幅		

以上图书由公立图书馆主任魏廷栋移交通俗教育馆长许炳麟点收,登记有册,所存旧书皆前县谢元洪捐廉购置,至新图书,系地方陆续备办,暨各人赠与,其中展转借阅,不无残缺,尚有各种单行书本,列入普通书类目录考。

四部丛刊书类目录(民众教育馆保存)

周易十册	尚书十三册	毛诗二十册
周礼十二册	仪礼十七册	纂图互注礼记二十册
春秋经传集解三十册	春秋公羊经传集解诂十二册	春秋谷梁传十二册
孝经一册	论语集解十册	孟子十四册
尔雅三册	京氏易传三册	尚书大传五册
韩诗外传十册	大戴礼记十三册	经典释文三十册
方言十三册	释名八册	说文解字十五册
系辞通释四十册	广益会玉篇三十册	广韵五册
竹书纪年二册	前后汉纪六十册	稽古录二十册
汲冢周书十册	国语二十一册	战国策十册

晏子春秋八册	列女传八册	名臣言行录二十四册
吴越春秋十册	越绝书十五册	华阳国志十二册
水经注四十册	西域记十二册	史通二十册
孔子家语十册	荀子二十册	孔丛子七册
新语二册	新书十册	盐铁论十册
刘向新序十册	说苑二十册	扬子法言十三册
车鉴五册	徐干中论二册	文中子十册
内经素问二十四册	难经集注五册	伤寒论十册
脉经十册	本草十六册	九章算术九册
太玄经十册	焦氏易林十六册	墨子十五册
鬼谷子三册	吕氏春秋二十六册	淮南子二十一册
人物志三册	白虎通十册	论衡三十册
风俗通义十册	群书治要五十册	西京杂记六册
山海经十八册	酉阳杂俎三十册	弘明集四十四册
法苑珠林一百廿册	道德经二册	南华真经十册
抱朴子内外篇七十册	云笈七签一百二十二册	楚辞十七册
蔡中郎文集十册	嵇中散集十册	陆士衡集十册
陶渊明集十册	鲍氏集十册	昭明太子集十册
江文通集五册	徐孝穆集十册	庾子山集十册
寒山诗集一册	王子安集十六册	盈川集十册
骆宾王集十册	张说之集二十六册	典江文集二十册
李白诗文三十册	杜工部诗二十五册	王右丞集六册
高常侍集八册	孟浩然集册四	元次山集十册
颜鲁公集十五册	毗陵集二十册	钱考功集十册
陆宣公集二十二册	权载之集五十册	昌黎文集五十册
柳宗元集四十七册	刘梦得集四十册	吕和叔集十册
张司丛集八册	皇甫持正文集六册	李文公集十六册
孟东野集十册	欧阳行周文集十册	贾阆仙集十册
李卫公集三十四册	长庆集一百五十册	樊川文集二十册
李义山集十一册	温庭筠集七册	刘蜕集六册
孙樵集十册	笔耕集二十册	黄御史集八册
白莲集十册	禅月集二十五册	浣花集十册
广成集十七册	徐文公集十七册	河东先生集十六册
林和靖诗集四册	河南先生集二十八册	苏学士集十六册

续表

司马公文集八十册	范文正公集二十册	直讲文集四十二册
丹渊集四十册	拾遗二十册	曾巩集五十册
欧阳文忠集一百五十八册	宛陵先生集六十册	击壤集二十册
嘉祐集十五册	临川文集一百六十册	苏东坡集六十五册
栾城集五十六册	张右史集六十六册	秦淮海集四十册
鸡肋集七十册	浮溪集三十二册	于湖文集四十册
朱文公集二百册	止斋文集五十二册	梅溪文集五十四册
玫瑰集一百十二册	象山全集三十六册	盘洲文集八十册
石湖诗集三十四册	杨诚斋集一百三十三册	渭南文集五十册
陆放翁集十九册	冰心文集二十九册	鹤山全集二十九册
文忠公集五十一册	后村全集一百九十六册	文山先生集二十册
遗老集四十六册	遗山文集四十册	湛然居士［原无"士"字］集十四册
松雪斋文集十册	牧庵集三十六册	静修文集二十二册
学古录五十册	宋学士全集七十五册	刘基文集二十册
高太史全集十八册	东维子文集三十一册	贝先生集四十六册
苏平仲集十六册	荆川先生集二十册	震川先生集四十册
逊志斋集二十四册	南雷文案十册	渔洋山人精华录十册
梅村藏稿五十八册	曝书亭集八十册	迦陵文集十四册
湖海楼文集八册	敬业堂集五十册	方望溪集十八册
抱经堂集三十四册	惜抱轩诗集十六册	尧峰文钞四十册
潜研堂集七十册	研经室集五十六册	问字堂集六册
更生斋诗集十六册	汪容甫遗稿五册	龚定盦全集十六册
六臣注文选六十册	乐府诗集一百册	皇朝文鉴一百五十册
唐文粹一百册	皇明文衡一百册	文心雕龙十册
唐诗纪事八十一册	增修诗话一百三十八册	国朝文类七十册
花间集十二册	三垣笔记八册	河汾诗集八册
闺秀集三册	船山遗书二十册	孔教十年大事八册
姜斋诗文集十八册	有学集五十册	戴东原集十二册
中州集十一册	大云山房文稿十一册	茗柯文集十册
玉台新咏集十册	皇元风雅集十二册	州县事宜十四册

普通书类目录

普通新知识二册	清史讲义二册	王穰卿遗著八册
严廉访遗稿四册	地方行政要义二册	选举法纲要一册

续表

日用品制造法一册	家政浅说一册	农业浅说一册
国民浅训一册	外交常识一册	家庭医学一册
白话文范四册	法学通论一册	法制大意一册
商法原论一册	学校管理法一册	群众心理一册
纺［"纺"原为"访"］织工业大要一册	中华宪法平议一册	私塾改良捷诀一册
童子军游戏法一册	戒烟必读一册	社会教育一册
义务教育一册	临时约法一册	农商统计表四册
庸言七册	水产一册	孙中山全书一函
中国政党史一册	训政建设与地方自治一册	国民会议一册
中国佛教史一册	天道溯源直解一册	西国近世汇编十八册
公民须知三册	服务箴言六册	科学原理一册
了凡四训一册	道德教育论一册	儿童训练法一册
教育方针及其设施二册	地方教育行政八册	单级教育实验方案一册
新制度量衡教材一册	妇女与家庭一册	合作主义二册
农作物改良法一册	军人精神教育一册	棉业常识二册
造林一册	除螟浅说一册	种稻新法一册
空气测验丛谈一册	家庭防病救险法一册	夏令卫生二册
监狱学一册	万国公法四册	民刑新诉讼汇览一册
警察概论一册	违警罚法释义一册	民法一册
刑法一册	商法一册	财政学一册
银行制度一册	防空训练一册	西洋兵书十一册
无线电学一册		

民众教育馆抄送《万有文库》目录计四百八十一类,壹千零九十八册,暨其他杂志小说各种,因限于篇幅,不及备载。

实测兴化县全图一百二十幅,文献委员会保存。

(《续修兴化县志》卷五学校志　民国三十二年铅印本)

<h2 align="center">甘泉县</h2>

宣讲所　光绪三十三年十月立,凡四所,地址与江都同,宣讲员朱仁寿。

阅书社　光绪三十三年十一月与江都合立,在旧城城根扬州第一图书馆,系视学蒋彭龄与江都县视学汪锡恩捐赀筹建,互详江都志。

(《甘泉县续志》学校考下　民国二十六年刻本)

江都县

通俗图书馆 民国五年九月设立,馆址府学旧教授署,以旧两淮中学移交之书籍充之。馆长姚荫达,六年辞职,彭兰生继之。八年彭复因病辞职,萧丙章代之。岁由县教育局款内拨支约三百圆。十七年十月改组。

芸智通俗书报社 民国六年由县人吴庚鑫筹办,社址在砖街租赁民房,社长吴庚鑫,副社长吴山,社董十六人。内设演讲、编辑、体育、音乐、文牍五部,又会计、保管各一人。经费自筹。岁由县教育款内补助二百圆。后改称通俗图书馆。十七年停办。

民众教育馆 民国十七年十月设立,馆址旧参将署。

民众图书馆 设立年月及馆址俱同上。

公共讲演所 民国十八年九月设立,所址马神庙。

巡回文库 民国十七年九月设立。

古物保存所 民国十七年五月设立,馆址假府学尊经阁。

私立民众教育馆 民国六年县人吴耕萃创办,初设砖街,名通俗教育馆,后移官沟头。十九年更今名。呈请教育厅立案,经费由私人筹集。

(《江都县续志》教育考第三　民国二十六年刻本)

海门县

社会教育

县立公共图书馆 在署东奎光阁,民国十八年,就阁四围余地添建阅书室、表门、围墙。十九年以民众教育馆图书部书籍并入,二十四年复并入师山民众教育馆。

通俗教育馆 在署后师山东,民国五年始办通俗于文庙内,八年迁今地,十二年开幕,十八年改称师山民众教育馆第一院,设第二院于西园,后迁出。二十二年改称海门县第三民众教育区师山民众教育馆。

民众教育馆 在常乐镇东市,就武庙戏楼改设,民国十九年冬筹设民众教育实验区于六堡镇,二十年成立。

(《海门县图志》卷六教育志　民国钞稿本)

南通县

图书馆 民国九年謇就农校西故东岳庙所改建成图书楼两幢,凡二十间,曝书台五间,他建五十二间,藏书十三万卷,謇所赠者八万卷强。建筑及常年费謇任之。

(《南通县图志》卷九教育志　民国十四年铅印本)

高邮县

图书馆 在公园内大楼上下,民国十年五月县知事姚祖义设立,开办费二千二百十七圆零经常费岁四百八十圆。设馆长一人,主任一人,事务员二人。凡学宫旧有书籍(目见三续志)及致用书院藏书均移交保存,编订章程规则,听人照章入馆取阅。

  阅报社 一在通俗教育馆,一在城内节孝祠。

             (《三续高邮州志》卷八学校 民国十一年刊本)

附:江苏省民国时期图书馆史文献目录

图书(书名、著者、出版者、出版时间)

1. 国学图书馆第二年刊 该馆编印 1929 年
2. 国学图书馆第三年刊 该馆编印 1930 年
3. 国学图书馆第四年刊 该馆编印 1931 年
4. 国学图书馆第五年刊 该馆编印 1932 年
5. 国学图书馆第六年刊 该馆编印 1933 年
6. 国学图书馆第七年刊 该馆编印 1934 年
7. 国学图书馆第八年刊 该馆编印 1935 年
8. 国学图书馆第九年刊 该馆编印 1936 年
9. 江苏省立国学图书馆概况 该馆编印 1931 年
10. 江苏省立国学图书馆概况 该馆编印 1935 年
11. 江苏省立国学图书馆编目分类纲要 该馆编 "中华图书馆协会"抽印本 1933 年
12. 江苏省立国学图书馆 24 年度各部概况 该馆编印 1936 年
13. 国学图书馆小史 国学图书馆 1928 年
14. 江苏省立第二图书馆赠订详细章程
15. 江苏省立苏州图书馆概要 该馆 1930 年
16. 江苏省立苏州图书馆概要 蒋镜寰 1932 年
17. 江苏省立苏州图书馆概要 该馆 1936 年
18. 江苏省立苏州图书馆概况 蒋镜寰 该馆油印 1947 年
19. 江苏省立苏州图书馆馆刊(第二号) 陈子彝 该馆 1930 年
20. 江苏省立苏州图书馆馆刊(第三号) 陈子彝 该馆 1932 年
21. 江苏省立苏州图书馆馆务报告 该馆编印 1938 年
22. 江苏省立苏州图书馆规程 陈子彝 该馆 1939 年
23. 江苏省立苏州图书馆年刊 该馆年刊编辑委员会 1936 年
24. 江苏省立苏州图书馆图书分类法 蒋镜寰 该馆
25. 江苏省立苏州图书馆阅览指南 陈子彝 该馆 1932 年
26. 苏州图书馆报告 该馆编印 1930 年
27. 中央大学区立苏州图书馆一览 该馆编印 1928 年
28. 中央大学区立苏州图书馆图书分类法 陈子彝 1929 年
29. 民众图书馆设施法(一名:中央大学区立通俗教育馆图书部实施概况) 中央大学区立通俗教育馆推广部 1929 年
30. 江苏省立镇江图书馆简况 该馆编印 1936 年
31. 江苏省立镇江图书馆概况 该馆编印 1948 年
32. 南京特别市市立第一通俗图书馆规程 该馆编印 油印本 1927 年
33. 南京市立民众图书馆概况 该馆编印 1930 年
34. 南京市立图书馆概况 该馆编印 1934 年

35. 无锡县立图书馆第一周年报告　该馆编印　1915 年

36. 无锡县立图书馆第二周年报告　该馆编印　1916 年

37. 无锡县立图书馆汇刊　该馆编印　1920 年

38. 无锡县立图书馆历年概况　该馆编印　1928 年

39. 无锡县图书馆概况　该馆编印　1931 年

40. 无锡县图书馆概况　该馆编印　1934 年

41. 江苏无锡天上市立公园图书馆报告　该馆编印　1924 年

42. 无锡县天上市立公园图书馆第一、二至八周年报告　该馆编印　1924 年

43. 吴县图书馆第六次报告　该馆编印　1932 年

44. 吴县图书馆第七次报告　该馆编印　1933 年

45. 吴县图书馆第八次报告　该馆编印　1934 年

46. 吴县图书馆第九次报告　该馆编印　1935 年

47. 常熟县图书馆报告册　该馆油印　1918 年

48. 高邮县立图书馆概况　该馆编印　1928 年

49. 泰县县立公共图书馆工作报告　泰县公共图书馆　1930 年

50. 铜山县公共图书馆筹备经过报告　该馆编印　1930 年

51. 江阴老实验民众图书馆概况　省立教育学院　1931 年

52. 二年来之宜兴县立图书馆　该馆编印　1931 年

53. 私立江苏流通图书馆开馆纪念册　该馆编印　1934 年

54. 私立江苏流通图书馆复馆一周年纪念册　该馆编印　1948 年

论文（篇名、著者、期刊名、卷期、出版时间）

1. 苏省整理各项图书馆之令饬　图书馆（上海图书馆协会）　创刊号　1925 年 6 月 1 日

2. 第四中山大学区各县公共图书馆暂行条例　大学院　第四中山大学区教育行政周刊　第 24 期　1928 年 1 月 2 日

3. 中央大学区各县公共图书馆暂行规程　第四中山大学区教育行政周刊　第 84 期　1929 年 3 月 11 日

4. 中央大学区各县巡回文库暂行规程　第四中山大学区教育行政周刊　第 84 期　1929 年 3 月 11 日

5. 中央大学区各县公共图书馆馆长任免及待遇暂行规程　第四中山大学区教育行政周刊　第 84 期　1929 年 3 月 11 日

6. 中央大学区各县公共图书馆馆员任免及待遇暂行规程　第四中山大学区教育行政周刊　第 84 期　1929 年 3 月 11 日

7. 江苏省各县县立图书馆长任免及待遇暂行规程　新江苏教育　第 4 期　1939 年 12 月

8. 江苏省各县县立图书馆馆员任免及待遇暂行规程　新江苏教育　第 4 期　1939 年 12 月

9. 江苏图书馆协会简章　中华图书馆协会会报　1 卷 5 期　1926 年 3 月 30 日

10. 无锡图书馆协会简章　中华图书馆协会会报　6 卷 4 期　1931 年 2 月 28 日

11. 无锡图书馆协会执行委员会办事细则　中华图书馆协会会报　6 卷 4 期　1931 年 2 月 28 日

12. 苏州图书馆协会简章　中华图书馆协会会报　1 卷 5 期　1926 年 3 月 30 日

13. 江苏省立第一图书馆章程(1921 年 11 月呈准施行）　浙江公立图书馆年报　第 7 期　1922 年 7 月

14. 江苏省立第二图书馆增订详细章程　浙江公立图书馆年报　第 7 期　1922 年 7 月

15. 南京市立民众图书馆组织规则　南京市政府公报 111 号　1932 年 7 月

16. 无锡县立图书馆章程　无锡县立图书馆汇刊　1920 年 6 月

17. 试行巡回文库章程　无锡县立图书馆汇刊　1920 年 6 月

18. 首都指导部巡回图书库开幕及实施规程　新民晚报,晨报,庸报　1938 年 12 月 6 日

19. 江苏省立国学图书馆阅览部特种借书规约　江苏省立国学图书馆年刊　第 6—8 期　1933—1935 年

20. 无锡图书馆流通部借书简章　无锡图书馆协会会报　第 2 期　1932 年 7 月 1 日

21. 常熟县立图书馆借书章程草案　社会教育月刊　第 1 期　1921 年 11 月 15 日

22. [常熟县立图书馆]巡回文库阅览规则　社会教育月刊　第 7 期　1922 年 5 月 15 日

23. 考察江浙图书馆报告　欧阳祖经　江西教育公报　第 31—34 期　1928 年 6 月 25 日—7 月 31 日

24. 参观江浙图书馆纪略　谢源　建瓯县公立图书馆十周年纪念刊　1930 年 7 月 25 日

25. 江苏各县图书馆调查表　民众教育月刊　2 卷 11—12 期合刊　1930 年 12 月

26. 参观上海无锡镇江南京四地图书馆报告　浙江第二学区图书馆协会会刊　第 4 期　1934 年 1 月

27. 江苏全省藏书统计　中华图书馆协会会报　12 卷 4 期　1937 年 2 月 28 日

28. 观察苏州图书馆后评略　陆恩涌　图书馆学季刊　1 卷 3 期　1926 年 9 月

29. 京市各图书馆概况　申报　1936 年 12 月 36 日

30. 南京各图书馆概况　学觚　1 卷 12 期　1937 年 1 月 15 日

31. 无锡县公私立图书馆一览表　留玉　中国图书馆声　第 3 期　1931 年 11 月

32. 苏州图书馆协会讲堂记　蒋镜寰　江苏省立苏州图书馆馆刊　第 2 号　1930 年 7 月

33. 复兴后之南京图书馆协会概况　王柏年　图书馆周刊(北平世界日报)　第 63 期　1936 年 5 月 13 日

34. 无锡图书馆协会缘起　中华图书馆协会会报　6 卷 4 期　1931 年 2 月 28 日

35. 无锡图书馆协会概况　无锡图书馆协会会报　第 1 期　1932 年 1 月;第 3 期　1933 年 1 月

36. 本会概况　无锡图书馆协会会报　第 3 期　1933 年 1 月 1 日

37. 苏州图书馆成立开幕典礼演讲词　杜定友　民益报　1925 年 8 月 2 日

38. 观察苏州图书馆后评略　陆恩涌　图书馆学季刊　1 卷 3 期　1926 年 9 月

39. 本馆之扩充计划　蒋镜寰　江苏省立苏州图书馆馆刊　创刊号　1929 年 11 月

40. 图表　江苏省立苏州图书馆馆刊　创刊号 5 页　1929 年 11 月

41. 馆务纪要　江苏省立苏州图书馆刊　第 1—3 期　1929—1932 年

42. 苏州图书馆收支对照表　江苏省立图书馆馆刊　第 1—2 期　1929—1930 年

43. 江苏省立苏州图书馆概要　蒋镜寰　图书馆学季刊　4 卷 1 期　1930 年 3 月

44. 江苏省立苏州图书馆概况　陈定群　江苏省立图书馆馆刊　3 卷 3、4 期合刊　1931 年 5 月

45. 江苏省立苏州图书馆事业一览表　民众教育月刊　3 卷 4、5 期合刊　1931 年 5 月

46. 本馆之回顾与展望　蒋镜寰　江苏省立苏州图书馆馆刊　1936 年 7 月

47. 二十四年度本馆设施概况　瞻庐　江苏省立苏州图书馆馆刊　1936 年 7 月

48. 本馆历年大事记　江苏省立苏州图书馆馆刊　1936 年 7 月

49. 我对于南京省立第一图书馆之希望　洪有丰　南京新报　1923 年 2 月 11 日;浙江公立图书馆年报　第 8 期　1923 年 7 月

50. 大事纪　江苏省立国学图书馆年刊　第 1—9 期　1928—1936 年

51. 本年度案牍辑录　江苏省立国学图书馆年刊　第 1—9 期　1928—1936 年

52. 本馆工作报告　江苏省立国学图书馆年刊　第 2—9 期　1929—1936 年(1928—1935 年度报告)

53. 本馆历年藏书统计　江苏省立国学图书馆年刊　第 2—9 期　1929—1936 年(1928—1935 年度)

54. 十七年度普通阅览统计表　张逢辰　江苏省立国学图书馆年刊　第 2 期　1929 年 10 月

55. 十七年度善本阅览统计表　张逢辰　江苏省立国学图书馆年刊　第 2 期　1929 年 10 月

56. 阅览概况　江苏省立国学图书馆年刊　第 3—8 期　1930—1935 年(1929—1934 年度)

57. 江苏省立国学图书馆概况　浙江省立图书馆月刊　1 卷 1 期　1932 年 3 月 30 日

58. 二十四年度各部概况　江苏省立国学图书馆年刊　第 9 期　1936 年 10 月

59. 江苏省立国学图书馆损失概况　柳诒征　中华图书馆协会会报　20 卷 4—6 期　1946 年 12 月 15 日

60. 南京市图书馆阅书人数统计　湖南教育　第 23 期　1931 年 1 月 31 日

61. 南京市图书馆整理及进行计划　中央日报　1935 年 4 月 30 日

62. 南京市立图书馆　符孔遵　中华图书馆协会会报　12 卷 3 期　1936 年 12 月 31 日

63. 江苏省立镇江图书馆简况　中华图书馆协会会报　11 卷 5 期　1936 年 4 月 30 日

64. 江苏省立苏州图书馆概要　中华图书馆协会会报　11 卷 6 期　1936 年 6 月 30 日

65. 苏州图书馆图书分类法　陈子彝　中华图书馆协会会报　5 卷 3 期　1929 年 12 月 31 日

66. 泰县县立公共图书馆工作报告　中华图书馆协会会报　5 卷 6 期　1930 年 6 月 30 日

67. 无锡县立图书馆概况　无锡图书馆协会会报　第 1 期　1932 年 1 月 1 日

68. 无锡县图书馆参观记　涂祝颜　中国出版月刊　3 卷 5、6 期合刊　1934 年 10 月

69. 太仓县图书馆最近阅览概况　勉夫　中国图书馆声　第 5 期　1932 年 1 月

70. 论江阴设立县图书馆之重要及其意义　王绍曾　无锡图书馆协会会报　第 4 期　1935 年 1 月 1 日

71. 常熟县立图书馆通俗教育公共体育场十年度支出预算书　社会教育月刊　第 1 期　1921 年 11 月 15 日

72. 图书馆记事录摘要　蒋炳懋　社会教育月刊　第 3—4、6—7 期　1922 年 1—2、4—5 月

73. 理想之常熟图书馆将来情形记　张柏福　社会教育月刊　第 3 期　1922 年 1 月 15 日

74. 江苏省各县市公共图书馆统计图　民众教育月刊　3 卷 4、5 期合刊　1931 年 5 月

75. 江苏省各县市公共图书馆馆长学历统计表　民众教育月刊　3 卷 4、5 期合刊　1931 年 5 月

76. 本院江阴巷实验民众图书馆半年实施计划　姜和等　教育民众　2 卷 3 期　1930 年 11 月

77. 江阴巷实验民众图书馆十月来重要工作一览　教育民众　2 卷 9、10 期合刊　1931 年 5、6 月

78. 江苏省立教育学院江阴巷实验民众图书馆二十年来度实施计划　胡耐秋　民众教育通讯　1 卷 8 期　1931 年 11 月

79. 本院江阴巷实验民众图书馆事业之分析　教育与民众　4 卷 2 期　1932 年 10 月

80. 三年来之本院江阴巷实验民众图书馆　徐旭、胡耐秋、濮秉钧　教育与民众　4 卷 9、10 期合刊　1933 年 6 月

81. 南京市立民众图书馆概况　周兰荪　民众教育月刊　3 卷 4、5 期合刊　1931 年 5 月

82. [江苏省立南京民众教育馆]本馆图书部工作报告　俞家齐　民众教育月刊　1 卷 10 期　1929 年 8 月

83. [江苏省立南京民众教育馆]本馆图书部十八年度工作之经过　俞家齐　民众教育月刊　2 卷 10 期　1930 年 10 月

84. [江苏省立南京民众教育馆]十九年度上学期本馆图书部工作计划　徐芳田　民众教育月刊　2 卷 10 期　1930 年 10 月

85. [江苏省立南京民众教育馆]三年来之图书部　民众教育月刊　2 卷 11、12 期合刊　1930 年 12 月

86. [南京市立民众教育馆]民众阅报处实施概况　首都教育研究　1 卷 1 期　1931 年 2 月 1 日

87. 本馆流动书车实施概况　周延洛　民众教育月刊　3 卷 8 期　1931 年 8 月

88. [南京市立民众教育馆]二年来之图书活动　民众教育季刊(南京)2 卷 4 期　1934 年 7 月 20 日

89. [江苏省立清江民众教育馆]图书室　民教研究通讯　第 16 期　1936 年 11 月

90. [江苏省立清江民众教育馆]扩展中的本馆图书室　胡绍祖　民教研究通讯　第 19 期　1937 年 2 月

91. [汤山民众教育馆]一年来之社会部图书阅览　农民教育　3 卷 10 期　1933 年 10 月

92. 三年来之汤山农民教育馆图书室　农民教育　2 卷 4—6 期合刊　1932 年 4 月

93. [江苏省立南京民众教育馆]图书部三年来增添书箱种数和册数比较表　民众教育月刊　8 卷 11、12 期合刊　1930 年 12 月

94. 江苏省立民众教育馆图书部巡回日记　民众教育月刊　2 卷 11、12 期合刊　1930 年 12 月

95. 首都指导部筹设巡回图书车(北平)新民报　7 版　1938 年 10 月 7 日

96. 首都指导部巡回图书车开幕及实施规程　新民晚报　3 版　1938 年 12 月 6 日;晨报 5 版　1938 年 12 月 6 日;庸报 3 版　1938 年 12 月 6 日

97. [南京励志社教育科]对于巡回服务车第一期工作的感想　长啸　励志 4 卷 50 期　1936 年 12 月 13 日

98. 无锡县立泾滨民众图书馆概况　无锡图书馆协会会报　第 1 期　1932 年 1 月 1 日

浙江省

地方志史料目录:《浙江新志》《杭州市新志稿》《缙云县续志稿》《宁海县续志稿》《仙居县新志稿》《嘉兴县新志稿》《杭州府志》《新登县志》《鄞县通志》《德清县志》《丽水县志》《浦江县志稿》

附浙江省民国时期图书馆史文献目录:34 种图书,139 篇论文。

浙江省之文化
社会教育

省立民众教育馆为前公众运动场、通俗演讲所、通俗图书馆所改设,公私立民众教育馆合计凡一二一所。省立图书馆滥觞于文澜阁,创业于藏书楼,分馆设于孤山及新民路,连公私立图书馆合计凡五十二所。其余尚有省立体育场、西湖博物馆、公共体育场、民众教育实验区、古物保存所、巡回文库、民众茶园、公园、音乐会、民众俱乐部等之设立。

杭州市

社会教育

民众教育馆有城区、江干、湖墅等四所,民众学校有二十余所,湖滨公园六处,中山公园一处,私办者有私立浙江流通图书馆及私立国术教练所多处。

杭县

民众教育馆 塘西民教馆、南塘民教馆、良渚民教馆、临平民教馆。
图书馆 杭县县立流通图书馆,设觉苑寺巷。
乡村图书馆 塘栖、七贤桥、丁桥、临平、凌家桥、祥符桥等六所

海宁县

教育

县立民教馆 在城东文庙
第二区立民教馆 在硖石
第三区立民教馆 在袁花镇
第四区立民教馆 在长安
第五区立民教馆 在斜桥
县立图书馆 在海宁学弄

余杭县

教育

    县立民教馆　在城内孔庙

临安县

教育

    县立民教馆　在城内东大街

(《浙江新志》　民国二十五年铅印本)

杭州市

文化

    省立图书馆　滥觞于文澜阁,具有悠久之历史。二十年度大学路新馆舍落成,定为总馆,为行政设施与庋藏之中心,而以孤山分馆为庋藏《四库全书》与善本书之所,新民分馆则为通俗图书馆性质,范围较前为广。兹据浙江省各市县图书馆统计表,将本市情况列表于后(省立图书馆不在内)。

馆数			职员数			经费　元为单位		
市立	私立	合计	男	女	合计	岁入	岁出	资产
一	一	二	三	三	六	二六四七	二六四七	二三〇〇

(《杭州市新志稿》卷七教育　民国间稿本)

缙云县

教育

    社会教育　本县社教因限于经费不甚发达,兹据二十四年浙江省情列表如下:

    县立民众教育馆一所　在城内。

    县立图书馆一所　附在民教馆内。

(《缙云县续志稿》卷六教育　民国间稿本)

宁海县

教育

社会教育

    宁邑社教因限于经费不甚发达,仅小型民教馆及图书馆各一所,据廿一年十一月杭州民国日报所载之三年来社教经费可见一斑。十八年度为七百四十八元,十九年度为八百十二

元,二十年度为一千〇二十五元。兹据二十四年浙江省情所载各项录于后:

县立民众教育馆一所　在城南龙灯墙,最近修建。

县立图书馆一所　在城内龙灯墙猴南小学前。

(《宁海县续志稿》卷四教育　民国间稿本)

仙居县

教育

社会教育

本县社会教育事业民十六年前有通俗讲演所、通俗图书馆、公众运动场、识字学塾、平民学校等,十八年后县党部复有民众俱乐部、民众问字处、民众阅报处、壁报等之设,分布亦遍,兹将本县民众学校及民众教育馆分述于后。

民众教育馆　据浙江省情全省民众教育馆分布图,本县二十一年度仅有民众教育馆一所。

(《仙居县新志稿》卷九　民国间稿本)

嘉兴县

教育

社会教育

民众教育馆　依据浙江省情全省民众教育馆分布图,二十一年度本县仅一所。

图书馆　依据浙江省情各市县图书馆统计表,本县有县立镇立图书馆各一所,兹列表如下:

馆数	职员数	经费数(元)		
二	三人	岁入	岁出	资产
		一四五六	一四五六	三三六六七

说明:本表所列均系单独设立之图书馆,民众教育馆附设之图书馆不计在内。

(《嘉兴县新志稿》卷七教育　民国间稿本)

杭州

学校

巡抚增韫奏建浙省图书馆

原奏浙省图书馆,业经臣于上年奏请建设,将官书局藏书楼归并扩充相地建筑,钦奉朱批该部知道。钦此。钦遵。

本年二月,复经臣将图书馆拨归学司管理,业经将办法大纲详经臣核定饬遵在案,兹据署提学使袁嘉谷详称,浙省山川秀异,人文荟萃,高宗纯皇帝省方巡幸,特颁《四库全书》,建文澜阁于西湖圣因寺行宫内,与扬州文汇、镇江文宗并峙。圣因寺者,圣祖仁皇帝南巡时行宫遗址,雍正时改建佛寺,虔奉御牌者也。纯庙南巡复建阁,其中有旨,令士子愿读中秘书者得入阁传写。湛恩汪濊,万汇明悦于以发忠爱之心,澄教化之原,由来久矣。咸丰辛酉间阁毁,遗书散佚,存不及半,光绪六年重修,搜葺补缮,始完旧观,不致与维扬金山同归灰烬者,乃叹两浙之沾沐列圣遗泽较它省为尤渥也。今各省图书馆经学部奏定预备立宪分年事宜,限宣统二年一律开办。浙人习窥美富,谓宜于圣因寺行宫余地建馆储书,俾与文澜阁毗连一气,尤足扬文治而昭盛概。西湖素擅形胜,出涌金、钱塘、清波三门,举足即是,无登陟之劳、尘嚣之虑,相地勘筑,此为最宜。伏查上年京师筹建图书馆,学部奏请赏给热河文津阁《四库全书》暨避暑山庄各殿座陈设书籍,并饬拨奉宸苑内务府管理之净业湖汇通祠地方为馆址,奉旨俞允。浙省圣因寺行宫同属禁地,倘蒙殊恩,准于文澜阁旁建馆储书,揆之纯皇帝准士子入阁传钞之德意亦相符合,而各书照旧敬储,毋庸移动,尤足以昭郑重。遐溯乾嘉以迄今日,物力既大逊于昔,书籍又散佚无存,私家藏庋者,或为海外捆载而去,中秘书则自内府、陪都热河,而外存者惟浙。恭读御制文澜阁诗注,当时阁书缮写之资费帑金一百余万两,诚亘古未有之巨典,如蒙恩准图书馆附建阁旁,非惟节省经费,抑且蔚为大观。至于行宫正殿遗址,拟即敬谨修葺,予人民瞻仰,以广台沼之庥,凡在士民欢忻鼓舞,详请具奏。前来臣查该司所陈各节,以林屋洞天为娜嬛福地,云昭日丽,游学海而仰皇仁,蠡测管窥,合儒林而依禁籁,合无仰恳天恩,俯如所请。已上,并新纂。

（《杭州府志》卷十七学校　民国十一年铅印本）

新登县

通俗教育讲演所　原名宣讲所,民国元年设立,五年改今名,与教育会合设忠孝节烈祠。

图书馆　清光绪二十九年北门县学堂初立,长乐高令庄凯就尊经阁集资二百缗购图书数百种庋置于其上,嗣善化黄令在申复捐购九通全书一千册充补之。三十四年翁令长森檄劝学所,设立图书发行所于西门外横街,移阁中藏书为陈列品,别订购各种教科书为售卖品,以嘉惠学子。民国初,仍将移出各书籍收还旧藏。四年,改图书馆,仍由校长司管钥焉。

藏书数目

书经传说汇纂二十一卷	诗经旁训四卷	周易折衷二十二卷
礼记义疏八十二卷	礼记节本十卷	仪礼义疏四十八卷
仪礼节本三卷	周官义疏四十八卷	周礼节训无卷数
周礼政要四卷	春秋三十八卷	四书古注群义汇解无卷数
战国策三十三卷	大学衍义四十三卷	理学宗传二十六卷
近思录十四卷	圣谕广训直解十六条	御批通鉴一百二十卷
读史方舆纪要一百三十卷	天下郡国利病书一百二十卷	马氏文通十卷
钦定续文献通考辑要三通考辑要七十六卷	古文渊鉴六十四卷	正通志二百卷
续通志六百四十卷	皇朝通志一百二十六卷	正通典二百卷
续通典一百六十卷	皇朝通典一百卷	文献通考三百四十八卷

续通考二百五十卷	皇朝通考二百三十九卷	大清一统志五百卷
西国近事汇编无卷数	孙子十三卷	五种遗规十一卷
天演论二卷	唐宋八大家三十卷	皇朝蓄艾文编八十卷
古文观止十二卷	钦定史记十三卷	钦定前汉书一百卷
钦定后汉书一百二十卷	读史论略无卷数	钦定三国志六十五卷
皇朝掌故汇编皇朝掌故内编六十卷	皇朝掌故外编四十卷	皇朝经世文编一百二十卷
皇朝经世文新编四十一卷	皇朝经世文续编一百二十卷	皇朝经世文三编时务四十卷洋务八卷
严氏学二十四卷	严氏丛刻五卷	富强斋丛书正集无卷数
富强斋丛书续刻无卷数	农学丛书无卷数	东莱博议四卷
劝学篇二卷	中国文典无卷数	汉文典四卷
瀛寰全志七卷	测候丛谈四卷	四裔编年表无卷数
熙朝政纪六卷	庸书内编二卷外编一卷	谈天十八卷
佐治刍言无卷数	筹洋刍议无卷数	薛星使海外文编四卷
富国策三卷	浙省水陆道里记无卷数	杭州乡土历史二卷
杭州乡土地理二卷	西学政教工艺分类丛书无卷数	全体通考十八卷
格致汇编无卷数	西史纲目二十卷	欧罗巴通史无卷数
十九世纪外交史十七卷	普法战记二卷	日本维新三十年史十八卷
万国近政考十六卷	增订万国史记二十卷	东洋史要四卷
白山黑水录无卷数	列国通变兴盛记无卷数	日本国志四卷
欧洲新志无卷数	俄罗斯政治史八卷	俄罗斯国新志西政条对四卷
实用教育学无卷数	劣生救济法无卷数	国民读本二卷
西艺知新二十二卷	几何原本无卷数	奏定学堂章程无卷数
教授精义无卷数	人生地理学无卷数	化学卫生三十三卷
化学鉴原六卷	化学鉴原补编六卷	化学鉴原续编二十四卷
光学二卷	光学揭要二卷	声学八卷
声学揭要无卷数	重学二十卷	重学图说无卷数
电学十卷	电学图说五卷	水学图说二卷
热学图说二卷	天文图说四卷	天文揭要二卷
地学浅释三十八卷	全国植物学歌略无卷数	植物图说四卷
百兽图无卷数	百鸟图无卷数	卫生要旨无卷数
初学卫生编二十六卷	代数术二十五卷	圆椎线三卷
代素轩算学十二卷	德国武备体操瑞典操无卷数	外国白话史五卷
世界读史地图	童世亨地图	古今沿革地图

续表

古仓地图	地理问答二卷	大清分割新图
东洋历史地图	西艺条对四卷	

（《新登县志》卷十二学校下　民国十一年铅印本）

鄞县

鄞县教育事业之五年计划（自民国二十一年度至二十五年度）

推广实施社教之中心机关以民众教育馆为实施社教之中心

一、数量

增设四所，第六七八十学区各一所，开办费由地方自筹，经常费由救国金息金项下支给。

二、培养服务人员

保送学员入省立民众教育实验校肄业。

联合附近各县举办训练班，施以一月至二月之训练，并予以相当实习时间。

派员分往各代用省学区社会教育辅导机关或省民教馆实习。

三、增进机能

凡图书馆、体育场、民众茶园等机关的功能均集中于民众教育馆，已分设各种社教机关，使在整个系统上分项合作，形成一统一的社教机关。

推设的民教馆使具备整个机能分项设施。

四、划定实验区

于民教馆附近划定相当区域为实验区，实验完成地方自治、改善社会之途径。

增设图书馆

第六七八九十学区至少各设一处，如限于经费不克单独设立，则可在各区民教馆附设图书馆或图书分馆。

全县教育事业五年计划分年进行表

计划	年份		第三年 民国二十三年	第四年 民国二十四年	第五年 民国二十五年	说明
纲目纲要	第一年 民国二十一年	第二年 民国二十二年				
推设民众教育馆	①培养职务人员，保送三人入省民教实验学校肄业。 ②订定民教实验区办法，指定民教馆试行。	①增设民教馆一所。 ②同左（培养职务人员，保送三人入省民教实验学校肄业。） ③推广民教实验区。	①同左 ②同左	①同左 ②同左	①同左 ②同左	于旧县区内设立之
增设图书馆	督促第六区将已备案之农村图书馆正式成立开放	协助第八区扩充巡回书库为农村图书馆	增设县图书馆一所			

历年全县教育设施概况表

年度	类别	事项	结果	附记
民国十八年度	关于行政方面	组织民众教育委员会	本年度组织民众教育委员会研究并策画关于全县社会教育的设施,于九月二十六日正式成立,本年度举行会议五次,计历届会议议决案关于民众学校、民众问字处、通俗教育讲演、识字运动进行,均经过相当之讨论	
	关于社会教育方面	县立流通图书馆	为供各地民众之修养及各小学师生之研究及参考,计在十八年度中成立一县立流通图书馆,计总馆一,附设于教育局,分区设八分馆,附设于各区中心小学,在十九年三月正式成立,其规程及借书规则,详见鄞县施行教材法规章则	
		民众阅报所	鄞县社会教育旧有之设施,计办有阅报所四十余所,经整理及扩充后,现有全县阅报所计县立者一百二十所,私立者十七所,共计一百三十七所	
		通俗教育讲演所	鄞县通俗教育演讲所所长由教育局长兼任,讲员一人,按月出发,至各乡巡回讲演。现将通俗讲演所归入民众教育馆。除设置专员出发各地巡回演讲外,并于各乡区添聘名誉讲演员相机演讲,以求普遍	
民国十九年	关于教育行政方面	修订并添订各项章则	民众教育委员会章程	
	关于社会教育方面	整理社会教育成绩参加省教育成绩展览会	本次省教育成绩展览会在七月举行,本县教育局与各社教机关一律参加,统计出品共二百三十四件。中山民众教育馆四十六件,韩岭民众教育馆四十七件,图书馆二十七件	
		充实实验民众学校	本县实验民众学校向系附设中山民众教育馆,过去情形与办理普通民校殊无二致,本学期特遴定校长,拟计画呈报教育厅,切实从事实验研究,以符名实	
		添设巡回文库	本县图书馆书籍向不甚流动,本学期添设巡回文库,并将前乡区流动图书馆并入,以便通盘计画实施	
		拟定计划	分年普及民众学校教育计划大纲; 二十年度社会教育实施计划; 二十年度社会教育辅导计划大纲; 考核社会教育机关成绩标准; 扩充社会教育经费计划	
		拟定章则	鄞县民众教育委员会简章(修订) 区立农村图书馆章程(新订)	
		修订表式	社会教育机关视导表 社会教育参观记载表 区乡镇私立社会教育机关概况调查表	

续表

年度	类别	事项	结果	附记
民国十九年		调查统计社教概况	调查区乡镇私立社会教育概况 调制历年社会教育经费比较表 调制历年社会教育机关及事业统计表 调制各社教机关事业历年经费统计表 调制社会教育机关及事业一览表 调制社教机关服务人员学历统计表	
		举行各种会议	民众教育委员会(开会三次) 社会教育成绩筹备会(开会一次)	
民国二十年度	关于教育行政方面(甲)已进行者	充实社教行政组织	二十年八月起委任江苏省立民众教育院毕业生黄振中为第三课课员,襄理一切社教行政事宜至关于社教实际指导事宜。除由县督学及指导员担任外,第三课课长及课员亦分任其责,施行一年,关于本县社会教育方面改进良多	
		修拟各种章则及办法	鄞县民众阅报所办法 鄞县社会教育成绩展览会出品办法 鄞县社教机关主任人员会议办法 鄞县二十年度社教机关设施社教注意要项 鄞县二十年度社会教育辅导机关辅导社会教育暂行标准	
	关于社会教育方面	订定社会教育机关二十年度设施社教注意要项	该注意要项自呈经教育厅核准后,即令发各社教机关,各机关均已遵照办理,先后呈报到局	
		召开社教机关主任人员会议	为谋各社教机关互相联络及实施与行政充分沟通起见,爰自本学期起,召开各社教机关主任人员会议。本年度曾开会三次,关于联合出版民教刊物,举办暑期国术训练班,筹开社教成绩展览会、战时常识展览会、民校学生演讲竞赛会等均由该会议议定,具体办法分别施行	
		图书馆增设巡回文库	前县立流通图书馆图书于上年度第二学期由县立图书馆接管,加以整理分配,改办巡回文库,自本年度已开始流通。第六七八九十学区每区各设二处,共计十处,每三个月流通一次	
		韩岭民众教育馆接收关圣殿广济庵房屋	该馆馆址本定在关圣殿及广济庵,后以广济庵部份涉讼不决,致一时不得迁入。二十年年底,始得法院判决,拨归该馆所有。该馆自经解决后,即略加修理迁入办公	

年度	类别	事项	结果	附记
民国二十年度		充实实验民众学校	一、增加经费。过去实验民校因限于经费,年计一二〇元,成绩不著,本年度已增至五百四十元。关于教师薪给及实验费均较上年度增加不少 二、设专任教师。实验民校教师以前为经费所限,暂由中山民教馆职员兼任,责任不专,自难专力于研究实验之工作。本年度经费既经增加,乃设一专任教师,使专力于实验及研究工作	
		励行救国教育	本年度第二学期适值暴日侵凌,国势颠危之时,实施救国教育洵属急不容缓。兹将本县曾经举办事项分述如下。 一、督促各社教机关加紧抗日宣传工作 (一)令饬中山、韩岭两民教馆派员分赴各乡镇,联合当地小学师生举行抗日救国宣传。(二)令饬县立图书馆将关于研究日本及东北问题之书籍公开陈列。(三)各民教馆图书馆及学校举行时事报告、时事摘要,使民众明了日本侵略情形。(四)令饬各社教机关各学校举行募捐助饷工作,将募得物品银钱直接汇解鄞县救国义捐分会,转解前敌将士。 二、举行战事常识展览会 二十一年五月十七、八两日在商品陈列馆举行,所有陈列品分自制、购买、借征三种。自制部份计有军事图说五幅,各国军备比较四幅,方向辨别法四幅,救护常识图十幅,飞机掷弹预防法图二幅,坚壁清野法图四幅,后方民众工作图三幅;购置部份计有战形四十三帧;征借部份曾向省保安队第六团借得迫击炮一门,机关枪一架,步枪、木壳枪、手枪各一枝,手溜弹一箱,望远镜一架,并向私立效实中学借得战事模型十余种,省立四中借得军事挂图七十幅。参观民众日逾万人,另有八十八师所获战利品十余件,于会后寄到,改在民众教育馆单独陈列	
		举行社会教育成绩展览会	五月十七、十八两日在商品陈列馆公开展览,参加机关有县立中山韩岭两民教馆、图书馆、体育场、成年妇女补习学校及引仙桥新河等民众学校,共计二十七机关,五月十九日开始。审查成绩详述审查意见,以资指导改进	
		编辑民教刊物	民教半月刊由教局第三课主编,每月一日十六日出版,本年度已出至第十七期;民众园地月出一期,由县立中山民教馆主编,本度已出至第七期	
		增设并整顿民众阅报所	本学期增设民众阅报所九处,连原有一百二十处,共计一百二十九处	

续表

年度	类别	事项	结果	附记
民国二十一年度	关于教育行政方面（甲）已进行者	刊发教育实施报告及各种定期教育刊物	民教半月刊已由十六期出至四十二期	
	关于社会教育方面（甲）已进行者	促进图书事业	县立图书馆址原在县立中山公园内，因馆舍狭窄，对于藏书处、阅览处均不敷用，特于二十一年八月间与宁波商会商妥，将原有图书馆址与公园前国货陈列馆西式水泥楼房一座对换，九月间即实行迁移办公。嗣因省保安队第六团团本部指定在该馆内驻节，旋又迁回原址。迄第六团他调，图书馆复于十二月重行迁入前国货陈列馆内开放，并于馆前添种花木以资观瞻。于馆内大加装折，排定西楼上十间为职员办公室，楼上东大间为阅报处，下西大间南部为儿童阅览室，北部为藏书室，下四小间为职员工役寝室及会客室、膳厅。馆舍方面已较前宽敞许多，环境方面亦较胜于前。新办巡回文库十组，按月分至各区巡回。一月间并举行儿童阅读比赛一次，最近又出刊物《馆声》一种，内容除报告馆内种切情形，并随时登载辅导私立图书馆文字。六区农村图书馆已于第二学期正式成立，八区巡回图书馆亦仍照旧分向区内巡回，私立鄞湖图书馆内容较前亦已充实许多	
		促进民众教育馆事业	本县民教馆业务本年度内逐渐改进者在中山民教馆，如办理商业补习班，增设妇女补习班，利用省民教馆材料举行国际现状展览会，联合各机关举行巡回卫生展览会等，结果均甚圆满并切实际["际"原为"除"]。韩岭民教馆自第二学期改组后亦颇能从事改进，如联络地方人士募捐修理馆舍，指导民众组织生产合作社，举行治虫造林识字卫生等中心活动等，均能表演出该馆前次所未有之精神	
		举行识字运动宣传	自奉省颁浙江省举行二十一年度识字运动宣传周办法后，本县即召集识字运动宣传委员会订定办法，于五月二十二日起分区举行识字运动，扩大宣传。事前补印刷本六种，唱歌二种，图画五种，并编印标语、宣言，分发区会各社教机关应用。县会则特别注重促进各大工厂依法办理劳工识字教育会，召开谈话会。因人数不多，流会现正特继续督促考查各区宣传后情形	

年度	类别	事项	结果	附记
		举行东北现状展览会	本年度本拟举行一次民众常识展览会,出品范围以卫生为中心,嗣应时势之需要,乃由各社教机关主任人员联席会议议决出品范围改定以东北现状为展览中心,由教育局会同各社教机关分头筹备,凡东北之地理、历史、经济,日本在东北之政治、经济、文化等势力与其侵略政策,以及其他各国在东北的势力等,均经搜集具体材料,制成简明图表,总计出品二百八十八件,内图表一百六十件,参考书二十六种,画刊二十七册,图片七十五张,从七月二十五日起在中山民众教育馆楼下展览一周后,遂运往韩岭民众教育馆作长期陈列	
		举行民众学校成绩展览会	民众学校成绩展览会于二十二年一月七八两日在县立图书馆楼下举行。得有实验民校一校,中心民校二校,县立普通民校二十二校,私立及附设之民校四校,共计二十九校。所出品计有计画章则四十八件,记载簿籍一四六件,统计图表二九八件,教师成绩二七二件,学生成绩一〇四一件,共计一八〇五件。参观来宾第一日有五百余人,第二日约二千人,来宾参观后,加以批评者颇多。至成绩审查,经各审查员于事前共同订定出品审查注意事项,作审查时之依据,并根据审查意见分令改进	
		添设民众阅报所	本年度县立民众阅报所新添设者计有归红、泗洲、竹丝、岚高、田塍、钟家潭等十一所,连旧所办者,共计一三八所,由区教育员指定管理人,逐日揭示,以供民众阅览	
		举行社会教育成绩展览会	社教成绩展览会原定于识字运动周内举行,嗣经第二十九次局务会议议决扩大范围,举行全县教育成绩展览会,定下年度开始举行,现出品办法已推员分头起草	
		筹备推设民教机关	下年度应增设之民教机关,本年度第二学期即预为筹备有二。(一)古林民众教育馆,本县教育事业计画规定下年度在第六学区内增设民教馆一所,兹已聘定就地人士十七人,组织筹备会进行一切。馆址暂定黄古林资善观全部及古林庙一部份,开办费一千三百元,亦由筹备委员分任捐募。(二)西林中心民众学校,省颁下年度教育实施注意事项规定,民众学校应有专任教员全年度从事民众教育,故本县拟在未设民教馆之区内遵照上项原则筹设中心民校一所,经提交教委会通过,并呈奉教厅核准后,即择定第八区胡家坟西林寺为校址,开办费由就地热心教育人士负责劝募,经聘定筹备委员,组织筹备会,积极筹备并聘专任人员以符省章	

续表

年度	类别	事项	结果	附记
民国二十二年度	关于行政教育方面（甲）已进行者	刊发各种教育刊物	民教半月刊已出至六〇期	
	关于社会教育方面（甲）已进行者	筹设古林民教馆	按照本年度教育实施计画于第三民教区内增设民教馆一所，故于上年度将结束，特即由教育局会同第六区公所及区教育员从事筹备，由县府聘请就地热心人士为筹备委员，勘定黄古林之资善观全部及古林庙一部为馆址，定名为县立古林民众教育馆，并拟就地劝募开办费一千二百元，六区公所并年拨白肉捐款八百元，以充经常费，嗣以开办费筹募无多，因于二十二年八月开始，仅聘一指导员担任民校及宣讲工作展，至二十三年二月遴选馆长呈厅核，委添聘指导员，正式开幕	
		改进民教馆设施	本县各民教馆除根据厅颁业务方针切实遵行外，并侧重救国教育、生产教育之实施	
		促进图书馆流通	除督促县立图书馆图书继续分十组巡回与第八区教育会巡回图书馆照常至八区内巡回外，并令县立图书馆、古林民教馆增设图书流通处，韩岭古林二民教馆并于各内河汽船中备有水上文库以促进图书流通效率	
		举行社教成绩展览会	本年度规定举行全县第二届社会教育展览会，于七月六七八日就县立图书馆举行，计参加者有各社教机关、各民众学校出品合计二千三百七十一件	
		轮流使用社教教具图书	本县为增进社教机关人员及民众学校师生进修及轮流使用教具起见，于上年购备无线电收音机、留声机、幻灯、民教参考书、民众读物、挂图等，惟未能尽量流通使用。本年度又添购图表、书刊，订定鄞县县教育局社会教育教具图书借用办法，将教具图书分为六组，分区指定经管机关，规定轮流使用表，切实轮流而使用之	
	（乙）已进行而未终了者	奖励私人捐资办理民众教育	本县为鼓励地方人士兴办民教起见，对于经募及出资者视捐款多少分别由本县奖励或呈省请奖	

年度	类别	事项	结果	附记
		促进社教人员进修	一、本省学区举办暑期社教讲习会，指派各社教机关工作人员加入听讲； 二、关于社教重要书报，一面已通知地方教育参考室订购，一面介绍各社教工作人员阅读； 三、民教半月刊由局主编，在民国日报副刊每二周出版一次，至五十一期改由各机关轮流主编，现已出至六十四期，今后仍继续出版，以供社教人员研究并为发表之园地； 四、本县有教育人员读书会办法，现拟通令各社教机关督促各工作人员一律遵行	
		通俗演讲工作	遵照省颁办法进行者，本年度曾对各中心小学及乡村师范加以督促，结果因本身工作极忙，演讲工作仍未见加紧，因之奖励方法无从用起	

历年修订教育规章概要表

年度	名称	条数	要略	附记
民国十八年度	鄞县民众教育委员会规程	九条	筹议全县民众教育事宜并研究关于民众教育诸问题，以县教育局第三课课长、县督学区教育员、通俗讲演所演讲员为当然委员，别聘热心地方教育事业暨办理民众教育之人员或于民众教育素有研究者三人为聘任委员	会务以事业之需要分设调查编纂二部，每部设主任一人
	鄞县识字运动宣传委员会简章	十八条	拟订识字运动进行计画，随时研究识字教育之实施问题提交教育行政机关采用，以鄞县县长、教育局长、县党部宣传部长、县农整会宣传部长或常务委员、县工整会宣传部长或常务委员、县商整会宣传部长或常务委员、县妇女协会宣传部长或常务委员、县民众教育委员会代表、县教育会代表为委员，县长为主席，教育局长为副主席，分设总务、宣传、组织三课，各设课长一人，复就各地之需要酌设区分会。由公安局分局长区分部区，党部宣传委员、区分部所在地之各小学代表、区分会所在地各村里委员之代表、区分会所在地之各民众团体代表为委员，互选主席一人，下设总务、宣传二股，各设股长一人，更以事务简繁酌设干事若干人，由股长就参加各机关人员中提请区分会委员会聘任之	秘书一人，干事若干人，由教育局职员中指定之

续表

年度	名称	条数	要略	附记
	鄞县县立流通图书馆规程	简章十二条	采购关于党义、教育、社会、科学及文艺等图书以供县区内人士轮流借阅。总馆附设于教育局,分馆八所,附设于各中心小学,设总馆长一人,由教育局长兼任之,馆员一人,由教育局长指定局员一人兼任,分馆主任八人,由各中心小学校长兼任(概亦无给职)。各种图书一部分存总馆外,计分甲乙二组,甲组图书存一二三四分馆,乙组图书存其他各分馆,每组分子丑寅卯四类,于本组内各分馆轮流之,每类复分第一第二第三第四四种于分馆附近之各小组教育研究会办公处轮流之,其轮流日期由总馆规定通告之	庶务事宜及缮写文件表册等项由教育局庶务人员及书记兼任之
		借书规则八条	凡借阅图书者须先函索,或面索馆制借书保证单,由借书人觅得保证机关店铺或各分馆所认可之保证人,照式填就,加盖图记,由馆凭单发给借书券,其无保证单者须先缴纳保证金一元,俟停借时发还。借去图书如有遗缺或损坏时,应照图书原价赔偿,或借阅时期逾限在五日以上,经馆中追索无效者,即没收其保证金	图书借阅时期每次不得过二来复
	鄞县县政府教育局整顿并增设民众阅报所办法	七条	各阅报所为节省经费起见,以附设于各机关为原则,其报章之每日张贴揭示与管理等事项均由附设之机关负责,原有之手续费保管费办法一律革除。其所定阅之报纸亦统归教育局订购发给,如附设机关办理失当,发现日报不按日揭示等情,一经察觉,立即改委其他机关办理,如有尚未设立而欲增设者,得由各地小学或村里委员会呈请教育局核准设立之	
	鄞县县立图书馆寄存图书办法	八条	此以自藏图书愿意寄存馆中供众阅览者,均应声明价值,登录图书寄存簿、图书之封面及第一页,由寄存人加盖印章,由馆中一一粘贴标签,注明寄存人姓名,其寄存期至少在六个月以上,未满期不得收回,满期后如愿续存者再行订约。寄存之图书由馆中负保管之责	
	鄞县县立图书馆捐赠图书办法	九条	凡私人以图书捐赠价值在五百元以上者,除照国民政府捐资兴学褒奖条例办理外,再以下列规定办理以留纪念。如捐赠图书价值在壹万元以上者,得特辟一室以捐赠者别号名之;一千元以上者将捐赠者等身照片永远悬挂阅览室中;五百元以上者将捐赠者肖像永远悬挂阅览室中;或有捐赠图书在一百元以上而未满五百元者,除遵照省颁捐资兴学规程办理外,将捐赠者等身照片悬挂阅览室中,其悬挂时期规定为:捐赠图书价值在四百元以上未满五百元者四年,三百元以上未满四百元者三年,二百元以上未满三百元者一年,更有五十元以上者,将捐赠者姓名汇镌铜牌嵌置阅书室中,十元以上者发给感谢状,如有捐助款项以备购置图书者,得与捐赠图书者同样办理	

续表

年度	名称	条数	要略	附记
	鄞县第一区区立第几农村图书馆规程	十二条	采购有关农村各种图书供给区内民众阅览,以提高民众程度为宗旨。馆长一人,由本区区教育员遴选对于图书馆事业有相当学识及经验者,呈请县政府委任,又指导员、事务员若干人,由馆长任用,呈报县政府备案	
民国二十一年度	柳汀镇镇立民众教育馆简章	十条	本馆遵照部颁规程第八条暂设阅览、演讲、健康、教艺、数学五部,各部各设指导员一人,馆长一人,由本镇民众教育设计委员会遴请县政府委任,呈报教育厅备案。馆中工作计画及预算等于每学年开始时拟呈教育局核定,呈报县政府备案	
	鄞县县立中山民众教育馆特约民众茶园办法	十条	本馆为改良茶园设施,实施休闲教育起见,特就商办茶园中择其园址,与本馆距离三里以内,园舍宽敞,空气流通,座次整洁,茶客众多,绝无赌博及其他不良行为,园主比较通理,能诚意接受本馆指导者数处,为本馆特约民众花园,园中应有一切设备由本馆代为购备,本馆在不妨碍特约处营业之范围内举行下列之各项教育活动 一、布置艺术化的教育环境 二、定期讲演 三、揭帖壁报 四、时事报告 五、纪念日宣传 六、出借书报及娱乐用品 七、举行小展览会 八、其他	
	鄞县第六区区立农村图书馆章程	十三条	采购有关农村各种图书供给区内民众阅览,以提高民众程度为宗旨,馆址附设于第六区区公所,设馆长一人,由本区区长会同本区区教育员遴选对于图书馆事业有相当学识经验者,呈请县政府,委任主持关于本馆之计画及图书之选购、编目等事宜,设指导员六人,事务员一人,由馆长任用,襄助馆长办理关于指导阅览、图书统计及图书之保管整理、陈列输送等事项,每年度开始前三月拟具下年度进行计画,呈请县政府核定之,经费由区款白肉捐项下支给	
	鄞县县立图书馆联络县区内各图书馆暂行办法	九条	该馆为联络本县各图书馆共谋县区内图书馆事业之发展起见,计本县各图书馆应尽下列各项义务:(一)招待来宾参观,(二)发给该馆刊物,(三)代办图书馆用品,(四)解答通讯研究问题,(五)接受其他业务上委托事项。而该馆委托各图书馆代办事项,各图书馆亦应依限办理完成,并互相借阅图书、介绍书报	

(《鄞县通志》政教志庚编　民国二十四年铅印本)

德清县

学校

通俗教育讲演所 民国五年三月由知事吴嚣皋筹设,附于劝学所。

通俗图书馆 民十年由知事彭彝聘程森筹备成立,以已停省立第四模范缫丝厂屋为馆址。

阅报社 向由教育分会担任经费,后由徐荪劝助捐款,由教育会补助。民国五年复归教育会经理。

（《德清县志》卷三建置志　民国二十一年铅印本）

汤溪县

学校

通俗教育讲演所 民国三年设讲演所,所设所长一人,讲演员二人,分赴各乡讲演。废清圣谕,讲稿由所长撰,呈县知事核发。十一年,所长由劝学所所长兼充,裁讲演员一人。十二年,所长由县教育局局长兼充,附设讲演所于县教育局。

通俗教育图书馆 在旧县署故址,中华民国十三年建（按图书馆所在,民国六年曾设模范桑园）。

阅报社 附设县教育局。

（《汤溪县志》卷四建置上　民国二十年铅印本）

丽水县

教育机关

阅报社 设县参事会内。

演讲所 民国六年,设所长一人,掌编讲稿,讲员巡环演讲。

图书馆 现在筹备中。

（《丽水县志》卷二学校　民国十五年铅印本）

浦江县

通俗图书馆 民七三月劝学所长黄志琨呈请拨款设立通俗图书馆,十年八月继任所长张人骥造具计划书,呈县转所依法组织,以经费奇绌极端樽节,计开办费二百二十元,由张知事兰捐俸一百元,余在教育费内动支。计经常费岁支一百八十元,除停给露天阅报社补助费一百四元抵支外,余准在教育费项下如数开支。同年十月一日开馆,照章购置图书,并函请浦阳高小校长张景鸿所保管之,藏书楼原有书籍一律移置馆内,由县委劝学所长兼任图书馆主任,下设馆员二人,专司管理,公役一人,以资差遣。馆址附设劝学所内,以崇圣祠为阅书场。十三年改劝学所为教育局,扩大组织,拟就章程,暂行旧党署为馆址,将主任改为馆长,仍由教育局长兼任,减去馆员一人,余一人由县长任用。旋以党署仅足教育局之用,将图书馆移设于关岳庙。廿四年裁局并科,将图书馆附入民众教育馆,旋以民教馆照章须设在乡间,图书馆有连带关系,曾一度随民教馆移设小南乡潘宅市义祭祠内,未几即迁回明伦堂教育局原址。兹将馆中各种国书目录及章程附列于后。

浦江县公立通俗图书馆各种图书目录:

通俗部　人伦道德类　(十六种)

朱子小学节本一册	五种遗规五册	蔡子民言行录二册
曾文正公嘉言录一册	人镜二册	国民之修养一册
实业家之修养一册	畜德录六册	公民模范一册
国民立身训一册	公民监一册	青年修养录四册
坐花志果二	安土全书四册	人格修养法六册
通俗教育画五八幅		

通俗部　常识文学类　(四十四种)

青年宝鉴一册	通俗教育谈一册	中华故事全集十一册
家庭时论一册	迷信与心理一册	中华古事读本廿册
国民浅说一册	日月类知一册	遗产之废除一册
白话文范二册	美国视察记一册	日用工艺品制造法一册
近代思想二册	神州女子新史一册	各国社会思潮一册
致富新书二册	妇女贞洁法一册	强国强种奇书一册
论说初阶四册	新知识全书二册	游历上海杂志五册
常识文范四册	新思潮大观一册	酬世文件指南一册
公民读本二册	近世社会学一册	各国近时政况一册
国耻小史二册	人生之宝现一册	白话文法参政书四册
国民宝库六册	白话文纲要一册	共和论说进阶四册
客坐谈话二册	楹联丛话六册	日用万事全书五册
文话文范四册	畜养全书一册	学生文学指南一册
白话字诂一册	学生百科大全一册	废物利用全书一册
日本人之支那问题一册	交际文词百科全书八册	

通俗部　法令文牍类　(三十二种)

法令大全一册	通俗新尺牍一册	黎副总统政书廿四册
新文牍十二册	条约并和约一册	历代尺牍选粹一册
白话书信一册	共和新尺牍四册	历代名人书札续编二册
民法总论一册	大清会典廿册	历代名人小简续编二册
民法物权一册	行政法大意一册	二十世纪国际公法一册

续表

民法总则二册	民事诉颂法三册	法令大全补编一册
民法债权三册	历代名人书札二册	公文程序举例一册
议员必携一册	新书信集一册	政界尺牍大观一册
手形法一册	海商法一册	行政法汛论一册
国学法一册	经济学一册	历代名人小简一册
最新分类尺牍大全十二册	刑事诉讼法讲义二册	

通俗部　科学浅说类　（十二种）

法制浅说一册	农业浅说一册	普通博物问答一册
家政浅说一册	种树浅说一册	世界历史问答一册
养蚕要览一册	理科浅说一册	天地现象图十张
养鸡浅说一册	天空现象谈一册	百兽集说图考一册

通俗部　名人讲演类　（十种）

新社会五册	杜威三大讲演一册	中外名人演说录二册
新说书三册	新讲演集一册	壬子暑期讲演录一册
社会鉴一册	杜威五大讲演一册	学术讲演录廿二册
浙江讲稿选粹一册		

通俗部　新闻杂志类　（十二种）

新生活三十册	庸言汇报八册	春雨梨花馆丛刊二册
时事新报一册	之江日报一份	浙江民报一份
民国日报一份	浙江民报一份	申报一份
小朋友一份	儿童世界一份	近世界六十名人一册

通俗部　戏曲小说类　（一百一种）

点滴二册	东周列国志十六册	中华全史通俗演义八册
秦汉演义四册	前汉演义四册	神州光复演义十六册
西汉演义四册	东汉演义二册	民国通俗演义八册
三国演义十六册	隋唐演义八册	民国轶事大观四册
元史演义六册	明史演义十册	洪秀全演义八册
清史演义十册	新小说集二册	西太后演义四册
橡湖仙影三册	科学家庭二册	奇童纵囚记一册
伊索演义一册	乡里无人二册	罗利因果录一册
小说丛考一册	风俗闻评二册	近五十年见闻录二册
心狱一册	孝友镜二册	水孽余生记二册

模范家庭一册	孤心泪二册	上下古今谈四册
弃儿初编二册	新天方夜谭一册	旅行笑史二册
弃儿续编二册	苦海余生录一册	模范夫妻一册
飞将军二册	熏莸录初编二册	悲惨世界一册
芦花余孽一册	熏莸录续编二册	鲁滨逊飘流记二册
十之九一册	酒恶花愁录三册	块肉余生述前编二册
民国野史四册	增广智囊补一册	块肉余生述后编二册
元明小史二册	新华春梦记五册	正续酉阳杂志二册
广阳杂志一册	香艳丛书十一册	天笑短篇小说二册
庸盦笔记三册	儒林外史一册	瘦鹃短篇小说二册
香囊六册	水浒二册	世界皇室奇谈一册
沉沦二册	庚申外史一册	雍正剑侠奇案六册
寒牡丹二册	虞初广志一册	吴曾祺旧小说廿册
云初志四册	渔矶漫钞四册	李笠翁十种曲十册
小家语一册	乐府新声四册	茶熏酒颠合刊一册
石头记二册	古今说海十二册	古夫于亭杂录二册
菊部丛刊二册	梨园佳话一册	阿丽思漫游奇境记一册
中央纪闻二册	尊乡赘笔四册	百期汇订礼拜六十册
梁民笔记八册	趣园六种二册	大字聊斋志异八册
太平广记四十册	传奇汇考八册	阅微草堂笔记一册
国耻短剧一册	桐阴清话四册	近人笔记小说一册
醒游地狱记一册	清宫二年记一册	说苑导游录一册
宋元戏曲史一册	印雪轩随笔四册	贞女忏情记一册
畏庐漫录四册	听雨轩笔记一册	

笔记小说大观计分四辑共一百八种
（一）

谐铎二册	营窗异草六册	阅微草堂随笔八册
舣剩三册	夜谭随录四册	增广智囊补八册
里乘四册	金壶七墨四册	秋雨盦随笔六册
子不语八册	庸盦笔记四册	庸闻斋笔记四册
月食录二册	墨余录三册	
理桑叶三册	壶天录二册	

（二）

枣林杂狙六册	千百年眼三册	舌华录二册
涌幢小品十二册	虞初新志六册	虞初续志四册
南浔苦语三册	漫游记略一册	坚瓠集廿册
虫鸣漫录一册	笑笑录三册	淞南梦影录一册
闻见异辞一册	吹纲录二册	此中人语一册
浪迹丛谈五册	鸥波渔话二册	清嘉录二册
香祖笔记二册	春在堂随笔三册	

（三）

夷坚志十册	猫苑四册	蜀碧西清笔记一册
夜航船二册	影谈一册	绿水亭集罗庵游赏小志一册
荟蕞编六册	耳邮一册	初月楼闻见录四册
广阳杂志四册	池北偶谈八册	梅花草堂集四册
茶余客话二册	瞑庵集识二册	云间据目钞一册
归田琐记一册	榆巢杂识二册	雨窗消意录二册
津门杂志一册	瓮牖余谈二册	鹏砳轩质言一册
履园丛话八册	冷庐杂识六册	听雨轩笔记二册
岛居随录一册	瀛壖杂志二册	溪上遗闻集录二册
锄金书舍零墨一册		

（四）

国史补十册	玉壶清话一册	洛阳搢绅旧闻记一册
云溪友议五总志一册	甲申杂志芦浦笔记一册	猗觉寮杂志一册
闻见近录独醒杂志一册	涉史随笔秘宦记闻一册	志雅堂杂钞一册
清波杂志三册	入蜀记吹剑录一册	书斋老学丛谈一册
领外代荅二册	梦梁录三册	昨非庵日纂六册
武林旧事三册	随手杂录续台坚志一册	重论文斋笔录三册
台湾外纪六册	咫闻录四册	韵石斋笔谈海岳志林一册
明学小识一册	砚北杂志北轩笔记一册	南省公余录二册
退庵随笔六册	蜀难叙略奥行记事一册	香余楼宾谈一册
郎潜纪闻三册	浥江燕谈录一册	燕下乡脞录三册
海道图说十册	海国图志廿四册	条约并和约十一册

小本小说 （四十种）

血巾案一册	黄金劫一册	残梦斋随笔一册
碧玻璃一册	花蠹一册	吴田雪冤记一册
魂游记一册	盗花一册	女杰麦尼华传一册
一粒钻一册	阄女一册	闺阁豪赌记一册
石姻缘一册	说鬼一册	水底鸳鸯一册
仇情记一册	贫女一册	沥血鸳鸯一册
梯归声一册	黄金祟一册	菊儿惨史一册
双薄幸一册	牧羊缘一册	车中女郎一册
骗中骗一册	美人心一册	铁血美人一册
红蔷薇一册	一棹缘一册	生死情魔一册
斗富奇谈一册	桃源惨狱一册	湖滨艳迹一册
浪子末路一册	天界共和一册	茶花女补铁一册
醋海风波一册	孤鸾遗恨一册	银楼局骗案一册
芸娘外传一册		

新小说天观 （六种）

孝女复仇记一册	专制婚姻史一册	浪子忏悔史一册
多妻遗恨一册	寡妇苦节记一册	养媳妇惨史一册

新小说界 （二十七种）

默林雪一册	千金诺一册	鲍亦登侦探案二册
情仇一册	郁金香二册	鲍亦登侦探案二集一册
弃儿二册	死虱党一册	鲍亦登侦探案三集一册
风俗间评二册	木乃伊二册	小拿破仑别记一册
孟谐传奇一册	火中莲一册	巴黎之剧盗一册
鸳鸯小印一册	惊婚记三册	积雪东征录二册
弃儿续编二册	夺产案一册	特捕侦探案一册
侦探之敌一册	宝石圈一册	蝶归楼传奇一册
红颜知己一册	华心纪一册	酒恶花愁录三册

文科部　文学类 （一百二十四种）

汉魏六朝百三名家集四十八册	历代文评注读本十二册
评注续古文词类纂八册	姚氏古文词类纂评注十六册
正续古文词类纂精华六册	涵芬楼古今文钞简编四十册
古文渊鉴卅二册	古今文综卅二册	评注昭明文选十六册
唐宋八家文八册	唐文粹简编六册	昭明文选集评六册

续表

宋文鉴简编六册	清文汇录十一册	南宋文苑简编四册
翠微山房廿四册	涵芬楼文谈一册	中国六大文豪一册
陆宣公奏议二册	柳河东文集六册	欧阳文忠公集廿四册
王荆公文集四册	陈龙川文集八册	雷辑续文选六册
王阳明集十二册	文征明集十二册	曾文正公诗文集四册
亭林遗书十二册	日知录集释八册	翁注困学记闻十六册
黄梨洲集十六册	曝书亭集十二册	许文肃公遗稿六册
渔洋精华录六册	东塾读书记六册	饮宾室全集四十八册
清朝文录六册	陆象山集八册	中国大文学史洋装一巨册
唐宋文醇廿册	曾南丰集二册	国文自修书楷要一册
文心雕龙四册	三苏文集八册	清代学术概论一册
古文比四册	黄山谷集廿册	韩柳文研究法一册
史记论文八册	归震川集八册	古文笔法百篇三册
李太白集八册	李二曲集十册	明清六才子文四册
国策评注六册	吴梅邨集六册	皇朝经世文编八十册
国语评注四册	壮悔堂集六册	当代八家文录二册
韩昌黎集十册	龙西堂集六册	新文学研究法二册
李习之集二册	姚惜抱集八册	实用国语文法二册
方望溪集八册	清献集八册	敬修堂集著六册
何义门集四册	胡适文存二册	樊山全集廿四册
南沙文集四册	文法津梁三册	文学研究法四册
龚定庵集六册	新文选四册	文苑导游录九册
王梦楼集六册	新文库廿册	新文学浅说一册
道古堂集三册	新文选三册	国语问题讨论集一册
刘孟涂集八册	无罪草四册	中等应用文苑一册
欧香馆集四册	国语文选四册	江村消夏录三册
两当轩集六册	文学常识一册	古文滑稽类钞一册
沈石田集六册	国语讲坛一册	枕亚滑稽集一册
清代骈文四册	陶渊明集四册	八家四六文注释八册
国策精华三册	说文通训八册	古今小品精华二册
国语精华三册	说文易检十册	欧洲文艺复兴史一册
史记精华二册	说文句读十册	西学东浙记一册
汉书精华八册	说文解字四册	光绪浦江县志稿十六册
文选精华一册	说文通检二册	九灵山房集六册
杜诗精华一册	瀛奎律髓八册	宋文宪公年谱一册

苏诗精华四册	诗词趣话四册	白石山房遗稿一册
榕城诗话二册	吴渊颖集四册	盘洲文集四册
雪樵文集四册		

文科部　经学类　（十种）

经典释文十册	书疑一册	十三经注疏百廿册
孟子精华一册	吕梁精华一册	皇清经解四十函
公羊精华一册	云弓精华一册	隋书经籍志四册
诗疑一册		

文科部　子乘类　（二十一种）

灵枢二册	山海经三册	百子全书八十册
管子六册	淮南子六册	诸子文粹十六册
荀子一册	韩非子六册	诸子文粹续编四册
庄子四册	浮邱子六册	诸子精华十册
经余必读八册	黄帝内经八册	竹书纪年四册
孔子集语四册	晏子春秋四册	吕氏春秋六册
春秋繁露二册	诸子厄言二册	孙子六册

文科部　教育类　（四十六种）

宋元学案卅二册	清儒学案六册	义务教育之商榷一册
明儒学案十六册	特别教育一册	实验复式教授法一册
实用教育学一册	联络教材一册	实验单级教授法一册
战后教育论一册	儿童游戏一册	单级二部教授法一册
中外教育史一册	单级体操一册	单级小学教授法一册
学校参观法一册	妖怪学讲义一册	蒙台梭利教育法一册
教授法原理一册	初小教育研究七册	实用地理讲义一册
单级教授法一册	教育实用主义一册	新修身教授法四册
心理学要览一册	科外教育设施一册	学校军事教育一册
贫民教育谈一册	实验分团教授法一册	职业教育真义一册
儿童个性谈一册	分团教授精义一册	教育思潮大观一册
儿童训练法一册	学校设备要述一册	国民学校训练概要一册
设计教育法一册	世界教育状况一册	小学劣等生救济法一册
实用国音学一册	新地理教授法一册	中等地文学教科书一册
国音学讲义一册	新理科教授法一册	学校表簿说明书一册
单级小学管理教授法一册		

文科部　词字书类　（十六种）

佩文颜府六十册	渊鉴类涵四十八册	骈字类编四十八册
辞源洋装二巨册	中华大字典十二册	华音正音字典一册
国音新字典一册	国音普通字典一册	学生字典洋装一巨册
英华新字典一册	注音新辞林洋装一巨册	角山楼类腋六册
作文材料精华录十六册	分类字源一册	增补事类赋统编廿六册
国文成语字典洋装一巨册		

文科部　历史类　（八十四种）

梁书六册	晋书十六册	天下郡国利病书六十册
前汉书十八册	皇朝通志四十册	资治通鉴目录十册
后汉书十八册	史性韵编十二册	续资治通鉴六十册
旧唐书四十册	浙江通志百廿册	正通考一百五十册
新唐书四十册	国文读本十二本	竹简斋前汉书十册
新五代史八册	中国商战史一册	竹简斋后汉书十册
旧五代史一六册	上海通商史一册	竹简斋三国志四册
正通志二百册	袁世凯正传一册	清史纪事本末八册
正通典五十册	埃及近世史一册	清鉴易知录十二册
续通志二百册	尼罗海战史一册	涵芬楼秘籍八十册
续通典四十册	拿破仑外纪一册	清稗类钞四十八册
续通考百廿册	最近五十年一册	太平天国外纪三册
清朝全史四册	资治通鉴百廿册	世界大事年表一册
尚友录十二册	皇朝掌故卅六册	美国独立战史一册
史通削繁四册	清代轶闻四册	世界第一大战一册
国史概论六册	痛史百廿一册	法国革命战史一册
中国历史四册	美国史纲一册	巴黎和会秘史一册
明代轶闻一册	西史纪要二册	日耳罗史一册
心史丛刊四册	西洋史要一册	元史四十八册
俄罗斯史三册	明纪廿册	通鉴外纪并目录十册
三国志十册	宋书廿四册	历代名臣言行录八册
陈书四册	史记十六册	清朝野史大观十二册
周书六册	南齐书八册	乾隆英使觐见记一册
辽史廿册	北齐书四册	民国十周纪事本末二册
魏书廿二册	隋书十六册	中国革命纪事本末一册
南史十二册	北史廿四册	庚子史馆被围记一册
宋史百廿册	金史廿四册	中华民国再造史一册
明史八十册	明季裨史正续编九册	菲列滨独立战史一册

文科部　地理类　（十八种）

海国图志廿四册	新游记汇刊八册	大清一统志六十册
环球周游记一册	中华大地图一幅	中国地理大势二册
海国图说十册	世界最新地图一幅	中外地理大全六册
西湖新志四册	世界新形势图一幅	最新二半球图一幅
大清一统舆图百廿二册	读史方舆纪要八十册	
中华民国分省地图一册	各省区域沿革一览表一册	
仿宋咸淳临安志廿四册	中国境界大势考附图一册	

文科部　丛书杂志类　（四十二种）

诗一份	浙江教育杂志一份	古今文艺丛书三十六册
新潮一册	百科小丛书五十册	地球与生物之进化一册
改造一册	日用百科全书二册	社会学及社会问题一册
学衡一份	社会改进原理一册	汉魏丛书三十二册
世界丛书一册	汉魏丛书卅二册	唐代丛书十六册
学生丛书十种	奇晋斋丛书八册	新文化丛书二册
女学丛书二册	新知识丛书三册	广群芳谱廿四册
教育丛刊一册	栋亭十二种廿册	教育公报一份
东方杂志一份	不忍杂志十二册	教育月刊一份
教育杂志一份	太平洋杂志一份	少年中国一份
学生杂志一份	雅言杂志十二册	少年世界一份
少年杂志一份	解放与改造三册	农商公报一份
文星杂志一份	中华教育界一份	国语月刊一份
妇女杂志一份	章氏丛书廿四册	小说月刊一份

粤雅堂丛书旧本　（计三十五种共五十八册）

南部新书二册	中央纪闻二册	益斋乱稿三册
焦氏笔乘一册	月泉吟社一册	元草堂诗余一册
饮水诗集一册	采硫日记一册	河朔访古记一册
群经音辨一册	鄂州小集二册	梅边吹笛谱一册
乐府雅词四册	假数测圆一册	烟霞万古楼三册
外切密率三册	对数简法一册	唐昭陵石迹一册
焦氏类林一册	述学内编三册	京口耆旧传一册
凤氏经说二册	云中纪程二册	至正直记遗稿一册
小学画谱一册	舆地碑记目二册	金石林时地考一册
玉笋集一册	续黔书三册	苏米斋兰亭考二册
秋茄集四册	胜饮篇一册	国朝宋学渊源记一册
疑龙经一册	撼龙经一册	

理科部 理化类 （九种）

科学大纲四册	物理学语汇一册	小学理科教材初编二册
理化辞典一册	理化学大意一册	中华理化学教科书一册
化学鉴原八册	物理学教科书一册	中等化学教科书一册

理科部 数学类 （六种）

梅氏丛书廿四册	数理精蕴四十册	中等算术教科书二册
翠微山房廿四册	笔算数学三册	中外度量衡币比较表一册

理科部 博物类 （十种）

昆虫采集制造法一册	小学理科教材博物编二册
矿物采集鉴定法一册	动物学大辞典一册
实验花果种植法一册	植物学大辞典一册
实验花瓶保养法一册	博物辞典一册
脊椎动物解剖法一册	博物学大意一册

理科部 生理卫生类 （九种）

王氏医案绎注三册	新脉学一夕谈发热之原理一册
临证指南医案八册	肺病预防及疗治法一册
卫生治疗新书一册	解剖生理卫生学一册
卫生初步一册	鼠疫要览八册
普通治疗法一册	

民十三知事陈于邦、富绅石思积等捐资添置图书目录

四部丛刊	白话诗选	学生杂志	胎教
杜樊川集	定夷碎墨	儿童世界	申报
锻岸三种	青箱杂记	小说月报	爱国报
陈检讨集	扪虱诗话	教育公报	三名臣书牍
召南外集	书法指南	之江日报	三星使书牍
曾胡批牍	东方杂志	浙江民报	铁冷新嚼墨
大浙江报	鸡肋编	小朋友	中华教育界
黄炎培教育日记	通俗教育讲演录		新教育评论
胡适文存二集	科学与人生观		文法考试必须
军政名牍汇编	小学教师必携		浙江教育月刊

民十六春联军驻扎溃兵扰攘被散逸二十六种书目

广阳杂记一册	虞初志四册	文苑导游录四册(一、三、四、五)
坐花志果二册	石头记二册	中华民国分省图一册
日用须知一册	沈石田集六册	近人笔记小说四册
文件大全一册	徐文长集八册	阿丽思漫游记一册
礼拜六两册(一、二)	元次山集四册	英文名人述异一册
畏庐漫录四册	张江陵集四册	九朝纪事本末四册
两雪轩集六册	五种遗规两册(二、五)	通俗新尺牍一册
三名臣书牍一册	新游记汇刊八册	学生字典一册
方学正集十二册	吴曾祺旧学说两册(十六、十八)	

浦江县公立通俗图书馆章程

第一条　本馆系以县款设立,定名为浦江县公立通俗图书馆。

第二条　本馆以牖导社会、灌输知识为宗旨。

第三条　本馆馆址暂设于党署内。

第四条　本馆设馆长一人,暂由教育局局长兼任,设馆员一人,由县长任用之。

第五条　馆长处理一切馆务,并督率馆员分办各项事务,编制预算、决算及年报。馆员承馆长之指挥,保管所藏图书,掌理收发编制目录及办理一切事务。

第六条　本馆每年经费以预算定之,由馆长编制呈请县长核定支给。

第七条　本馆馆长之奖励及惩戒事项,由县长查照地方兴学人员考成法之规定查明核办,馆员尽职或怠惰时由馆长呈报县长分别奖励或惩戒。

第八条　本馆购置书籍不拘文义深浅,但有益于通俗教育者得酌量购备。

第九条　所藏书籍无论何人不得移借出门。

第十条　凡私人著作未经印行或各处图书馆及家藏秘本,本馆认为必要时得商请抄录,但与本人有权利关系者不在此例。

第十一条　凡藏书家有愿将图书捐入或附存本馆供人阅览者,由本馆填给证书以志高谊,惟附存书籍如欲取回时须以所给证书为凭。

第十二条　本简章俟奉核准后施行,倘有未尽事宜得由馆长随时修正呈报县长核定。

公众阅报所　民元四月由教育会事务费项下拨给经费设立公众阅报所,所内设所长一人,事务员一人,专司其事。地址附设教育会,并于东乡南乡北乡各自治办公处附设。

(《浦江县志稿》　1985 年据民国间稿本复制)

附:浙江省民国时期图书馆史文献目录

图书(书名、著者、出版者、出版时间)

1. 浙江公立图书馆年报　该馆编印　1915 年
2. 浙江公立图书馆年报(民国五年)　该馆编印　1917 年
3. 浙江公立图书馆年报　该馆编印　1928 年

4. 浙江全省图书馆概览　浙江省立图书馆编印　1932 年

5. 浙江全省图书馆概览(民国二十二年度)　浙江省立图书馆编印　1934 年

6. 浙江全省图书馆概览(增订三版)　浙江省立图书馆编印　1935 年

7. 浙江全省图书馆概览(第四回)　浙江省立图书馆编印　1936 年

8. 浙江第二学区各图书馆概况专号　浙江第二学区图书馆协会编印　1933 年

9. 浙江省立图书馆概况　该馆编印　1931 年

10. 浙江省立图书馆概况表暨章则一览　该馆编印　1933 年

11. 浙江省立图书馆概况与报告　该馆编印　1933 年

12. 浙江省立图书馆概况　该馆编印　1934 年

13. 浙江省立图书馆概况　该馆编印　1936 年

14. 浙江省立图书馆简况　该馆编印　1934 年

15. 浙江省立图书馆小史　陈训慈　该馆编印　1933 年

16. 浙江省立图书馆一览　该馆编印　1932 年

17. 浙江省立图书馆一览　该馆编印　1933 年

18. 浙江省立图书馆民国 23 年度工作报告　该馆编印　1934 年

19. 浙江省立图书馆民国 25 年度工作报告　该馆编印　1937 年

20. 浙江省立图书馆推广事业概况　1932 年

21. 浙江省立图书馆大学路总馆开幕纪念册　该馆编印　1932 年

22. 浙江省立图书馆三十周年纪念册　该馆编印　1933 年

23. 浙江省立图书馆藏书版记　毛春翔　该馆编印　1933 年

24. 浙江省立图书馆对于浙江文献之搜集与整理(近五十年本馆征存文献简略报告)

25. 浙江省立图书馆阅览指南　该馆编印　1935 年

26. 浙江省立图书馆章则一览　该馆编印　1935 年

27. 建筑浙江图书馆报告书　该馆编印　1931 年

28. 浙江省图书馆事业概论　吕绍虞　浙江省立图书馆编印　1941 年

29. 浙江省立图书馆中日文图书分类表　该馆编印　1948 年

30. 浙省民众图书馆改进的管见

31. 杭县县立流通图书馆概况　该馆编印　1933 年

32. 三年来的浙江省会巡回文库委员会　浙江省巡回文库委员会

33. 浙江第一学区图书馆协会概况　该协会编印　1932 年

34. 浙江第二学区图书馆协会概况

论文(篇名、著者、期刊名、卷期、出版时间)

1. 浙江省县市图书馆暂行规程　浙江教育行政周刊　2 卷 1 期　1930 年 9 月 6 日;3 月 34 期　1932 年 4 月 23 日(修正)

2. 浙江省图书馆协会简章草案　浙江省图书馆协会会刊　第 1 期　1936 年 5 月

3. 浙江省图书馆协会简章　浙江省图书馆协会会刊　第 2 期　1937 年 4 月

4. 浙江省会图书馆协会简章　中华图书馆协会会报　1 卷 5 期　1926 年 3 月 30 日

5. 瑞安图书馆协会简章　中华图书馆协会会报　6 卷 1 期　1930 年 8 月 30 日

6. 浙江省第一学区图书馆协会简章　浙江省立图书馆月刊　1 卷 3 期　1932 年 5 月 31 日;1 卷 9 期　1932 年 11 月 30 日(修正);2 卷 3 期　1933 年 6 月 30 日(修正);2 卷 5 期　1933 年 10 月 31 日

7. 本会[浙一区图书馆协会]执行委员会监察委员会细则　浙江省立图书馆月刊　2 卷 3 期　1933 年 6 月 30 日

8. 浙江第二学区图书馆协会简章(1930 年 12 月修正)　浙江第二学区图书馆协会会刊　第 1 期　1931 年

4 月 1 日

9. 浙江省立图书馆暂行章程　浙江教育行政周刊　1 卷 48 期　1930 年 7 月 26 日;中华图书馆协会会报
　6 卷 1 期　1930 年 8 月 30 日

10. 杭县乡村图书馆组织规程　中华图书馆协会会报　5 卷 6 期　1930 年 6 月 30 日;浙江教育行政周刊
　1 卷 45 期　1930 年 7 月 12 日

11. 浙江省会巡回文库委员会章程　浙江教育行政周刊　2 卷 28 期　1931 年 3 月 21 日

12. 奉化县立巡回图书馆暂行规程　浙江教育行政周刊　1 卷 45 期　1930 年 7 月 12 日;中华图书馆协会
　会报　6 卷 4 期　1931 年 2 月 28 日

13. 奉化县立巡回图书馆巡回暂行细则　浙江教育行政周刊　1 卷 45 期　1930 年 7 月 12 日

14. 杭州县立流通图书馆规程　浙江教育行政周刊　1 卷 46 期　1930 年 7 月 19 日

15. 杭县县立流通图书馆附设通俗图书库暂行章程　浙江教育行政周刊　1 卷 46 期　1930 年 7 月 19 日

16. 浙江省立温中附小设置民众巡回文库办法　浙江教育行政周刊　5 卷 16 期　1933 年 12 月 16 日

17. 鄞县县立流通图书馆简章　浙江教育行政周刊　1 卷 17 期　1929 年 12 月 28 日

18. 杭县县立流通图书馆附设儿童读物库暂行章程　浙江教育行政周刊　1 卷 46 期　1930 年 7 月 19 日

19. 浙江省立图书馆奖励捐赠图书版片及文献物品办法　浙江教育行政周刊　5 卷 22 期　1934 年 2 月 2
　日;浙江省立图书馆月刊　3 卷 2 期　1934 年 4 月 30 日

20. 浙江省立图书馆收受艺文暂行办法　浙江教育行政周刊　3 卷 36 期　1932 年 5 月 7 日

21. 浙江省立图书馆收受寄存图书版片及文献物品办法　浙江教育行政周刊　5 卷 21 期　1934 年 2 月 27
　日;浙江省立图书馆月刊　3 卷 2 期

22. 浙江省立图书馆新定通年开放办法　江西省立图书馆馆刊　第 1 期　1934 年 11 月

23. 杭县县立流通图书馆一般书类流通借阅章程　浙江教育行政周刊　1 卷 46 期　1930 年 7 月 19 日

24. 浙江省立民众教育馆教育参考室图书流通办法　民众教育季刊　2 卷 1 期　1933 年 12 月

25. 浙江省立图书馆学术通讯研究暂行办法　浙江教育行政周刊　3 卷 36 期　1932 年 5 月 7 日

26. 浙江省立图书馆解答业务询问暂行办法　浙江教育行政周刊　3 卷 36 期　1932 年 5 月 7 日

27. 考察江浙图书馆报告　欧阳祖经　江西教育公报　第 31—34 期　1928 年 6 月 25 日—7 月 31 日

28. 浙江全省图书馆调查表　图书馆学季刊　3 卷 1—2 期合刊　1929 年 6 月

29. 参观江浙图书馆纪略　谢源　建瓯县公立图书馆十周年纪念刊　1930 年 7 月 25 日

30. 浙江省各县市图书馆现状调查表　浙江教育行政周刊　2 卷 2 期　1930 年 9 月 13 日

31. 巡礼了本省[浙江]各县市图书馆以后　刘澡、许振东　浙江图书馆月刊　1 卷 5、6 期合刊　1932 年 8
　月 31 日

32. 浙江省各县市图书馆事业之一瞥　浙江图书馆月刊　1 卷 5、6 期合刊　1932 年 8 月 31 日

33. 本省[浙江]图书馆调查统计述略　许雪昆　浙江图书馆月刊　1 卷 9 期　1932 年 11 月 30 日

34. 浙江社会教育协进会图书馆组报告　刘澡　浙江图书馆月刊　1 卷 9 期　1932 年 11 月 30 日

35. 本省[浙江]单设图书馆概况简表　浙江图书馆月刊　2 卷 1 期　1933 年 2 月 28 日

36. 浙江图书馆之回顾与展望　陈训慈　浙江图书馆月刊　2 卷 1 期　1933 年 2 月 28 日;2 卷 3 期　1933
　年 6 月 30 日

37. 浙江全省图书馆概览小序　陈训慈　浙江图书馆月刊　2 卷 3 期　1933 年 6 月 30 日

38. 浙江全省图书馆事业之现状　陈训慈　浙江教育行政周刊　6 卷 27—28 期合刊　1935 年 3 月 9 日;图
　书馆周刊(北平世界日报副刊)第 4 期　1935 年 3 月 27 日

39. 本省[浙江]各图书馆概况　浙江省图书馆协会会刊　第 2 期　1933 年 4 月

40. 浙江战时图书馆事业总检讨　孟锦华　浙江战时教育文化月刊　第 4 期　1939 年 6 月

41. 浙省图书馆事业之回顾与展望　许振东　浙江战时教育文化月刊　第 4 期　1939 年 6 月

42. 浙江省第一学区各图书馆概况　浙江第一学区图书馆协会会刊　第 1 期　1934 年 4 月

43. [浙江省第二学区]各图书馆工作统计表　浙江第二学区图书馆协会会刊　第 1 期　1931 年 4 月;第 2 期　1932 年 6 月 1 日

44. [浙江省第二学区]各馆近况　浙江第二学区图书馆协会会刊　第 4 期　1934 年 1 月

45. [浙江省第二学区]各馆 21 年度进行计划　浙江第二学区图书馆协会会刊　第 4 期　1934 年 1 月

46. 浙江省图书馆协会宣言　浙江省图书馆协会会刊　第 1 期　1936 年 5 月

47. 浙江省图书馆协会成立小史　雪昆　浙江省图书馆协会会刊　第 1 期　1936 年 5 月

48. 浙江省图书馆协会简章草案　浙江省图书馆协会会刊　第 1 期　1936 年 5 月

49. 对于本会及会员的希望　王文莱　浙江省图书馆协会会刊　第 1 期　1936 年 5 月

50. 浙江省图书馆协会第一届大会会议记录　浙江省图书馆协会会刊　第 2 期　1937 年 4 月

51. 杭州图书馆协会成立及经过报告　图书馆学季刊　3 卷 1、2 期合刊　1929 年 6 月

52. 杭州图书馆联合会之经过与现在　洪鋆　浙江第一学区图书馆协会会刊　第 1 期　1934 年 4 月

53. 浙江省第一学区图书馆协会纪　浙江省立图书馆月刊　1 卷 3 期　1932 年 5 月 31 日

54. 浙江省第一学区图书馆协会宣言　浙江省立图书馆月刊　1 卷 3 期　1932 年 5 月 31 日

55. 浙江省第一学区图书馆协会大会记　浙江省立图书馆月刊　1 卷 9 期　1932 年 11 月 30 日;2 卷 3 期　1933 年 6 月 30 日;2 卷 4 期　1933 年 10 月 31 日

56. 浙江省第一学区图书馆协会小史　陈训慈　浙江第一学区图书馆协会会刊　第 1 期　1934 年 4 月

57. 浙江第二学区图书馆协会第二届会员大会议决案　浙江省第二学区图书馆协会会刊　第 1 期　1931 年 4 月

58. 浙江第二学区图书馆协会第三、四次执行委员会会议　浙江省第二学区图书馆协会会刊　第 1 期　1931 年 4 月

59. 浙江第二学区图书馆协会第三、四次全体大会会议记录　浙江第二学区图书馆协会会刊　第 2 期　1932 年 6 月 1 日

60. 杭县图书馆联合会之经过与现在　洪鋆　浙江第一学区图书馆协会会刊　1 卷 1 期　1934 年 4 月

61. 瑞安图书馆协会缘起　中华图书馆协会会报　6 卷 1 期　1930 年 8 月 30 日

62. 奏筹建浙江省图书馆　增韫　学部官报　第 132 期　1910 年 8 月 11 日

63. 馆务大事记　浙江省立图书馆月刊　1—4 卷各期

64. 浙江公立图书馆公牍　浙江公立图书馆年报　第 1 期　1915 年 12 月;第 2 期　1916 年 12 月

65. 浙江公立图书馆阅览统计表及报告书　浙江公立图书馆年报　第 1 期　1915 年 12 月;第 2 期　1916 年 12 月

66. 浙江公立图书馆来学年整理进行之计划　浙江公立图书馆年报　第 4—9 期　1919—1924 年

67. 本馆办理情形并一切章制文牍　浙江公立图书馆年报　第 4—9 期　1919—1924 年

68. 各项统计　浙江公立图书馆年报　第 4—9 期　1919—1924 年;浙江图书馆报　第 1—2 卷　1927—1928 年;浙江省立图书馆月刊　第 1—4 卷各期;图书展望　第 1 卷 7 期—2 卷 8 期各期

69. 本馆概览　浙江图书馆报　第 1 卷　1927 年 12 月

70. 本馆历来经过之情形　浙江图书馆报　第 1 卷　1927 年 12 月

71. 浙江省立图书馆概况　杨立诚　图书馆学季刊　3 卷 1、2 期合刊　1929 年 6 月

72. 本馆概况　浙江图书馆报　第 3、4 卷合刊　1929 年 10 月

73. 本馆案牍辑要　浙江图书馆报　第 3、4 卷合刊　1929 年 10 月

74. 本馆工作报告略志　浙江省立图书馆月刊　第 1 卷 1 期　1932 年 3 月 30 日;1 卷 2 期　1932 年 4 月 30

75. 本馆近况简表　浙江省立图书馆月刊　第 1 卷 1 期　1932 年 3 月 30 日

76. 本馆馆务会议记录　浙江省立图书馆月刊　第 1 卷 1—2 期　7—9 期　2 卷 2—5 期　1932 年 3—4 月,10—11 月,1933 年 4—10 月

77. 浙江省立图书馆一览　浙江省立图书馆月刊　第 1 卷 2 期　1932 年 4 月 30 日

78. 本馆成立纪念会记　浙江省立图书馆月刊　第 1 卷 2 期　1932 年 4 月 30 日

79. 浙江省立图书馆大学路总馆纪略　浙江图书馆月刊　1 卷 5、6 期合刊　1932 年 8 月 31 日

80. 浙江省立图书馆大学路总馆开幕志盛　浙江图书馆月刊　1 卷 7—8 期合刊　1932 年 10 月 31 日

81. 浙江省立图书馆概况　陈训慈　图书馆学季刊　6 卷 4 期　1932 年 12 月

82. 浙江省立图书馆进行计划　浙江省立图书馆月刊　1 卷 10 期　1932 年 12 月 31 日(21 年度);2 卷 6 期　1933 年 12 月 31 日(22 年度);3 卷 4 期　1934 年 8 月 31 日(23 年度);4 卷 4 期　1935 年 8 月 31 日(24 年度)

83. 省立图书馆之进展　浙江教育行政周刊　4 卷 22 期　1933 年 1 月 28 日

84. 本馆现备定期刊物一览　编者　浙江省立图书馆月刊　2 卷 2 期　1933 年 4 月 30 日

85. 本馆现备新闻纸一览　浙江省立图书馆月刊　2 卷 4 期　1933 年 8 月 31 日

86. 浙江省立图书馆小史　陈训慈　浙江图书馆馆刊　2 卷 6 期　1933 年 12 月 31 日

87. 本馆三十周年纪念会记　记者　浙江省立图书馆月刊　2 卷 6 期　1933 年 12 月 31 日

88. 浙江省立图书馆全年度工作报告书　浙江省立图书馆月刊　2 卷 6 期　1933 年 12 月 31 日(21 年度);3 卷 4 期　1934 年 8 月 31 日(22 年度);图书展望　1 卷 1 期　1935 年 10 月(23 年度);2 卷 3 期　1937 年 1 月(25 年度)

89. 浙江省立图书馆藏书版记　毛春翔　浙江图书馆馆刊　4 卷 3 期　1935 年 6 月 30 日

90. 浙江图书馆之新事业　新闻报　第 5 张 19 版　1934 年 9 月 9 日

91. 浙江省立图书馆二十四年度全年阅览统计　图书展望　1 卷 4 期　1936 年 1 月;1 卷 10 期　1936 年 7 月 20 日

92. 一年来之浙江省立图书馆　陈训慈　图书展望　1 卷 10 期　1936 年 7 月 20 日

93. 浙江省立图书馆二十五年度上期工作之回顾　图书展望　2 卷 3 期　1937 年 1 月 10 日

94. 本馆五年来工作之回顾　图书展望　2 卷 4 期　1937 年 2 月

95. 浙江省立图书馆五年来之进展　中华图书馆协会会报　12 卷 4 期　1937 年 2 月 28 日

96. 三年来浙江省立图书馆工作经过　史美诚　浙江战时教育文化月刊　2 卷 10 期　1940 年 12 月

97. 浙江省立图书馆近况　洪焕椿　中华图书馆协会会报　17 卷 3、4 期合刊　1943 年 2 月

98. 一年来之浙江省立图书馆(附 1946 年全年阅览及征集统计)　陈博文　图书展望　复刊 2 期　1947 年 1 月

99. 浙江省立图书馆概览　浙江省立图书馆　图书展望　复刊 6 期　1948 年 1 月

100. 民国三十六年之浙江省立图书馆　陈博文　图书展望　复刊 6 期　1948 年 1 月

101. 民国三十七年之浙江省立图书馆　陈博文　图书展望　复刊 6 期　1948 年 1 月

102. 浙江全省图书馆概览　中华图书馆协会会报　11 卷 1 期　1935 年 8 月 31 日

103. 海宁县县立图书馆概况　浙江图书馆月刊　1 卷 10 期　1932 年 12 月 31 日

104. 海盐县立图书馆概况　浙江省第二学区图书馆协会会刊　第 3 期　1933 年 4 月

105. 海盐县立图书馆近况　浙江省第二区图书馆协会会刊　第 4 期 4 页　1934 年 1 月

106. 海盐县立图书馆近二十二年度工作计划　浙江省第二学区图书馆协会会刊　第 4 期　1934 年 1 月

107. 海盐县立图书馆二十二年度工作报告　民众教育辅导半月刊　1 卷 17 期　1934 年 11 月 1 日

108. 绍兴县立图书馆概况　浙江图书馆馆刊　2 卷 3 期　1933 年 6 月 30 日

109. 一年来的绍兴县立图书馆　马涵叔　浙江战时教育文化月刊　4 期　1939 年 6 月

110. 鄞县县立图书馆概况　浙江省立图书馆月刊　1 卷 4 期　1932 年 6 月 30 日

111. 嘉兴县立图书馆概况　浙江省立图书馆月刊　1 卷 5、6 期合刊　1932 年 8 月 31 日;浙江省第二学区图书馆协会会刊　第 3 期　1933 年 4 月

112. 嘉兴县立图书馆进行计划书　浙江省第二学区图书馆协会会刊　第 3 期　1933 年 4 月

113. 嘉善县立图书馆概况　浙江省第二学区图书馆协会会刊　第 3 期　1933 年 4 月

114. 嘉善县立图书馆近况　浙江省第二学区图书馆协会会刊　第 4 期　1934 年 1 月

115. 嘉善县立图书馆民国二十二年度计划书　浙江省第二学区图书馆协会会刊　第 4 期　1934 年 1 月

116. 第十省学区民众图书馆调查　斐加　社会教育月刊　2 卷 3 期　1934 年 10 月 20 日

117. 浙江第十省学区民众图书馆概况　社会教育月刊　2 卷 6、7 期合刊　1935 年 3 月 25 日

118. 第十省学区各县民众图书馆概况表　社会教育月刊　2 卷 6、7 期合刊　1935 年 3 月 25 日

119. 华县西关民众图书馆概况　魏光辉　社会教育通讯　第 5 期　1936 年 11 月 11 日

120. 崇德县第三区区立民众图书馆概况　浙江第二学区图书馆协会会刊　第 3 期　1933 年 4 月

121. 二十年来之籀园图书馆　孙延钊　浙江图书馆馆刊　4 卷 3 期　1935 年 6 月 30 日

122. 永嘉县立民众教育馆筹设特约民众书报阅览室的商榷　郑继阶　社会教育月刊　1 卷 3 期　1933 年 12 月 15 日;1 卷 6 期　1934 年 3 月 15 日

123. 平湖县立民众教育馆图书室概况　浙江省第二学区图书馆协会会刊　第 3 期　1933 年 4 月

124. 平湖县立第一民众教育馆二十二年度关于图书方面工作计划　浙江省第二学区图书馆协会会刊　第 4 期　1934 年 1 月

125. 桐乡县立民众教育馆图书部概况　浙江省第二学区图书馆协会会刊　第 3 期　1933 年 4 月

126. 崇德县立民众教育馆图书部概况　浙江省第二学区图书馆协会会刊　第 3 期　1933 年 4 月

127. 嘉兴县立民众教育馆图书事业活动概况　浙江省第二学区图书馆协会会刊　第 3 期　1933 年 4 月

128. 嘉兴县立文庙民众教育馆图书事业最近状况　浙江省第二学区图书馆协会会刊　第 4 期　1934 年 1 月

129. 私立浙江流通图书馆概况　浙江图书馆月刊　1 卷 10 期　1932 年 12 月 31 日

130. 私立浙江流通图书馆的四干主义　陈独醒　中国出版月刊　3 卷 1、2 期合刊　1934 年 4 月

131. 九年的浙江流通图书馆　中国出版月刊　3 卷 1、2 期合刊　1934 年 4 月

132. 为浙江流通图书馆放声一哭　马一民　中国出版月刊　3 卷 1、2 期合刊　1934 年 4 月

133. [浙江省会巡回文库]关于巡回文库的一种实验报告　刘澡　浙江图书馆月刊　1 卷 9 期 1932 年 11 月 30 日

134. 三年来的浙江省会巡回文库委员会　许振东　浙江图书馆馆刊　2 卷 3 期　1933 年 6 月 30 日

135. 桐庐县各学区小学教育巡回图书库巡回办法　浙江教育行政周刊　3 卷 28 期　1932 年 3 月 12 日

136. 嘉善县公立通俗图书馆办理巡回文库报告　浙江教育行政周刊　2 卷 11 期　1930 年 11 月 15 日

137. 嘉善县立图书馆办理巡回文库报告　浙江第二学区图书馆协会季刊　第 1 期　1931 年 4 月 1 日

138. 浙江省立图书馆儿童阅览室一年来之回顾　王文莱　浙江图书馆馆刊　2 卷 2 期　1933 年 4 月 30 日

139. [浙江省教育厅]筹设儿童图书馆的经过　叶耀远　进修　4 卷 16 期　1935 年 6 月 1 日

安徽省

地方志史料目录：《全椒县志》《宁国县志》《怀宁县志略》《潜山县志》《泗县志略》《亳县志略》《太和县志》《桐城志略》《宣城县志略》《当涂县志》《阜阳县志续编》

附安徽省民国时期图书馆史文献目录：5 种图书，53 篇论文。

全椒县

图书馆

图书馆初在五先生祠内，清光绪二十七年奉诏广开学堂，时因经费浩繁，非可咄嗟立办，逡巡未果。旋于是年冬由邱景章、叶尧阶等倡办藏书，以为学堂基础，具禀筹款，广购中西各种有用图书，庋置祠内，备人传观（印嵩龄五先生祠堂藏书记云，祠旧祀明王文成公守仁、陈太仆镐、望阳书院主讲周公汝登、知县樊公玉衡、孔公尚则，故志载旧额曰五先生祠。先是文成讲心学滁龙池，罗洪先、王畿、钱德洪主讲南谯书院，寓全椒，与吾邑戚贤吴枋，同为文成弟子，倡阳明心学，而吴璋师事江门陈白沙宪章，称阳明别派。既改樊祠，立望阳书院，以阳明再传弟子周汝登主讲。杨于庭者，私淑阳明吴亮，明师事，刘宗周为阳明学后起，考诸先生，后先皆以心学树声往叶。今天子诏开学堂，同志议以祠为藏书处，自东西通译，唯心唯物，殊途同归。故详考渊源，永永无忘所自云）。并会同士绅薛葆桢、印嵩龄、程福谦、吴承志等辟祠为集，益精舍，附设阅报公所，购置各种报章，蕲有以扩见，闻开风气。其经费则取诸盐厘，附加学款项下（现由地方财政局按月支拨银币二十圆），呈准在案，岁以为常。后因创办县立中学校，需用祠址，迁移训导署中，定名为全椒图书馆。又因改设第一高等小学校，迁移明伦堂左斋房内，今仍旧（图书目附后）。

     经部   《十三经注疏》共若干卷

     史部   二十四史及正续《资治通鉴》、历代纪事本末、清东华录共若干卷

     子部   百子及近代东西各家专科书凡一百九十余种，共若干卷

     集部   历代名人集及近代东西各家译集，凡二百八十余种共若干卷

     图部   五大洲舆地图及中国舆地图、中国历代沿革及分省地图、并东西各科学标本共九十余种

（《全椒县志》卷七学校志 民国九年木活字本）

宁国县

民众教育馆

民国十九年春就已废城隍庙改为馆址，是年秋正式成立，教育厅令胡荣廷为馆长，馆内设图书、讲演两部，集款购添《四部备要》一部。二十年春规定经常费一千二百元，增设体育、游艺

两部。二十二年奉厅令改阅览、健康、讲演三部。二十三年厅令改康乐、教学、生计三部。

藏书楼

民国十九年就城隍庙戏楼改建,内藏书籍计《四库全书备要》一部、《万有文库》一部,各种杂志七百余种,三千余册。

（《宁国县志》卷六学校志教育行政　民国二十五年铅印本）

怀宁县

图书馆、博物馆、陈列所:怀宁地居首善,所有图书馆、博物馆、陈列所等机关,省会均有设置,规模闳大,文化不感枯燥,故无专设机关之必要,惟仅于县立初中附设图书馆一所,用备学生浏览,内有中国文三千二百六十七种,外国文八百五十种,挂图二百六十副,县政府亦设有图书部,新旧书籍略备。其余县属车形、曹家坦、丁家世则各小学,及高河埠、石牌两民教馆,均有图书馆之组织,各备有图书二百余种。

民众教育馆:怀宁民教馆原在县城,仅有一所,二十三年度,改设两所,分迁高河埠、石牌两镇,按其内部组织,系分教学、阅览两部,又各举办民众学校一所,组织乡教实验区数处,馆内陈列书报,用供民众阅览,并以时举行新生活运动,合作运动,及教育电影宣传。

（《怀宁县志略》文化　民国二十五年铅印本）

潜山县

学校
书籍

十三经注疏	
易经八本	书经十本
诗经二十四本	春秋左传三十二本
礼记三十二本	论语六本
孟子八本	公羊传十本
谷梁传六本	尔雅六本
皇清经解三百六十本	
历代史	
前汉书二十六本	后汉书二十七本
史记十六本	三国志十六本
晋书二十本	刘宋本十八本 南齐书八本
梁书八本 陈书四本	魏书二十四本
北齐书六本	北周书六本

李延寿南史十二本	北史二十本
隋书十六本	唐史四十本
旧唐书四十本	五代史八本
旧五代史十六本	宋史一百本
辽史十二本	金史二十本
元史四十本	明史八十本
佩文韵府	安徽通志一百二十本
日本法规大全	

公议阅书简章列后

一光绪初年续成通志全部,系省门志局所颁,余册均系武昌咸宁周邑令房购捐,存书院,每部均系木版,并各制镂字木匣,每本俱盖县印标签,非为留名,亦以示书籍之宜珍重也。省门书院旧有典书者一人,每年收晒,是其专责。吾潜应由财政局珍藏,另缮清单上交下接。

一公存书籍原许公阅,但从前公局人烦事杂,通志、三国志、韵府等册致有残缺,尚须筹补。此后议定,在局中查阅,概不准携出局门,其查阅之尚须久待者,则须缴火食钱,归厨丁供给。

一有商借书籍携出局门者,无论一本两本,除先自书借阅字据外,一律先缴大洋五十元为质,还书之日洋圆照原数归还。

一借书者不得于同时并借两部,亦不得以先有押洋,久假不归,有将原书残缺及有污损者,除将押洋归公外,仍令其补购存局。

(《潜山县志》卷六学校　民国九年铅印本)

泗县

文化

图书馆：泗县为行政督察专员驻在地,奉省令设图书馆一所。由县政府筹办,经常费由县教育经费内年拨七百二十元。择定公园而乐轩为馆址(民众公园原名泗虹公园而乐轩),鲁兼县长新建,定名为安徽省第六图书馆,于民国二十四年十月开幕。奉省政府第一期颁发图书一千零十八种,计一千二百十七册。第二期颁发图书二千五百二十种,计四千五百八十册。本县购置二十五史正续编各一部,均分别陈列,供人阅览,二十五年春季统计阅览人数,每日平均约达十七人。

民众教育馆：县立一所,自民国二十一年十月筹备。二十二年三月成立,设于爨宫内。逐年改进,至民国二十五年,组织更为完备,计分为两个施教区。(甲)中心施教区分为三组：1、教导组,设有民众学校,民众阅览所,阅报处,壁报处,问字处,代笔处,图书所,广播无线电台收音管理处,新声社,并附儿童父母会;2、健康组,设有公共体育场,国术班,乒乓队,象棋处;3、生计组,设有合作社,小本借贷所,并附国货陈列所。(乙)乡村施教区,亦分三组：1、教导组,设有民众学校,问字处,代笔处,画报处;2、健康组,设有国术班,卫生队,足球队;3、生计组,设有合作社,特约表证农场,特约表证鸡场。

(《泗县志略》教育　民国二十五年铅印本)

亳县

文化

民众教育馆：本县于民国十七年成立通俗教育馆。二十年奉令改称今名。当因经费困难，仅设有阅览、教学两部。图书方面，多系以前柳湖书院所藏旧书。迨二十四年，始购置《万有文库》《丛书集成》各一部，陈列馆内，任人阅览。复于北关外增设立分馆，并设中心施教区、乡村施教区二处。

（《亳县志略》文化民众教育　民国二十五年铅印本）

太和县

图书馆

图书馆在城内大街东社仓西院。民国十三年六月，邑人吴风清创立，定名为太和县图书馆。藏书楼三间、阅书室三间、阅报室三间、会议室及职员室三间。购置中西各种有用图书及报章备人观览，蕲有以增扩常识，传导文化，以辅教育之普及。其经费由劝学所在学款项下按年拨给银币四百元，补助费由财政局在公益项下按年拨给银币一百元，呈准在案，岁以为常。图书目录附后：

经类　《十三经注疏》及经类《说文》计十种共若干卷。

史类　《战国策》《国语》《史记》《汉书》《后汉书》《三国志》及正、续《资治通鉴》并《清史》若干卷。附历史、地理、科学十七种。

子类　周秦诸子三十八种，共若干卷。附哲学类宋元明清诸儒学案共若干卷，西洋哲学、伦理学、美学十六种，法政类二十二种，教育类二十七种，普通科学类二十四种，社会小学类十二种，丛书一百十九种。

集类　《陶渊明集》，韩、柳、欧、苏各文集，及近代文集共若干卷。附外国文类五十二种，杂志十四种。

图类　《中国舆图》《世界新舆图》及历史图、理科标本图五十四幅。

（《太和县志》卷五学校志　民国十四年铅印本）

桐城县

社会教育机关

图书馆：本县设有图书馆一所，规模虽不甚大，而中西书籍亦略备焉。

民众教育馆：本县民众教育馆，成立于民国二十三年，初仅有县城一处，规模亦小，迨二十五年春间，始扩而充之，并在吕亭驿增设一处，除各备书报并供众浏览外，并设有小本经营借贷所一所，暨民众学校十二所，内部组织分健康、教导、生计三部，且按行政区域，制定中心施教区，及乡镇施教区，俾便逐步推进，并定期举行扫除文盲之识字运动，暨宣传新生活运动，以期民众了解，而易推行，全年经费二千零四十元。

（《桐城志略》十七社会教育机关　民国二十五年铅印本）

宣城县

文化

图书馆、博物馆、陈列所：宣城往时交通闭塞，所有图书馆、博物馆、陈列所向未设立，文化殊感简陋，现仅第九区有图书馆一，地址在鳌峰公园阁楼之内，略备新旧书籍，用供人民阅览。四周风景绝佳，是以增进读书兴趣。余若宁属初中及各小学附设之图书，宜请置中外书籍及标本挂图，均不过用备各校学生之浏览而已。

民众教育馆：民众教育馆设于城内，按其内部组织系分教学、阅览两部，馆内陈列书报用供民众阅览，并以时举行各项运动，如通俗演讲及张贴壁报，诸大宣传。

（《宣城县志略》 民国油印本）

当涂县

社会教育

通俗教育讲习所　民国八年附设劝学所，每星期日假教育机关讲演一次，所长一人，月支公费十六元，由地方财政局拨给，今停。

阅报社　一附设教育会，在汪姑桥四乡公所，民国七年设。一附设城厢公所，在南寺巷关帝庙厢房，民国八年设，后移庆城桥吕祖庙。一附设教育局，在府前街旧督学使署，民国十六年设。经费均由地方财政局拨给。今存教育局附设一所，经费月支二十五元，由地方财政委员会拨给。京沪省芜各报十余种。

第一民众教育馆　民国十三年教育会长孙昶设图书馆，十七年易名通俗图书馆教育馆，十九年易今名，馆址社东街贞烈祠。经费由教育局按月拨给一百七十元。内分讲演、健康、图书三部。部设主任一人，冠以馆长。关于健康部设备，在县学宫前辟公共体育场，有足球、蓝球、排球、网球、铅球、铁饼、高栏。讲学部每星期二五定期讲演。图书部五百余种，以现代小说为多。

第二民众教育馆　在采石下江口公立女子小学旧址，民国二十二年设，内分健康、娱乐、图书三部，部设主任一人，冠以馆长。经费由教育局每月拨给一百二十元。关于健康部，有足球、台球、网球、篮球及卫生挂图等。关于娱乐部有乐器（笛箫、胡琴、月琴、洋琴）、棋类（象棋、围棋、军棋、海陆空军棋），及其他新文学、新教育、实业小说、杂志挂图共二百余种。

第三民众教育馆　左博望镇东街柴巷租赁民房三间为馆舍，民国二十二年设。内分阅览、讲演二部，部设主任，冠以馆长。经费由教育局按月拨给一百元。讲演部每星期讲演二次。阅览部有地图、教育挂图、体育规程、曼殊集、农村经济学等现代文学书及小说共二百余种。

第四民众教育馆　民国二十二年在黄池镇就五显庙改设，经费规定月支一百元，由教育局按月拨给。内设图书、推广、健康三部，一切设备因经费不充未能完善。图书采用合于民众心理及易于了解之书籍百余种，通俗挂图有约法、民教、生理、军事、党义、国耻国难等图，及世界军备人口出产等比较图，约计一百余幅。又是馆因居大官圩首镇，对于大官圩文献之征求正在积极进行中。

当涂县社会教育机关一览表　　民国二十二年十二月　日制

名称	创设年月	地址	主办人	附注
通俗教育讲演所	民国八年二月	劝学所	汪　旭	
阅报社	民国七年二月	吕祖庙教育局	周大经　王　镜	原设四乡公所及关帝庙
第一民众教育馆	民国十九年二月	城内贞烈祠	喻学淇　晋承洛　汪汝炳	原名图书馆及通俗教育馆
第二民众教育馆	民国二十二年八月	采石镇	周　鋈	
第三民众教育馆	仝上	博望镇	赵登楷	
第四民众教育馆	仝上	黄池镇	钱锡龙	

（《当涂县志》民政志　教育民国钞本）

阜阳县

省立第七图书馆　在任家胡衕，即清马公祠旧址，民国二四年，专员南岳峻筹款修建藏书大楼一座，办公室四间，凉厅三间，工役室三间，职员宿舍八间，大门三间（二十七年被炸，藏书一部散佚，一部保存，现崇正、成达等校正向省府提请恢复）。

民众教育馆　在中山纪念堂后院，系旧城隍庙后殿，计楼房五间，职员宿舍八间，工役室六间，均瓦房。

文化机关一览表

名称	类别	备注
图书馆	七区图书馆	由专署倡立，馆址在旧马公祠，于民国二十六年落成，"七七"后移藏书乡下保管
	县图书馆	由十七年查抄逆产项下挹注设立，后并入民教馆，为图书阅览室，设在城隍庙（现改中山纪念堂）

（《阜阳县志续编》卷二建置，卷三党团文化机关　民国三十六年石印本）

附：安徽省民国时期图书馆史文献目录

图书（书名、著者、出版者、出版时间）

1. 安徽省立图书馆概况　该馆编印　1930 年
2. 安徽省立图书馆概况　该馆编印　1936 年
3. 安徽省立图书馆图书分类法　该馆编印　1935 年
4. 戴氏东原图书馆一周纪念　该馆编印　1925 年
5. 隆阜戴氏私立东原图书馆规程　该馆油印　1925 年

论文（篇名、著者、期刊名、卷期、出版时间）

1. 安徽图书馆协会简章　学风　1 卷 9 期　1931 年 8 月 15 日；2 卷 7 期　1932 年 8 月（修正）

2. 安徽图书馆财产保管委员会简则　安徽教育行政周刊　1 卷 20 期　1928 年 8 月 13 日

3. 安徽省图书馆规程　安徽教育行政周刊　1 卷 22 期　1928 年 8 月 27 日;大学院公报　1 卷 9 期　1928
    年 9 月;国立中山大学图书馆周刊　5 卷 4 期　1928 年 9 月 28 日

4. 安徽省立图书馆规程及办事细则　安徽省立图书馆季刊　1 卷 2 期　1929 年 7 月

5. [安徽省立图书馆]各种规则　学风　1 卷 9 期　1931 年 8 月 15 日

6. 安徽省立图书馆组织大纲　附各种细则　学风　1 卷 9 期　1931 年 8 月 15 日

7. 安徽图书馆财产保管委员会简则　安徽教育行政周刊　1 卷 20 期　1928 年 8 月 13 日

8. 安徽省立图书馆征集历史民族资料陈列品简则　学风　3 卷 1、2 期合刊　1933 年 3 月 15 日;安徽教育
    行政旬刊　1 卷 9 期　1933 年 3 月 31 日

9. 本馆[安徽省立图书馆]阅览通则　学风　1 卷 5 期　1931 年 3 月 15 日

10. 安徽省立图书馆借书规则　学风　1 卷 5 期　1931 年 3 月 15 日

11. 上年度之本省[安徽]各县图书馆　姚佐庆　学风　1 卷 2 期　1930 年 11 月 15 日

12. 本省[安徽]各县图书馆现状　朱康廷　学风　1 卷 10、11 期合刊　1931 年 11 月 15 日;1 卷 12 期
    1931 年 12 月 15 日;2 卷 1 期　1932 年 1 月 15 日

13. 本省[安徽]公私立图书馆一览表　安徽教育行政周刊　5 卷 27 期

14. 皖省之图书馆教育　刘季洪　安徽教育　1 卷 1 期　1939 年 12 月

15. 安徽区图书馆调查简表　学风　7 卷 2 期　1937 年

16. 安徽图书馆协会成立宣言　学风　1 卷 9 期　1931 年 8 月 15 日

17. 安徽图书馆协会第二届年会记　学风　2 卷 8 期　1932 年 9 月

18. 安徽图书馆协会会员一览　学风　2 卷 9 期　1932 年 10 月

19. 安徽图书馆协会图书馆事业推进计划　学风　2 卷 10 期　1932 年 11 月

20. 安徽省立图书馆概况　安徽省立图书馆季刊　1 卷 1 期　1929 年 4 月;浙江省立图书馆月刊　1 卷 4
    期　1932 年 6 月 30 日

21. 视察省立图书馆报告　陈东原、董准　安徽教育行政周刊　2 卷 42 期　1929 年 11 月 25 日

22. 安徽省立图书馆工作报告　陈东原　安徽教育行政周刊　3 卷 31 期　1930 年 8 月 18 日;4 卷 39 期
    1931 年 10 月 5 日;安徽教育行政旬刊　1 卷 3 期　1933 年 1 月 31 日;安徽教育季刊　1 卷 3 期　1934
    年 4 月 1 日

23. 安徽省立图书馆之今昔　学风　1 卷 1 期　1930 年 10 月 15 日

24. 本馆呈请改进　学风　1 卷 2 期　1930 年 11 月 15 日

25. 安徽省立图书馆概况　陈东原　图书馆学季刊　4 卷 3、4 期合刊　1930 年 12 月

26. 本馆现藏之杂志　颠波　学风　1 卷 3 期　1930 年 12 月 15 日

27. 一年来之回顾与前瞻　陈　学风　1 卷 4 期　1931 年 1 月 15 日

28. 这一年的安徽省立图书馆　陈东原　学风　1 卷 9 期　1931 年 8 月 15 日

29. 安徽省立图书馆组织大纲　学风　1 卷 9 期　1931 年 8 月 15 日

30. 本馆廿一年逐月阅览统计　学风　2 卷 10 期　1932 年 11 月

31. 视察安徽省立图书馆概况报告　杨学恺　学风　3 卷 5 期　1933 年 6 月 15 日;安徽教育行政旬刊　1
    卷 21 期　1938 年 8 月 5 日

32. 本馆二十二、三年逐月借书人数及册数统计　学风　4 卷 1 期　1934 年 2 月 1 日;5 卷 1 期　1935 年 2
    月 1 日

33. 本馆二十三年逐月新添图书种数册数价值统计　学风　5 卷 2 期　1935 年 3 月 1 日

34. 安徽省立图书馆百年储金办法　安徽教育周刊　第 6 期　1935 年 3 月 29 日

35. 安徽省立图书馆二十一年周年纪念　陈　学风　4 卷 3 期　1934 年 4 月 1 日

36. 安徽省立图书馆二十一年周年纪念会记　吴　学风　4 卷 3 期　1934 年 4 月 1 日

福建省

地方志史料目录:《福建十年》《长汀县志》《云霄县志》《霞浦县志》《上杭县志》《东山县志》《崇安县志》《古田县志》《建瓯县志》《明溪县志》《屏南县志》《泰宁县志》《厦门市志》

附福建省民国时期图书馆史文献目录:7 种图书,48 篇论文。

十年来福建之教育
社会教育
国民体育与图书教育之推展

各县市图书馆,二十二年设五十所,嗣改办为乡镇民众书报所。二十八年订定县各级组织纲要本省实施计划,特规定于民众书报所外,各县仍应设立图书馆,经将各县二十九年应需经费统筹编列地方概算,遵令筹设者计四十三县,一面由省招训馆长,分派服务。三十年各县图书馆增至六十一所,三十一年全省达六十三所,私立图书馆三所,全省经费年达二十六万余元,阅览人数每日平均全省约有二万人。三十二年以奉令普设民众教育馆,经将图书馆酌予扩充改办,惟全省仍有九县系单独设置。三十三年除永春、龙溪、建瓯三馆单独设立外,其余均改由民教馆办理。省立图书馆一所,依照规定分设中山室、流通阅览所及图书供应站等,该馆于三十年由福州迁至沙县,现藏图书八万二千余册,本年度复在永安设立阅览所。今后计划充实各馆图书设备,增设巡回文库,设置儿童阅览部,普遍设置乡镇书报阅览室,并辅导各学校机关图书馆室,实施督促设置书报供应支站,定期巡回,以期推广图书教育。

(《福建十年》十年来福建之教育 民国三十四年铅印本)

长汀县

图书馆阅报所

汀州图书馆 设魁星阁,民国二年二月汀州学会职员廖鸿芦、郑启商、萧树棠等创办,开办购置等费取给于各会员,常年费及入会金办公费则由长邑公局补助。八年丁知事仁杰收为县立,移设县署天一楼,旋移云骧阁。十六年移正谊书院。最后受时局影响,馆制全失,所藏图书为人窃取一空云。

长汀县阅报所 有二所,民国元年设,一在城内白马庙,一在城外大关帝庙,均由县署管理。嗣后改隶汀州图书馆,十六年后因时局纷纭停闭。

省立长汀民众教育馆 设东门城楼上。三十一年二月省教育厅派馆长詹树千来汀筹备,三月成立,内分总务、教导、艺术及生计四部,东门城楼兼设图书阅览室及陈列室,以药王庙为职业训练班工场,馆内人员现有十九人。

县立图书馆 二十九年夏县长黄恺元于建筑中正公园后即建此馆于园内,九月八日开幕,惟馆仅一栋,亟须筹款扩充。

城区书报所 设城内

河田书报所 设河田

（《长汀县志》卷十三学校志　民国三十年铅印本）

云霄县

社会教育
县立民众书报所

民国二十八年一月创办，所址设于清溪镇，向长沙、首都、港、粤等埠征求大小报刊，并购图书杂志，计千余种，后归并县立图书馆办理。

县立图书馆

民国二十九年间成立，将原有民众书报所一切器具、图书、报刊移归办理。采《中国十进分类法》，图书计分：总类，哲学类，宗教类，社会科学类，语文学类，自然科学类，应用技术类，美术类，文学类，史地类等十六类，计中文三九二三册，西文廿三册，中间巨部书籍有《万有文库》《丛书集成》《初中学生文库》《资治通鉴》《二十五史》《福建通志》等。报纸杂志计上海《申报》《东南日报》《大公报》，南京《中央日报》。本省《中央日报》《民主报》《南方日报》《江声日报》《闽南日报》等，并订定期出版之科学、文学、政治、教育等刊物及画报多种。经常办理，阅览按时开放，每日阅众平均五六十人。

县立民众教育馆

照省令就原有县立图书馆扩充，于民国三十二年八月一日改组成立，三十三年二月并将县立体育场并入，以柳济川为馆长，曾举行实习教育，艺术教育，民众讲座，出版民众壁报，辅导办理成人教育等项。

举办民众讲座：过去每月举行一次，聘请各机关首长及地方人士作专题演讲，如各种常识法令宣导，时事报导等，惟限于经费，难按期接续举行。

出版民众壁报：三十二年度起出版民众壁报，揭示重要时事，张贴街衢冲要地址，以供民众阅览。

辅导办理成人教育：目下各级中心国民学校兼办社教，推行成人教育，以期扫除文盲，本馆随时供给有关之教材。

（《云霄县志》卷十一政治教育　民国三十六铅印本）

霞浦县

学校
阅报社

民国二年九月设立，社址假朱子祠之西隅，月由教育费项下划出小洋一百一十一角，以作购报及杂支之需。惜经费有限，购报无多，然即此吉光片羽，藉以灌输民智，亦未始非通俗教育之一助也。

（《霞浦县志》卷之十四学校志　民国十八年铅印本）

上杭县

学校志

民众教育馆：附设文庙内,以名宦祠为办公室,两庑为图书室,兼设有问事处、代笔处,至乡贤祠更置有收音机,土地祠附设民众识字学校,外辟为运动场,且于明伦堂废址辟为校园。月由教育费项内拨用一百元。至二十六年又改办中心民众小学。

民众阅报所：设公园中中山纪念台及通济门城楼,其余更贴有壁报多处,县前直街口一,东城门口一,学前坪一,西大街一,所前街一,俾往来民众多得新闻,以增智识。

(《上杭县志》卷十五学校志　民国二十八年铅印本)

东山县

社会教育

清季宣统三年,马绅征祥创阅书报社一所于东升小学堂后落,后废弛。垂至民国六年,教育界同仁复于城西"清薇宫"设立"新新阅书报社",兼办"半夜学校",以为补习教育,启迪民智,颇收成效。社会教育亦以是略具雏形。后二十年继长增高,地方日栩栩有生气。抗战以还,全国教育水准提高,扫除文盲,风行雷厉。于是图书馆、体育场、民众讲座等,凡足资以辅导社会教育者,咸先后创设焉。爰举梗概陈述如下:

县立图书馆

抗战后,本县城区曾设立民众阅书报所一所,并就西埔中心小学附设一所。二十九年三月,始将城区民众阅书报所改为东山县立图书馆,以新建中山纪念堂左右两旁楼屋为馆址。花卉罗前,规模宏丽。现有图书计二千五百余册云。

民众讲座

民国三十一年三月,县立图书馆暨县社会服务处合办东山民众讲座,即假社会服务处礼堂为座址。每星期六晚举行讲演一次,以城区公道、正义两镇中心学校全体教师配合各该校抗战歌咏队,次第轮值之。创立以来,听众每夜无虑四五百人,情形热烈,收效颇巨云。

(《东山县志》社会教育　1987年据民国三十一年稿本点校整理)

崇安县

社会教育

图书馆　县立图书馆一所,二十九年十一月成立,经费月支二百元,设馆长一人,办事员一人。馆址初假中山堂,现迁体育场司令台,庋藏《万有文库》一二〇〇册,史地、宗教、文学、哲学、工业、美术、自然、科学等,及其参考书五八一册,什志小说、抗建刊物、民众读物、儿童读物及各种新闻共百余种。

阅报所　城区于廿六年七月设民众阅报所一所,所址在中正路。至廿九年裁并图书馆办理。

书报室　三十年八月各乡镇均设书报室一所,每所按月由县补助十元,各乡镇自筹十元,订购书报供众阅览。

(《崇安县新志》第十二卷政治教育　民国三十年铅印本)

古田县

古田县立图书馆　在城内二保大街,民国二十三年立,二十七年改为第一区中心民众学校,二十八年改设民众书报所,二十九年停办。

(《古田县志》卷之十四学校　民国三十一年铅印本)

建瓯县

建瓯县公立第一通俗教育讲演所　在鼓楼下,民国二年成立,十六年教育改造,仍设此地。

建瓯县公立图书馆　在义学前,民国七年谢源等发起成立,十四年由各界佥呈省宪,将省建安学文庙荒基拨充建筑馆址,核准有案,未克实现,且俟后来。十八年十周展览,书籍发达。

建瓯县公立通俗图书馆　在丁家巷,民国十七年八月成立。

(《建瓯县志》卷九学校　民国十八年铅印本)

明溪县

图书馆

明溪图书馆系创设于民国十六年,书籍已稍有置备,因遭匪扰乱,荡然无存。二十四年始重行设立,由教育费项下拨款购置书籍,设馆长及办事员以董其事,馆址系暂在旧城隍庙右廊。

(《明溪县志》卷七学校　民国三十二年铅印本)

屏南县

县立图书馆　在明伦堂左旧奎光阁,馆长宋焕枢改修,二十九年六月成立。

(《屏南县志》卷十四学校志　民国钞本)

泰宁县志

民众教育馆[“馆”原为“徐”]　民国二十五年成立,二十七年改新中心民众学校,二十八年又改为城区书报所,其他地址即旧桥学署,今改为县立图书馆。

县立图书馆　民国二十九年五月奉令设立,即以原教育馆地点为馆址加以扩充,馆长朱玉蕴。

(陈石　《泰宁县志》卷十四学校　民国三十一年铅印本)

厦门市

学校

社会教育有市立图书馆,藏书数十万册。民众教育馆亦正式成立。教育事业为全闽首屈一指。迨沦陷后,概受敌伪摧残,师生多疏散四方,学校亦有迁移内地,厦大、同文以及各小学校舍均受摧毁。市立图书馆竟被一炬,琳琅满屋化为灰土。国土重光,积极复员,日形进展,渐臻美备。兹将本市之教育状况分述如下。

社会教育
市立图书馆

该馆创于民国八年,为厦门道陈道尹培锟发起,就文渊井玉屏别馆改建,以玉屏书院前兴泉永道奎道宪俊所置藏书为基本,再商拨前博闻书院藏书,及林古徒先生捐赠图书附之,并添置新译新著等计数十万余册。聘周殿熏为馆长,名曰厦门图书馆,经费由玉屏、紫阳两书院原有经费拨一部充之。于九年十月开馆,是为厦市图书馆之嚆矢。嗣以藏书日多,阅览人数渐众,苦不能容。十三年,周馆长赴沪募捐巨款,将毗连同善堂公业翻筑二层高楼为藏书阅览之所,益征得龚家珍本图书,添置各种新籍。十九年,周馆长逝世,由市府改名为厦门市立图书馆,委余少文为馆长。因参加中国图书馆协会历次于南京、北平、青岛开图书馆协会全体大会,均亲赴出席,并顺途搜集购置古本新著等图书,复由杨鉴先生劝王玉深先生哲嗣王华忠君捐献影印四库珍本全部,再拓毗连同善堂公业,为第二书库及第三书库。卡片目录共分三种,一书名卡,二著者卡,三分类卡。报纸什志亦各百余种。并出版《厦门图书馆声》,每月一册,分送海内外各图书馆及文化机关。厦岛沦陷,是年九月十七夜,被敌焚毁,琳琅满屋,顿成焦土,惜哉!厦市重光,由李禧建议恢复厦门图书馆,刘主席建绪韪其议,遂以馆长一席相界。爰于是年(原文"是年"后有"十年"二字)十月六日,假小走马路青年会为馆址,称厦门第一图书馆。卅六年八月廿一日,再迁厦禾路一八六号厦门市进出口商业同业公会楼下。现经呈准组织履门图书馆建筑委员会,拟就中山公园择地建筑新馆。藏书一七四六一册,什志百种,报纸十九种,每日阅览人平均卅余人。卡片目录分类卡一种,馆舍分书库、阅览、办公、议事、会客各一,宿舍三,经费由市库拨给云。

私立海疆学术资料馆

民国廿六年,晋江陈盛明盛智昆仲有起齐图书馆之设立,抗战胜利后感于海疆问题之重要,乃改组为海疆学术资料馆,搜集学术资科、研究海疆问题、沟通中南文化、促进海外发展为宗旨。聘张圣才为董事长,陈盛智副之,陈盛明为馆长,由晋江迁移履门。卅五年五月五日,成立于虎园路十一号,内设图书、博物、研究三部,所有图书、博物以有关海疆问题为主体,此外并从事剪贴报纸资料以供参考。嗣以原址不敷应用,卅六年三月迁于鼓浪屿观海别墅现址。业务除开放阅览外,着重研究工作有海疆学术资料丛述之出版。藏书一万一千二百三十五册,分类方法采中国十进分类法,其目录种类有分类卡片目录,缮本什志目录,索引印本,剪报资料分类目录。现有什志九十五种,报纸四十二份,阅览人数每日平均八十五人。馆舍面积六十八方丈余,庭园面积二亩半,间格办公、图书室、博物室、研究室、阅览室、会客室各一,职员宿舍五,厨房膳各一。经费来源由董事会负责筹措云。

博闻书院

厦门古时尚未有图书馆之设,博闻书院即具有图书馆雏形,该院创于前清同治季年,为法国领事及税务司首创,益向官绅捐题,赁屋于卅六崎顶,陈列各种报纸及新译科学图书,略为阅书报社性质。迨光绪十九年,税务司贾雅格公余到院,见几案积尘,图书零乱,知为管理不善,乃向绅商募捐一千八百八十二元,购建高楼于岗仔顶,益商诸厦防同知张兆奎,添购图书集成、十三经、廿四史等,购赠报纸什志,重订管理规则。该楼背山面海,空气新鲜,稍具图书馆规模,厦中人士多喜观览,厦绅特制"学海梯航"匾额,悬诸院中,以志贾君惠及士林之德。水师提督杨歧珍目睹情形,甚为欣慰,特捐月俸以济其美。民国政元,该院停办,将重要图书移送于厦门市立图书馆。

民众教育馆

该馆创于民国廿五年,由市府创办,以陈式锐为馆长。沦陷时停办,抗战胜利,教育当局即恢复市民众教育馆,现业务移归省立民众教育馆办理。

纂后语

自清季科举废,学校兴,本市教育事业日形发展。学校教育自幼稚至大学计百余所,学生数万人。社会教育有图书馆、民众馆、阅书报所等计十余处,阅览者平均日在数千人以上,文化程度可冠闽南。陷敌七载,学校多受摧残,图书馆亦被焚毁,伪府教育,实施奴化。国土重光,加紧复员,已渐复战前状况,惟设备尚未臻完善。至文盲之数据,十八年调查,全部人口一五四三八七人,识字者五二四九六人,文盲一〇一八七一人,占全市人口三分之一弱,今则文盲占百分之五三强,是占全市人口之过半,今后对于民众教育之推广,宜如何加意哉!

(《厦门市志》卷十二学校志　民国钞本)

附:福建省民国时期图书馆史文献目录

图书(书名、著者、出版者、出版时间)

1. 福建省立图书馆概况　该馆编印　1931 年
2. 福建省立图书馆工作近况　福建省图书馆"学林"抽印本　1941 年
3. 福建省立图书馆章则汇编　该馆编印　1948 年
4. 福建省立图书馆分类表　该馆编印　19?? 年
5. 集美图书馆概况　该馆编印　1926 年
6. 福建建瓯县公立图书馆十周年纪念刊　该馆编印　1930 年
7. 乌山图书馆最近一年来工作概况　该馆编印　1934 年

论文(篇名、著者、期刊名、卷期、出版时间)

1. 福建省捐资创办图书馆及捐助图书馆奖劝简章　建瓯县公立图书馆十周年纪念刊　1930 年 7 月 25 日
2. 福建图书馆协会章程　附执监委员会办事细则　福建图书馆协会会报　创刊号　1930 年 9 月
3. 本馆[福建省立图书馆]规程及阅览参观规则　福建省立图书馆年报　1929 年

台湾省

地方志史料目录:《台湾概览》《台北厅志》

附台湾省民国时期图书馆史文献目录:5 篇论文。

文化设施

图书馆　官立图书馆有台北总督府图书馆,公立图书馆有州公立图书馆二所、市公立图书馆六所、街庄公立图书馆七十四所;私立图书馆共四所,此外设有巡回文库、星期图书馆、图书馆新闻等,用各种宣传方法,以补充图书馆之不足。

(《台湾概览》 1945 年正中书局印行)

社会教育

图书馆

图书馆有官立的总督府图书馆和私立的石坂文库。

总督府图书馆位于台北,1915 年八月九日开馆,除馆长外,有司书二人,书记一人。1916 年末,藏书日文图书和中文图书共三万二千三百八十六册,西洋图书三千九百四十六册,计三万六千三百三十二册。同年开馆日数二百六十五日,阅览人数六万三千百八十八人,平均一日阅览人数二百三十八人。

石坂文库位于基隆,由当地石坂庄作创立,是本岛唯一的私立图书馆。1916 年末,藏书日文图书和中文图书共一万二百六十四册,西洋图书七百二十二册,计一万九百八十六册。同年开馆日数三百四十九日,阅览人数二千九十九人,平均一日阅览人数约七人。另外,出租图书四千六百四十六册,平均一日十三册。

(译自:台北厅编 《台北厅志》 1919 年排印本)

附:台湾省民国时期图书馆史文献目录

论文(篇名、著者、期刊名、卷期、出版时间)

1. 日本统治下之台湾岛图书馆界统计　浙江省立图书馆月刊　2 卷 3 期　1933 年 6 月 30 日
2. 台湾省各县市图书馆近貌　福　图书月刊(台湾)　1 卷 3 期　20 页　1946 年 10 月
3. 记台湾文化的一角　绚璪　胜流　6 卷 7 期　1947 年 4 月 1 日
4. 本馆[台湾省立图书馆]成立经过及概况　刘满子　图书月刊(台湾)　1 卷 1 期　1946 年 8 月
5. 本馆特藏工作之展望　昌少骞　图书月刊(台湾)　2 卷 11、12 合刊　1947 年 12 月

河南省

地方志史料目录:《阌乡县志》《淮阳县志》《西平县志》《灵宝县志》《许昌县志》《汲县今志》《太康县志》《林县志》《续安阳县志》《封邱县续志》《中牟县志》《长葛县志》《确山县志》《获嘉县志》《光山县志约稿》《重修滑县志》《孟县志》《陕县志》《重修正阳县志》《重修信阳县志》《鄢陵县志》《阳武县志》《新安县志》。

附河南省民国时期图书馆史文献目录:2 种图书,12 篇论文。

阌乡县

图书馆

民国十二年八月组织一通俗图书馆,附设教育局内,馆长由局长兼任,筹有开办费五百元作为购置图书之用,旋即停止。十七年,吏治视察员王玉堂提倡复立,改为中山图书馆,地址在县署前钟鼓楼上。设主任一人,整理馆务。常年经费二百一十六元,由教育款项下支给。十八年冬,被军队将书籍焚毁无遗。

阅报社

旧附设于劝学所,教育局因之。至近年拟扩充,以开民智,于四镇各立一处,其经费统由教育款项支给之。

(《阌乡县志》卷十二教育　民国二十一年石印暨铅印本)

淮阳县

藏书楼　旧在崇经义塾内,所贮书籍历有散佚。民国九年后,历次筹款添购。十七年改名图书馆。二十年,移于南大街路西。二十一年,改为民众教育馆,所有新旧书籍择要列项如下。

经部

周易折中十二册	诗经传说汇纂十八册	春秋传说汇纂二十册
书经传说汇纂十二册	礼记义疏四十八册	周官义疏二十八册
仪礼义疏三十二册	易经详说五十一册	书经详说四十册
诗经详说八十一册	春秋详说三十八册	礼记详说一百三十册缺七本
四书详说一百五十四册	孝经详说五册	十三经注疏一百六十册
十一经音训二十册	大学衍义十六册	大学衍义补六十二册
周易像仪集成四册	易宪四册	周易本义二册

易经体注四册	周易孔易集说八册	书经集传四册
诗经音义约编十册	春秋左传全注十二册	春秋穀梁经传八册
读左传法一册	公羊传何注四册	穀染传范注四册
礼记郑注八册	周礼郑注六册	仪礼郑注四册
尔雅郭注三册	仪礼图三册	朱子四书汇参二十六册缺四本
松阳讲义四册	史可亭四书讲义十九册	四书法注六册
四书读十二册	四书述要六册	四书旁训释义六册
四书灵捷六册	四书体注六册	五经通考一百册
经义考五十册	经典注文十二册	白虎通二册
张注小学四册	四书人物类典串珠十二册	御纂五经十六册
孟子文评四册	篆文孝经一册	朱子四书本义汇参十二册
御纂七经二十四册	五经味根录十六册	四书题镜味根录八册
四书味根录六册	五经合纂大成二十四册	篆文论语四册
四书古注九种十六册	四书古注群义十种十八册	四书古注十一种二十册
四书合讲六册	经学不厌精六册	五经精义十二册
五经备旨十二册	周礼政要二册	尔雅音图二册
易义萃精四册	四书经史摘证四册	四书合纂大成十二册
经余必读二册	经解入门二册	五经揭要八册
四书大全二十二册	韩诗外传二册	春秋繁露二册
说文注订二册	经典释文十二册	十三经音训二十六册
说文解字义诠三十二册		

史部

史记十六册	前汉书三十二册补	后汉书二十四册补
晋书三十册	宋书二十册	南齐书八册
梁书八册	陈书四册	魏书三十册
北齐书六册	周书八册	隋书十二册
南史十八册	北书三十册	旧唐书四十册
新唐书四十册	旧五代史十六册	新五代史八册
宋史七十二册	金史二十四册	辽史十二册
元史四十八册	明史六十九册	明鉴十册
资治通鉴九十七册	朱子通鉴纲目一百二十册	御批通鉴辑览六十册
三国志十三册	元史艺文志附族表四册	五代史纂误续补六册
读史兵略十六册	朱子年谱四册	淮阳县志十二册
东南纪事二册	史通通释六册	鉴略妥注二册

续表

国语国策合编十二册	平粤匪纪略十册	海东逸史二册
八史精籍志十六册	支那教学史一册	世界历史问答一册
万国史纲一册	五洲三十年战史二册	世界近世史一册
日本政治沿革史一册	万国史纲目四册	欧罗巴通史四册
中州人物考八册	英国志二册	国朝先正事略三十二册
日本维新史二册	资治通鉴正续编五十三册	袁王纲鉴合编十六册
两朝御批通鉴辑览二十八册	御批通鉴资治纲目三十册	纲鉴易知录十六册
增补袁了凡纲鉴二十册	通鉴批论考索四十册	十一朝东华录一百十六册
十七史详节三十二册	大清一统志六十册	皇朝三通四十八册
百大家评注史记十册	王凤洲纲鉴二十册	历史纲鉴补十二册
清鉴易知录十三册	二十四史约编八册	二十四史札记八册
辽金元三史二十八册	历朝纪事本末四十二册	续明纪事本末六册
四裔编年表四册	鉴撮四册	通鉴御批全文二册
历代帝王年表四册	通鉴外纪二册	通鉴明纪六册
通鉴问答二册	史鉴节要二册	鉴妥离句四册
鉴略妥注二册	最近支那史四册	十一朝东华录详节十六册
清国史略三十二册	路史六册	徐批通鉴合编八册
马氏驿史二十四册	二十四史分类集要十二册	校正史纲六册
二十四史史略六册	二十四史策案六册	通鉴题解六册
皇朝中外一统舆图十二册	历代名臣言行录洋板八册	汉魏丛书八十册
太平御览一百六十册	学统十六册	国语五册
钦定明鉴十册	温公通鉴一百零四册	

子部

文中子二册	荀["荀"原为"苟"]子六册	近思录六册
宋元学案五十册	老子道德经三册	庄子四册
子书二十三种四十册	二十五种汇编十六册	百子金丹八册
管子四册	诸子百家精华九册	

集部

经世文编六十四册	二十四史论精华六册	二十四史论赞十册
国朝史论约抄四册	古今史论大观十册	历代明贤史论统编十六册
古今史论统编十二册	二十四史政治新论二十册	史论汇函甲编十六册
古今史论观止十册	历代史事政治论海二十册	王船山读通鉴论十册
经世文编二十四册	经世文统编五十二册	经世文续编二十四册
经世文三编十六册	经世文四编十二册	经世文五编十二册

经世文新编二十册	经世文新续编六册	经世文博义四册
历代名臣奏议十二册	五种遗规五册	清名臣奏议八册
彭刚直公奏稿四册	左文襄公奏稿十二册	丁文成曾惠敏公合订四册
曾文正公奏议四册	正谊堂丛书一百六十册	钱牧斋初学集二十四册
五种遗规八册	古今格言四册	楚词集注四册
易知录集释六册	真西山全集一百册	宋本名人小集十六册
宋学士集四十册	朱子文集四十册	钱牧斋全集四十册
二程全书十六册	三贤集三册	许文正公遗书四册
倭文端公遗书四册	韩昌黎全集十一册	汤文正公遗书十六册
杨椒山文集五册	杨大洪文集八册	唐人万首绝句二册
文心雕龙四册	绝妙好词六册	文章规范二册
朱批昭明文选十二册	杜工部文集十册	古文辞类纂十二册
唐宋文醇二十四册	古文渊鉴四十册	唐宋诗醇十六册
分韵馆时十五册	康南海文集八册	梁任公文集八册
王壬秋全集十二册	章太炎文抄五册	戴南山方望溪文抄八册
曾惠敏公全集四册	胡文忠公全集八册	古文笔法百篇六册
汪祖辉集四册	东莱博议六册	曾文正公家书
道咸同光奏议二十八册	陆宣公集四册	读曾文正公家书札记
求阙斋日记类钞一册	李太白文集八册	岳忠武王集四册
清朝文汇一百册	古今文综四十册	汉魏六朝百三名家集
六朝文絜四册	古文关键四册	唐宋八大家八册
近思录四册	四种遗规八册	佩文韵府一百八十册
稽古录四册	杨椒山集三册	朱子年谱四十册
赵子言行录二册	荒政辑要二册	牧令辑要十册
筹济编八册	杨大洪集八册	宋学士全集四十册
宋元学录五十册	实政录四册	捄荒补遗二册
刘向说苑四册	颜氏家训一册	湖北节义录十三册
文庙祀位一册	楹联集锦二册	朱子年谱四册
理学宗传十二册	许文正公遗书四册	松阳讲义四册
拙修集四册	皇清经解三百一十五册	渊鉴类涵一百六十册
事类统编六十四册	汤文正公遗书三十册	古文渊鉴十六册
古文辞类纂三编十六册	随园三十八种四十册	全唐诗话六册
白香山词谱四册	五代诗话四册	玉台新咏六册
留青新集十二册	正续古文辞类纂十二册	饮冰室全集四十八册
读书杂志八册	藏书记事诗十二册	

民众教育馆 地址沿革新旧存书种类均详上藏书楼条,民国二十一年改为今名。其组织为馆长一人,内分四部,曰总务部、图书部、游艺部、科书部,各部员一人,书记一人。常年经费二千一百六十元,由教育局开支。

平民图书馆 民国十八年经县党部筹建,设管理员一人,经费由契税经理局附加项下开支。

改藏书楼为图书馆序 知事 杨葆禄 江宁

淮阳旧有藏书楼,建立于前邑侯仰之焦公,任君镇南撰文记之。民国肇造,政治刷新,劝学所所长张君景程请以旧藏书楼改组为图书馆,并举于君秉仁为馆长。筹措周详,规模完备,葆禄忝膺民社得与斯役,以观厥成,幸矣!淮阳为伏羲氏旧都,河洛图书实启千古文明之秘。今者道与时变,闻见日新,新学所发明,未必旧书所尽备。自图书馆成立,旧书既灿然并列,新书亦择要购增,诸君子酌古斟今,融会浏览,本其所得,以措诸家国天下,他日学成致用,岂徒绵图书之泽,为我淮阳一邑光哉!几费经营,始克藏事,当事诸君,欲志勿忘,特揭缘起于左云。

(《淮阳县志》卷五民政下,淮阳文征 民国二十三年铅印本)

西平县

图书馆 在县治西北隅(与教育局毗连),系清时典史署废址。民国七年劝学员长邑人栗廉芳始就其地筑屋储书,十三年教育局长邑人张廷柱,因济宁靳师长云鹗暨铜山陈师长文钊资助,复增筑东西两楼。

(《西平县志》卷十二经制学校 民国二十三年刻本)

灵宝县

民众教育馆

民国二十一年三月奉令成立,地址在县政府西街。设馆长一人,馆员二人。房屋二十一间,内分图书部三间,陈列部六间,游艺部三间,阅报屋二间,藏书室二间,储藏室一间,办公室一间,职员住室二间,伙房一间。每年款项壹千贰百玖拾陆元,由教育款产处领支。

馆长:董其瑞(见师范校长门) 许新山(字仁卿,沙坡村人,别见外记)

馆员:张昌林(字世五,路井村人) 阎耀堂(字光庭,岳道口人)

民众阅报处 附设教育馆内,年支款项一百八十元。

(《灵宝县志》卷六教育 民国二十四年铅印本)

许昌县

教育局 向名劝学所,设在旧察院,为办理全县学务机关,民国十二年秋改为教育局。

附图书馆 在教育局院内,民国十一年设。

讲演团 在教育局院内,民国十一年立。

附许州旧讲约所　二十四处

在城　东关准提巷　西关祖师庙　南关三元宫　北关三圣祠

城东　五女店　张潘　朱家集　八里营　古城

城西　兴源铺　石固　长店集　灵沟河　泉店

城南　玉皇庙　繁城　大石桥　柏塚店　榆林

城北　许　田　帐地　尚家集　小召店　湾店

（《许昌县志》卷五教育　民国十三年石印本）

汲县

社会教育

社会教育指图书馆、民众学校等类而言。河南社会教育，在七八年前颇不发达，省办者不过粗具规模，县办者更不待论。迨十七年间，教育部规定社会教育经费标准，本省即严令各县，督促实行，并在省教育专款项下，连年增加社会教育经费，迄今全省社会教育事业，无论质量均已大进，汲县各项社会教育更为发达。据二十二年省政府年刊"各县社会教育机关调查表"所载，全省有图书馆一百三十五所，汲县占六所。全省民众教育馆六十三所，汲县占一所。全省体育场一百四十一所，汲县占二所。全省民众学校一千一百四十一所，汲县占十七所。其他如阅报处等，全省一千零三十五所，汲县占四十四所，均高超各县平均数以上。

青铦谨按：汲县图书馆六所，当包括具体而微之民众图书馆而言，至设于文庙之图书馆，有石刻多种，素负盛名，尤以晋太康十年《齐太公吕望表》，为天壤间瑰宝。又县中前有新汲县报社一家，现已停办。

教育经费

汲县教育经费据二十二年省政府年刊"各县学校教育经费调查表"及"各县社会教育经费调查表"所载，计学校教育经费五万一千八百八十三元，社会教育经费二千二百八十元，以全省各县学校教育经费总数四百四十五万四千零九十一元，及社会教育经费总数二十四万五千一百二十元，比较之，则汲县之学校教育经费达全省百分之一以上，社会教育经费亦达全省百分之〇、九三（0.93）以上，但此数疑系预算之额，非实支之额。缘据同书各县地方教育经费总数统计图所载，全省为四百二十二万九千八百一十三元，汲县为五万零三百三十九元也，此数当系包括学校社会两项在内。

是年汲县征收教育专款一万八千二百四十九元。教育专款者，解缴教育厅作省教育经费之款也。其经费来源为买典契税、校产稞租、基金生息、学宿费四项，以契税为大宗，其他各项为数无多。自学宿费奉部令停收后，收入尤为寥寥，幸经费独立有年，由教育款产管理处保管之。

至各县地方教育经费，亦早独立，其经费来源各县不同。撷其要目，计有丁地附加、契税附加，学田稞租、基金生息、出产捐地、亩捐、斗捐、戏捐等，现各县虽裁局改科，而经费仍维持独立。

青铦谨按：上述教育专款数目，根据民国二十二年省政府年刊"各县教育专款征收统计图"所载,计全省为一百七十三万九千八百四十元,查二十年省政府年刊"河南省教育经费收入概况统计表"载,是年实收一百七十九万九千四百八十七元,两年比较相差不多,但二十三年十月河南省政府出版之《河南政治》载《四年来之河南教育》一文,据教育款产管理处统计,二十年份收入二百一十六万八千四百六十二元,二十一年份收入二百三十六万八千九百零三元,二十二年份收入二百五十二万六千六百五十二元,数目悬殊,无从索解。文中又谓最近一年来粮价低落,谷贱成灾,农村经费破产,城市百业不振,各处不动产仅有卖者无买者,价格无论如何低落,而购者终属无几,契税收入顿减。本年三四五各月份教育经费均发九成,七月份仅发七成,是省教育经费目前确已发现恐慌之象云云。收入既逐年增加,何以经费发现恐慌。反之,契税既收入顿减,何以总数又能逐年增加。凡此种种,均无从了解。可惜未由代为钩稽,以明实况耳。

(《汲县今志》第十章教育　民国间抄本)

太康县

社会教育

民众教育馆　创设于民国二十年二月,馆址在北大街旧文昌宫,由馆长一人馆员五人组织之。兹将其组织及设备与每日平均游览人数列表于下。

民众教育馆组织表

部别	职掌	备考
总务	办理本馆文书、会计、庶务、统计、保管等事项	
图书	汇编图书,搜集通俗杂志、报章,分类、陈列,指导民众阅览并张贴壁报,以增进民众常识	
出版	发行民众小丛书及关于民众教育之刊物	
艺术	征集各种美术物品,并联合民众组织新剧团、音乐会以增进民众兴趣	
展览	征集关于教育上、职业上各种展览物品,并定期举行各种展览会	
推广	办理民众学校、民众乐园、游艺园、巡回文库、讲演事宜	

民众教育馆设备及平均每日游览人数一览表

设备			每日平均游览人数
类别	细目		
图书类	书籍	一千一百二十八种	三十人
	杂志刊物	二十种	
	报章	十二种	
	图表	九种	
	合计	一千一百六十九种	

续表

设备			每日平均游览人数
类别	细目		
游艺类	运动品	一种	三十五人
	乐器	九种	
	棋类	六种	
	挂图	四种	
	合计	二十种	
展览类	古物金石	古铜镜十八面,古钱一百零四枚	三十六人
	碑帖	七种	
	成绩品	一百八十件	
	美术品	中西水彩画二十二幅	
	挂图	五种	
	合计		
巡回文库	一辆		

通俗教育讲演所 成立于民国八年,地址在东大街常平仓,由所长一人讲演员六人组织之,纯系义务性质。每周分赴各乡及各轮铺会讲演剪发、放足、种树、戒赌等常识,并在城厢设有揭报处、格言栏等,以冀保进民德,启迪民智,至十二年二月因经费无着停办。

民众训练委员会组织 于民国十七年由县党史部主持之,每周召集市民及赴各民众团体与民团队、公安局,讲演三民主义及在革命过程中各人应负之责任,以期人人对主义有相当之明了与信仰,而增加革命之势力,巩固党国之基础。

社会教育讲演员 自民国十六年,由教育厅考取,接委任一人,除遵章在城乡讲演外,并担任全县有关社会教育事宜。十八年复增委一人,二十一年奉令裁撤其主管职务,移归教育局社会教育课办理。

新闻纸 《新太日刊》创办于民国十一年,是为太邑新闻事业之滥觞,旋因经费无着停办。至十七年县党部又发行《新太周刊》,以宣扬党义为旨归,后又更名为《太康民报》。同时民众教育馆亦有《民众教育旬刊》之出版,藉作灌输民众常识之工具。此外又有县党部之壁报、教育馆之简报,逐日张贴,以供民众阅览。兹列下表。

新闻纸一览表

名称	宗旨	性质	每期发行份数	开办时间	备考
新太日刊	推广新文化	日刊	四百份	民国十一年五月	十二年二月停办
新太周刊	宣扬党义	周报	二百份	民国十七年十月	二十年八月改组为《太康日报》
民众教育旬刊	实施通俗教育	旬刊	二百四十份	民国二十年二月	
太康民报	宣扬党义	周报	一千份	民国二十年八月	
县党部壁报	介绍新闻	日报	三十份	民国十八年四月	
教育馆简报	介绍新闻	日报	三十份	民国二十年二月	
收音日报	介绍新消息	日报	五十份	民国二十年秋	

民众阅报处 由通俗教育讲演所设立于民国八年,城厢共十六处,每处有报二份。至十二年,随同讲演所停止。至十八年春,教育局复于城厢阅报处二十四处,计城区八处,乡区十六处,各处报一份至三份不等,或张挂墙壁,或设阅报室,置座位,以便民众阅览。

图书馆 为智识之宝库,文化之渊源,诚社会教育唯一之利器也。太康于民国十六年始有中山图书馆之设,惟事属创始,设备节陋,后第一第二图书馆相继成立,始粗具规模矣。兹列表于下。

图书馆一览表

名称	设立时间	书籍种类	职员	地址	每日平均阅览人数	备考
中山图书馆	民国十六年	四百余种	一人	文昌宫		后改为第一图书馆
四权村村民图书馆	民国十八年	一百余种	一人	四权村		后改为第二图书馆
第一图书馆	民国二十年	一千一百余种	一人	文昌宫	三十名	附教育馆内
第二图书馆	民国十九年	四百余种	一人	四权村	十七名	

(《太康县志》卷四教育志 民国二十二年铅印本)

林县

教育局 通俗图书馆

县中社会教育仅一通俗图书馆,阅报所附之。创始于民国十年,馆址借教育会房舍,由劝学所代为经理。十三年移置城内十字街南。另设主任一,经费由教育局岁拨三百千文。十八年移设十字街关庙内,添购图书数百种,其经费定为每年五百四十元,由教育局按月支领。此地当城内要冲,自馆址移此,阅书报者颇不乏人。此外有社会讲演所,民国十一年曾由省派讲演员来县,以经费无着未正式成立。十八年又由省派有专员,即附教育局内,旋又易以民众专员,仍附教育局内。

(《林县志》卷七教育 民国二十一年石印本)

安阳县

社会教育

民众教育馆 教育馆在北大街钟楼上,民国二十一年夏,奉烟苗款七百元,委罗秀云女士为筹备主任,佑工建筑,后以经费不敷,复由教育局筹款数百元。本年十二月工竣,设备物品,大致完备。教育厅即委罗秀云女士为馆长,内分总务、讲演、展览、推广四部,常年经费均需两千元。成立后,逐日开放,使民众得以参观,并定期演讲,开发民智。近复以商人成年失学者甚众,特设商人补习夜校,内分高初两组,入晚授课,藉资补习。

自警图书馆 馆设县立第一小学校,民国十七年夏,张鸿瑞捐洋五百元,就第一小学图书馆,修理屋宇,购置仪器,又将书册增入,俾学者均得随意披览。馆名自警者,以鸿瑞继先志而成此伟举也。悬有陈芷笠县长所书匾额。

中山图书馆 是馆在鼓楼上设立,民国六年,戴县长光龄重修鼓楼,颜曰康乐楼,阅数载户壁倾圮。十六年春,南北鏖战,会匪盘踞,该楼破坏更甚。十七年,经刘学瀛向易行政长建议,将文庙枯柏十余株,投标拍卖,得洋一千二百零二元,以八百元将该楼改为图书馆,以四百元购书,供士人流览。公举赵茂亭为该馆主任。

附清理庙产委员会之经过 民国十七年五月,河南省政府,令以庙产兴学,遂成立清理庙产委员会,委员长初由县长兼任,后经葛行政长改组,归地方人办理。公举委员十一人,刘学瀛为委员长,王谨斋、常庆祥副之。其时所扩充之学舍,有中山学校(现大公学校)、大同小校、博爱小校、鼎新小校等十数处。同时又分立建设协进会,除兴学外,余归建设之用,如中山图书馆、中山公园、中山市场、民众会场,均于是年先后创立。

安阳县民众阅报处一览表

名称	地点	报章	经费	管理
阅报室	图书馆	七种	由图书馆开支	图书馆
第一阅报牌	鼓楼前	全民报一份	由款产处发给	仝上
第二阅报牌	县署前	北平益世报一份	仝上	仝上
第三阅报牌	教育局前	全民报一份	仝上	仝上
第四阅报牌	中山市场	大公报一份	仝上	仝上
第五阅报牌	旧县署前	庸报一份	仝上	仝上
第六阅报牌	南大街	天津益世报一份	仝上	仝上
第七阅报牌	东大街	北平益世报一份	仝上	仝上
第八阅报牌	西大街	天津益世报一份	仝上	仝上
第九阅报牌	北大街	时报一份	仝上	仝上
第十阅报牌	车站	全民报一份	仝上	仝上

(《续安阳县志》卷八教育志 民国二十二年铅印本)

封邱县

教育机关
经费

教育经费岁出概算表 民国二十二年七月一日教育局立

项目	本年概算	上年预算	备考
社会教育经费	九七〇元八	一七八四元	
民众教育馆	五二〇元八	七四四元	
民众阅报处	五〇元	一二〇元	

社会教育

宣讲社 民国三年四月奉令设立,委邑人季树声充讲员。至民国七年,知县王泽溥令附诸教育会,以会员朱恪明讲演,不另设专员,期以撙节经费。既而朱恪明辞职,王子登接充。十年,改归劝学所,宣讲社于此无形停顿(见档卷)。

通俗教育讲演所 民国十一年,在县西街关岳庙设立,委王同德讲演,寻取消(见档卷)。十六年令各县教育局应添演讲员二人。封邱于十一月十九日委崔长泰、李国贤任其事,待遇与县视学同(见档卷)。十八年,改为民众教育专员,河南教育厅委李昶充任。

民众图书馆 在教育局前院。民国十八年,民众教育专员李昶以县政府拨给罚款洋四百元,购新旧图籍六百四十八册(种类未详),供人阅览。二十一年,归并教育馆(见呈报表)。

民众教育馆 在县东街城隍庙,民国二十一年六月一日成立。先是民之十四年,教育局长石锡珍移正义书院经史子集,设立平民图书馆,阅览公开,成绩颇著。十七年,旅汴进益社用牙税余洋三百元复购图籍千余种,捐助馆内。局长朱广敬乃扩其范围,增置器具,拟设民众教育馆,筹谋已具,尚未陈列。于三月二十一日红枪会匪入城倡乱,毁教局,劫什物,将所存新旧图籍尽付秦火,而教育馆以是停顿。延至二十一年间,前任局长朱广敬初志未懈,竟告成立。二十三年县长姚家望,以地方事业多待整理,又以农商凋敝不便再累,乃组织地方建设奖券委员会,发售彩券,而结果拨付图书费洋六百元。馆长翟伫于九月一日购到新旧图籍二百一十种,连前所有共三百三十九种。分图书、游艺、讲演三部。兹将图书附志于下。

四库全书总目提要四本	四库全书问答一本
图书馆学二本	图书馆组织与管理一本
中外图书统一分类法一本	校雠学一本
十三经注疏四十本	百子全书八十本
少年百科全书九本	崔东壁遗书二十本
日知录集释十五本	事类统编四十八本
皇朝通考四十本	皇朝通典十二本
皇朝通志十二本	皇朝掌故汇编六十本
史记二十四本	前汉书三十二本
后汉书三十本	三国志十六本
晋书二十本	宋书十六本
南齐书八本	梁书六本
陈书四本	魏书二十本
北齐书四本	周书六本
隋书十二本	南史十二本
北史二十本	旧唐书三十本
新唐书三十二本	旧五代史十二本
新五代史六本	宋史八十本
辽史八本	金史二十本
元史三十本	明史五十二本
前四史六十本	资治通鉴一百二十本
国语四本	战国策四本
韩诗外传四本	古列女传二本

河南通志六十四本	上海抗日血战史一本
中国近百年史纲二本	中华民国革命史一本
各国社会党史纲一本	古史辨一本
太平天国革命史一本	西洋史要一本
世界史纲一本	法国革命史一本
外族侵略中国史一本	新时代史地丛书八十本
周秦诸子考二本	中外地域图说集成二十四本
世界游记选一本	中国诗史三本
中国文学流变史三本	中国现代戏曲史一本
故事集二本	汉魏六朝百三名家集四十八本
唐宋十大家全集三十二本	胡刻昭明文选十六本
陶渊明集笺注四本	王临川全集十二本
庚子山全集十二本	欧阳文忠公全集二十本
壮悔堂全集六本	三苏全集四十本
曾文正公全集七十二本	随园全集五十六本
惜抱轩全集二十四本	方望溪全集十四本
樊榭山全集十本	曾文正公十八家诗钞十六本
陆宣公文集十本	楚辞集注四本
李太白集八本	杜工部集六本
韩昌黎集十二本	王右丞集四本
元次山集四本	盐铁论二本
古文辞类纂正续二十八本	温飞卿诗笺注四本
天根诗文钞六本	呻吟语六本
顾亭林诗文集四本	郑板桥全集四本
林和靖诗集一本	汉学师承记四本
国学研究法一本	周易折中十六本
四书味根录六本	宋元学案二十四本
逻辑概论一本	张东苏哲学批判一本
近代五大家伦理学一本	心理学概论一本
儿童心理学新论一本	中国人文思想概观一本
中国古代社会研究一本	社会思想解说一本
社会科学概论一本	人类原始及类择九本
政治典范一本	政治经济学一本
经济学入门二本	物观经济史一本
货币银行原理一本	社会主义思想史一本

续表

两宋田赋制度一本	现行法规大全一本
六法全书十四本	洗冤录六本
中国教育史大纲一本	教育与学校行政原理一本
民众教育通论一本	乡村师范教育指导一本
乡村小学教材研究一本	农村教育一本
小学课程沿革一本	商业统计一本
先秦教育思潮一本	现代教育学说一本
最近国际政治小史一本	中国革命一本
陆士衡文集一本	陆士龙文集二本
词学全书六本	六也曲谱二十四本
白香山词谱一本	孔子家语三本
文史通义六本	世说新语三本
小学生文库五百本	文心雕龙札记一本
秋水轩尺牍二本	梦碧簃石言三本
大观录十四本	西洋文学一本
希腊文学一本	罗马文学一本
文书概论一本	修辞学发凡二本
徐侠客游记四本	艺术文集一本
文体论一本	艺术论集一本
艺术科学论一本	文艺研究一本
两般秋雨庵二本	曼殊全集五本
新俄诗选一本	现代中国诗歌选一本
革命家诗钞一本	旧小说三十二部一百三十本
新小说一百一十部一百八十七本	说文段氏注十八本
康熙字典一本	丁种辞源二本
戊种辞源二本	马氏文通一本
教育大辞书一本	中国人名大辞典一本
中国古今地名大辞典一本	中国文字学一本
文学家人名辞典一本	文学术语辞典一本
植物学辞典一本	动物学辞典一本
矿物学辞典一本	社会科学辞典一本
社会主义辞典一本	法律政治经济辞典一本
中国声韵学一本	新字典一本
词诠二本	英汉辞典二本
法华辞典一本	德华辞典一本

续表

王云五小字典一本	近代物理学一本
近代初等代数学一本	小代数学一本
初等几何学二本	化学集成三本
本草备要五本	寿世保元十本
医宗金鉴内外科二十本	内科全书二本
王潜斋医书五种八本	诊断学一本
实用外科手术一本	

以上共计书三百三十九部,二千九百三十三本。

(《封邱县续志》卷七教育志　民国二十六年铅印本)

中牟县

教育

　　社会教育有民众教育馆一处,民众图书馆八处,阅报处十二处,民众学校十处。

(《中牟县志》人事志　民国二十五年石印本)

长葛县

教育各机关一览表　据民国十五年书

机关	地址	职员	经费收入支出	成立年月
图书馆	在陉山书院后院西屋	馆长一名,馆员一名	额支每年一百八十缗	民国九年成立,由县知事车云倡办。
讲演社	在劝学所附设	所长一名,讲演员三名	车马费每年一百六十八缗	民国六年成立

(《长葛县志》卷四教育志　民国二十年刻本)

确山县

图书馆

　　附设劝学所内,民十年前知事吴仁邻创立,置馆长一人,馆员一人,经费月支钱三十串,馆内附设阅览室,以便随意入览,俾增进人民知识。

讲演所

　　地址在绿营千总废署,民国八年前知事林肇煌创立,十年中止,十一年恢复原状。附设劝学所内,置所长一人,讲演员一人,经费月支钱三十串文。

(《确山县志》卷十四教育　民国二十年铅印本)

获嘉县

学校

教育馆 在县治前东偏路北,旧仓房院内。民国十八年建筑,大门内分科学、讲演、展览、体育四部,馆长一员,经费全年一千七百三十七元九角六分,由教育局发给。

图书馆 在县治前东偏路北,内有《万有文库》,其余新旧书籍亦多,惜所有《十三经注疏》《廿四史》《资治通鉴》均已残缺。馆长一,每年由教育局发给经费六百一十二元。

民众阅报处 二十四处,全年报费二百四十元八角,由教育局发给。

(《获嘉县志》卷三学校 民国二十三年铅印本)

光山县

关于社会教育者

图书馆 民十七年设立图书馆一处,十九年因战乱秩序大乱,该馆所有图书一扫而尽。二十年春,因所购之《万有文库》陆续寄至,该馆又继续成立,惟以大乱之后教款异常支绌,故该馆除《万有文库》尚有残缺不全外,别无其他设备。

讲演所 民国十七年设立讲演所一处,十九年因战乱,以无款停办,至今未能恢复。

(《光山县志约稿》卷二教育志 民国二十五年铅印本)

滑县

通俗教育讲演所

民国八年设立,委附生李乃桥为通俗教育讲演所所长,开办在文庙内明伦堂,后归并教育局。

通俗教育图书馆

创始于民九年,附设于劝学所前院,后并入教育局。

中山图书馆

民国十七年重修县前鼓楼,添设大铁钟一架,用夫役二人昼夜轮流,按二十四小时专司击钟,以报时刻,而警昏惰。并附建图书馆于其上,以供游人之浏览。

(《重修滑县志》卷十教育 民国二十一年石印暨铅印本)

孟县

社会教育

民十七年设阅报社,十八年设图书馆。十六年设讲演员。二十一年设教育馆。

孟县教育经费岁出一览表

目别	岁出数目	备考
图书馆	三〇〇	
阅报处	一八〇	
教育馆	一一八八	
书籍费	二〇〇	

(《孟县志》卷五教育　民国二十二年刻本)

陕县

社会教育
民众教育馆

　　民二十一年成立,地址在旧召公祠,重新建筑房舍,内有图书部、陈列部、游戏部、动物园、设备、各种游戏运动器具,年支经常费共一千三百四十四元。

(《陕县志》卷九教育　民国二十五年铅印本)

正阳县

学校

教育行政机关沿革表

名称	主管人员	职员额数	经费	地址	事迹
通俗教育讲演所	民国九年,余德明、鲍桂馨任所长	讲演员共三名	公款局酌支	乡贤祠	
民众图书馆	民十八年成立,馆长梅延龄、刘云芝		教育款酌支	中山大街	

(《重修正阳县志》卷三教育　民国二十五年铅印本)

信阳县

图书馆

　　信阳通俗图书馆,民国九年二月成立,附设教育会内,馆长由会长兼任。拨学款项下购书费一百三十元开办,薪俸杂费三百十六元,有书数十种。十二年改并教育局,常年开支一百零八元。

阅报社

　　信阳阅报社,清光绪三十三年刘景向、王熙等募款创立。宣统元年,劝学所接办,常年经费洋五十元。旋归图书馆内,并入教育局,由局员经理,不另开支(宣统元年,东双河学绅刘荫棠、刘华钰等立医愚阅报社,假街北兴隆寺舍址,订购京沪各报供众披阅,其经费则移旧有之火神会戏醮资及灯节玩灯摊款充之,两项皆自市上贩卖流水收取。经理不受酬,久之亦废)。

讲演社

信阳讲演社,民国八年成立,附设图书馆内,所长一人,讲演员一人,不时赴四乡讲演社会教育。十年并入劝学所,以劝学员兼摄其职务。十二年,改组,另设专员。常年经费二百四十元,旋因款绌停止。

(《重修信阳县志》卷十三教育　民国二十五年铅印本)

鄢陵县

九一八图书馆

民国二十年"九一八"事件发生后,县党部为唤醒民众爱国计,就门首大舞台设九一八图书馆一处,拨抗日罚款洋一百四十元,及契税局长禹景祥捐洋二十元,共购书一百五十余种,供众浏览。嗣因县党部改组,费绌人少,无人专管,将所有图书悉置诸箱,备各界借阅。

县立图书馆

馆址在城内东南隅旧尊经阁,民国十七年夏,由县令李团沙着财务局筹款三百元,委唐鑫为馆长,修理屋宇,购置图书,使学者随意阅览。尹绍甫继之,自此图书益加扩充,有新安张伯英题"斗室万象"匾额一方,苏宝谦又继之。嗣因地处幽僻,阅览不便,于二十一年春并入教育馆。

县立儿童图书馆

地址在县府街教育局东院,该院系旧班房。民国二十二年冬,余县长芸澍励精图治,革故鼎新,将旧式班房拨归教育局,由局筹设斯馆。前院阅览室三间,后院筑墙置物,作为运动场,以供儿童阅览及游艺之用。

民众图书馆

本馆分设于各区学校内,民国二十二年冬,教育局以图书馆偏于城内,筹洋三百元,预约小学文库六部分设各区,范围较大之学校内有各校职教员负责保管,定时开放,任民众阅览,并定期轮流陈列以资普遍。

(《鄢陵县志》卷九党务志　民国二十五年铅印本)

阳武县

社会教育
图书馆

民国八年成立,附设劝学所内,全年经费一百二十串。十二年因生活程度增高,款项不敷,即行停办。

民众教育馆

民国十九年成立,设馆长一人,馆员一人。二十年因兵匪之乱,无形取消。二十一年重行恢复,馆长仍为一人,又增添馆员一人。内分图书部、教育部、游艺部、编辑部。二十二年春,奉令裁去馆员一人。

阅报处

民十九年,始设阅报栏二处,二十一年至二十二年陆续增添至十余处。

(《阳武县志》卷二教育　民国二十五年铅印本)

新安县

社会教育

　　图书馆　宣统二年知县曾炳章购书二百余册组设县立图书馆于劝学所内,民国初年因乱则书遗失略尽,而馆亦遂停。民国二十三年邑绅张伯英先考捐购《万有文库》《四部丛刊》各一集都四千一百一十二册,遂设立图书馆于教育局前院,颜曰"伯英志宝"也。

　　讲演员　民国十二年设通俗教育讲演员,十四年裁撤,十六年复设社会教育讲演员,二十年因教育局改组遂废。

　　阅报牌　民国十六年设阅报牌三处,按日张挂各种报纸,以供民众阅览。一设县政府门前,一设教育局门前,一设十字街口,今仍之。

　　民众教育馆　民国十七年就劝学所旧址训导署改设民众教育馆,修缮甫具规模,旋遭时乱,毁于兵事,遂中寝。民国二十三年复在教育局前院筹办,其中设备一无所有,不过徒存其名而已。

(《新安县志》卷八教育　民国二十七年铅印本)

附:河南省民国时期图书馆史文献目录

图书(书名、著者、出版者、出版时间)

1. 河南图书馆暂行规则　该馆编印　1914 年
2. 河南图书馆概况　该馆编印　1941 年

论文(篇名、著者、期刊名、卷期、出版时间)

1. 开封图书馆协会简章　中华图书馆协会会报　1 卷 5 期　1926 年 3 月 30 日
2. 河南省立图书馆组织暂行规程　河南教育月刊　4 卷 8 期　1934 年 6 月
3. 河南省立图书馆规程　河南教育季刊　1 卷 3 期　1942 年 1 月
4. 河南省图书馆阅览规则　河南图书馆馆刊　第 4 册　1934 年 12 月 1 日
5. 河南图书馆视察报告　蔡衡溪等　河南教育月刊　3 卷 11 期　1933 年 9 月 15 日
6. 河南图书馆之现况及计划　何日章　河南教育半月刊　1 卷 1 期　1928 年 8 月 15 日
7. 十八年的河南图书馆　河南教育半月刊　2 卷 10 期　1929 年 12 月 31 日
8. 河南省立图书馆概况　浙江图书馆馆刊　2 卷 3 期　1933 年 6 月 30 日
9. 河南省立图书馆过去与现在　编者　河南政治月刊　3 卷 8 期　1933 年 9 月
10. 中山图书馆视察报告　王春元等　河南教育月刊　3 卷 1 期　1933 年 9 月 15 日
11. 河南省立图书馆组织暂行规程　河南教育月刊　4 卷 8 期　1934 年 6 月 15 日
12. 开封市平民图书馆区分表　河南教育月刊　1 卷 7 期　1928 年 11 月 15 日

湖北省

地方志史料目录:《钟祥县志》《麻城县志续编》《枣阳县志》

附湖北省民国时期图书馆史文献目录:1 种图书,13 篇论文。

钟祥县

学校

关于图书、讲演部分,钟祥之有宣讲所自清光绪三十一年始,民国以来迭有变更,大要分固定与不固定二者。固定者在城外广慈阁内,名曰民众教育馆。不固定者为巡回讲演,二十四年六月成立,额定二人,分赴各乡村讲演。其在广慈阁者,成立于二十一年,内设馆长、馆员各一人,于每晚讲演。二十三年六月,又于其中分图书、游艺两部,地点在县府东偏。游艺部备有旧日各乐具暨新玩具,任人游戏;图书部图书多系二十一年师长张维汉所捐置,新旧书籍皆有。惟查民初,曾单设于清县学署,或大井湾、大士阁所有书籍具移自博通书院,嗣后增益颇多。迨二十年左右,学款支绌,办理不得其人,致将三十年所有书籍散佚无存,而旧籍尤为可惜,未始非从事是项教育之缺憾也。

(《钟祥县志》卷八教育　民国二十六年铅印本)

麻城县

图书馆

通俗图书馆　在教育局左侧,由学款购置书籍,经史子集及时务教科书略备。民国九年起开办,余肇锡经理。至十五年以后为军匪损坏殆尽,现正逐渐恢复。

宣讲所

宣讲所　民国二年成立,十一年改为讲演所,十八年改为通俗教育馆。历年宣讲员为颜行义、屈敬儒、杨贡三、余少云、汪少门、张玉冰、李子祥、沈瀛洲、王苌臣、颜丙峰。二十年改为民众教育馆,馆长潘式一。

私立通俗演讲所　民国十一年成立,呈厅备案,地点右文门内,讲员熊秉炎、余粥、余肇锡

省办第一、二巡回演讲　民国十八年起,二十年止。讲员龚毓才、江广澜。

(《麻城县志续编》卷四教育学堂　民国二十四年铅印本)

枣阳县

学堂

　　图书馆:附设文昌宫内。

　　阅报所:附设劝学所及商会内。

(《枣阳县志》卷十八学校志　民国十二年铅印本)

附:湖北省民国时期图书馆史文献目录

图书(书名、著者、出版者、出版时间)

1. 湖北省立图书馆概况　该馆编印　1930 年

论文(篇名、著者、期刊名、卷期、出版时间)

1. 湖北省立图书馆章程　湖北教育公报　3 卷 5 期　1932 年 3 月 31 日

2. 湖北省立图书馆扩充计划　冯汉骥　湖北教育行政周刊　第 20 期　1928 年 11 月 7 日

3. 湖北省立图书馆概况　谈锡恩　湖北教育月刊　1 卷 1 期　1933 年 9 月

4. 我对于馆务改进的计划　谈锡恩　湖北教育月刊　1 卷 8 期　1934 年 8 月

5. 湖北省立图书馆概况　社会教育季刊　1 卷 1 期　1943 年 3 月;中华图书馆协会会报　15 卷 3 期
　　1944 年 3 月

6. 如何建立武汉模范图书馆　刘华锦　文华图书科季刊　1 卷 1 期　1929 年 1 月 20 日

7. 汉口市图书馆组则规程　中华图书馆协会会报　12 卷 2 期　1936 年 10 月 31 日

8. 武汉的救亡小图书馆　焚划　全民周刊　2 卷 2 期　1938 年 6 月

9. 图书部概况　湖北省立实验民众教育馆丛刊　第 1 期　1932 年 7 月

10. 阅览事项　湖北省立实验民众教育馆丛刊　第 2 期　1933 年 1 月

11. [湖北省立实验民众教育馆]三年来之阅览事业　王中一　现代民众　1 卷 6、7 期合刊　1935 年 2 月
　　2 日

12. 文华图书馆学专科学校学生服务组一年来之巡回文库报告　赵福来　文华图书馆学专科学校季刊　5
　　卷 2 期　1933 年 6 月

13. 巡回文库概况　吴尔中　文华图书馆学专科学校季刊　8 卷 4 期　1936 年 12 月 15 日

湖南省

地方志史料目录:《醴陵县志》《蓝山县图志》《宜章县志》《湖南各县调查笔记》

附湖南省民国时期图书馆史文献目录:2 种图书,10 篇论文。

醴陵县

社会教育

言建设必自改造社会始,社会教育尚已,由道德、学术、政治、实业、艺术、体育等方面,求所以牗民智,化民俗,强民质者,实有赖于教育事业之扩大范围,以期普及于人人。初无分于男女老少暨职业与阶级也,近顷以来,迭奉政府明令,虽一时囿于经费,扰于军事,推行未能尽当,然亦已稍具雏形矣。溯同以往,策励将来,固有不容阙略者。

图书馆 汉刘向校书大禄阁,集郡国图书,于秦火之余而整理之,实我国文化绝续之关键,历代相沿,有唐为盛(丽正书院、丽则书院皆为藏书而设),要皆集中京师,未遍及于州县。宋大观元年,赐诸州藏书。明永乐中,命儒臣辑四书五经、性理大全,颁于学校;宣德中,又颁五伦书,每册首盖以御宝,皆藏于学,为学官职掌,自是州县学校,咸有藏书矣。清自康熙后,各县历有颁赐,大抵为钦定御纂之书,不逮私家所藏之美赡。民国成立,以启发民智,昌明学术,厥惟图书是赖,名藏书机关曰图书馆,并于十六年十二月,公布《图书馆条例》,重之也。馆分公立私立,皆隶属于教育行政机关,馆长须具有图书馆之学识与经验。公立者,每年经费预算,不得少于该地方教育行政经费百分之五,私立者设董事会,负处分财产、推选馆长、监督用人、行政议决预算之责,而私人以资财设立,或捐助图书馆者,得呈报中央给奖。馆之种类不一,有供公共阅览者,有仅许一部分人阅览及专供参考者,有专求适用于民众及儿童者,命名虽殊,其有裨于教育则一。世界各国,以图书馆之多寡优劣,判其地文化水准之高低,良有以也。醴陵藏书,宋元明无考,自清迄今,亦迭有兴废,兹列叙如下。

尊经阁为藏庋典籍而设,自宋已有之(宝庆元年,县人丁椿舟泊湘阴,翘首江上层阁,新建于环庠,扁曰"尊经",因作尊经阁赋,见《湘阴县志》)。醴陵在清以前无可考,其见于旧志者,乾隆八年,知县段一骥迁建文庙于按察司署故址,于殿后建尊经阁,教谕戴训伦有记(记曰:学宫人文之所自也,醴陵旧学建东城,背阁面河,自宋迄明称极盛,厥后河道变迁,地脉衰歇,不独科名稍替,规模亦废颓矣。我朝化成百年,振兴文学。诏颁十三经、二十二史于直省州县,其为造就人才计者,无所不至。矧文庙为乡校根本,顾任其颓败可乎? 迩者,贤侯公欲安圣灵,议修黉宫,并建尊经阁,集绅士谋迁于司署故址。会余司谕兹土,段侯喜余有同志,且谅其必能勉为之副,爰偕余往,相山川,审形势。见夫芳洲作案,横列森然,渌水如罗,潆洄潋滟,真若天作芹沼,以待后之卜徙者。因复会邑绅理前议,人心踊跃,慨然有更新之志。乃上其事于当路诸大人,得允。于是鸠工庀材,一时毕举。适段侯奉令入觐,专以此事属余,余乃与司训熊君,暨合邑绅士竭力经营,约计需费白金二千有奇,制以正殿居中,其广九丈余,高四丈有五。尊经阁、启圣祠建殿后,右为明伦堂,左右两庑前为大成门及名宦乡贤祠,又前为棂星门,圣域贤关,台阁巍峨,规模壮丽,廓如也。而一邑之大,观在是矣。或曰学署亦课士之地,今兹改建,大不偪欤? 余曰:旧学之旁未立衙署,守护无人。贩夫牧竖,皆得过而憩息。至若明伦堂,非朔讲条,诸生容有数年不一至者。今即以明伦堂后为余私署,俾邑人士讲道论文,从容揖让其间。登斯堂也,诵圣人之言,求圣人之心,将以陶成乎士风学术者大而远,异时人文蔚起,科甲蝉联。轶宋明而应朝廷之作育,其来有自。是役也,经始于乾隆癸亥仲秋,阅一年而告竣。惟时监修诸君及众领首捐资姓名,例应备书。因并揭于碑以垂久远焉)。九年改尊经阁为崇圣祠,以祠楼为尊经阁。四十五年,知县许凝道重修,另建尊经阁于祠左以藏御颁书籍。道光六年水灾,咸丰兵燹,卷帙散佚,阁亦随废。自康熙四十二年后,陆续颁发之书凡四十余种(康熙四十二年颁学政全书四册。四十三年颁乐器图一册。雍正四年颁名教罪人二册,驳吕留长四书讲义二十五部,每部八册。十三年颁学政全书一册。乾隆三年颁十三经注疏一部,廿一史一部,六年颁钦定四书文二十二册,明史一部,周易折衷二部,钦定书经传说二部,钦定诗经传说二部,钦定春秋传说二部,御制日讲四书解义一部,御纂性理精义二部,御纂古文渊鉴二本,御纂朱子全书二部。十三年颁御选资治通鉴纲目一部。十九年颁钦定清语书一部。二十年颁湖南省册结式一部。二十一年颁学政全书一部。二十二年颁三礼义疏一部。二十三年颁纂修湖南通志一部。二十六年颁钦定乐善堂文集一部。二十八年颁御选唐宋诗醇一部。三十年颁湖南祀典一部,御选唐宋文醇一部。三十一年颁御纂春秋直解一部,御纂周易述义一部,御纂周易折衷用一部,御纂诗义折衷。三十七年颁御制文初集一部,御制诗初集一部,御制诗二集一部。四十九年颁钦定学政全书一部。嘉庆三年颁御论一本,五年颁佩文诗韵一部,七年颁湖南祀典一部,十二年颁湖广册结式一部,十三年颁钦定礼部则例一部,十九年颁圣谕广训恭绎直讲二本,二十年颁上谕亲制文武官箴,二十一年颁上谕广教化杜亏欠。道光八年颁大清通礼一部。咸丰三年颁御制性理论一部)。

兴贤堂藏书,创始于清光绪初年。知县连自华倡置四部书籍,邑人士起而募捐,汤越凡为之序(序曰:文字有作,古圣贤之训,始垂诸万世。故六经犹日月也。而子史百家,亦若繁星之丽天,灿然昭著,而不可小视。夫人之为学,固不过明德新民止于至善而已,而必有藉乎。于载籍者,则以天地阴阳之理,修身齐家治国平天下之道,与凡古今之得失,礼乐之名数,下至兵刑食货,亦有不可得而精粗者,非广收审择,即无以知明者当几于至善之域。此学贵由博而约也。为学之要旨,在明经之功,其初也必自训诂入,其究也必明大义所在。大义不明,内无以善身,外无以兼善天下,亦安用读书为域? 士人之贵多读书者,为积理富而有用耳。书固不能尽读,而有用之书,断不可不读,读之断未有不收其效者。故藏书之事,汉以来皆重之。圣朝敦崇正学,开献书之路,有用之籍,建七阁以藏之,复择其要刊布天下。故各直省书院,皆得有官书。承学之士,有所探讨,皆得博览精求,尺其力为实事求是之学。而经学鸿博之儒,遂以远驾前代,可谓盛矣! 吾邑在宋吕东莱先生,曾讲学于此,乡先正若吴文定、杨修撰、黎贡士,暨明之徐氏父子,其经术政事文章,皆卓然不朽。今其人虽往,父老犹能指其旧里,而乐道其遗事。生斯土者,读书而仰前哲,故皆有兴起之心也。邑旧有官书,经兵燹而失,学者慨之,爰有创置公书之议。然非巨资莫克就。邑故多慷慨好义之士,他议举无不为,为之无不成,而此尤为成就人才之要举。余老就一毡,未获归里襄事,为书其荦荦以告,谅诸君子必有以乐成之也。光绪庚辰夏之月)。立集巨资购书凡数万卷,于兴贤堂后构楼藏皮。楼后置门，额曰"小嬛嬛"，其下有亭池花木之胜，后经变乱，书悉散矣。

县立图书馆　创始于民国十九年，县长向焯于青云山梯云阁后筑室为阅书处，县人袁家普捐赠《万有文库》，陶广捐赠《四部备要》，何键捐赠《四部丛刊》，及宋版藏经、殿板图书集成等书。二十三年，设国术馆于梯云阁，迁图书于小嬛嬛故处。二十四年，何键捐款修复关岳庙，于殿后建藏书楼及图书室，翌年图书馆始迁入焉。又何键主湘时，拨省款代购《万有文库》七十六部，发交各县，以作民众图书馆基本图书，于是醴陵始有民众图书馆，附于教育局。廿六年，教育厅令教育局将图书馆合并，时值中日战争前后，敌机滥炸，遂将图书疏散。廿八年，民众教育馆成立，县立图书馆事务暂归其兼管，已而复将寄存乡间之书全部运回，日寇陷县，举付荡然。

崇本图书馆　在东门上励节公园内，乡贤崇本祠原有田百余石，曾由捐户议决作文化事业之用，比经购置《四部丛刊》。又于邑孝廉卜世藩逝世以后，收买其藏书若干柜，近除恢复乡贤祠外，续向捐裔募捐图书及馆舍建筑费。

石笋山房藏书　创于清光绪间，县人吴德襄由拔萃科司铎宝庆，殆三十年，恒以俸入之半购书，前后所得，近五万卷，金石文字采集尤多。晚年卜筑王仙，名其藏书阁曰太山石室，手订书目，自为序（序曰：吾乡向习举业，率以时艺为训，高者谈隆万天崇。国初诸家，能究心五经体注，了凡鉴易知录，即所谓经史之学也，若广而求之十三经、二十四史，与夫三通九通诸子百家书，则怖其言若河汉已。襄幼不敏，于时文不能工，亦尝手录前明归唐金陈及国初熊刘韩张之作。庚申馆浏，学署李竹浯先生见所钞本，语襄曰君为科名耶？可卑之无高论，若欲求有用之学，则当向上一层。有经史在，今时正经学绝续之交，其有意乎？襄韪其言，因之弃旧业，暇即涉猎古书。所得之籍，句读而勘校之，手钞本约百十帙。虽悠悠无所成，固未尝一日不与古晤对也。往在邵州，修俸所入，半付书贾，藏本约万余卷，二三旧识知所心嗜，亦多投赠。然襄于各知好性契惬，亦不欲有以自私，以故所得如覆刻殿本十三经注疏、阮校十三经注疏、佩文韵府、大清一统志、玉函山房朱子纲目、二十五家诗古文渊鉴、初印楚宝诸书，多分饷同人。若海国图志、宝庆府志，取去者尤不十数册。花晨月夕，偶有所怀，又不胜良朋之忆矣。近自宝庆归，襄无长物，所存书约三万余卷，总前后所得近五万卷。二儿新祐购宅王仙太山下，为筑室三间，上拓一楼，高盈丈，广约二丈，长逾三丈，东北向辟三牖，温曛东上，几席光明，云白山青，扑人眉宇。楼面贴以砖，四壁位置书棂，宽绰有余。春秋之暇，部分经史子集，钞成书目一卷，丁未假归，略照依张南皮书目答问本，分类重录之。而律赋试帖时文稿附于后。噫！些些之数，视江浙藏书家，特九牛一毛耳。乃积年始得，难矣！因忆阮文达撰范氏天一阁藏书记，谓司马设后，封闭甚严，继乃各房子孙约为例。凡阁橱锁钥，分房掌之，禁以书下楼梯，非各房子孙齐至，不启钥。子孙无故开门入阁者，罚不与祭三次。私偕戚友入阁，及擅开柜者，罚不与祭一年。擅以书借人，罚不与祭一年。因而典鬻者，永摈逐不与祭，其例严如此。新化邓氏十九华山楼记云，楼属公，禁私分，禁庋家具，禁佣工栖此，禁延师馆此。今兹楼书无多，我子孙随时锁钥，不得携书下楼，不准借人，均当如范氏约，并遵守邓氏四禁。庶免遗失败坏。如有不听者，斥之逐之。邓氏又云，此书后人不能读，是为不孝，或更不能守，则尤不孝之大。勖哉吾子孙，尚其慎守勿替，贻我以令名，其可乎？壬寅秋识，丁未十月重录）。殁后书仍归石笋山房。其地在县东塘冲石笋山下。湘阴郭嵩焘撰记。今山房与书俱存在。

听竹笑楼藏书　为邑孝廉文潏所置，楼在县北铁江口南竹山，莳竹万竿，清幽绝俗（郭嵩焘题楼额,王闿运跋其读有用书斋,累数百言)。收藏之富,见称于时,且多海内孤本。因开矿折阅巨万,身后鬻产以偿,其书半归郎园,今亦转落他人手矣(有吴文定公奏议,拟重梓不果,今已无从寻觅,可慨也)。民国纪元以来,邑人士喜搜罗古籍,寖成风尚,文化前途,其有豸乎?

县立民众教育馆 于民国二十八年八月,奉教育厅令设立,以状元洲渌江桥公所为馆址,馆长原由教育局长兼任。二十九年九月,教育厅委杨焘为馆长,自后民教馆始有专人负责。未几以病辞。县府派文一智继任,在职一年,呈请辞职。三十二年七月,教育厅委李经甫继任。馆内组织,馆长以下分总务、训导、设计、游艺四组。一收音室,就播音时间,指导民众听讲。管理图书阅览事务较忙。三十三年,沦陷,遂停办,迄今未恢复。

讲演台 在文庙坪,高丈许,每逢召集大众,开会讲演,必于此地,其坪广袤,可容万人。

(《醴陵县志》卷四教育志　民国三十七年铅印本)

蓝山县

教育

报章图书,一系新闻,一存学乘,文化之通邮也。县初附阅报室于教育会,今在教育局,有通俗周刊,始于民国十八年一月,其事教育会主之,先后执笔者,彭究德、黄云瑞、钟华松、廖湘屏也,其年七月告停。十九年十一月,通俗教育社成立通俗周报,以主任陈冰若为主稿。图书馆旧有之书院藏书,率多残缺,近拓展为民众图书馆,已购《万有文库》为之基,而民众教育,现由各校附设,教育局给以补助金。县自兴学迄今,凡游学京省,或远涉海邦,毕所业,有名于时者,已不乏人,具详人物篇学位表,此不具论。

(《蓝山县图志》卷十六　民国二十二年刻本)

宜章县

社会教育为补助学校教育所不及,光绪三十一年县令刘燨就城内外祠庙分设半日学堂四所,俾贫民子弟就学,为社会教育之先声。民国初年推广义务教育,渐有起色,自劝学所改为教育局后,建筑图书馆,现为民众教育馆,购置《万有文库》《四部丛刊》及新旧书籍供人浏览。县党部设立民报社,发行周刊,各机关均有阅报室,通衢粘贴新闻纸并民众识字牌,乡村小学均附设民众阅报处,其农民无暇求学,并附设夜学。据县督学报告,民众阅报处及民众夜学第一区四十四所,二区二十二所,三区十九所,四区二十五所,五区三十五所,六区三十所,所以启牖民众知识者,已造其端,引伸而扩充之,尚有待也。《韩诗外传》曰:石田千里,谓之无地。愚民百万,谓之无民。生存竞争,优胜劣败,天演公例也。然贫富不齐,欲求教育普及,当悉将国民小学改为公立,应如何统筹改进,是所望于负教育行政之责者。

(《宜章县志》卷二十二学校志　民国三十年活字本)

湖南各县

长沙
社会教育

图书馆　湖南省立图书馆创设于民国四年，当时为省教育会所设，藏书无多，仅供通俗阅览而已。至十年二月，乃将改建教育会会场计划中之图书馆首先兴工。十二年一月而馆成。十三年三月始举行新馆开馆式。共藏书旧籍则分经、史、子、集、丛书等部，新书则分总计部、技艺部、美术部、文语学部、史地部，外有寄存图书若干部，订购杂志报纸若干种。

又有通俗教育图书馆，即设立通俗教育报馆内，成立于民国三年，历年添置藏书，今有新旧书籍约八百余种，杂志及报章约七十余种。

民众教育　去岁全国教育会议，改订平民教育之名称为民众教育，长沙现已根据湖南教育厅颁布之民众教育委员会暂行规程，组织长沙市民众教育委员会。其经费由市教育经费项下开支，每年为四千八百元。办有市立民众学校十四所，民众书报阅览处二处。

按社会教育为补习学校教育之所不及，亦为推进文化之利器，兹幸教育当局于市乡民众图书馆已有明文规定，民众教育力谋进行，将来市乡文化，或有平均发达之望。

湘潭

学款县立各校，则归劝学所支配。专设学款经理处负责主掌。岁收田租房租及各项捐税，约计银元四万元，其支配县立各校，约计一万元；补助乡区各校，约一万四千元；劝学所经理处约三千余元；教育会图书馆，约一千一百余元；视学员、演讲员、征收员、十七区主任薪食夫马约五千八百余元。

宁乡

社会教育之实施，几等于零，民众补习学校，全县不过数所。民众图书馆，虽经教育局之筹划，已具雏形，而组织完善，尚须时日。今全县不识字之人数，几占全县人口总二分之一（三〇八六九九），是于社会教育，不能不特别注意及之也。

华容

图书馆、通俗报社以及半日学校、夜学校、农民识字学校，皆未举办。

邵阳

社会教育，仅县立图书馆、通俗演讲所、新旧戏剧，为通俗教育之最有力者。

新化

县教育会一，附设民众补习学校及阅报室各一。

衡山

城区图书馆一所。

安仁

人民守旧之念弥笃,多不肯遣子入学。今后惟望主持教育者,多购报纸,或创立周刊,分派乡镇阅览,渐以启沃人民知识。同时主持公正,为事择人,通力合作,庶文化可望发展焉。

宁远

通俗讲演所,通俗图书馆,及平民学校等项,历年亦有举办,终以困于经费,无具体办法,收效甚微。

新田

新田文化团体,从前只孔圣会、文昌会之类,近今学理日新,思潮进步,以故教育会董事会各区学务委员会,对于教育,皆加意讲求,务期扩张。今年教育局创设通俗报馆于通衢,附图书馆于内,教育会发行月刊,又附平民夜学,意在普及教育,开通民智也。

蓝山

关于社会教育,则只有教育会发行周刊,设立图书室、阅报室,并讲演员一人。

嘉禾

县有教育局一,教育会一,会员一百四十七人。私立学设图书馆一,藏书九百四十一卷,二千七百四十八册。同文书报合作社一,转运推消书报及承办印刷事业。

永兴

设立通俗图书馆,阅书文库,鼓吹文化。

安乡

县设通俗教育馆一,陈列书报,不甚完备,仅每三日发行刊物一次。此外平民补习及夜学、巡回文库等,均付阙如,农工无识字机会。故安乡社会教育,诚无可纪。

沅陵

社会教育,有通俗讲演所一而已。

辰溪

社会教育,则教育局已设图书馆、阅报社。教育会办有夜班学校、平民学校,俾贫寒失学儿童得以就学。而各民众学校,亦正计划筹办。

芷江

全县图书馆,设立已有成议。李绅永瀚,允以藏书捐归同好,故又有上乡图书馆之设。

且其事在急行,欲于其中撰修县志,以备参考,阅报处亦拟次第推行。

凤凰

本年二月,始于县城内成立通俗图书馆、通俗讲演所、通俗阅报社各一所。

攸县

三日报馆一,自治旬刊一,图书室一、阅报室一,其他露天阅报处到处皆有。

新宁

邑中教育机关,如教育会图书馆、阅报室,多无人主办。

祁阳

因教育人士之努力,成立民众图书馆一所,书报颇多,足为社会教育之一助。

道县

民十四年,县教育会始有图书馆之设,然藏书不多,后乃移于县教育局,方谋发展,旋奉省教育厅令,成立民众图书馆,教育局于是就该馆改设,从新购图书数百种,今已蔚然可观矣,而通俗教育馆与之合设。文化宣传,于是乎有赖。至报纸曩有私人举办者,然经费有限,旋起旋停。去岁县党务指委会成立,于公款项下,出版三日刊之通俗报,近改为日刊之民报。文化输入,便利多矣。

(《湖南各县调查笔记》文化类　民国二十年铅印本)

附：湖南省民国时期图书馆史文献目录

图书(书名、著者、出版者、出版时间)

1. 湖南南轩图书馆十周年纪念刊　该馆编印　1934 年
2. 湖南省立中山图书馆概况　该馆编印　1936 年

论文(篇名、著者、期刊名、卷期、出版时间)

1. 本省图书馆法规　湖南省教育厅　社教之友　16,17 期合刊　1941 年 7 月
2. 湖南市县立民众图书馆暂行规程　湖南教育行政汇刊　第 5 期　1930 年 4 月
3. 县立民教馆、图书馆设置巡回文库计划式样　湖南教育　28 期　1942 年 4 月
4. 湖南省各县图书馆、民众教育馆巡回文库设置指南　湖南教育　28 期　1942 年 4 月
5. 湖南之图书馆　时代生活　1 卷 2 期　1943 年 3 月
6. 湖南省立中山图书馆组织规程　湖南教育行政汇刊　第 1 期　1929 年 7 月;第 8 期　1931 年 4 月 6 日(修正)
7. 湖南省立中山图书馆阅览图书类别统计表　湖南教育月刊　第 17 期　1930 年 3 月 31 日
8. 湖南省立中山图书馆阅览人职业类别统计表　湖南教育月刊　第 17 期　1930 年 3 月 31 日
9. 省立南岳图书馆概况　康和声　湖南教育　第 20 期　1941 年 8 月
10. [湖南省立]中山图书馆观书记　叶定候　中华图书馆协会会报　11 卷 5 期　1936 年 4 月 30 日

江西省

地方志史料目录:《江西通志稿》《安义县志》《吉安县志》《赣县新志稿》《南康县志》《分宜县志》《宜春县志》

附江西省民国时期图书馆史文献目录:7 种图书,35 篇论文。

庐山图书馆

一、缘起与史略

庐山图书馆创议于民国二十二年暑期,其时蒋委员长正在庐山创办军官训练团,因鉴于庐山为中外人士游览胜地,避暑佳境,亟应创建庐山图书馆,籍以供给避暑者及游人以精神食粮,兼以庐山训练对于庐山图书馆更有密切需要。乃指示江西省政府督同教育厅励志社及庐山管理局迅速筹办。江西省政府主席熊式辉当即饬由庐山管理局拟就建筑计划呈核,并派建设厅厅长龚学遂来山查勘,终决定以火莲院旧址为建筑基地,其建筑之设计与工程之主持由建设厅董其事。二十三年夏,由杨荣猷营造厂包工兴建。八月开工,至二十四年七月全部房屋工程连同自来水及卫生设备同时竣工。当经省府派员验收,并在沪购到小型发电机赶运来山,自行装设电灯。馆舍四周配植风景树及花草,点缀环境美化。第一批图书由教育厅厅长程时煃代为选购。全部建筑费约八万元,水电及器具设备费约四万元,图书费约三万元,本馆开办费共计约十五万元。

二十四年八月五日,庐山暑期第一次扩大纪念周即在本馆举行,纪念周后并举行本馆落成典礼,江西省政府主席熊式辉及中央军校教育长张治中共同莅临,参加主持。仪式庄严隆重,为庐山文化创一新纪元。

庐山图书馆成立后之第一年,由庐山管理局直接管辖,派员办事,图书未丰,经费有限,组织亦颇简单。二十五年七月间,庐山管理局局长谭炳训奉熊主席谕,庐山图书馆改变组织,成立管理委员会。藉群策群力,发展馆务,管理委员会之组织规程,旋奉江西省政府八月十九日教字第三○三九号指令核准,各委员嗣经分别派定。九月二十七日管理委员会即于牯岭正式成立,并召开第一次委员会议。

按其时管理委员计五人,为欧阳祖经(教厅派)、谭炳训(管理局长)、罗霄华、曾大钧(省政府派,又一人为励志社代表,未派定),另征集图书委员:程时煃、谭炳训、陈任中、袁同礼、沈祖荣、陈三立、陈布雷、欧阳祖经等。

管理委员会成立之后,即向全国党、政、军、教、出版等各界公私机关及个人广泛征求书刊,并增购必要之参考书及有价值之丛书,经年余之努力,至二十六年暑期开放时,古今图书琳琅满目,已蔚成巨观矣!

二十六年八·一三后,中国对日展开全面抗战。九月间管理委员会奉省府令,经费紧缩,职员裁减。本馆事业从此乃由进取而变为保守,嗣因沪战激烈,空袭威胁日重,京沪苏杭各地之中学大学疏散,来山者有六校之多,馆中房舍大部分被临时借用。经费困难,环境变迁,迫使该馆事业更由保守而渐进于半停顿之状态。二十七年七月间,江西省保安团第十一及第三两团奉命自九江撤退保卫庐山,第十一团团部即进驻本馆。从此学府变成要塞,庐山唯一之文化事业,不得不就此准备结束。不久即奉省府令该馆于二十七年年底实行停办。

二十八年四月中旬,日军攻略南昌后,回师围攻庐山,十七日晚攻占小天池,庐山孤军被迫于十七夜由牯岭及本馆撤退。十八日晨八时许,日军进入牯岭,本馆遂陷于沦亡。在此期间,日军驻庐山之警备队以传习学舍为部驻所,以本馆为临时军用仓库。故六年半以来,本馆破坏殊甚。东楼屋面炸毁十余公方,室内可见天日,其余屋面因年久失修,屋瓦或破碎,或脱节,故每逢落雨,室内遍地皆水。馆内水电设备多处毁坏,不堪使用,原有器具物品,或被运走或被焚弃,门窗锁钮被日军以军用目的全行拆去,原有图书狼籍散乱,堆放满地,名贵版本,一部分运走,所余十九残缺不全。尤堪痛恨者,日本军人每以破坏书籍为能事,尝试一刺刀之锋利或一枪弹之射击力,可能刺透或射穿叠置案上之书,至几深几厚,文献典籍罹此浩劫,至堪痛心。

三十四年十月二十七日,庐山管理局吴局长仕汉奉省府命返山复治,即派秘书叶秉立由日军手中接收本馆。其建筑设备及器具,均有移交清册,唯图书既无目录,亦无确数。在移交册上其无记载与说明。叶秘书接收后,经清查结果存中文书五三三二一册,西文书八八六四册,合计六二一八五册。本馆经接收完毕仍暂时封闭,派警驻守。

三十五年一月间,庐山管理局曾拟订庐山图书馆整理计划,以庐三字第一〇六号呈送江西省政府。计划之目的,在使庐山图书馆恢复旧观,且进而增加图书,活用图书,扩充社教事业,发扬民族文化,使具有全国性及世界性。

计划之内容:

(一)改进组织:一方面恢复管理委员会,使成为本馆指导、辅助及监督之机构。一方面树立馆长制度,俾得以专才司专业,以专职负专责。

(二)推广事业:除阅览室采用开架制度,便利读者外,并增辟专门图书室,办理巡回文库,编制联合目录,实施民众教育,创设文化公寓。

(三)积极整理:先行编订分类表及编目规则,集中力量,进行分类编目工作,预定三十五年暑期正式开放。

(四)征集图书:利用政治力量,利用机会与荣誉,利用地位与宣传,利用交换与保管,以各种不同之方法,达到增加图书之目的。

本计划之后,并附有经常费与临时费概算书、庐山图书馆之组织规程、庐山图书管理委员会规程,其规程中修正之点,并附有详细说明。此项计划自一月间呈省府后,历时甚久,始接奉教育厅书面通知,原计划暂予撤销,因庐山图书馆隶属问题尚未决定也。

庐山管理局于四月间即已令派王劲为庐山图书整理主任,另调庐山中学干事三人协助开始整理工作。中间虽接奉原计划撤销之通知,但整理工作仍照常进行,整理工作之第一步,为将原存东厢楼上下之书籍,由雨淋水浸之危害中,搬运至正楼下比较安全之房间内,浸湿之书,并加以翻晒。第二步将善本古书逐步清理,妥慎保存,并将普通书剔除复本集中五千余册,于东厢楼下南间,分类排架以为暑期开放之准备。

五月十四日江西省政府主席王陵基氏到任伊始,即莅临该馆视察,当以该馆残破亟应修复完整,面谕拨款一千万元即行开工

七月初旬,全国青年团夏令营,来庐山筹备,商借本馆正殿及讲堂为营本部办公处,原移存正殿楼下之书籍复于短时间内移至东楼,但此时东楼屋面修理尚未竣工,移回之书保护管

理殊为费力。七月十五日夏令营开始上课,本馆普通阅览室及西文图书阅览室,亦把握时间正式开放,普通中西书籍全部开架陈列,夏令营学员及讲师自由阅览。开放时间自晨至暮整日无间,夏令营师生咸称便利。

七月二十四日三民主义青年团庐山夏令营与江西暑期学术讲习会在庐山大礼堂联合举行开学典礼。主席蒋亲临主持,并举行聚餐,餐后主席暨高级军政长官多人来馆视察,对于该馆图书、组织经费等项,垂询甚详,当由该馆主任据实际情形简要面陈,并以善本书目呈阅。主席表示应速设法改善。当日下午,主席即以亲笔手谕交由国府文官处,致送该馆内开:

庐山图书馆长惠鉴:

图书馆应从速组织,其应增加人员与经费,望作最少限度之计划呈报。又古书中所缺之书应从速觅取同版之本准备抄补为要。　中正

庐山管理局长根据主席蒋手谕重新拟具简要之整理计划,于八月十四日签请江西省政府王主席核转。此次整理计划之内容为:(一)恢复管理委员会,(二)健全馆内组织,(三)整理工作遵主席蒋手谕拟订为下列要项:(1)恢复旧观,(2)保存国粹,注重善本古书之抄补、装订与保存,(3)充实图书设备,(4)经常费请省府核发,事业费请中央补助。后附管理委员会组织规程,图书馆组织规程及经临费概算书。

上项计划及吴局长签呈于十一月间,接奉江西省政府教字第九二五六号训令,内示:(一)主席蒋对吴局长签呈已以未艳,代电饬行政院酌予补助,原整理计划已发省府,由省府核办。(二)行政院准予补助该馆事业费二千万元。(三)省府核示:(1)原整理计划除经临费外,余准照行。(2)管理委员会规程准予备案,委员人选,除当然委员外,余由庐山管理局专案呈荐。(3)庐山图书馆组织规程准予备案。(4)庐山图书馆准自本年十月份起正式恢复,其经费列入省府预算支给。(5)中央补助费二千万元,核定用途为新书购置费为九百万元,缺本抄补费六百万元,各项设备费五百万元。随令附发编制表,核定本馆编制馆长一人、主任二人、干事三人、会计员一人、工役二人,附发经费概算表,每月经费五万元。俸给费九二○元,办公费二六○八○元,书报费二○○○○元,特别费三○○○元。

庐山管理局奉令后,除当然委员呈请省府指定外,并呈荐中正大学校长萧蘧,励志社总干事黄仁霖,省立南昌图书馆馆长李蓉盛及中国旅行社董事长陈光甫为委员,同时训令图书馆遵照并派王劲代理馆长职务。嗣奉江西省政府教字第九五六九号指令,原呈荐之管理委员准分别聘派,别派省府秘书熊飞及教育厅主任秘书贾国恩代表为该会委员,一并填发聘函三纸、派令四张。庐山管理局遵即将上项聘函派令分别函送各委员,并订于二月十日在南昌假教育厅召开第一次委员会议。

附:庐山图书馆复兴计划(节录组织之改进)

庐山图书馆复兴计划

一、序言

珍贵书籍,藏之名山,古有先例。庐山为东南第一名山,且为避暑胜地,其山水风光的壮美,夙为全国以及全世界所普遍景仰。在战前每届夏秋季节,中外人士,来山游历及避暑者,数以万计。国际观瞻所在,民族文化所系,庐山应当设立规模宏大的图书馆,具有全国性,且

具有世界性。其最大目的与作用,在使名山兼为学府,将民族文化,藉游人为媒介,广播于全国,广播于全世界。至于以精神食粮,贡献于游人及居民,藉以提高庐山文化水准,并增重其固有地位,乃属当然之成就。

政府当局有鉴及此,雄伟庄严的馆舍,在民国二十四年即已落成。馆内藏书,经各方面之合力征募,与有计划之选购,迄民国二十六年已蔚成大观。规模甫备,尚待充实,而抗战烽火已起,京沪沦陷,庐山变为前线,本馆事业之发展从此停顿。二十八年春,敌人以攻略南昌后战胜之余威,回师侵陷庐山,七年于兹,始告重光。本馆房舍及藏书,虽幸未付之一炬,但年久失守,屋顶局部倾圮,器具多半损失,而图书六万册,零乱堆放,更不堪入目。整理复兴,刻不容缓。复兴庐山图书馆,实为复兴庐山极端重要之措施。谨拟就本计划,以为复兴工作进行之准绳。

本计划之目的,不仅使庐山图书馆恢复战前旧观,且进而扩充发展,如前所述,使成为具有全国性且具有世界性、规模宏大、设备完善之图书馆。本计划之精神,不顾使庐山图书馆成为单纯的藏书楼,乃其灵活运用,亦复如前所述,使名山兼为学府,将民族文化,广播于全国,广播于全世界。

唯兹事体浩大,任重道远,仅以庐山现有之人力财力,实不足以当此。所望上级政府及中外人士,共有此目的,共本此精神,力量集中,共成盛举事业永垂不朽。

二、本馆组织之改进

本馆于二十四年设立,在组织上原属直辖于庐山管理局。因时在初创,组织简单,未臻健全;更兼限于预算,员额无多,对于事业之推进,殊感困难。

及二十五年谭炳训先生奉派为庐山管理局局长后,锐意改进山政,对于本馆事业之发展,亦不遗余力,嗣奉熊前主席面谕,将本馆组织酌予变更,设立本馆管理委员会,藉重于群策群力,以发展本馆事业。该委员会组织规程,于是年八月间奉省府指令核准,各委员亦均先后派定,旋于九月二十七日召开第一次会议。

该委员会组织规程之内容,其第一要点,即在使庐山图书馆经委员会之媒介与江西省政府直接发生辖属关系。庐山管理局仅为此委员会中之一份子,藉此对于馆务之推进,可能得到极大之力量。第二,凡与庐山有密切关系之机关,如教育所、励志社等均派代表为当然委员。与本馆关系更为密切之庐山管理局,则以局长任该委员会之常务委员。实际上庐山管理局对于本馆所负责任,仍较其他机关为大。第三,该委员会于常务委员之下,设图书馆与事务部。每部设立任一人,由委员中互选之。第四,图书事务两部各设干事一人,受主任之指挥办理各部经常事宜。第五,除干事外,并视事务之繁简,设事务员、会议员、书记、机匠等职员。第六,本馆收入预算,由委员会编送江西省政府核准。

管理委员会成立之后,发生困难甚多:(一)各委员作为机关首长,即系机关高级职员,本身职务既重且繁,对于委员会及本馆应尽之职责,实有心余力绌之感。(二)各委员居住地点,都在省会及其他都市,经常会议难以按时出席,开会地点,常须迁就委员。(三)各委员出席会议之车旅费,本馆无力支付,第一次会议议决,函请各机关自支。(四)第一次会议推定之图书事务两部主任委员,均系省府要员,平日既未能驻馆办公,事实上各项工作,仍由馆内职员负责。

基于上述之原因,本计划中关于本馆组织之改进,确定如下之方针:

1. 恢复管理委员会,使该委员会成为本馆指导、辅助及监督之机构;

2. 树立馆长制度,以专家经营专业,具专职专责;

3. 充实人力,馆内分股办事,延用各项专门技术人员发展馆务;

4. 确定预算,配合事业发展计划,并通应本馆新的组织及人力配备;

5. 活用图书,用活图书,实施社会教育,馆内特设社会教育股,以专责成。

上述关于馆组织之改进方针,其具体办法已编撰于本馆及管理委员会的组织规程中,该项规程专案呈核,兹不备载。

三、本馆事业项目之扩充

依本计划的目的与精神,本馆的事业,应有下列各部门:

1. 公共阅览室　该室为一般读者阅览图书处,室内备有本馆图书总目录及联合目录,并将通俗读物、文艺作品、科学丛书、普通参考书及其他通俗大众需要之读物,开架陈列,供读者自由阅览。

2. 专门图书室　本馆为提倡专门学术研究风气,特设下列各专门图书室,室内图书,一律开架:

(1)珍版图书室

(2)军事图书室

(3)地方志图书室

(4)宗教图书室

(5)史地图书室

3. 巡回文库　本馆依机会教育的原则,供给游人及居民以精神食粮,特于本山各游历路线之适中地点,如铁佛寺、黄龙寺、观音桥、秀峰寺等处,均设立图书巡回站,以名人传记、古今小说、中外历史、科学画报及庐山导游等富有趣味之图书,编成巡回文库,分置各巡回站,托由寺僧或派遣专人负责管理,定期巡回交换。

4. 联合目录　本馆自藏图书,为数终于有限,坊间出版新书,又或限于财力,未能悉数购买,但本馆为服务学术的专门研究,补救的办法,即为编制联合目录。以本馆的书目与各大图书馆的书目相交换,就他馆所有本馆所无之图书,混合编入本馆图书目录中,惟注明各该书所属之图书馆。如有学者为专门研究而需要此种图书时,本馆可代为洽谈。

5. 社会教育　本馆为活用图书,进而使用活的图书,以提高庐山社会的文化水准,特举办含有教育目的的下列各项社会活动:

(一)读者会

(二)教育电影

(三)无线电播音

(四)戏剧公演

(五)音乐会

(六)学术讲座

6. 出版事业　本计划的理想目标,在使本馆成为全国唯一的名山学府,一方面征集选购大量的名贵图书,吸引国内外学者常来庐山或常住庐山藉本馆为学术研究的基地;同时并奖励学术著作,对有价值的著作,予以出版机会。而对于馆内事业状况,及国内外出版有价值之新书,则刊行图书月刊,以为宣传及介绍。所以出版事业亦为本馆事业重要的一环。

7. 文化公寓 本馆为便于学者及专家来馆为专门的研究,特举办文化公寓。以极端节省的费用,招待居住及饮食,转以此项事业的收入,用为添置图书的专款。

以上所举七项事业,为本馆事业计划重要的项目,就本馆人力财力可能的范围内,循序渐进,次第举办,事业进行的程序,详见以后各节。

四、现阶段的整理

抗战胜利,国土重光,三十四年九月间,江西省政府计划复员,经省府会议决定恢复庐山管理局,简派仕汉为局长,十月来浔,旋即接收庐山。庐山图书馆内,现库中文书籍五万三千三百三二册,西文书籍八千八百六十四册。合计六万二千百八十五册。原系堆放满地,零乱不堪,因受潮湿而破损者,约在一成以上,经接收人略事补点整理,因限于时间及设备,仍无条理可寻。馆内器具损失过半,藏书楼之局面,且有部份倾圮,复兴庐山图书馆之第一步工作,即为修整馆舍,补充设备,尤其重要者,即为整理此六万余册乱无条理堆放之图书,准备于不久之未来开放阅览。

此项图书的整理工作,预定自三十五年一月份起,至同年六月底止,须有技术熟练的馆员六人,每日工作八小时,除星期日及其他例假外,中间无事耽搁,方可先成。

整理图书的第一项工作,即为适应本馆房舍分配情形、设备状况,并便利图书的排架与阅览,而编订本馆特有的图书分类法。

第二项工作,即为根据本馆图书分类法,将此六万余册图书,加以分类及排架。先由大类分起,再进而逐类细分。此项分类及排架工作,以预定之人力(连馆长七人),预计一个月可以完成。

第三项工作,即为编制图书目录。本馆初步整理,限于时间决定先编制卡片式分类目录一种。馆员六人,每人每日编一百册图书之卡片目录,平均每月工作二十五日,则六万余册图书的编目工作,需时四个月左右可以完成。

第四项工作,即为开放前应行准备之事项,如(1)各种规程章则之拟订;(2)借书证及应用卡片表簿等之印制;(3)馆内设备及馆外环境之布置;(4)标语广告等宣传工作之进行,等等。此项准备工作,需时约一个月左右。

以上关于图书整理的工作,全程需时六个月,而修整馆舍与补充设备两种工种,在此六个月内,可同时进行。如无意外耽搁,则自三十五年七月份起本馆可正式开放。

五、图书的征集

欲使本馆成为名山的学府,吸引国内外名流学者及专家,常来庐山,或常住庐山,做学术的研究与著述,主要的工作,即为充实本馆内容,广为图书的征集。本馆三十五年度下期,在原有图书初步整理之后,除开放阅览,维持经常事业的进行外,其中心工作,即为图书的征集。

本馆图书的征集,须以本馆管理委员会为主体,联络参加有关系的各方面,扩大组织本馆图书征集委员会,征集的范围,由本省推及全国,由在山外籍人士,推及世界各国。征集的办法,亦有数端,分述于下:

1. 利用政治力量:由本馆图书征集委员会呈请省府转向各县征集县志、民间藏书,及各县地方出版物。或即由本馆管理委员会邀聘各县县长为本馆图书征集委员。其征集图书成绩卓著之县长并由本馆管理委员会呈请省府予以传令嘉奖。

2. 利用机会与荣誉:每届夏秋季节,国内外名人学者,富绅巨商,或来山游历,或来山避暑,趁此便利机会,正可向其劝募名贵图书,并于书上题名留念。其愿以现金委托本馆代购者,亦表欢迎。俟书购到,即送请捐赠人自行题赠。千万中外人士,因阅书而感念赠书人,赠书人实有莫大之荣誉,与书长存!

3. 利用地位与宣传　本馆因其地位之优越,与全国学术界、教育界,可以经常保持密切的联系。全国各大书局及其他出版业者,如以出版新书捐赠本馆,则其书为来山读者先睹为快,同时,本馆更在图书月刊上为之介绍,则其书之销路必见增大。必要时本馆并可呈请教育部通饬各书局遵照办理。

4. 利用交换　国内各地方政府、机关、学校团体,其出版之书籍及刊物除尽可能请其捐赠外,并可以本馆出版之图书月刊及丛书与之交换,互惠互利,互为宣传。此外各图书馆多余之复本图书,如为本馆所无者,即以本馆出版之书刊或复本图书与之交换。

5. 代为保管　国内学者隐士,不少藏书专家,如其以私人极大之精力,藏书以供少数人欣赏,实不如存放本馆,可供千万中外人士所共览。其书由本馆负责代为保管,破旧者且代为修订,每书之正封面,并加盖某某藏书戳记,以资识别。所有权仍旧原主,而其书之效用,则增宏万倍,且藏书者为千万中外人士所知名,实增无上之无荣。

以上征集图书之五种方法,仅就重要而有效者加以叙述。事在人为,因时因地随机设法,无不可达到之目的。图书征集之成功,实为本馆事业发展之基础。

六、社会教育的实施

昔日的藏书楼,是居奇式的死藏图书,以图书为珍宝;今日的图书馆,是社会化的活用图书,以图书为实施教育的工具。要使本馆成为最进步的图书馆,必须实施社会教育;不单是等人来看书,并且要拿书去教人;不但有由纸墨字静的书本,并且有有声有色活的教材;不仅是争取藏书数量的丰富,并且要计较社会教育实施的功效。这是复兴本馆计划精神之所在。

本馆实施社会教育事业的项目,已如前所述,兹复具体说明如下:

1. 读书会　该会组织的目的,在吸收本馆的基本读者,以便循序渐进的实施读书指导工作。读书会的会员,以常住本山者为限。内分青年组(知识分子)及成人组(一般民众)。各组阅读的图书,由本馆编定书目;会员阅读后须作简明的读书报告,并于国民月会中自由报告读书心得。

2. 教育电影　本馆附近即为庐山大礼堂,放映电影,最为通用。每年夏秋季节,游人麕集庐山时,本馆即向有关方面洽租富有教育意义的影片,如新闻片、历史片、科学片等,来山公开放映,取费轻微。这是活的教材、活的图书,教育效果既大,且增本馆收益,一举两得。

3. 无线电播音　山上报纸无多,新闻消息迟缓,本馆为补救此项困难,特选适当地点,如街市中心、学校附近,及其他人口密集场所,设置无线电收音机,按时播放中央电台之新闻报告及讲演音乐等节目,这也是活的教材。

4. 戏剧公演　本馆于适当时机,特邀来山旅行的剧团为戏剧的公演,可能时并自行聘请导演,组织剧团,编排话剧、歌剧、平剧等各种节目,定期公演。门票收入用为本馆事业基金。

5. 音乐会　音乐的力量,动人最深,且能引起听众高尚的情感。每逢音乐名家来山旅行时,本馆即邀请其公开演奏,并就山中音乐爱好者,发动组织歌咏队、口琴队、丝竹乐队,以及交响乐队等,定期举行音乐演奏会。

6. 学术讲座　本馆为提高庐山的学术空气,每于学者专家来山游历时,征其同意,为特设讲座,请其为学术的讲演。山中爱好学术的人士,均可自由到场坐听。

本馆复兴三年计划事业进度表

项目	三十五年度	三十六年度	三十七年度
初步整理	将原有六万余册图书分类编目,补充设备,修整馆舍,制订章则,印制卡片表簿,六月底完成		
公共阅览室	七月一日起开放	照常开放	照常开放
专门阅览室	本年下期开始筹备	七月份开放	照常开放
征集图书	本年下期中心工作	继续征集	继续征集
巡回文库		下期着手办理	继续巡回
联合目录		十一月份起着手编制	继续编制
社会教育事业	电影教育、戏剧公演、音乐会自七月份开始	全部项目次第举办	照常实施
出版事业		七月份起出版图书月刊	除图书月刊外,并出版专门著作、丛书
文化公寓	七月份起开放	照常开放	照常开放

庐山图书馆组织规程

第一条　本馆隶属于江西省政府,并受本馆管理委员会及庐山管理局之指导、辅助与监督。

第二条　本馆设馆长一人,荐任,总揽本馆事业与行政事务,督率员工,对庐山管理局及本馆管理委员会负实际责任。

第三条　本馆于馆长之下,分下列三股办事:

一、事务股,其职掌如下:

1. 关于文电稿件的撰拟事项;

2. 关于文件电讯的收发事项;

3. 关于现金的收付事项;

4. 关于预决算及会计事项;

5. 关于馆舍的修建及环境布置事项;

6. 关于器物购置及保管事项;

7. 关于交际应酬及招待事项;

8. 关于工友训练及管理事项;

9. 关于员工福利事项;

10. 关于其他各股不管事项。

二、图书股,其职掌如下:

1. 关于本馆图书分类法编订事项;

2. 关于图书文献征募及选购事项;

3. 关于图书之分类编目及登记事项;

4. 关于图书之排架及整理事项;

5. 关于图书之出纳及阅览室管理事项；

6. 关于图书之保管及藏书室之管理事项；

7. 关于报纸杂志之展览及阅报室管理事项；

8. 关于民众阅读之指导事项；

9. 关于图书破损时之装钉事项；

10. 其他有关于图书事项。

三、社会教育股，其职掌如下：

1. 关于读书会之组织及指导事项；

2. 关于电影教育之实施事项；

3. 关于戏剧教育之实施事项；

4. 关于音乐教育之实施事项；

5. 关于美术展览事项；

6. 关于聘请名人讲演事项；

7. 关于学术研究及文化公寓事项；

8. 关于本馆期刊、丛书之编辑及出版事项；

9. 关于标语广告等宣传事项；

10. 关于其他社会教育事项。

第四条　每股设股长一人，委任，秉承馆长意旨，办理各该股规定职掌事项。

第五条　各股于股长之下，视工作之需要，设下列各职员：

一、事务股可酌设会计员、文牍员、出纳员、事务员等，必要时，并可添聘工程技术人员。

二、图书股可酌设编目员、管理员及钉书技工。

三、社会教育股可酌设编辑员，并可利用机会临时聘用音乐教师及戏剧导演等职员。

上列股长以下之职员，其人数于每年度开始时，根据事业计划及经费预算确定之。

第六条　本馆为加强行政效率，统一职员意志，探讨过去工作得失，策励未来事业发展，按月举行馆务会议一次。

第七条　本馆各股办事细则另订之。

第八条　本规程自呈奉　核准之日施行。

庐山图书馆管理委员会组织规程

第一条　庐山图书馆(以下称本馆)为集中群策群力发展馆务起见，特呈准　江西省政府,组织庐山图书馆管理委员会(以下称本委员会)

第二条　本委员会直隶于江西省政府，由江西省政府于下列有关人员中指派五人至九人组织之：

一、省政府代表一人、教育所代表一人及庐山管理局局长为当然委员。

二、常驻庐山及附近地区比较有关之机关如励志社、中正大学、天翼图书馆等之首长或代表；

三、图书馆事业专门人才；

四、国内学者名流常驻庐山或与庐山有关系者；

五、国内出版事业专家。

第三条　本委员会以庐山管理局局长为常务委员会，负责召集会议并担任会议之主席。

第四条　本委员会于常务委员会之下,设图书、事务两部。每部设主任委员一人,由委员会于委员中公推担任之。

第五条　本委员会设干事两人,秉承常务委员之指挥,处理本委员会经常事宜,并分别襄助图书、事务两部主任委员办理各该部应兴应革之事业。

第六条　本委员会之职权如下:

一、本馆各种章程规则之审订;

二、本馆经费预算之编送及决算之审核;

三、本馆事业计划之通过;

四、本馆馆舍修建工程之主持;

五、本馆事业基金之增筹;

六、本馆图书之募集;

七、本馆出版事业之创办;

八、本馆扩充事业之推进;

九、本馆其他应兴应革之事业。

第七条　本委员会之下,设馆长一人,负本馆行政及事业之实际责任。图书馆本身之组织规程及办事细则另订之。本馆馆长以兼任本委员会委员为原则。

第八条　本委员会每两月举行会议一次,必要时得召集临时会议。

第九条　本委员会之会议,如出席委员不足半数而致流会,或因事实上召集有困难时,常务委员得将所议事项,编为提案,复写多份,用通讯方式,分寄各委员,请各委员以书面发表意见,然后汇成结论或决议案,再以通讯方式,函请各委员存查或照办。

第十条　本委员会之会议,以在本馆举行为原则。但因利用特种机会,为迁就各委员出席之便利,可变通办理,改在适当地点举行。

第十一条　本委员会委员及干事,均为无给职。但为发展本馆馆务而出差,或出席本委员会会议时,得酌支旅费或用费。其支给标准另订之。

第十二条　本规程自呈奉　江西省政府核准之日施行。修正时亦同。

王劲履历表　　　　　　　　　　　民国三十五年一月　填于庐山

姓名	王劲	性别:男	
		年龄:三十六岁	
籍贯	山东胶县		
学历	1	江苏省立教育学院教育学士(二十七年毕业)	
		主系:民众教育系　　主组:图书馆学组	
		副组:艺术教育组	
	2	金陵大学农学院高级农贷人员训练班毕业	
服务经历	1	教育部湖南社教工作团第一队队长(二十——二八)	
	2	农本局德阳县合用金库经理兼德阳农业仓库主任(二九)	
	3	中国银行及中国农民银行行员(三〇——三二)	
	4	南康县银行经理兼新南康农业仓库经理(三二——三三)	
	5	私立致远高级商业职业学校教导主任(三三年下期)	

庐山图书馆管理委员会组织规程修正要点说明书

查庐山图书馆在民国二十五年八月以前,组织单纯,由本局直接管辖。嗣奉熊前主席谕改变组织,成立管理委员会。期藉群策群力,发展馆务,用意至善。该委员会之组成规程旋经省府核准。兹抄录于下:

庐山图书馆管理委员会组织规程

民国二十五年八月十九日江西省政府以教字第30、39号指令核准

一、本委员会直隶江西省政府,主持本馆馆务。

二、本委员会委员由江西省政府委派五人组成之,教育厅、励志社等机关代表及庐山管理局局长为当然委员,以庐山管理局局长为常务委员。

三、本馆分图书、事务两部,由委员会委员互选主任二人分掌图书、事务两部事务。

四、图书、事务两部各设干事一人,受主任指挥,办理各部事务。

五、本委员会视事务之繁简得设事务员、会计员、招待员、书记、机匠等若干人。

六、本馆收支预算由委员会编送江西省政府核准。

七、本委员会及各部办事细则另订之。

八、本规程如有未尽事宜,得随时呈请修正之。

九、本规程自奉江西省政府核准施行。

由该组织规程内容可见庐山图书馆管理委员会设立之主要目的,在使庐山图书馆经此委员会之媒介,可与江西省政府及有关各机关发生密切关系,对于馆务之发展,藉此可以得到各方面之援助。尤以对于图书之征集,当可预期必有极大效果。施行年余,成就甚多。惟体验所及,深感此委员会对于馆务之向外发展,确有极大之领导及联系作用,但因各委员均身负要职,对于馆务实难负其专责。在原组织规程中,虽有图书、事务两部主任之设,实际上徒有其名,工作与责任仍集中于干事之身。但干事不在其位,可能负担之责任,又极有限。因而原组织规程施行结果,使庐山图书馆形成外强中干之偏枯现象。是项结果实为始料所不及。抗战八年,馆务停顿,胜利复员,亟待复兴。复兴庐山图书馆之第一步工作,即为此管理委员会之恢复成立。兹鉴于过去得失,谨将其组织规程略加修正,留其所长,补其所短,使管理委员会由主持馆务,变为指导、辅助与监督之纯粹管理机构。使继续发挥其领导与联系作用,而以馆长制度之树立,补助原组织之缺陷。兹谨将修正要点条陈如次:(未修正者称原规程,修正者称新规程)

1. 原规程过属简单,新规程加以充实,并适合实际情形。

2. 原规程第一条"主持本馆务",新规程内删去。

3. 原规程第二条委员人数限定为五人,新规程订为五至九人,留有伸缩余地。并将当然委员及普通委员委派之条件加以补充。励志社因现未回山,由当然委员改为普通委员。

4. 原规程第四条所订干事之职责,系受图书、事务两部主任之指挥办理各部事务,事实上因两主任系局外委员兼任,不能常驻庐山,故新规程以第五条改为秉承常务委员之指挥,并分别襄助两主任。

5. 原规程对于管理委员会之职权未加规定,新规程则加列专条,第六条。

6. 为补救过去组织上之缺陷,新规程以第七条确立馆长制度,以专家司专业,专职负专责。

7. 新规程对于委员会开会之期间地点及召集之方式,为适应特殊情形,亦加以规定。

8. 过去对于委员出席会议之车旅费,由第一次委员会议决定函请各机关自支,事实上实属勉强,新规程则规定由图书馆负担。

9 原规程之八九两条,并为规程之第十二条。

(《江西通志稿》 1985 年据民国二十九年至三十四年稿本影印)

安义县

社会教育

安义社会教育于民国五年始设置通俗讲演所,其经费由二成附税拨给之。设立中山书报社。十七年,改为民众图书馆。十八年,县长熊家驹拆卸文庙东西两庑及儒学前房屋立大成公园,又于第二区万埠小学附设民众图书馆及万镇公园,并于各区分设民众补习夜校八校,民生女子职业补习学校及万镇女子职业补习学校各一校。二十一年度,民众图书馆改为民众教育馆,万埠图书馆改为民众阅览室,民生女子职业补习学校停办,另于私立普育小学附设女子职业补习班,增设农村民众讲习班十班。二十二年度,增办民众补习夜校六所,普育女子职业补习班、农民讲习均停办。二十三年度下学期,民众补习夜校、万镇女子职业补习学校均停办,增设巡回文库一所。二十四年度,县地方预算虽规定有妇女职业补习学校经费二千元,第此款旋经县府呈准提拨作开办民生工厂经费,以致学校未能实现。二十五年度,民众图书馆缩改为阅览室,并将现有各社会教育机关概况胪列如后。

县立民众阅览室 原名中山书报社,民国十六年八月成立,置主任一,综理社务。社址初设大成殿内,后迁入中山纪念亭。十七年九月,更名为通俗图书馆,迁入大成殿后崇圣祠,更置馆长。十九年,更名民众图书馆,仍置馆长。二十四年三月,复更置主任一,由县政府职员兼任之,增置管理员一,办理订购、登记、分类及编目等事宜。二十五年三月,更名为县立民众阅览室,迁入大成殿。全年经费自开办中山书报社起,每年支一百元,十九年度增至一百五十元,二十一年度至三百七十六元,二十四年度增至五百五十二元,二十五年度减至四百六十八元。现有图书共计八千余册,照中外图书统一分类法,分成总类、哲学类、宗教类、社会科学类、文科类、自然科学类、应用技术类、美术类、文学类、史地类,共十大类。编目采用卡片式,有分类卡、书名卡、著者卡三种,又另编书本式目录一种,以备检查。开放阅览时间为午前八时至十一时,午后一时至五时。兹将较为有值价之书籍开列如后。

《万有文库》二〇一二册,王云五编辑,上海商务印书馆出版

《丛书集成》四〇〇〇册,王云五编辑,上海商务印书馆出版

《小学生文库》五〇〇册,王云五编辑,上海商务印书馆出版

《东方文库》一〇〇册,东方杂志社编辑,上海商务印书馆出版

《东方文库续编》五〇册,东方杂志社编辑,上海商务印书馆出版

刘止唐遗著(四川颜念陶、李德潜等赠送)刘沅著,威邑吕仙岩凝善堂藏版

巡回文库 民国二十四年三月成立,附设于县立民众图书馆内,年支经费四百元,购置各种书籍、杂志,分组送往各区学校,巡回阅览。由图书馆管理员兼负经管之责。二十五年三月裁撤,书存民众阅览室,以供大众阅览。

县立万埠民众书报阅览室　原名县立万镇图书馆,民国十八年成立,购置图书经费年支百元,附设县立万埠小学内,由小学负责,不另置人管理。十九年度购书经费增至一百八十元。二十四年八月更名万埠民众书报阅览室,迁于万埠胡氏北祠后戏台上。因旧有书籍仅有各机关赠阅之概况、报告等刊物,不足以供众阅览,添购书籍四十余种,及向各方捐借适合民众需要之图书百余种。开放阅览时间每日为午前九时至午后七时。

(《安义县志》 1980—1989 年据民国二十五年抄本复印)

吉安县

社会教育

沿革　清光绪三十四年奉文设宣讲所,并颁发劝学白话,派员下乡宣传,此本县推行社会教育之创举也。宣统二年,开办简易识字学塾,以颁行简易识字课本教之。原拟依照学部奏定十年计划,分年推行,普及教育,辛亥光复未果。民国元年,教育部通电全国注重社会教育,当以中国文字过于深奥,拟改文言体为白话体,实行言文合一为入手办法,爰召集临时教育会议于北京,比经通过采用注音字母案。二年二月注音统一委员会成立,几经讨论,始决定注音字母三十有九,以代反切之用。复设注音字母传习所,研究精确可行,乃于七年十一月二十三日公布注音字母。八年,教育部令国民学校一二年级改国语文,并颁行新式标点符号。是时,适当五四运动全国响应之际,有识之士皆以教育落后为忧,遂利用注音字母为识字运动之工具,遍设义务夜校、平民学校及各种短期补习学校,为实施识字之机关。复设会研究注音字母,以利推行。一面开办图书馆、阅报处,备人观览,提高民智。十八年一月,教育部公布民众学校办法大纲,同时中央党部复制定各县市党部设立民众学校及经费筹措标准,令饬各级党部遵照施行。于是本县党政集中力量,以策进行。十九年七月,县教育局及县小学以注音字母经部令改为注音符号,乃派员赴省入注音符号传习班,受训毕业,回县后,复遵令组织注音符号推行委员会。正拟积极推行间,乃吉城失守,举县无一块干净土,更无社教之可言。迨二十一年后,地方渐次敉平,遂旧事重提,徐谋推行,追溯社教之本旨,在补救义教之不及。盖义教以普及儿童教育为目的,而社教则无论男女年龄若何,悉欲其受有国民教育,自应与义教机关相辅而行,令境内无一盲心之人而后可。

县立宣讲所　清光绪三十四年奉文设立,初由劝学所、教育会各派员,携带奉发劝学白话,分赴乡村宣讲,继设宣讲员二人,巡回宣讲,以启发民智,其所址在县教育会内。

通俗图书馆　民国十二年七月,就本县办公总汇处内空地创建新式馆舍一座,当由邑人康文卿捐金五千元为助,翌年工竣,颜曰吉安县通俗图书馆。楼上储藏古今图书三百多种,楼下陈列省内外新闻十余种,备人观览,藉以提高民智。十六年停办,原有图书由县教育局保存。十九年秋,吉城失守,被毁。

民众教育馆　馆址在城外中山纪念场右侧,二十一年秋成立,设馆长一人,干事一人,以司其事。年支一千二百一十二元。二十四年七月,因经费支绌停办。

通俗巡回讲演　设主任一人,讲演员一人,轮赴各市乡讲演,并分任剿匪清乡之宣传工作。年支一千五百六十元,在二十三年度县教育预备费项下开支,翌年秋裁撤。

公共阅览处　每日揭报于西南两关各冲繁地方,供一般民众阅览,全市约有三十余处。

问字处　以代民众阅信及代写书信为最多,大都附设于城乡各机关、各学校内,据县府二十五年度社会教育统计,全县共有四十处。

民众壁报 每周绘通俗图画,加以浅近文字,揭示于通衢。

(《吉安县志》卷九教育志 民国三十年铅印本)

赣县

社会教育

　　虔南三书院藏书处,均于戊戌变法时成立。三书院者,即濂溪书院、阳明书院、爱莲书院是也。以三书院藏书甚多,集中以便众览。地址设在城北文昌宫。董其事者为邑人陈培元,是为赣南有图书馆之始。所藏书籍除旧籍外,备有新学卷册。民国三年,由孔教会接管后,归中山图书馆。今赣南图书馆藏书尚有一部分为当日遗留者。

　　赣南图书馆之前身为濂溪、阳明、爱莲三书院藏书处。民国十五年接收甲种农书,学校财产(阳明、濂溪两书院旧款)及孔教会赣之分会线装书数千册,改组为赣县公立中山图书馆,以火帝庙之宫殿为馆址,是年十一月正式开馆。

　　十六年,赣州市政府欲收归官办,各县人士力争乃由旧赣南道属。十七年,县举一人为董事会管理之,定名"赣南公立中山图书馆"。翌年呈准教育厅备案,藏书达二万余册。

　　二十七年,惠和公典倒闭,经费来源断绝,且物价受时局之影响高涨无已。馆中经费月定二百元,常呈捉襟见肘之窘。如是之故,欲继续经营自匪易之。三十年,专员蒋经国氏为图发展本馆业务,乃决定改组,从事革新,并改名为新赣南图书馆,于章贡路旧县府就地兴构大厦以为馆址。

(《赣县新志稿》 民国三十五年铅印本)

南康县

图书馆

南康图书馆

　　南康图书馆在本城公园后乐亭侧,民国二十二年县长李赞瑚募建,叶师长肇题额,黄副师长植枬为记。二十三年添购典籍筹备成立。馆为西式楼房,下层三间,右为阅报室,左为职员室,中为上楼处。上层右为阅书室,中为画报展览处及会议厅,左为藏书处。

　　管辖属县政府第三科,设管理员一员,处理馆务,每月图书费二十五元,管理员薪俸二十元,由教育附加项下拨充。

　　图书除由前教育局旧购拨入,概系罚款项下提拨购充,外界赠者亦多。现有《万有文库》第一集第一、第二期,共四百种八百零一册,外中西书籍五百九十种一千二百九十册,画报三十册,地图二幅,挂图四,日报六种,现正继续添购中。

附副师长黄植枬南康图书馆记

　　南康背山临水,界大庾赣县间,为赣南冲要地。比年遭战乱之祸,闾里骚然,旧有不复保,遑言新建。邑绅李君赞瑚出知县政,慨然以革新自任,于抚绥安集之余,其保甲市政堡垒公路公园无不悉力经营,自春徂冬或告完成,或经作始,时逾数月顿易旧观。近以康邑民智蔽塞,易陷溺于诐邪怪诞之说,遗地方忧。更于公园东偏建图书馆,罗古今中外图书典籍实其中,邑之人士得于暇日观览,揣摩其智慧,庶明辨是非邪正,卓然有以自拔。

唐江图书馆

唐江图书馆在唐江宝台马路,民国二十三年与商会合并募建,为四层西式楼,深约一丈六尺,横约五丈,费七千余元,二十四年秋月落成。底层及第一楼属商会,第二楼第三楼平台四角亭属图书馆,计藏书室、阅书室、阅报室、馆长室、馆员室各一,有《万有文库》第一期一百一十种四百零一册,尚未开幕。

(《南康县志》 民国二十五年铅印本)

分宜县

图书馆 民国二十六年八月,购办各种书籍、文集、杂志、期刊等类,成立分宜县立图书馆,地点学前中山纪念堂,委任馆长一人,负责捡收保管,以免乱抛散失之弊。

阅报社 民国二十六年秋月购办各种报纸,任民绅阅,其报社即附设于图书馆中,管理责任亦由图书馆馆长兼负之。

(《分宜县志》卷五教育·社会 民国二十九年石印本)

宜春县

社会教育

宜春县立图书馆 民国十七年由教育局开办,初设府学大成殿,明年迁鼓楼上,二十四年迁宜春台。

阅报处一 民国二十一年由临江旅袁同乡会开办,初设鼓楼上,今在宜春公园门首。

(《宜春县志》卷九教育志 民国二十九年石印本)

附:江西省民国时期图书馆史文献目录

图书(书名、著者、出版者、出版时间)

1. 江西省会各图书馆调查表 江西省立图书馆
2. 江西省立通俗图书馆规程
3. 江西省立图书馆一览 该馆编印 1929 年
4. 江西省立图书馆馆务汇刊 该馆编印 1929 年
5. 江西省立图书馆概况 该馆编印 1936 年
6. 江西省立图书馆内容问答 该馆编印
7. 江西私立天翼图书馆概况 该馆 1942 年

论文(篇名、著者、期刊名、卷期、出版时间)

1. 江西各县市立通俗图书馆规程 江西教育公报 第 16 期 1928 年 3 月 12 日
2. 江西各县市通俗图书馆附设巡回文库规程 江西教育公报 第 16 期 1928 年 3 月 12 日
3. 江西省立图书馆章程暨各种规则 教育部公报 9 卷 6 期 1922 年 7 月 8 日;浙江公立图书馆年报 第

8 期　1923 年 7 月

4. 江西省立图书馆规程　江西教育公报　1 卷 8 期　1927 年 12 月 31 日；3 卷 15 期　1929 年 11 月 11 日修正

5. 江西省立第一图书馆章程　江西图书馆馆刊　创刊号　1934 年 11 月

6. 江西省立图书馆职员请假规则　江西省立图书馆馆刊　1 卷 1 期　1934 年 11 月

7. 江西省征集图书文献条例　江西教育公报　第 17 期　1928 年 3 月 19 日；大学院公报　1 卷 6 期　1928 年 6 月；南昌市教育月刊　第 5 期　1928 年 7 月 15 日；江西教育旬刊　4 卷 5、9 期合刊　1933 年 2 月 21 日

8. 江西奖励捐赠图书文献条例　江西教育公报　第 17 期　1928 年 3 月 19 日

9. 江西省立图书馆普通阅览规则　江西省立图书馆馆刊　1 卷 1 期　1934 年 11 月

10. 江西省立图书馆善本图书阅览规则　江西省立图书馆馆刊　1 卷 1 期　1934 年 11 月

11. 江西省立图书馆保证金借书规则　江西省立图书馆馆刊　1 卷 1 期　1934 年 11 月

12. 江西省立图书馆机关借书规则　江西省立图书馆馆刊　1 卷 1 期　1934 年 11 月

13. 江西省立图书馆图书流通部规则　江西省立图书馆馆刊　1 卷 1 期　1934 年 11 月

14. 江西省立图书馆阅报规则　江西省立图书馆馆刊　1 卷 1 期　1934 年 11 月

15. 江西省立图书馆职员借书规约　江西省立图书馆馆刊　1 卷 1 期　1934 年 11 月

16. 江西省立图书馆阅览杂志规则　江西省立图书馆馆刊　1 卷 1 期　1934 年 11 月

17. 江西各县市立通俗图书馆阅览规则　江西教育公报　第 16 期　1928 年 3 月 12 日

18. 江西省立公共图书馆筹备处概况报告书　教育公报　9 卷 3 期　1922 年 4 月 8 日

19. 江西省立图书馆发展计划书　图书馆杂志　创刊号　1925 年 6 月

20. 江西省立图书馆鸟瞰　邓衍林　文华图书科季刊　2 卷 3、4 期合刊　1930 年 12 月

21. 江西省立图书馆内容问答　中华图书馆协会会报　6 卷 1 期　1930 年 8 月 30 日

22. 调查江西省立图书馆报告书　沈祖荣　文华图书科季刊　2 卷 3、4 期合刊　1930 年 12 月

23. 江西图书馆各部概况（1934 年 1 月至 7 月）　江西图书馆馆刊　创刊号　1934 年 11 月（1934 年 8 月至 1935 年 4 月）；第 2 期　1935 年 7 月

24. 江西省立图书馆馆务　江西图书馆馆刊　1 卷 1 期　1934 年 11 月；1 卷 2 期　1935 年 7 月

25. 江西省立图书馆阅览概况　江西图书馆馆刊　1 卷 1 期　1934 年 11 月；1 卷 2 期　1935 年 7 月

26. 抗战期中江西省立图书馆的动态　洪薇　中华图书馆协会会报　13 卷 3 期　1938 年 11 月

27. 江西省立图书馆的战时工作　李蓉盛　中华图书馆协会会报　13 卷 6 期　1939 年 5 月

28. 江西省立图书馆二十九年度工作计划大纲　李蓉盛　中华图书馆协会会报　14 卷 5 期　1940 年 3 月 30 日

29. 江西私立天翼图书馆概况　程长源　中华图书馆协会会报　16 卷 5、6 期合刊　1942 年 6 月 30 日

30. 江西省蔚挺图书馆记　蔡蔚挺　中华图书馆协会会报　10 卷 6 期　1935 年 6 月 30 日

31. 私立豫章图书馆介绍　朱韫章　中华图书馆协会会报　15 卷 6 期　1941 年 6 月

32. ［江西省立民众教育馆］最近之图书馆　徐延怡　江西省立民众教育馆季刊　1 卷 1 期　1935 年 5 月 1 日

33. ［江西省立民众教育馆］图书室工作报告　徐延怡　江西省立民众教育馆季刊　1 卷 2 期　1935 年 7 月 1 日

34. ［江西省立民众教育馆］本馆阅览室二十三年度下学期工作报告　陶宇珍　民众教育辅导半月刊　1 卷 7 期　1935 年 9 月 30 日

35. ［江西省立民众教育馆］一年来之图书阅览　高朝宗等　皖北民教　2 卷 3 期　1936 年 5 月 31 日

广东省（含海南）

地方志史料目录:《潮州志》《番禺县续志》《丰顺县志》《乐昌县志》《清远县志》《开平县志》《罗定县志》《海南岛志》

附广东省（含海南）民国时期图书馆史文献目录:18 种图书,17 篇论文。

潮 州

各县市局民众教育馆/图书馆沿革

潮安县立民众教育馆

在县城黉门亭巷,民国三十五年二月一日奉令规复（抗战期间档案焚佚,该馆创自何时无从查考）,内设馆长一人、主任三人、干事二人。现有图书一七一册,什志二三七本,经常举办民教班二、补习班二、短期训练班二。

潮阳县立民众教育馆

在大盐巷郑氏攀桂祠,初设城内慰忠祠,民国三十八年徒今址,五月迁入办公,内设馆长一人、主任一人、干事二人。

揭阳县立民众教育馆　在县城考院西斋

揭阳县立图书馆

在禁城脚旧育才小学校,初设考院内,抗战时毁于火,民国三十六年九月一日重新恢复,现有图书、什志二百余册。

私立光夏图书馆

在进贤门仓颉庙,民国三十五年县教育会常务理事林右叙创办,以纪念陆军一八六师光复潮汕捍卫揭阳勋劳而设,颜曰光夏图书馆,同年三月奉准备案。现有新旧图书杂志七千五百六十册,每日阅书报人数平均约有一百余人。

饶平县立民众教育馆

在后山中山公园内,民国廿五年七月,县长梁国材任内创办,设主任二人、干事三人、藏书共有一千八百册（内经史传纪等书七百四十部,丛书、什志五百一十册,各种刊物、画报共五百五十册）,经常举办民众识字班、国语讲习班。

黄冈民众教育馆　在黄冈

饶平县立图书馆　在后马坊

惠来县立民众教育馆　在城内

惠来县立图书馆　在城内

大埔县立民众教育馆

在城内育善街,民国三十三年九月一日,将第一区通俗图书馆改并为今名,内设馆长一人,干事三人,经费由县库支给,藏书一千余册。

澄海县立民众教育馆

在县城,该馆于抗战前已有设立,迨战事发生,遂停办,复员后始行恢复。现经常举办民众教育业务外,并设有高初级民众班,各班招收失学儿童,并已募购收音机一具。

澄海县立图书馆 在县城

普宁县立民众教育馆

在县城西关爷宫,设馆长一人、主任二人、干事三人。每月办公费四万五千元,事业费六一二〇〇元,置有图书阅览室、阅报处、民众询问处、职业介绍所等,有藏书一六七〇册。

普宁县立图书馆 在县城

丰顺县立民众教育馆

在城东庵墩顶,民国廿四年三月创设,初借城内何家祠为馆址,廿九年冬,受日机炸毁,馆务遂停顿。三十一年春筹建今址,是年冬迁入办公。内设馆长一人,《万有文库》全部一千七百五十三本,各种参考书籍九百二十二册,杂志数百本,每月阅读人数三百余人。

丰顺县立图书馆 在县城,内有图书四八〇〇册,职员四人。

南澳县立民众教育馆 在后宅市

南澳县立图书馆 在后宅市

汕头市立民众教育馆

在中正路,初设于福平路正始中学女子部校舍为馆址(该馆于沦陷期间由伪市府设立),迨汕市重光后,派文锡仁为馆长并接收事宜。三十五年十一月十九日与图书馆始合并,迁入今址。翌年,两馆分开设立,划分中正图书馆,楼下为办公处,经常举办各种展览会,编印有《潮州先贤像传》一册,设有儿童阅览室、书报阅览室,举办民众夜班、国语讲习班等。

汕头市立中正图书馆

在中正路,原合并于民教馆,民国三十五年春,翁市长桂清任内筹设,定名为汕头市立图书馆,并迁入市府斜面(即前日本小学校址)为馆址,同年十月三十一日易称今名,翌年二月十七日开幕,十二月十五日奉准立案。现藏书数量计有图一二九张,中文书三三八七部,英文书五二部,中文杂志四四二种,英文杂志五〇种,报纸一五二种。据三十七年度统计,该馆除举行展览会等临时工作占十一天外,经常开放三百五十五天,阅览人数共七三七六八人,计男七〇八四四,女二九二四,平均每日有二〇七人,男二百人,女七人。借书证全年发出一七四张,借出书籍二五三六次。

南山管理局局立民众教育馆

附已停办通俗图书馆

潮安县立通俗图书馆

民国八年成立,原名潮安图书馆。初设于站巷青藜书院故址潮安县教育会内,民国十四年移西湖涵碧楼,改为县立加通俗二字,由吴鸿藻主其事,编印有图书目录一册。同时邑人吴湘征集潮州先正遗书,借图书馆为纂辑处,迨潮城陷倭,馆藏图籍疏散乡间,皆遗失,而涵碧楼亦毁于火。

潮阳县立通俗图书馆 在曲巷臧公祠内

揭阳县立通俗图书馆 在地荳街新马路

饶平县立通俗图书馆 在县城

惠来县立通俗图书馆　在县城内

大埔县立通俗图书馆　在城内

澄海县立通俗图书馆　在县城

普宁县立通俗图书馆　在城内

丰顺县立通俗图书馆

汕头市立通俗图书馆

民国十年初设商业街，十五年七月迁外马路，十七年八月改为市立图书馆，藏书千余种，倭变中停办，图籍亦散失殆尽。

（《潮州志》教育志社会教育　民国三十八年铅印本）

番禺县

学校志一

文澜阁在学海堂右建设，详李志。阁本庋藏学海堂公署书籍，学海堂停课，阁亦同废，所藏书籍版片均移两广学务处，寻移图书馆。（采访册）

学校志二

广东省图书馆在聚贤坊，宣统二年提学使沈曾桐遵部章设立，在广雅书局中。别购新地建筑藏书楼一所，复于余地设藏板楼一所，其楼中藏书于广雅书院冠冕，楼中选择凡有二部者分一部移置，其版片则皆属学海堂、菊坡精舍，以及广雅书局、潘氏海山仙馆、伍氏粤雅堂刊刻，通人详校，号称精本。（采访册）

谨案：广雅书局图书馆皆建在邑境，而与学事有关，故以类从附学校之末，犹李志附文澜阁于学海堂之例也。

（《番禺县续志》卷十、卷十一学校志　民国二十年据清宣统三年刻版重印）

丰顺县

社会教育

丰顺县立民众教育馆　设于安墩岭。案民众教育馆创始于民国二十四年二月，藏书三千余册，原假县城何家祠。二十九年被敌机炸毁。县长刘禹轮择安墩岭旧鹏湖书院侧从新建筑，业于三十年十二月迁入。

汤坑民众图书馆　设于汤坑村。案民众图书馆由驻防军营长海清倡建，邑人张君礼亭董其成，旋得华侨詹采卿、徐启荣、徐黎桢暨丁培纶诸君捐赠书籍，蔚有可观。

（《丰顺县志》卷八政治　民国三十二年铅印本）

乐昌县

图书馆　在学宫前，民国十八年三月成立，详教育。

通俗讲演所　在城外南门街就福昌庙址修建，民国十八年十月成立。

社会教育所以辅助学校之不及也。乐邑位于边鄙,风气闭塞,地方穷瘠。夙无所谓社会教育。十八年三月始成立图书馆一所,阅报社附之。坪石街开平民学校一所。县长刘应福受上峰督责填表呈报,强半不实。上以是求,下以是应,循名覈实非。所论于今日之政,宁独社会教育为然哉!十一月,通俗演讲所成立,亦附阅报社。旋开昌山公园,然公园为新建设之一,以言教育,于心犹未安(列入建置类)。十九年四月工艺厂附开平民夜学,各区小校亦渐有附设,积以数年,自可推广。他如博物院、文明戏剧等繁盛都会易举而习见者,非蕞尔邑所能任也。作学校教育、社会教育二表,而以旧书院社学冠之。

社会教育表

名称	地址	成立年月	经费
乐昌县图书馆	学宫内旧省牲所	民十八年三月	四百八十元,由财政管理局开支
县立通俗演讲所	南门街旧福昌庙改修	民国十八年十一月	七百元,由教育经费管理委员会开支
第一阅报社	附设图书馆内	民国十八年三月	一百二十元由财政局开支
第二阅报社	附设演讲所内	民国十八年十一月	

(《乐昌县志》卷七建置,卷八教育　民国二十年铅印本)

清远县

建置

县立民众教育馆在县政府西,原曰通俗图书馆。民国二十二年,县长吴凤声奉令设立,以教育局长袁钰林为筹备主任。二十四年一月,县长余荣谋莅任,以民众教育之重要限期观成。委教育局长何雪亚兼任馆长。二月一月遂告成立,惟馆地狭小。时县立女子小学,方以经费不敷,奉令停办,乃并拨为馆址。设生计教育部及康乐教育部,民众学校亦附属焉。三月九日,补行开幕礼,并开博物展览会,举行图书、仪器募捐,募得现款及图书计三千余元捐款,尽以庋置图书仪器。

通俗图书馆在县政府西,民国十三年建筑,上为藏书楼,下为阅书报处。二十二年借为民众教育馆筹备处。二十四年二月一日,民众教育馆成立,遂归并焉。

百锡图书馆在松树冈瑞峰书院县立简易师范学校内,民国二十一年麦球徽捐建,建筑费三千八百元,图书费共值一千三百余元。

梁劲百锡图书馆序(劲,邑人,时任师范校长)

民国二十年秋,县政府徇邑人之请,设立乡村师范学校于瑞峰书院故址,委劲创始其事,得学生百人,已感舍宇之隘陋,而以百端待举,未遑谋及苟完。翌年春,复增两班,来学者益众,校舍弥苦不敷,乃集员生共商,决计募捐从事修建。复念欲丰裕学生智识,则非有完善充实之图书馆不为功第,丁兹阖邑财凋残之会,修建教室宿舍已虞,募资不易,而图书馆之加建,则非求之明达好施者之捐赠不易冀其有成。于时教务主任张沛森先生极言本邑雄亚麦百锡先生平昔对于发展邑中文化事业靡不热诚赞助,每遇呼将曾无靳惜,若以捐赠图书馆事商之,当有以报也。劲力赞其行,果也,雄亚先生闻而慨然允许,更充量捐赠图书、刻日、绘具图,则浼沛森先生经纪其事,而是馆乃克奠基。计经始于去年十一月,而落成于今,兹为时三月有奇。窃尝叹邑中教育不振,文化落后,缘于缺乏优良师资。本校既为孕育全邑师资之所,以图书简缺,致令就学者阅览疏陋,造诣浅肤,无以竟改造全邑教育之功,辄常引以为憾,不谓嘘吸之间伟业竟成于先生之一诺。若先生者,其慷慨好义诚古之仁人也,其识超虑远诚今之志士也,是不可不纪也。谨于铭谢之余,以百锡二字名斯馆,盖所以志不忘云尔。中华民国二十二年二月日。

景瑗图书馆在滨江石潭乡,民国二十二年建。

李伟景瑗图书馆记(伟,字健儿,三水人)

清远石潭乡处深山荒谷中,得山水胜,概游者称之为小桂林,以桂林山水甲天下也。然地偏土厚,民风古朴,多自活于内,积年累月,氏族繁衍至数万人,寝寝大盛矣!顾远于州县,教化未及,有司者又不勤其职,以故公庠官学未立,民智蔽塞,习于强悍。于是乡人陈公可钰大怜之曰:逸居而无教则野教之,不以其道则迁生,今之世可无学耶?至民国二十年,遂斥资数千金,合乡中耆旧有志者之力,因五云社学故址建立石潭小学校,数岁之间,教化大行。于是陈公又感喟言曰:吾乡僻远,山陬士子难求古今文籍,以通其才。方吾少也,读于社学,欲旁窥博引以种吾识,乃不得书。今吾粗有立,回忆往者之难,午夜以思,其何以嘉惠后之来者且丰己,啬人君子所耻,吾何以处之?已又念校有广园,若得更立图书馆其中,岂不大善!因复聚乡人谋之,斥数千金以为之,先更尽余力,呼助诸亲知故旧以督其成,务蕲馆舍早立。功既就,乡人进于公曰:今日落成,宜得公名字榜于馆舍之楣,曰景瑗图书馆,以留倡善者之绩,以示后人,使士子知成之之艰,宜毋惰其业。盖景瑗者,公之字也。公辞,以猎名为诚,乡人固请毋辞。公乃属伟记其事,且镌刻于石。伟叙述既竟,释笔而叹曰:嗟夫!广庠序之教贤,有司事也,有司不暇为,而公为之,其后有司宜如何以保翼之哉!抑余又闻于公,斯校山水环汇,当风物之尤胜,处今一乡,文化所被乃自此始,而山灵水秀于焉。融合民智之开,文物之盛,可以跂足而望之矣。民国二十二年月日三水李伟撰,里人朱汝珍书,端州梁俊生刻石。

社会教育
阅报处　在文昌庙内,光绪三十二年开办,购备报纸,任人阅览,以开通民智。由半夜学堂校长兼理,每月经费二十元。民国元年停办。

图书馆　在县政府之西。清远向有尊经阁,光绪二十年和邑侯廷彪捐廉购置经史子集各书,扩建藏书楼于凤城书院。之后民国十年,龙知事思鹤设立通俗图书馆于节孝祠,将和公捐置书籍移入,并新置通俗小说、杂志、报纸,任人阅览。兼办巡回演讲所,每月经费共六十元。十三年建立新馆于县署之西,上为书楼,下为阅报处。二十四年改为县立民众教育馆。

通俗巡回演讲所　民国十年开办,由图书馆长兼理,内设宣讲生二名,分向城乡演说。二十年停办。

县立民众教育馆　民国二十二年,吴县长凤声拟将图书馆改组,设处筹备,当时经费每月一百零三元。二十四年,余县长荣谋莅任,该馆成立,内设馆长一员,由教育局长兼任;主任一员,每月薪工六十元;干事一名,每月薪工三十元;事务员一名,每月薪工二十元;杂役二名,每月薪工共二十四元。全馆经费每月二百五十元,在地方款拨充。(县政府档册)

启明阅报社 在东门街社坛边,民国十五年募捐建筑,购备报纸,任人阅览。十六年停办。

(《清远县志》卷十一建置,卷十五学校 民国二十六年铅印本)

开平县

图书馆

周氏通族图书馆 在蚬冈墟附启新小学校内,民国十二年立。

司徒氏图书馆 在赤墈东埠,民国十四年建。

关氏图书馆 在赤墈上埠,民国十八年建。

(《开平县志》卷八建置 民国二十二年铅印本)

罗定县

设民众教育馆,将旧寿世堂修改而成,图书馆原附设教育局,并迁入馆内,委黄尧材为馆长。

(《罗定县志》旧闻志第二 民国二十四年铅印本)

海南岛

图书馆

图书馆有县立及学校附设者两种。县立者有琼山、临高、崖县、万宁四馆。学校附设者有琼山中学、第六师范、琼海中学三馆。

琼山图书馆 设琼城雁峰书院旧址,新建洋楼。有文学、语言、美术、自然、教育、社会、哲学、史地等书一万零七百一十八册。平均每日阅书人数十五人至二十八。

临高融通图书馆 设在县城居仁里,有经史子集及科学书籍一万二千三百二十册。每年经费二千六百四十三元,平均每日看书人数六七人。

崖县图书馆 于民国十七年成立,设县城教育局。有四库丛刊及新出文哲教育书籍杂志千余册。

万宁县图书馆 书籍经已散失。

琼山县立中学、省立第六师范、私立琼海中学均附设图书馆,但非公开阅览,所藏书籍凡数千册。

阅书报社

阅书报社,全岛约三四十所。海口市私立平民书社藏书较多,有四库丛刊及文哲教育科学等书一千六百余册。并购置沪港省各地报纸六七种。每日平均阅书报人数约五六十人。其他各县书报社,组织稍为简单,每所书籍,多者二三百册,少者仅十余册。所备报纸,多数为广州及本岛出版者三四种,购备沪报者,约二十处。平均每日阅书报人数,由数人至十余人。

(《海南岛志》第十章教育 民国二十二年铅印本)

附：广东省(含海南)民国时期图书馆史文献目录

图书(书名、著者、出版者、出版时间)

1. 广东省立图书馆一览　该馆油印　1941 年
2. 广东省立图书馆工作报告　该馆油印　1943 年
3. 广东省立图书馆工作报告　该馆油印　1946—1948 年
4. 广东省立图书馆图书分类大纲　该馆编印　1940 年
5. 广东省立图书馆组织规程　该馆编印　敌伪时期
6. 广东省图书馆协会组织章程(附会员名单)　该协会油印
7. 广东省图书馆协会图书馆学进修班讲义　杜定友等　该协会油印　1947 年
8. 广东省图书教育人员训练班报告书　杜定友　该馆油印　1943 年
9. 广州市市立中山图书馆开幕纪念　该馆编印
10. 广州市市立中山图书馆特刊　该馆编印　1927 年
11. 广州市立中山图书馆　广州市政府编印　1934 年
12. 广东全省公私立图书馆通讯录附全省图书馆办理概况与其计划　温仲良编　广东省教育会秘书处　1931 年
13. 东莞博物图书馆特刊　该馆编印　1935 年
14. 景堂图书馆儿童阅读指导　该馆刊　1936 年
15. 景堂图书馆概况　该馆刊　1926 年
16. 景堂图书馆指南　该馆刊　1933 年
17. 岭南图书馆中书分类法　该馆编
18. 梁祠图书馆章程　梁鼎芬　1911 年

论文(篇名、著者、期刊名、卷期、出版时间)

1. 广州图书馆协会简章　中华图书馆协会会报　1 卷 5 期　1926 年 3 月 30 日
2. 广州图书馆协会章程　广州图书馆协会会刊　1 卷 1 期　1929 年 4 月 14 日
3. 广州图书馆协会章程　广州大学图书馆季刊　2 卷 1 期　1935 年 6 月
4. 粤省扩张图书馆计划及大纲　浙江公立图书馆年报　第 5 期　1920 年 7 月;时报　1920 年 8 月 20 日
5. 广东图书馆教育计划　杜定友　教育丛刊(北京高师)　3 卷 6 期　1923 年 1 月
6. 二十年来广东省图书馆事业办理概况与其计划书　温仲良　广州大学图书馆季刊　1 卷 4 期　1934 年 9 月
7. 广州图书馆事业概述　何多源　广州大学图书馆季刊　1 卷 2 期　1933 年 9 月;1 卷 3 期　1934 年 6 月
8. 广州各大图书馆参观记　冯天齐　中华图书馆协会会报　9 卷 5 期　1934 年 4 月 30 日
9. 广州七大图书馆考察报告　朱哲能　教育研究　第 70 期　1936 年 10 月
10. 广州香港各图书馆近况　何观译　中华图书馆协会会报　20 卷 4—6 期　1946 年 12 月
11. 本会[广州图书馆协会]过去及现在　陈延煊　广州图书馆协会会刊　1 卷 1 期　1929 年 4 月 14 日
12. 广州图书馆协会概况　何多源　广州大学图书馆季刊　2 卷 1 期　1935 年 6 月
13. 广东省立图书馆现况　杜定友　中华图书馆协会会报　20 卷 4—6 期合刊　1946 年 12 月
14. 祝广州市立图书馆　何多源　广州大学图书馆季刊　1 卷 2 期　1933 年 2 月
15. 广州市立中山图书馆访问记　中央日报　1937 年 2 月
16. 广州市立中山图书馆中文编目部半年来工作情形　书林　1 卷 1 期　1937 年 3 月 4 日
17. 琼州图书馆的报告和我筹备图书馆的计划　李树楣　广东全省教育会图书馆管理员养成所报告　第 1 期　1922 年 5 月
18. 筹建梅陇中山纪念堂暨中山图书馆计划　梅陇月刊　第 48 期　1934 年 5 月 15 日

广西省

地方志史料目录:《上林县志》《雷平县志》《龙津县志》《隆安县志》《贺县志》《同正县志》《天河县志》《武宣县志》《贵县志》《崇善县志》《罗城县志》《迁江县志》《田西县志》《阳朔县志》《宜北县志》

附广西省民国时期图书馆史文献目录:5 篇论文。

上林县

通俗教育

图书馆　上林县图书馆在县城小南门内,民国二十一年建西式大楼一座,上层三间,通连不施障蔽。面南,槛外有槛可供凭眺。其东西北三面则皆开辟窗牖,以时启闭,为储庋图籍之所。楼下中间为聚会厅,左右房各二,即管理人室与馆役住宿所。竣工后计支建筑费四千六百三十二元零六分。邑人杨腾辉一己慨捐购书款八千元,当由县政府据实呈报上峰立案。现楼中所藏有经史子集二千五百五十四种,共八千三百五十五册,书面均皆钤有本馆图记,该价五千零五十五元六角七分六厘。

民众教育馆　在县图书馆前,即旧日武庙及典史署,初为教育局,民国二十二年奉文改设,今移于文庙内。

阅报所　本城阅报所即附设在图书馆内,其邹墟、三里、白墟、亭亮繁盛墟市公处,具设有阅报之室。

(《上林县志》卷之八教育　民国二十三年铅印本)

雷平县

社会教育　民国廿三年奉令设民众教育馆一所,奉拨《万有文库》《丛书集成》或各一部,及杂书、挂画等交馆,存供众阅览,旋奉令停办,将存书拨简易师范学校图书馆保管(简易师范改国中,由国中保管),仍照常开放众览。卅二年设立县图书馆后,乃将前民教馆图书交该馆专办。至各乡则设民众图书馆,各村设书报阅览室,但藏书不多。

(《雷平县志》　民国三十五年油印本)

龙津县

图书馆

龙津在光绪以前无图书馆之设备,光绪十六年巡按使马石瑶巡边至龙,以龙州无图书不足增进士子学识,乃赠给《四部备要》及各种汇书、政书、五经四子书数百函,皆湖北官书局及桂林官版印本,置于暨南书院,又将官版四子书、五经读本分赐学界各人,是为有图书之始。

光绪三十一年,边防督办郑孝胥带湖北武建军八营防边莅龙,以龙州风气闭塞,文化落后,创设龙州学社,捐巨金采购各种新书报纸,任人浏览。又自连城拨出前督办苏元春所置之《二十四史》苏版印本二十四箱,存于龙州学社,亲笔粘条云(查全书只缺一本,余自连城拨出,边地不易多得,幸共宝惜。光绪乙巳秋九月孝胥),邑人集款建藏书楼以珍藏之。民纪十年,粤桂构兵,县城被兵。十九年又惨遭战祸。民纪二十六年至三十四年,更遭飞机屡炸,五次疏散,三次沦陷,社宇破坏,图书荡然无存。今虽已恢复县立图书社,而所藏图书不堪问矣。民国二十年,省政府发给大信学校《万有文库》各种书籍,首次疏散,李县长文雄令将书籍运至布局乡保存,幸免兵燹。

(《龙津县志》第九编文化　一九六〇年广西壮族自治区档案馆据一九四六年稿本重印)

隆安县

社会教育

前清朔望宣讲　光绪三十二年,隆安开办学堂,后每逢墟日,于新街墟之观音庙内(即今民众教育馆)宣讲康熙圣谕。民元后,停讲圣谕,教育厅另编宣讲故事,宣讲员依书演讲,每墟时间约四小时,听者常数百人,不过来去无定,后更派员到各墟宣讲,由劝学所于学款项下开支,至讲演所成立为止。

民国十八年演讲所成立,设所长、所员各一人,巡回各墟市乡村讲演,各民众受以开导者不少。经费由教育经费项下每年拨支一千一百元。

阅报社　县境现有阅报社十五所。一在城内南门,一在县一小校,一在县女小校,一在城外新街,一在城外巩阁街,一在中区花陆村县十小校,一在东区那桐墟县二小校,一在东区那重墟县六小校,一在东区玎珰墟县九小校,一在东区白马墟区立育贤小校,一在南区乔建墟县三小校,一在南区马村县八小校,一在西区南墟县四小校,一在西区杨墟县七小校,一在北区下颜墟县五小校。经费由教育局将教育经费项下每年拨出二百元购报分发。

图书馆　县教育局于民二十年呈奉层宪核准,附收防务经费一成,存银一千元,以作举办县图书馆。迨至民二十一年,复奉教厅颁下明令,县图书划归县民众教育馆统辖,现县民众教育馆正在筹划中。至县中学及各完全小学均设有图书室,惟书籍不多,仅能供给校内学生浏览而已。

(《隆安县志》卷五艺文考文化附　民国二十三年铅印本)

贺县

民众教育馆

民国二十二年成立,由旧县党部入旧教育局。馆长下设总务部、阅览部、教学部、演讲部、生计部,共五部。总务部分会计、事务、文书、交际四股,阅览部分图书、陈列、出版、保管四股,教学部分教育、康乐、指导、家事四股,演讲部分宣传、图画、文字、表演四股,生计部分农事、工事、自治、合作四股。此外有民众教育设计委员会、经费审查委员会,并订立各种规则立案。馆长高雁秋。

民众日报

民国二十一年由各机关捐款购买机器、字粒，开办训政日报，今归民众教育馆办理，改为《民众日报》，减轻邮费，改良出版文字，以适合民众之观览。

整理图书馆

旧设主任一人、馆员一人、杂役二人。今裁去仅用干事一人，见习一人，以节縻费。

增设民众阅报所

城厢内外通衢旧设民众阅报牌二三处，今增设二十五所，八步莲塘各车站通衢亦有设置。近日黄田亦请增设，将来逐渐推广，足使民众智识之普及。

设立演讲所

中山纪念堂、城内体育场、河东戏院共设三处演讲所，并在各乡镇戏台设演讲十余所，又随时下乡进行宣传工作。

（《贺县志》卷六文化部　民国二十三年铅印本）

同正县

教育

县立图书馆

县立图书馆于民国九年成立。初二，区咟家村人互争庙产，县人杨茂昌、杨琎佳、韦冠、冼居如出而调解，后两造均自愿将该产充公，于是设立县图书馆，旋将该产变卖，得小洋一百余元，尽买书籍。民十八，县长曾龙燊先后共捐小洋二百元。民十九，县长苏平成又捐小洋一百元，均交教育局收存，指定作为补助建筑图书馆费用。初成立时，馆址暂附设于孔庙内东庑，民十五，迁入教育局，迨民廿一冬间，教育局长刘序经将党部头门拆建洋式楼房一大座，计费小洋贰千四百元，并添购书籍多种，连同旧籍合并庋置馆内。至是县图书馆始有确定之地址。

阅报社

阅报社于民国十五年成立，初借设民房。民十七附设于党部，民廿迁入教育局，民廿一冬间附设于县图书馆。

县立民众教育馆

县立民众教育馆附设于县立图书馆。图书馆于民国廿一年十二月廿五日落成，即时开馆，同时亦将民众教育馆附设于其内，拟定设立五部：（1）阅览部、（2）教学部、（3）讲演游艺合为一部、（4）健康卫生合为一部、（5）生计部。但以上各部尚未组织完竣，故未得实施，工作现正筹备进行。

（《同正县志》卷八人事艺文　民国二十二年铅印本）

天河县

社会教育

县立图书馆于二十八年成立，附设抗战教育展览室，共藏图书六千余册，陈列报章杂志十余种，各乡公所附设阅报处十一处，各乡中心校多设补习班，此本县社会教育之情形也。

（《天河县志》第六编文化教育　民国三十一年石印本）

武宣县

社会教育

图书馆在县城,于民国十七年县长唐熙年将文庙后殿架楼铺板,设备书厨,馆模粗具。民二十一年,省政府颁发《万有文库》,并由地方官绅募捐款项,添置图书。民二十二年,各设立民众教育馆,开平民夜学。

阅报室有二,一在县城东门外公园之向荣阁,由教育局管理,二在二塘墟商会。

宣讲所一在通挽墟,前清举人黄山甸倡建,宣讲亭一座,每月近朔望墟期宣讲圣谕及各种善书,知武宣县事。宗式坊赐"训俗型方"匾额一方,但亭颇狭隘,乡人将更新,而增广之。亭内有黄山甸碑文曰:善政不如善教,我朝二百余年,至同治戊辰重颁谕条,附律例易解,承讲者属邑尚少,何况通挽一墟。时光绪十八年,荷明府马公德政,少尹陈公匡持建此亭,订每月初吉宣讲一次,因为之纪,曰谕条十六宣讲,此亭附以律例易解,宜醒。每逢讲日环集静听,毋得嘈杂,守口如瓶,毋许人物此间留停,内外要洁,奉若神灵,各须遵照,共守典型,风清俗美,光我朝廷。一在县城广东会馆,常由商会派人宣讲圣谕。

民众露天阅报所设于县城之东街及南街两处,民二十一年春开始设立,经费及管理亦由县教育局拨支兼管,日阅者不下百余人。

(《武宣县志》第六编文化　民国二十三年铅印本)

贵县

学校附图书馆、阅报社

贵县图书馆　在县城西街废城守署旧址,民国二十年新建。由县教育行政会议决议,附加粮赋为建筑费,并拆用城砖,其西隅平房一所,旧劝学所、贵县地方教育局、教育局皆递设于此。

贵县图书馆设图书管理员一人,所有经费由旧教育局拨支。民国二十二年教育局裁并县政府后,图书馆暂迁至民众教育馆内,馆址现设贵县修志局。二十三年贵县第二次县行政会议决议恢复图书馆。

阅报社　城厢及各重要墟市旧由教育局设立阅报所多处,其以原日社亭改设者亦所在有之。

社会教育

露天演讲　民国初年由劝学所遴派宣讲员赴各处露天演讲,民十以还,此举久辍。

阅报社　阅报社创始于县城东门街(今为第二阅报社),由劝学所设立,嗣劝学所改为地方教育局,办理悉仍旧贯。民国二十年从事推广,由教育局年拨经费一千六百八十元在县城设阅报社五,各区设阅报社十七,如下表。

阅报社一览表

社别	地址	社别	地址
第一阅报社	县城西街	第十二阅报社	东津墟
第二阅报社	县城东门街	第十三阅报社	香江墟
第三阅报社	县城墟心街	第十四阅报社	黄练墟
第四阅报社	县城镇龙街	第十五阅报社	樟木墟
第五阅报社	县城下街	第十六阅报社	龙山墟
第六阅报社	桥墟	第十七阅报社	棉村墟
第七阅报社	木格墟	第十八阅报社	钟村墟
第八阅报社	覃塘墟	第十九阅报社	木梓墟
第九阅报社	山东石龙墟	第二十阅报社	三里墟
第十阅报社	大墟	第二十一阅报社	山北墟
第十一阅报社	横岭墟	第二十二阅报社	桂贵石龙墟

贵县地方图书馆　民国二十年筹办贵县地方图书馆,二十一年一月一日成立,设管理员一人,由教育局年拨经费一千八百元,藏书共二千七百三十七部。二十二年教育局裁并,馆务停顿,二十三年第三次县行政会议决议恢复。

贵县县立民众教育馆　民国二十二年八月成立贵县民众教育馆,以中山纪念堂为馆址,设馆长一人、馆员三人、事务员一人。馆内分阅览、健康、生计、教学四部,年支经费国币九千五百三十余元。二十三年裁撤。

广西教育厅二十一年度调查报告,贵县识字人数,计男八万六千七百九十四人,女二千四百五十七人,总计八万九千二百五十一人,占全县人口总数百分之二二强,学龄儿童五万七千七百八十四人,失学儿童四万零一百六十八人。

(《贵县志》卷五建置,卷八教育　民国二十四年铅印本)

崇善县

社会教育

崇善县立图书馆　民国二十五年九月成立,地址中山街,该馆藏储各种书籍,以供众览。

阅报所　附设于图书馆,购置各种报刊,以供众阅。

民国二十四年丽江公园附设图书馆。

驮卢镇图书馆　附设于中心国民基础学校。

驮庐镇阅报社　附设商会。

(《崇善县志》第五编文化　民国二十六年钞本)

罗城县

社会教育

按社会教育以社会文化为主体,其目的为扫除文盲以补学校教育之不及。考罗城社会教育,于民元以后已有平民夜学、演讲所之设立,但均为局部设施,收效甚微,且旋设旋废。至二十一年,教育厅长李任仁仿中央社教体制,通令各县教育局筹设县民众教育馆,经营一载,始获成立,馆长潘鼎卿。今录该馆设施社教事业于下。

(一)教学部　设民众夜学班二班,授以民众基础读本上下册,四个月卒业。

(二)讲演部　辟置讲演场所,每周主讲国际时事、国内政治、常识卫生及宣传党义等。

(三)阅览部　搜集县内图书及购置民众丛书报纸杂志,又省教育厅赠有《万有文库》一部,计一千种,价值五百元,陈列公开阅览。

(四)生计部　研究农村经济及生产方法,以改良人民生计,及合作事业之提倡。

民二十三年,第四集团军总司令部会同省政府通令裁撤各县民众教育馆,遂于六月间结束,现仅设有县立图书馆,馆址即民众教育馆,在城外旧县党部,即北帝庙故址也。

(《罗城县志》文化　民国二十四年铅印本)

迁江县

社会教育

民国四年,设立讲演所、城区阅报所,后因地方多故,筹款困难停办。十七年恢复阅报所,通俗教育演讲员巡回各区讲演。十八年于西门大街建演台及阅报室。二十二年秋成立迁江民众教育馆,未几奉令停办。二十叁年秋成立迁江图书馆,藏储省发《万有文库》暨各种书籍,以供邑人浏览。

民国十七年河里乡改忠良社为阅报所,今尚存。

(《迁江县志》第六编文化　民国二十四年铅印本)

田西县

图书馆　本县因成立未久,一切草创,经费支绌,未设有图书馆。暂在县府内附设图书室,逐年购置书籍,现存书籍二千余册,公报刊物等四百余册,指派县府书记兼任管理,不另支薪。每日开放时间上午十一时至下午一时,俟筹有的款,即移出街市,设置图书馆,听人观览。

阅报处　县属各乡公所均附设阅报处,县城有干校通讯处,举办墙报,将各项重要新闻摘录张贴。

(《田西县志》第六编文化　民国二十七年铅印本)

阳朔县

社会教育

此种教育专为已出学校或无力入学之一般民众而设,能补学校教育及家庭教育之不足。关于体育者则有公共运动场,关于智识方面则有新闻杂志、动物园、植物园、图书馆、通俗教育馆等,关于德育方面则有宣讲所、白话剧等。世界文明各国莫不具备此项教育。我国在前清时于同治十年始有报纸出现于上海,只记载新而已,亦无所谓社会教育。阳朔在清时朔望

247

宣讲,由教谕训导在署内召集生员宣讲御制之圣谕广训,清季视为具文,或讲或否均无一定。民国三年,县城、福利、白沙、高田、金宝、葡萄、普益、兴坪八区始各设宣讲所一所,至四年因政局变动停止。宣讲新闻纸及杂志,皆由私人购买,或由团体购买。延至二十二年,县城始有民众教育馆之设立,附设阅报室一所、图书馆一所。购备新闻纸杂志数种,任人阅览。同时开辟公共体育场于西门外,地势宽平,约八十方丈,设备秋千架、篮球架、杆架、滑梯各种运动器具,任人随时运动,于民众体育颇有裨益。图书馆虽有,惜藏书尚少,阅书以学生为最多,民众有到馆阅书者,有借阅者,均能依期还书,不致散失,若能逐年添购书籍,将来必大可观。

(《阳朔县志》第六编文化　民国二十五年石印本)

宜北县

社会教育

县立宣讲所　民国初年衙署东辕门左边成立宣讲所,派劝学所劝学员每逢墟日宣讲教育要义,并下乡宣讲,实行数年,社会大众颇能了解,迨民十政变始停废。

图书馆　民国二十一年成立,由地方款购买多种书籍存放馆中,供应民众披览参考。

(《宜北县志》凡例　民国二十六年铅印本)

附:广西省民国时期图书馆史文献目录

论文(篇名、著者、期刊名、卷期、出版时间)

1. 桂省颁发各图书馆立案备案表格　中华图书馆协会会报　12卷1期　1936年8月31日
2. 广西省图书馆界之鸟瞰　张慕骞　浙江图书馆馆刊　2卷4期　1933年8月31日
3. 广西图书馆现状及改进意见　李仲甲　中华图书馆协会会报　12卷6期　1937年6月30日
4. 奏建设广西图书馆折　张鸣岐　学部官报　第123期　1910年5月
5. 广西南宁市中心区图书馆图书流通半年计划草案　中华图书馆协会会报　11卷5期　34—36页　1936年4月30日

四川省（含重庆）

地方志史料目录:《大竹县志》《蓬溪近志》《南溪县志》《汉源县志》《渠县志》《南充县志》《达县志》《郫县志》《叙永县志》《合江县志》《巴中县志》《三台县志》《大邑县志》《西昌县志》《西康纪要》

附四川省（含重庆）民国时期图书馆史文献目录:6种图书,13篇论文。

大竹县

图书馆

学校之能增进智识尚已然,欲住校学生收参考之益,及非住校学生无论何人均得博洽见闻,有灌输智识之效,则不得不恃有图书馆。吾竹自民国六年由曾子玉等呈准县署,议分县城文昌宫租田一半,作为开办图书馆经费,举陈步武为筹备馆长,黄寿臣为干事员,曾拟具规章,详准省署立案。嗣因军事旁午,文昌宫田业典鬻罄尽,并图书馆划分之业亦仅存跑马坪一处,而每岁收入除垫支文昌宫焚献及完粮整修外,又均为法团所拉移,坐是迁延放弃,无法观成。十四年,由县会提议在十九年粮税项下每石附加洋一元,复由法团划还借垫千余元,又拨修志余款千元,自是款稍有着。由法团推举廖子宜、林牧卿、陈子明帮同筹备。于时鸠工庀材,就中校外坝偏右隙地建筑西式楼房三大间,下层洞开窗户,取便阅书,上辟通楼,作藏书之所。就校内庶务室后一间作为管理员室,由该室启户下图书馆只扶梯数级,又由室上藏书楼亦只扶梯数级,就此居间管理,对于馆门启闭、图书收发均正适当。将来主持馆事即指定中校长员负责,庶费较省,而事易举。所需图书除移用中校藏书外,并分门添置旁及杂志、小说、报章。阅书时间校内定星期日,校外则其余各日,惟年暑假在所不拘。阅书规则及保存善法,另以详章定之。一俟筹备完成,即当定期开馆。所望县中各界无论老幼男女,于事毕公余之际,各随其性之所近,分门研究,并谨守阅览秩序,保存社会公德,勿令房舍器具图书稍有损坏,更希望军政长官及地方绅耆随时补助扩充,期于完善与延长,其于大竹文化之发达,裨益洵非浅鲜。

（《大竹县志》卷五学校志　民国十七年铅印本）

蓬溪县

民众图书馆　祀孔之礼废越一年,卖文庙产业,在所得业价内划一千圆交教育局生息,遇庙宇损坏时准备修补,划贰千圆由教育当局购置图书。十九年六月,图书至自成都,连先后购得《万有文库》《殿本廿四史》,一并移存县政府西偏公园内,于二十年七月就前国民革命党党部成立民众图书馆。二十一年,军兴,因迁入教育局,暂作保留。剿匪未竟,至今尚未开馆。所有图书至四册以上者,则标其专目。三册以下者则分类。总举其册数列表如下。

民众图书馆图书目录

四库全书总目提要	四库全书答问	经史百家简编评注
十三经注疏	说文解字	康熙字典
中国文字学大纲	简易字说	廿四史
战国策详注	国语详注	资治通鉴
山海经	读史方舆纪要	郡国利病全书
中国年鉴	文史通义	大宋宣和遗事
汉魏丛书	百子全书	墨子闲诂
汉魏六朝百三家集	陶渊明先生集注	玉台新咏集
骆宾王文集	李太白集	李太白全集
白居易诗	薛涛诗	昌黎先生集
韩愈文	三苏文粹	王临川全集
唐宋十八家全集	十八家诗钞	王朝诗别裁集
胡刻文集	全唐诗话	评注唐诗读本
古文辞类纂评注	古文辞类纂选本	梁溪漫志
亭林诗集	明夷待访录	随园诗话
改正白香词谱	词诠	白话字诂
辞源	国语辞典	学生字典
哲学辞典	植物名实图考	植物名实图考长编
社会科学大辞典	达尔文特种原始	科学小丛书

医学卫生类	共十四册	农学类	共二十四册
工学类	共四册	外国文学类	共十册
社会的文学类	共一百二十九册	社会的历史类	共十六册
社会的政治类	共九册	社会的法律类	共四册
社会的经济类	共四十三册	社会的哲学类	共六册
社会丛书	共二十五册	党义与党人言论	共七十三册
新智识丛书	共九册	学生文学丛书	共九册
学生国学丛书	共十一册	少年史地丛书	共四十五册
国学小丛书	共十五册	儿童史地丛书	共九册
少年自然科学丛书	共九册	少年百科全书	共十三册
小说月报丛刊	共五十四册	东方文库的现代史地	共六册
东方文库的政治法制、经济及社会问题	共十册	东方文库的文学、语学、艺术及考古学	共十六册
东方文库的文化及哲学	共八册	东方文库的科学及工业	共十四册
东方文库的小说及戏剧	共十二册	ABC 丛书的文艺	共十四册

续表

ABC 丛书的哲学	共二十四册	ABC 丛书的教育史地	共二十六册
ABC 丛书的常识	共二十八册	少年丛书	共三十三册
模范军人	共十册	革命外交小丛书	共七册
通俗教育丛书	共十四册	儿童文学丛书共	五十五册
少年文学丛书	共十册	图书故事	共十二册
儿童史地丛书与艺术丛书	共六十八册	儿童世界	共一百〇二卷
杂组类	共十一册	儿童文学读本及其教学法	十九册
儿童读本	共七册	俄国童话集	四册
家庭童话	共二十二册	三柴童话集	四册
儿童世界丛刊之童话	八册	益字图千字文	八册
七巧八分图	八册	说明:上列《四库全书》等不及四册亦得专举者,因其性质对于藏书有密切关系故	

(《蓬溪近志》卷六教育篇　民国二十四刻本)

南溪县

社会教育

图书馆　清光绪二十七年,知县愈昌言拨银三百两,向成都购置经史时务诸书百数十种,设官书局于会府东西廊,听人就阅,司事出纳之,订定规章,以资遵守。三十二年,官立高等小学堂开办。由堂购置书籍,价值银二百余两,遂将官书并入学校,陈设备阅。国变,驻军,丧失过半。民国七年,滇军复驻其地,并残缺之本亦尽。十一年,视学包赤文设书报所于劝学所东偏,购新书百余种,备人展阅。十四年,军队往来驻此,书籍亦无存。十六年,教育局长温汝航购《四部丛刊》一部,初中购《万有文库》一部。二十年,局长晏懋炳复购书百余部,方从事于图书馆之准备焉。

阅报所　清光绪末,学校有阅报室,上海申报、北京时报、四川官报学报、重庆广益丛报皆萃焉。民国以来,报章日广,购阅者亦多。十一年,县视学包赤文设阅报所于劝学所,嗣后相沿不废。十九年,教育局长曾孟良于城中各茗馆附设阅报所,流通益便。

(《南溪县志》卷三教育　民国二十六年铅印本)

汉源县

汉源县公立图书馆　在城内中心学校门内,为旧考棚奎阁遗址,民国二十二年落成,迄今仍无图书设备。

视学王琢公立图书馆落成记

民国十有一年春,琢承乏县学,感社会教育缺乏,爰集议于县城建书楼,备图书于各区,设巡回文库,所以便校外研钻也。议既谐时,万前县长守之、羊司令仁安、陈所长邦直成乐助资,而属役于陈君维新等,就奎阁故址起建书楼,大势粗具,旋以军兴,资罄辍工,琢亦辞职去,距今倏八载矣。袁君培垣来长教育局,百废俱举,曰书楼前功不可弃也,请于刘司令竹村、羊副司令仁安,绩资竣事,题其额曰汉源县公立图书馆,李县长特生下车乐观厥成,慨任筹资,置图书供设备,集大成焉。噫嘻!斯馆之成倘亦关夫运数耶,何衮衮明公后先继美,如斯之盛哉!琢维叔季浇漓,民德不修,将纳于轨物,必自道义文学始。道义兴,斯风化醇;文学兴,斯才智作。而福国利民,长治久安之道基焉!然则诸明公造就兹馆,意固有在也。袁君属琢为记,不获以不敏辞。志其巅末,聊附于益州画像之义,俾后之来者观感而光之之云。

西康省立民众教育馆 设富林场文星寺,民国二十八年成立。

汉源县民众教育馆 民国二十九年夏,奉令筹办民众教育馆,县委张仕江任馆长,开始筹备。是年十月一日成立于汉源场。

(《汉源县志》教育志 民国三十年铅印本)

渠县

社会教育

民国二年县教育公所遵据四川教育司改订讲演章程十六条,设演说会社,派演说员二人,订时讲演。至民国十三年仍按区设讲演员若干人,专司讲演。

民国十二年二月,教育局长王锡璋依照全县学务会议议决案,成立渠县通俗教育社,在小学经费及附加肉税项下酌量拨助,以为该社经费。当以王临轩任社长,其所办事项有六,一通俗讲演所,二通俗书报馆,三通俗教育社刊,四平民半日校,五平民夜校,六美育部。各设主任一员,事务员若干,以资办理。拾四年八月,改以社刊编辑主任欧衡平兼任社长,十二月王临轩复任社长。十五年十一月,社务并归教育局,社长即由局长杨槐柱兼任。十六年一月,以王子嘉任社长。

民国二十一年一月,县长刘治国令就城内下正街火神庙建立民众教育馆,其属分八部,曰出版、曰教学、曰陈列、曰生计、曰健康、曰游艺、曰讲演、曰阅览,均系遵照部订民众教育暂行规程组织之。馆长初由局长邹仁杰兼摄,后以事务纷繁,呈县另委杨从矩接充(按本年自四月开幕后,教育局即将日前管有之贩卖所、石印部及第三课所属之,讲演、编辑诸事务通令并入,由该馆接收,分部办理)。

渠县图书馆 渠江书院旧有藏书多种,迭因兵燹散失无存。民国八年,兰寄尘始募捐购书以资浏览。十五年,教育局长王锡璋既就所购及通俗书报馆存贮各书成立图书馆,以朱明哲任主任。嗣因该馆并归教育局,即未另设专员。十六年一月,主任一职以社刊编辑主任杨秀思兼任。十八年十二月,因馆务扩充,简任郑作霖为主任。

(《渠县志》卷三教育 民国二十一年铅印本)

南充县

通俗教育社 民国十年议立通俗教育社于城区,并设图书馆。其经费由买卖契底附加及中资捐附加,就府街县学旧署培修加以建筑,市刷印局亦附于内,计建筑及购置图书共约费银一万二千圆。至民国十六年属于市政公所经理,其社内开支每月由市政公所照章给发。

阅报室 西栅子、黉墙街、果山公园、火神庙分设,每一室内有司事一人。

通俗教育社并图书馆职员表

职任	员数	每月薪资	备考
馆长	一人	四十圆	公费实支实报
文牍	一人	二十圆	
书记	一人	十圆	
庶务	一人	十圆	
普通图书管理	一人	十二圆	
普通图书助理	一人	十一圆	兼收发书报
儿童图书管理	一人	十二圆	
平民学校校长	一人	二十二圆	
平民学校教员	二十人	十圆已下不等	
平民夜课教员	十七人	各钱十千	灯油钱六千
社内杂役	二人	各四圆	
平民学校杂役	五人	各四圆	
阅报室司事	四人	各四圆	

普通图书馆书目列后,儿童图书未列。

图书馆记　蒲毓庚

古籍如三坟五典,八索九丘,不尽雅驯,足借阅者之目。三代圣神若禹、稷、伊旦,则不乞灵此类,而道德材艺踔越千古,溯其心传固别有在也。周末文敝,百家蜂起,各树一帜以求胜,史跖之是非,儒墨之得失,喋喋争讼,久未定谳,尤足泯阅者之心。漆园老吏,悯兹梦乱,思以一人之力齐之,而物论同落言诠,终难起,书生沉痼,祖龙驭宇,投之一炬。识五千字者得为吏法,最直截痛快,下士诽之,陋矣!汉人多事,积岁搜罗,前后所得金马石渠,哀然充栋。微独讹书羼入,炫人耳目。即邹鲁遗籍,皓首莫穷以渊,云迁固之英隽,皆自锢牖下销磨岁月,无轰轰烈烈之事功,未始非诗书桎梏之也。秦人火之不为罪,汉人求之不为功,调剂其间当如之何,曰设图书馆,或为公家选购,或由私人乐捐。启闭以时,纲纪合度,凡问字停车,借书下酒者,考一事物如对笔谭,析一文如同藜照,不必伊吾斗室,耗毕世精神,磨灭韦编,误谋生事业,益人神智,至大且溥,岂迂俗所能喻哉!或谓前清初叶,大江南北,文澜、文汇、杰阁、凌霄,储书数万帙,非图书馆乎?余曰形似。清之建斯阁也,笼络士人,平民不得睹其盛,且不为儿童特辟一室,以启其蒙为益,盖鲜不足以拟今日中国之图书馆况,欧美尤善耶。吾邑明达,早经建筑,规摹狭陋,论者惜之。李大令象贤相地重建,形式崇宏,庋藏丰富。馆内职员,皆经研究图书馆学,故乡之狭者广陋者,雅阅书者日增,惟保护扩充,尚冀后之贤者。

南充图书馆藏书概目

十三经注疏	孝经直解	三国志
御纂七经义疏	韩诗外传	晋书

续表

皇清经解	白虎通疏证	宋书
经说选粹	说文解字	南齐书
四书恒解	说文句读	梁书
六经恒解	钦定佩文韵府	陈书
周易折衷	史记	魏书
大学古本质言	前汉书	北齐书
孝经	后汉书	周书
南史	元史	元史纪事本末
北史	明史	明史纪事本末
隋史	王本史记	四川通志
旧唐书	历代通鉴辑览	南充县志
新唐书	资治通鉴	新修南充县志
旧五代史	续资治通鉴	富顺县志
新五代史	东华续录	合川县志
宋史	九朝纪事本末	五大洲志
辽史	左传纪事本末	金堂县志
金史	通鉴纪事本末	明良志略
史存	宋史纪事本末	四川盐法志
荆驼遗史	二十四史约编	清财政考略
战国策补注	廿二史考异	蜀鉴
国语韦解补正	汉书补注补正	苏注道德经
明季稗史汇编	子书二十八种	论衡
清稗汇钞	百子全书	宏明集
清朝野史大观	诸子文粹	五种遗规
王船山读通鉴论	诸子文粹续编	明儒学案
评选船山史论	世说新语	近思录
史通通释	说苑	宋元学案
汉魏六朝百三家集百零二本	唐子潜书	盐铁论
三苏全集	清文录简编	西阳杂俎
涵芬楼古今文钞	文选	曾文正公学案
黎选续古文辞类纂	省钞古文	王临川全集
六朝文絜	随园卅八种	龙川全集
全蜀艺文志	山谷全集	阳明集要三种
唐文粹简编	张文端公全集	韩昌黎全集

续表

宋文鉴简编	曾文正公全集	柳柳州全集
元文类简编	龚定盦全集	亭林文集
明文在简编	校订定盦全集	刘杨合刊
庄悔堂文集	王阳明全集	衷圣斋文集
濂亭文集	日知录集释	唐盦全集
张文忠公诗文集	诸葛武侯全集	樊山诗文集
东莱博议	岳忠武王集	元次山集
经史百家杂钞	王十朋全集	曹子建集
经史百家简编	王明阳传习录	郑板桥集
文心雕龙	义门先生集	四忆堂诗集
艺舟双楫	梨洲遗箸汇刊	唐人万首绝句选
留青别集	柳河东文集	唐人四家诗集
南宋文范简编	刘孟涂全集	温飞卿诗集
古诗源	庚子山全集	船山诗草
渔洋山人精华录	苏邻遗诗续集	钱注杜诗
香屑集笺注	历代诗话	泽山诗钞
陶苏合笺	诗人玉屑	晚唐诗选
白香山诗集	疑雨集	曝书亭诗集注
昌黎诗集	待鹤楼诗钞	张文襄公诗集
丹渊集	零砾诗存	寇莱公诗集
渔洋山人精华录笺注	吴梅村诗话	吴梅村诗集
梦甦斋诗集	王渔洋诗话	烟霞万古楼诗集
问山诗钞	随圆诗话	柳河东诗集
续玉台新咏	李义山诗集	剑南诗钞
李太白集	古今联语汇选三集	放翁遗稿
骆宾王集	古今联语汇选四集	玉台新咏笺注
王摩诘集	集联汇选二编	白香词谱笺
唐伯虎全集	离骚注	全唐词选
韦苏州全集	历代名人词选	正续词选
古今楹联类纂	历代名媛诗话	三二家宫词
俞曲园楹联	宋七家词选	十国宫词
楹联集古	宋六十一家词选	明宫词
古今联语汇选二集	闺秀词钞	吴梅村词
燕子笺传句	有正味斋词集	长生殿传奇

续表

桃花扇传奇	娱萱草弹词	牡丹亭传奇
点鬼簿传奇	合浦珠传奇	西厢记传奇
闹科场传奇	南柯记	道咸同光名人手札
菊花仙传奇	酬红记	古今尺牍大观
袁浦花传奇	香雪小山词合刻	范文正公书牍
哀黎记传奇	古今词选	司马温公书牍
孝女蔡惠弹词	词学全书	归震川书牍
明月珠弹词	屈辞精义	陆渭南书牍
同心栀弹词	蒋士铨九种曲	王介甫书牍
欧阳文忠公尺牍	八贤手札	黄山谷书牍
陈龙川书牍	历代名人小简	文信国书牍
吕东莱书牍	历代名人书札	俞曲园尺牍
姚姬传尺牍	历代名人小简续编	曾文正公荣哀录
钱牧斋尺牍	历代名人书札续编	曾文正公大事纪
陆象山尺牍	吴挚甫尺牍	黎总统书牍汇编
曾南丰尺牍	李申夫批牍	黎总统文牍汇编
史忠正尺牍	樊山书牍	曾文公正家训
苏东坡尺牍	樊山判牍	得一录
袁简斋尺牍	有正味斋尺牍	蓄得录
恒言	曾文正公家书	保身立命要言
家言	论学白话	蒙训
俗言	子问	闺训清源
女小儿语	又问	庸庵笔记
寻常语	易知录	香祖笔记
中外同	善堂开办法	池北偶谈
端本戒淫劝孝说	太平广记五百卷	谈异
村学究语	郎潜纪闻	茶余客话
下学梯航	洪容斋笔记	金壶七墨全集
醒迷录	印雪轩随笔	清人说荟
两晋通俗演义	两般秋雨盦随笔	三国演义
南北史通俗演义	啸亭杂录	元史通俗演义
唐史通俗演义	履园丛话	清代演义
宋史通俗演义	谐铎	我佛山人札记小说
元史演义	夜谭随录	我佛山滑稽谈

明史通俗演义	二十年目观之怪现状	板桥杂记
清史通俗演义	聊斋志异	续夷坚志
民国通俗演义	东周列国志	三异笔谈
旧小说	正续子不语	随影漫谈
虞初支志	西游记	仇池笔记
柳南随笔	阅微草堂笔记	东坡志林
求阙斋日记类钞	新辑隶字汇	归田录
畏庐琐记	缩本篆字汇	扪虱新语
畏庐漫录	篆字类	戴文节公山水册
佩文斋书画谱	程荔江印谱	钱西溪田君图
历代画史汇传	山水入门	四王恽吴山水合册
画禅室随笔	仿宋花果真迹	王石谷临宋元十二景
校碑随笔	王烟客山水册	王石谷小影留耕图
广艺舟双楫	黄小松山水册	边颐公果草虫册
增订画征录	南田花草山水册	费临耕烟十万图
石涛上人山水册	南田花卉山水合册	王廉州山水册
江左三大家诗画合璧	名人书画集	明代名画集锦册
沈石田墨笔山水	吴友如画宝	徐青藤墨笔花卉
龚半千细笔画	中华古今画范	姚惜抱墨迹
扇面画二三四集	乾隆春郊试马图	宋拓麓山寺碑
华新罗士女花鸟山水画	赵孟頫四札墨迹	明拓秦峄山碑
顾西眉仕女人物画	朱子论语注稿墨迹	赵松雪手札墨迹
赵孟頫画枯树图枯树赋	九成宫醴泉铭	赵书心经墨迹
石谷老年拟古册	晋唐小楷十种	陈曼生墨评墓
石谷仿古山水	吕晚邨墨迹	定武兰亭瘦本
赵书妙法莲华经	唐拓化度寺舍利铭	青主板十三行
赵松雪兰亭十三跋	鲁峻碑及碑阴	麻姑仙坛记三本合装
赵松雪正草千字文	虞书汝南公主墓志	张黑女志
赵松雪道教碑	初拓爨龙颜碑	初拓张猛龙碑
褚河南枯树赋	旧拓龙门二十品	柳公权玄秘塔
宋拓十七帖	明拓汉隶四种	唐玄秘塔碑精拓本
宋拓云麾碑	宋拓孔宙碑	匋斋藏瘗鹤铭两种
苏黄米蔡合册	颜书元次山碑	颜平原东方画赞
苏轼醉翁亭记	王右军金刚经	初拓邓文公碑

续表

大麻姑仙坛记	宋拓颜家庙碑	旧拓爨宝子碑
经葬亲启	旧拓好大王碑	张廉卿墨迹
祝枝山书赤壁两鬼诗	何子贞临黄庭经	金冬心自书诗稿墨迹
翁覃溪书金刚经	何子贞书廖夫人墓志	小楷心经十种
翁覃溪手札墨迹	赵文敏书感兴诗	续三希堂法帖
翁覃禅手札	柳公权金刚经	豫如子书帖
翁叔平书龚宜人墓志	李玄靖碑	庚子消夏记
刘石庵手札墨迹	梁启超临王圣教序枯树赋	书法津梁
包慎伯争座位帖	赵松雪金刚经小楷	书法指南
王阳明书龙江留别诗	大唐圣帝感舍利铭	龙门寺任太史碑
米海岳书天马斌	原刻香草字	龙门寺周光镝碑
青居山大佛洞碑二种	三希堂法帖	青居山东岩记
灵泉寺大佛殿碑五种	重修广思桥记	青居山观音阁碑
灵泉寺埵洋碑	朔八日癸卯碑	青居山大佛洞功果碑
青居山神仙洞碑	顺庆府城碑	游虞泉寺记
栖乐山读易记碑	忠义之邦	登楼山书层记
游龙门寺用任太史韵	纪信碑	关庄缪联
扁额	开河记	铁塔碑
西桥碑	陈文宪碑	南充县修河堤记
重修果南碑记	陈以勤碑	观士音像铭
南池书院	任瀚题	巴州水调歌
古今图书集成一千六百二十八册	斗阳山人象赞	千升亭记
四部丛刊全部	笠泽丛书	西汉碑
玉函山房辑佚书八十册	唐代丛书十二册	严武题于等龛
涵芬楼秘籍八十册	渊鉴类函三十二册	洞天要旨外科秘录
士礼居黄氏丛书三十册	黄帝内经	石室秘录
守山阁丛书残	本草从新	辨证奇闻
学海汇编百二十册	伤寒论	洗冤录集证
古遗丛书残	张氏景岳全书	珍珠囊药性赋
群芳谱二十四册	增图本草备要	外台秘要
槐轩杂著	本草纲目求真	黄氏医书八种
心史丛刊	医方集解本草图说合刻	潜斋医书五种
六醴斋医书十种	金匮要略心典	东医宝鉴
陈修园医书五十种	眼科大全	经验良方

医宗金鉴	竹林女科	针灸大成
医醇胜义	万病回春	时病论
全生集	外科图说	小儿推拿广意
医门法律	笔花医镜	幼科铁镜
临证指南医案	银海精微	痘疹金镜录
温病条辨	胎产秘书	医学入门
素灵类纂约注	麻痘科书	李东垣十书
绘图本草新读本	达生篇	刘河间伤寒三六书
薛立斋医案全集	诊断学	疡科心得集
疡科选粹	药理学	千金要方
赤水玄珠全集	病理总论	瑜伽师地论记
疡医大全	传染病全书	大智度论
千金翼方	实用外科手术	阿毗达磨杂集论述记
校正儒门事亲	中国医学大辞典	解深密经疏
重楼玉钥	尚论篇	成唯识论述记
医宗说约	寓意章	中观论疏
临证秘典	阿毗达磨俱舍论记	大方广佛华严经
中西验方新编	瑜伽师地论	杨仁山居遗著
大乘法苑义林章记	摄大乘论无性释	大宝积经
杂阿含经	金刚般若经赞述	成实论
御选语录	集神州三宝感通录	大毗卢遮那成佛经
妙法莲华经玄赞	观弥勒上生经疏	中论
高僧传初集	胜鬘经述记	十二门论疏
佛说无量清净经	般若理趣分述赞	宝性论
佛说华手经	因明入正理论疏	万善同归集
大乘广百论释论	成唯识论	解深密经注
大唐西域记	相宗八要直解	摄大乘论世亲释
显扬圣教论	佛地经论	大乘庄严经论
妙法莲华经	思益梵天所问经	地藏十轮经
大慈恩寺三藏法师传	十八空百广百论	悲华经
慈悲梁皇宝忏	莲池大师语录	楞伽经会释
瑜伽真实品记	瑜伽真实品	明了论
说无垢称经	显密圆通成佛心要集	金刚波若经破取著不坏假名论
大方便佛报恩经	中论科判	能断金刚般若经论释

续表

大宝积经论	杂阿毗昙心论	金刚能断般若经论
净土四经	阿毗达摩发智论	金刚般若经论
百喻经	百论疏	涅盘经玄义
三论玄义	大般涅盘经	略述法相义
菩萨戒本记	瑜伽焰口施食要集	百法明门论解
阿閦佛国经	般若波罗密多心经幽赞	大方等如来藏经
无量义经	维摩诘所说经	诸佛要集经
比丘尼传	善女人传	庞居士语录
辩中边论	唯识二十论会译	安士全书
宝髻经	地藏菩萨本愿经	佛说四谛七经
童蒙止观	大乘密严经	孝子五王七经
佛性论	佛说梵纲经	显转识论
大乘掌珍论疏	楞严三昧经	集诸法宝上论
大乘掌珍论	无上依经	募刻佛教全藏
佛说大乘戒经	金刚般若波罗密经	法相诸论叙合刊
大方广圆了义经	集大乘相论	大乘起信论
观弥勒上生经	出生菩提心经	往生集
十二因缘经	金刚针论	念佛百问
仁王护国般若经	志公禅师语录	大阿弥陀经
顿悟人道要门论	无量寿经起信论	三经合集
分别缘起初胜法门经	三国佛教略史	地藏本愿经
瑜伽师地论释	净业痛策	弥陀要解
四十二章经	佛经精华录笺注	净土论
药师古迹记	阿弥陀经笺注	仁王经
净宗法要	维摩所说经注	净业初学须知
百法明门论解	净土切要	志公惺语
焦氏支谈	大乘起信论纂注	太上感应篇注释
劝发菩提心文	释净土群疑论	大乘起信论义记清义
发菩提心文	法界安玄图	金刚般若经疏
净土十疑论	净土传灯归元镜	杨仁山事略
西方合论	观经疏钞	戒杀放生文
维摩结所说经提纲	宗范	释迦如来成道记注
相宗直解	大藏经	观音经笺注
佛教初学课本	太上感应篇	盂兰盆经笺注

净土仪式	普贤行愿品	宋九僧诗	
法华经普门品	辩伪录	念佛切要	
永明禅师念佛诀	宗教小说归元镜	大乘非佛说辨	
大乘起信论义记	阿弥陀经	大乘起信论考证	
六祖法宝坛经	准提陀罗尼经	佛法非宗教非哲学	
中论会释	佛法之真义	观弥勒上生儿率天经	合刊
成唯识论所变相述记演义	唯识扶择谈	妙法莲华普贤劝发品	
玄宗像传	唯识讲义	八识规矩颂浅说	
觉者像传	声明略	观所缘缘论浅说	
性相通说	起信论料简	海潮音	
哲学史	欧洲思想大观	新旧约圣经	
印度哲学概论	近代西洋哲学史大纲	验方新编	
社会改造之八大思想家	杜威教育哲学	杜威讲演录	
西洋古代中世哲学大纲	科学与哲学	朱子学派	
政治哲学导言	形而上学序论	康德人心能力论	
教育哲学	物之分析	塔果尔及其森林哲学	
哲学之科学方法	感觉之分析	亚里斯多德	
遗传论	清代学术概论	赫克尔一元哲学	
哲学要领	孙文学说	梁著学术讲演集	
东西文化及其哲学	罗素月刊	群学肄言	
		罗素算理哲学	
		杜威罗素讲演	

中外小说杂志不及备载。

(《南充县志》卷七图书馆　民国十八年刻本)

达县

图书馆

　　人欲具普通之智识,固非入学校不能增进也。凡学校皆置图书,在校之学生有图书为参考,无论矣。而其未入学校者,亦赖有公共图书,与以参阅而灌输其学识。故自提倡文化以来,通都大邑莫不有图书馆之设也。县中人士早议设置图书,乃因他事牵延未果,会有保护文庙之命,十六年乃请于县中,军政长官提倡维持,先期筹备,提拨建修经费,就文庙东庑改作藏书室,西庑及戟门改作阅览室,改名宦乡贤两祠为阅书报室,改忠孝节烈两祠为看役室,改更衣陈设两所为馆员宿膳室。越半年功竣时,已劝募集款数千圆。于是购置图籍,合古今中外之书不下数百种,旁及杂志小说,琳琅满架,居然文府。凡县中各界无论老幼男女,皆可随其性之所近分门研究。翌年开馆,订阅书规则。近又添置大部书如《四部丛刊》《万有文库》之类,其裨益文化诚非浅鲜。馆中常年经费共二千四百圆,除开支员司薪津外,余则补助报章之费,及随时添置图书之用。

(《达县志》卷十三学校门　民国间铅印本)

郫县

图书馆

创于民国十八年,设购普通书籍百余种,继收旧岷阳书院藏书数百册,多残不完。迄二十年,江防军总司令黄逸民于变公产后捐赠第一集《万有文库》一部,旋由本馆购《四部丛刊》一部,《二十四史》一部。二十四年复购第二集《万有文库》一部。邑人孙幼农捐《四部备要》一部。合计现在藏书共一万一千余册。书目繁不赘列。

书报室

民国二十二年设,今改设图书馆。

(《郫县志》卷二学校　民国三十七年铅印本)

叙永县

教育

图书馆　在西城道署街,民国十八年县人宋孟陬、熊雨村、宋玉门、杨俊明、郭西青、李复成等募款创办,士民踊跃捐助。所购书籍甚多,欲使浏览普及,遂建馆舍于公园内,层楼宏敞,颇具大观。

阅报室　共二处,一在西城道署街,附设图书馆内,一在东城东大街,购置书报杂志多种,备人阅览,雇有专员经理其事。

(《叙永县志》卷四文化篇　民国二十二年至二十四年铅印本)

合江县

社会教育

图书馆　清光绪二十三年由地方筹款派人到成都购买遵经书院出版之书百数十种,就三费局之左边一列设官书局,请委局士一人专管,订定章程以资遵守。至二十八九年间,书院山长听住院生请求,饬交入院,遂多损失,至今残余尚有存于第一高级小学校者。民国十年由劝学所拨款就城北上街之禹王宫成立图书馆。十一年款绌遂停,十二年复设,十四年又停,所有图书封交劝学所保管。

阅报所　清光绪十年《申报》流入合江,此外有京报之宫门钞、省报之辕门钞,皆纪述政治。光宣之际,《泰晤士报》《字林西报》《万国公报》《同文沪报》《中外日报》《新民丛报》《广益丛报》《四川官报》《四川学报》陆续输入。民国八年始,由劝学所拨款成立阅报所于城内白花亭街,十年附入图书馆内,十一年以劝学所款绌停止,十二年复设,十四年又停。

讲演所　民国八年始成立讲演所于城内白花亭街(与阅报所共舍)。十年移附入图书馆,十四年停废。其所讲演者为国民应有之知识与近代各业之趋势。

(《合江县志》卷三教育　民国十八年铅印本)

巴中县

社会教育

图书馆　民国十三年购回图书,议于城内设通俗图书馆,由教育局年提银贰百元作增加费。

阅报所　附设教育局

(《巴中县志》第三编教育　民国十六年石印本)

三台县

阅报室　城内阅报室,民国十二年,闽人于去疾来县为盐务,稽核分所英文秘书,就东街住所设置。十四年奉调去,由教育局接办。十六年改设于教育局头门左侧。现于省内外购有报章十余种,供人阅览。

学会附设阅报室,民国十四年设置,十六年因无款停办。

市政局第一阅报所,设于县署头门左侧,第二阅报所设于上南街谈天处。

图书馆　城内图书馆就北街旧劝学所改设,其建筑费由田军长先后捐银二千元,绵竹县募银二百五十元,及各法团卖谢姓业剩余未分银一百元,共计二千三百五十元,不足又由教育局募集各款补充之。内容设备有《四部备要》(系田军长捐赠)、《四部丛刊》(系李用生捐赠)、《万有文库》(系商会捐赠),其他各项科学书亦由教局拨款购置多种,民国十九年一月已开馆。

(《三台县志》卷十八学校志　民国二十年铅印本)

大邑县

图书馆

县图书馆在城内东濠沟初中校后,始于民国十七年购地,成于十八年己巳,盖由甫澄刘军长倡捐五千圆,余皆自乾军长担任。命建,委任牟秉年、张明远、萧全善三君经营擘画而成也。计馆地三亩二分六厘六毛,悉以教育局水田丈给之,共去十五亩二分零一毛。易得之中建正楼五间为藏书画及看书所,别院三通,亭台闹房,靡不具备,杂以花木池沼,清爽豁目,洵足为博览地也。所藏图书,咸就县人捐购,已由冷曝东、周海儒两君由省运回书数百部,择吉开馆。将来捐助日多,收藏愈富,吾邑文化庶由斯馆而日盛乎!

(《大邑县志》卷四学校志　民国十九年铅印本)

西昌县

社会教育

本县社会教育　清光绪末,何成瑜、萧树芬曾于文昌宫外,倡设阅报公所。知府李立元为书匾额,久寖废。民国初年,及十九年、二十五年、二十六年,政府皆曾会合学绅,于空闲庙

宇及各学校,附设民众学校。亦未继续。今有成绩者,惟民众教育馆、图书馆,记之如次:

城内省立民众教育馆 县南门内马王庙。民国二十一年,川康边防军改建为新宁公园,作该军俱乐部。二十五年,边防军撤后,县督学杨昌运,请于十八区专署设立县民众教育馆,得允开办,经费由县署支给。西昌改隶西康后,民国二十八年,教育厅长韩孟钧拨款二千元,作开办费,以杨昌运为馆长,改为省立民众教育馆。经费现支九千九百八十元。原县立民众教育馆图书什物移德昌,设立德昌县立民众教育馆。本馆组织:参配部章,馆长下分三部,曰总务部,曰教育部,曰研究辅导部。每部应置主任,因受经费限制,现除馆长外,只有主任一人、干事二人、事务员二人。分配工作:工作一如部章,现著成效者,民众学校、业余补习班、读书会、问字问事代笔处、书报阅览室、图书巡回、壁报、通俗讲演、保甲人员谈会、科学讲座、国术训练、防护宣传、体力比赛、提倡良好娱乐、民众茶园。设备:除桌凳及运动器具随时添置外,有文书一千六百余册、杂志二十种、巡回书车一部、巡回书架一具、风琴一部、收音机一部、留声机一部,余正请款购置。

县立礼州民众教育馆 此馆建筑于民国二十九年八月。教育委员冯郁隆经始,馆长何兴贵继之,三十年八月,建筑完竣,九月二十八日,正式开馆。组织:馆长下有总务、教导两组,总务组主任由馆长兼代,馆长由县府委任。主任一人,干事二人,由馆长聘任。经费:三十年为四千八百元。工作一如定章,著有成效者,为民众学校、图书展览、通俗讲演、各种宣传。

县立德昌民众教育馆 民国二十八年十月,由西昌城内迁入德昌开办。馆内组织:有馆长一人、主任一人、干事一人,经费年支四千八百元。工作亦如定章。现已办理者,民众学校、图书馆、讲演处、运动场、茶园、壁报。馆长为蔡启义。

西昌图书馆 民国十七年二月,宁属行政会议,二十四军代表胡鹤如主席,对开办宁远通俗图书馆案,决议由军政机关法团首长各捐一月薪俸,作初期购置图书之用,并指定城内董公祠为馆地,至馆内经常费,由教育财政两局负担,筹备完竣,即于十八年开馆。二十年,川康军屯殖司令部移驻馆内,馆移文庙,照常工作。二十四年,川康军部队开驻文庙,馆无地可移,乃将书籍交教育科负责保管,暂闭。二十五年下期,民教馆开幕,县府将书籍通俗者,移入阅览室内,余仍留县教育科。二十七年,文化协进会成立,馆乃恢复,西康省主席刘文辉捐银一万元,主持馆政者,易名为文辉图书馆。志惠也。

(《西昌县志》卷七教育志 民国三十一年铅印本)

西康

社会教育

社会教育,为学校教育之辅翼;苟社会教育不良,则虽有良好之学校教育,而莘莘学子,一出学校,即为腐恶社会所镕化。西康学校教育既甚幼稚,社会教育,尤为落后。兹就其荦荦大者,分别述之于后:

图书馆 前清光绪三十二年,督办川滇边务大臣赵尔丰,经营西康,设学务总局于巴安,同时支拨经费数万余两,购集图书数万册,成立图书馆,是为西康有图书馆之始,亦即西康社会教育之开端也。惜辛亥而后,边局不靖,羽檄频惊,学务局既迁铲(康定)而裁撤,负责无人,管理不善,皮藏之书,半多散佚。民国十七年,西康政务委员会筹设西康通俗图书馆于康定,在成都方面,募集捐款,购置书籍;一面派员驰赴巴安,将前清学务局残存书籍,择要装运来康;并电请军部转电东川邮务局及商务印书馆,将前西康教育厅所购书籍,汇寄来会,转发图书馆;觅定康定旧明正土司署为馆址,筹备就绪,旋于民国十八年二月正式开馆。其常年经费,除按月由财务统筹处支拨大洋三十元外,并由康泸两县及关外各县,按月捐输,以利进行,此区立图书馆之大概情形也。又民国十九年之秋,西康留学京平辽晋各地之学生,纷纷毕业,集中首都,预备回康,于时阎冯事起,形势紧张,中央眷念西康文化落后,青年头脑单纯,深恐留学各地,习染庞杂;特于中央政治学校设西康班,聚集各地留学康生,加以训练。所有设班经费,原定大洋一万元,训练期满,清算结束,尚余大洋一千余元;学校当局,欲将此款为本班作一永久纪念,乃采纳学生建议,于西康适中地点,设一图书馆,以资沟通汉藏文化。旋以设馆一地,收效不宏,决议于康定、巴安两处,各设一馆。惟西康班余款项,仅有千元之谱,购致书籍,已属拮据,分设两馆,益觉微末,遂由格桑泽仁商请考试院戴院长、中央大学校长朱家骅先生,每处按月协济大洋二百元,为康巴两图书馆常年经费,由戴院长命名为中央特许西康巴安图书馆。至于书籍除承各院部会赠送及私人捐助,与西康同学撰书酬资大洋二百二十元(西康班结束之际,共同撰有《西康纪实》一书,送交商务印书馆出版,承赠书券如上数。)全购成书,分寄两馆陈列外,并由格桑泽仁商请朱家骅先生函商广东中山大学,按月捐赠书籍二百元,此中央特许西康图书馆产生之情形也。未几,格桑泽仁得膺西康省党务特派员之命,两馆改隶焉;遂由其委派职员,回康开办,时著者亦为西康班毕业学生之一,感于康定图书馆费绌用宏,馆址难觅,适奉先父遗命,遂即具文捐助房产一所,用促其成。惟巴安图书馆职员,系随特派员回康,旋即开办。康定方面,则因负责人员,留滞成都。各方接济,未领分文,以致无法成立。民国二十一年康定图书馆副主任何德润回康,因于经费亦无若何结果,迄今图书馆既未成立,而著者所捐之房舍,风雨飘零,亦将圮毁,每今先人缔造之艰,为之泫然,此中央特许图书馆之概况也。(现该房已经著者具文收回另行修建)兹将西康各种图书馆列表如下:

名称	性质	地址	经费	藏书数目	备考
西康通俗图书馆	区立	康定明正街	由西康财务统筹处月支大洋三十元	二〇〇〇	
康定图书馆	中央特许	康定茶店街		一五〇〇	
巴安图书馆	中央特许	巴安中街		二〇〇〇	
泸定县立图书馆	县立	泸定南街			现在筹备
康定各校巡回图书馆	公立			五〇〇	胡汝严创立,现书籍已为奸人吞没,胡君苦心可惜也
巴安平民益智书报社	私立	城外夹炮项	由创立人自捐	四〇〇	刘家驹创立

阅报室 民国十四年,康定教育会设立阅报室于河东大石包街,是为西康有阅报室之始。其后泸定、丹巴、九龙等县,亦相继设立,中以西康通俗图书馆附设阅报室,规模较大,报纸亦较多云。

通俗讲演所　民国二十二年,川康边防军一师二旅旅长邓瓖兼摄康政,令饬各县设立通俗讲演所,选委通晓康地语言,文理通顺,及头脑清晰之人为演讲员,并由旅部编定演讲大纲,其第一年宣传主旨,以解释上粮、纲税、当差、向学、劝垦、筑路、办团、护佛八大政为主。康定等县奉令之后,即行觅定地址,聘员讲演,旋以听者不多,于是年冬季即行停办云。

(《西康纪要》第六章西康教育　民国二十六铅印本)

附:四川省(含重庆)民国时期图书馆史文献目录

图书(书名、著者、出版者、出版时间)

1. 四川省立图书馆概况　该馆编印　1940 年
2. 万县公立图书馆概要　该馆编印　1929 年
3. 万县公立图书馆概要　该馆编印　1930 年
4. 隆昌县公立图书馆概况　该馆编印　1932 年
5. 北碚民众图书馆一周工作预定(1942 年 11 月—1943 年 9 月)　该馆编
6. 私立北泉图书馆缘起　该馆编印　1942 年

论文(篇名、著者、期刊名、卷期、出版时间)

1. 巴县公立通俗图书馆阅览规则　教育公报　4 卷 5 期　1917 年 4 月
2. 本馆[营山晋康图书馆]借书规约　营山晋康图书馆季刊　第 1 期　1931 年 3 月 31 日;第 7 期　1932 年 9 月
3. 本馆[营山晋康图书馆]办事细则之一——借书人赔书　营山晋康图书馆季刊　第 8 期　1932 年 12 月
4. 调查四川省图书馆报告　中华图书馆协会会报　8 卷 3 期　1932 年 12 月 30 日
5. 四川省图书馆概况调查　浙江图书馆馆刊　2 卷 6 期　1933 年 12 月 31 日
6. 重庆市内图书馆一览　中华图书馆协会会报　17 卷 1、2 期合刊　1942 年 10 月
7. 四川省立图书馆　中华图书馆协会会报　14 卷 5 期　1940 年 3 月 30 日
8. 西康图书馆之整理计划　刘绍禹　康藏前锋　3 卷 11 期　1936 年 7 月 31 日;3 卷 12 期　1936 年 8 月 31 日
9. 重庆市立图书馆概况　黄德禄　中华图书馆协会会报　18 卷 3 期　1944 年 3 月
10. 普益图书馆记　朱佩弦　中华图书馆协会会报　15 卷 6 期　1941 年 6 月
11. [万县民众教育馆]阅览部工作概况　黄道诚　民众教育汇刊　1 卷 1 期　1936 年 3 月
12. [万县民众教育馆]阅览股二十三年度工作报告　民众教育汇刊　1 卷 1 期　1936 年 3 月

贵州省

地方志史料目录:《贵州教育概况》《开阳县志稿》《定番县乡土教材调查报告》《兴仁县志》《平坝县志》《镇宁县志》《沿河县志》《息烽县志》《绥阳县志》《清镇县志稿》

附贵州省民国时期图书馆史文献目录:1 种图书,4 篇论文。

贵州教育概况

省立图书馆　省立图书馆拟于二十四年度设立,因经费故,未能实现。贵阳人口冠于各县,而机关团体又多林立,为求便于公众阅览及学者研究起见,图书馆之设立,实属刻不容缓,故教育厅于二十五年度,在贵阳城内设立省立图书馆一所,以应社会需要。

整理各县社会教育机关　本省各县社会教育机关如图书馆有安顺等县十七所,惟因经费不足,办理均未完善。二十四年度,教厅已令饬各该县设法筹款整顿,其未经设立之各县,亦已令饬筹款设立。

今后对社会教育之改进计划

充实省立图书馆　本省省立图书馆于二十五年度下学期成立,惟因经费支绌,内部之设备,图书之购置,馆舍之扩充,均欠完备。二十六度拟增筹经费,完成新馆舍,购置多量图书,充实内容,以作全省图书馆之模范。

(《贵州教育概况》　民国二十六年铅印本)

开阳县

学校

民众教育馆

在中央街,临街为砖坊,进而为大门,再进为礼堂,堂右为图书馆,堂左为游艺室,堂后为职员办公室。原系吏目署,民国后废。葺为警备队,为团防总,为教育局,现为民教馆。

社会教育

开阳县立民众教育馆　本馆设县城中央街教育局旧址内,创办于民国二十四年徐县长健行任内。时以经费不充,馆长一职,由县府第三科长兼任。不另支薪,另委馆员二人,每月开支仅三十元。至二十五年,冯县长光模莅任,乃划定经费,作每年经常开支,另筹开办费用,添购图书杂志及办公器具,内容逐渐扩充。又以前教育局购置之《四部丛刊》一部(现计有一千八百○九册,承售书馆,尚未交齐)拨归保管,连同其他书报,成立图书室于馆内。现共藏书三千余册,各地出版之日报杂志,大多订有,逐日开放任人阅读,至是民教馆之形式,乃渐具基础矣。馆中组织,计馆长一人、馆员一人、助理员一人、工役一人。每月行政经费五十五元,事业费三十五元,合计九十元。二十六年秋,奉令举办民众学校。乃就馆后周公祠内设立,校长由馆长兼任,学生分成年班、儿童班两组。为便利民众,免误生业计,除儿童班外,成人班每日教学时间自午后七时至九时止,现已毕业三期,共计学生二百余人。修业期原订半年,自二十八年起,奉令改为两月。本校原订开支,全年以十月计,共二百五十元,以四十元作学生书籍费,余洋每月平均开支二十一元。自二十八年起,奉令由本馆事业费内开支,以迄于今。

(《开阳县志稿》第二章地理,第五章教育　民国二十八年铅印本)

定番县

民众教育馆

该馆原名图书馆,成立于二十四年,原址在城区小学,后至救济院,自本年一月迁移至今址关帝庙,改名为"民众教育馆"。该馆人员,现有馆长一人、书记一人、助理员二人、工役一人,全年经费仅九九〇元。馆务分讲演、阅览、娱乐、健康、儿童乐园、手工、工艺陈列等部。阅览部中藏书三千种,新闻纸四种,儿童读物八十种。每周阅览人数约三百人。健康与儿童乐园均在公共体育场中,该场面积为三〇〇方丈,地面高低不平,只三四种设备,已久失修。现民教馆为定番县妇女工作第一中心区,有工作训练班之举办,实施常识、识字、工艺、园艺、音乐等科,现在尚有社会军训女队员在馆受训。该馆本年度工作实施计划业已订定如下:

(一)社会服务——询事处、识字夜校、代笔处。

(二)民众常识——书报、简报、讲演、挂图、幻灯。

(三)战时宣传——漫画、讲演、收音机、巡回书箱。

手订该项计划者即为本年八月接任之新馆长,其学识与经验俱丰,上述各种新计划,当能次第见诸实行。

(《定番县乡土教材调查报告》第十章教育社会教育　1965 年油印本
底本为民国二十八年抄本)

兴仁县

教育

图书馆　民国十九年,教育局长杨守文,取决于城中各绅耆之同意,将清理寺产公产所得之款,提出千余元,向滇中购买书籍五百余种,成立图书馆,附于教育局内,内有《四库备要》全部。

编者附言:按县境因交通梗塞,除普及教育,扩充学校,别无启迪民智之法,望我县人,视为切肤。

(《兴仁县志》卷七民政志教育　1965 年油印本　底本为民国二十三年稿本)

平坝县

社会教育

通俗讲演所　清末设宣讲员,民国以来改宣讲所,又改通俗讲演所、平坝通俗讲演所,其概况如下表。

<table>
<tr><td colspan="6" align="center">平坝县通俗讲演所概况表</td></tr>
<tr><td rowspan="2">员役</td><td>名目</td><td>所长</td><td>讲员</td><td>役丁</td></tr>
<tr><td>人数</td><td>一</td><td>一</td><td>一</td></tr>
<tr><td rowspan="4">经费</td><td>薪工</td><td></td><td></td><td></td></tr>
<tr><td>书报</td><td></td><td></td><td></td></tr>
<tr><td>房租</td><td></td><td></td><td></td></tr>
<tr><td>活支</td><td></td><td></td><td></td></tr>
<tr><td colspan="2">阅览概况</td><td colspan="3">所中设阅报室,陈列书报,供社会民众阅览</td></tr>
<tr><td colspan="2">讲演概况</td><td colspan="3">每夜择社会问题中最合环境者,讲演二小时,民众亦可假所中讲演。</td></tr>
<tr><td colspan="2">地址</td><td colspan="3">现设大十字口南街</td></tr>
<tr><td colspan="2">备考</td><td colspan="3"></td></tr>
</table>

文化事业及县外教育之补助

筹备图书馆　现只购买《万有文库》初集一部,俟图书稍具即正式设馆。

(《平坝县志》教育志　民国二十一年铅印本)

镇宁县

社会教育

镇宁县之图书馆于民国十四年成立于文昌宫,馆长赵家祯,因经费支绌,内容空虚,旋即裁废。民国十七年设通俗讲演所于南街,所长为陈仿尧、张犹龙、丁灿章。至民国二十五年杜乾夫接充所长,兼办民教事宜于北街刘宅茶社,夜听者达百余人。继任者为王石夫等。至民教育馆(设于城区文昌宫内)于民国二十八年元月始正式成立,为乙级馆。内设馆长一,下设生计、艺术、教导三组,各设主任一,干事及助理若干。内有阅报室、娱乐室,曾兼办民众学校及示范国民学校。现在每日均有简报悬于通衢,惟收音机未装置。

(《镇宁县志》卷之四教育　民国三十六年石印本)

沿河县

社会教育

生聚教诲,强国要图。县府虑民生之多艰,教育之难普及,除积极增置学校外,并于二十八年春就西岸川主庙设民教馆,以发展社会教育,内设民教部以广民众知识。成立伊始,设备微嫌简陋,所有图书除各机关法团绅耆赠送外,又由县款购置多种(图书目录详后)。二十九年冬,以原址为环境所限不易扩充,乃改移水浒庙中忠烈祠左为职员办公室,右为书报阅览室,同时并修葺火神庙舍宇为图书馆,位置各种图书,俾便士民阅读。馆前辟置花园,中竖阵亡将士纪念碑,以资景仰。三十一年春,复筹款万余元并于馆右之宜仙阁旧址改建复兴亭一座,以供民众游眺。复于右厢外购许姓地为扩修基本,于馆侧新建问津亭一厦,免阅众有争渡之险。同年,复根据民众教育法令订定民教部实施暂行办法,仿歌谣体编订民众课本,印刷壹万册,分发各级学校、各区乡保、各国民兵队,切实施教计。三十一年度,在学校民教部失学成人班就学者二千三百三十五名,失学妇女班就学者八百零一名,在军训兼施民教部份补习识字班壮士六千八百二十五名。三十二年度,复加印壹万册,正督导各学校民教部、各军训队积极施教,以期普及民众教育。

附　图书馆图书目录民教部民众课本

沿河县立民众教育馆图书目录　民国三十二年七月　　日					
书目	册数	备考	书目	册数	备考
丛书集成	一九四〇册	县款购置	春秋经传集解	十二册	萧小凤赠
小学生文库	三五五册	县款购置	牧民宝鉴	十二山	萧小凤
儿童文库	一〇九册	县款购置	七人之狱	一册	周育才赠
曾文正公全集	三册	刘思齐赠	论持久战	一册	周育才赠

(《沿河县志》卷十学校　民国三十二年铅印本)

息烽县

息烽县民众图书馆征书启　徐文光

盖闻卷轴乃博闻之蓝本,图籍实益智之根源。东观西园之富,名山秘阁之藏。小史外史,万本琳琅,一车五车,千箱缥碧。昆仑披群玉之府,龙门发金匮之书,莫不夸八索九邱之奥博,撷四部七略之菁华。凡在鼓箧怀椠之伦,咸抱远绍旁搜之志。此我县图书馆之所应时而兴也。慨夫藏书之富莫过于隋,而兵火之危有甚于秦,皮藏日虚,典籍尽散,淮王枕中之秘,或闻委于泥沙,杜林挟持之篇,几湮没于瓴瓮。前贤用力如彼,其勤劬后进,蔽闻宁忍,听其坠灭乎? 近世科学昌明,文化日进,识者咸以藏书建馆为急务,启迪民智,发扬国光,揭古籍之秘缄,存吾华之国粹。贤者一呼,举国景从。吾息当黔北门户,省会锁钥,西北二望之名山,巍峨耸峙。川黔交通之枢纽,文物繁兴地方。图书馆之设,实属刻不容缓。贤宰刘君儆予慨然兴建,从事购置。觅定城隍庙址,设橱陈列供民众之浏览,备多十之观摩。但经费支绌,雏形简陋,仰呼将伯冀臻善美,期有帮助于地方文化之意云耳! 然而多文以为富,浑浑无涯,载籍务极博,孜孜不倦。杂卦残篇,发从老屋,逸经断策,出自大航。炳尔大区,焕乎秘册,其有逸经,独抱盛业。待传孔壁未毁之简,礼堂写定之书,济南大传,乏晁错之授经,彭城鱼诗,鲜元成之续绪。鸿烈廿篇,翳蓬蒿而蠹碧,兔园十册,篆素竹以蟫红。奏凌云之赋,杨意未逢,讴汝颖之歌,相如入室。鳞排玉字,多王棻之所幸值(敝馆)之搜罗,无取私家之秘钥,故老旁谘新知,遐及风雨不已,于鸡鸣文章,预邦人君子,硕望名贤,尚希鉴察。

(《息烽县志》卷之三十六献征志跋启)

绥阳县

公园

　　设武汛旧署及老公馆地址合并,改建有中西式房屋多间,并设图书馆于其内。

(《绥阳县志》卷二营建下　民国十七年铅印本)

清镇县

　　图书室　在大礼堂右一间。光绪己亥年,知县张藻捐廉购置经史子集各书。邑绅举人张绍銮作记泐石碑以垂不朽。民国以来,先后军队驻扎,损失过巨。残阙者现置于中山公园图书馆,书目记俱载于后。

凤梧书院藏书目录

经部

十三经注疏附校勘记(都百六册)	周易正义十卷
尚书正义二十卷	毛诗正义七十卷
周礼注疏四十二卷	仪礼注疏五十卷
礼记正义六十三卷	春秋谷梁传注疏
春秋左传正义六十卷	春秋公羊传注疏二八卷
论证注疏三十卷	孝经注疏九卷
尔雅注疏十卷	孟子注疏十四卷
大学衍义四十三卷(都十册)	大学衍义补百六卷(都二十八册)
段注说文解字三二卷(附说文订都三八册)	骈雅训纂十六卷(都六册)

史部

资治通鉴二九四卷(附目录三十卷)	考异二十卷
释例一卷	问疑一卷
释文三十卷	释文辨误十二卷
薪增叙录三卷(都百二十册)	史记百三十卷(都二十四册)
前汉书七十卷(都三十二册)	后汉书八十卷(附续志二十卷都一十八册)
三国志六十五卷(都十六册)	辽史百十五卷(都二十四册)
金史百三十五卷(都三十四册)	历代名臣言行录三四卷(都三十二册)
元史二百十册(都六十六册)	宋元学案百卷(都四十册)
海国图志百卷(都四十册)	

子部

二十二子全书	老子上下篇
庄子十卷	管子二十四卷

列子八卷	墨子十六卷
荀子二十卷	君子上下卷
孙子十三卷	晏子春秋七卷(附校勘上下卷音义上下卷)
孔子集语十七卷	吕氏春秋二十六卷
贾谊新书十卷	春秋繁露十七卷
杨子法言	文子缵义十二卷
黄帝内经二十四卷	竹书纪年十二卷
商君书五卷	韩非子二十四卷(附识误上中下卷)
淮南子二十一卷	文中子十卷
山海经十八卷	近思录集十四卷

集部

曾文正公全集	首卷一册
奏稿三十六卷	十八家诗钞二十八卷
经史百家杂钞二十六卷	经史百家简编二卷
鸣原堂论文集二卷	诗集三卷
文集三卷	书扎三十三卷
批牍六卷	杂著二卷
求阙斋读书录十卷	年谱十二卷
道古堂(文集四十八卷诗集二十六卷)	左书二三部共千一卷(十八册)
皇朝经世文正续编各百二十卷	钦定四库简目录二十卷

张绍銮凤梧书院藏书记见艺文门。

按上列各书,今已散失无存,固由年来变乱无常所致。天实为之,谓之何哉? 虽然,详阅书目,类皆有用柢低之书,于此而知张侯藻、张山长绍銮之学深之识远之惠大。书虽不存,书名万万不可不志。何则,邑之叔进图书室新成矣,购而补之也亟哉,后此将无及矣。

(《清镇县志稿》卷四政治 民国三十七年铅印本)

附:贵州省民国时期图书馆史文献目录

图书(书名、著者、出版者、出版时间)

1. 十年来之贵州省立图书馆 该馆编印 1948 年

论文(篇名、著者、期刊名、卷期、出版时间)

1. 贵州社会教育概况表——图书馆、民众阅报室 贵州省教育厅公报 第 1 期 1935 年 5 月
2. 贵州省图书馆调查表 贵州省教育厅公报 第 14 期 1935 年 11 月
3. 贵州省图书馆二十四年度经费及藏书数分类比较图 贵州省教育厅公报 1935 年 12 月
4. 贵州省立图书馆概况 蓝端禄 中华图书馆协会会报 14 卷 1 期 1939 年 7 月;贵州教育 1939 年 7—8 月

云南省

地方志史料目录:《新纂云南通志》《昆明县志》《宣威县志》《新平县志》《元江志稿》《巧家县志稿》《嵩明县志》《昭通县志稿》《鹤庆县志》《阿迷州志》

附云南省民国时期图书馆史文献目录:5 种图书,9 篇论文。

图书馆　博物馆

宣统元年七月,提学司札委图书科长叶瀚,就经正书院地址筹设图书馆,将学务公所图书科所存图籍,暨两级师范学堂所存原日经正、五华、育林三书院书籍移置馆内,以为基础,并拨款陆续购置。二年,将前官书局各项书板移归馆储,添设管理印刷员一员,校印本省出版书籍,又附设博物陈列所,招生肄习,制造标本模型、图画。三年七月博物馆正式成立(据《云南教育概况及云南图书博物馆一览》编)。

(《新纂云南通志》卷一百三十七学制考七　民国三十八年铅印本)

昆明

政典志·学校

图书博物馆　宣统元年就经正书院改设图书馆,三年又就馆内附博物陈列所,后改设博物馆,合而名之为图书博物馆。

(《昆明县志》　民国三十二年铅印本)

宣威县

社会教育
图书馆

图书馆原设于县立两级小学校内,旧有书籍、图画、标本、仪器百余种,省内外报纸数份,因军队不时住校,焚毁损伤去其大半,而图书馆之名亦废。近奉教厅发到《万有文库》,俾附近各县循环轮看,而社会中之智育稍资补充,惟其势如雷光,一瞥瞬息即过,识者忧之。民二十,教厅以宣中义教颇有进展,奖给添购图书纸币二千元,馆中报纸亦渐臻充实,其年秋县党务指委会创设通俗图书馆于李公楼,而智育渐有可观。

案李公楼,地当县市中枢,设馆于斯,最为得当,可惜不久旋废。

宣威县立图书馆调查表

名称及所在地	宣威县书报阅览室,附设教育局
创立年月及迁移改造成年月	民国二十年
经费来源及逐年支出总数	每年经营即由教育局经费项下拨支,每年约支银二百元

续表

书库及阅览室之面积或幢数	面积约三方丈,共二间
藏书逐年增加之数及现在卷册总数	现在卷册约五百卷,拟逐年增加一百卷
阅览逐年统计人	本年约五百人
编目分类之法若何	暂未分类
有无印成书目及概况报告等	无
逐年重要职员	管书员一员,经理一员
一馆之特点	布置有条,规则严密
其他	

宣讲所

　　各区宣讲所,旧经规定地点于各小学校内,即责成该校教员担任,讲演以月末之日曜日,号召民众切实举行,惜多面从腹诽,鲜照办者。

(《宣威县志》卷六教育　民国二十三年铅印本)

新平县

　　社会教育　图书馆附藏图书卷数表　民众教育馆
　　通俗图书馆　在北门孔庙内,民十九年知县高昕就孔庙款项组织成立,馆长以教育局长兼任,外设事务员一人,管理各种书目。至二十年五月,并入民众教育馆。

附藏图书卷数表

图书名称	卷数	图书名称	卷数
植物图	十八幅	平民小丛书	六卷
动物图	十六幅	新时代史地丛书	十一卷
矿物图	五幅	少年丛书	十卷
生理图	三幅	少年自然科学丛书	六卷
新平地图	一幅	医学小丛书	六卷
云南地图	一幅	妇女丛书	二卷
最新中华民国全图	一幅	体育丛书	四卷
最新世界改造大地图	一幅	百科小丛书	一百二十三卷

　　民众教育馆　民国二十年五月县长苏澄、教育局长王允中就孔庙组织成立,惟因经费支绌,仅成立书报、陈列、讲演三部,馆长教育局长兼任。至二十一年十二月县长王志高、教育局长普朝卿嫌其简陋,复改组为游览、讲演、健康、教学、陈列五部,每部各设部主任一人,以县立职教员兼任。

(《新平县志》卷四教育　民国二十三年石印本)

元江县

通俗教育　教育志之三

社会者,即人类共同生活之场所也,元自拓土以来,诸夷之所窟宅,五方之所萃处,人群复杂,风俗醇漓,至难齐也。使不有通俗教育以向导之,则进化有难言者,原摭城乡各俗,著为此编,其亦榕门规俗之意也夫。

通俗演讲社　民国八年知事黄元直倡设,由各校教员于星期日演讲国民浅训及自治要义,以开通民智。讲员咸尽义务,并不支薪。届期但由学校供应茶水。

公众阅报所　民国八年知事黄元直倡设,共有二处,一借县立高等小学校藏书楼为之,一借商会公屋为之。订购上海及本省各报新闻杂志等,供众阅览,并拟订阅报规则以资遵守,委托学校及商会经理之。

（《元江志稿》卷十一教育志三　民国十一年铅印本）

巧家县

社会教育

巧家社会教育以县立民众教育馆较为完备。创立于民国二十年,馆址在城东旧月潭书院内,设阅览、出版、健康、教学各部,阅览部储藏各种书籍二千余百号,及定期刊物,与购置本省及各省日报二十余份,每日阅书借书人数甚夥。出版部出时事壁报、旬刊及民教半月刊各一种,分送全县各区。自陆厅长子安捐赠收音机一具以后,所得消息更为敏捷。健康部有民众体育场一个,设备各种运动器具。教学部每年招收学生一班或二班,书籍笔墨纸张由校供给。此外尚拟设讲演、生计、陈列各部,正筹画中。馆中各部设置,以阅览部较优,所藏书籍以陆厅长子安所捐之书为极有价值,其余则原日通俗图书馆旧存,与成立民教馆后所添置者亦甚多,兹调查纪录如后。

（甲）陆厅长捐赠部分

图书类别	种数及起止	册数	备注
四部丛刊	合计三二一种	合计二二二册	
经部	二五种	八五册	
史部	二三种	二二八册	
子部	五六种	二三一册	
集部	二一七种	一五七七册	
万有文库第一集	计种一〇〇〇种	合计二〇〇〇册	
总类	一至二二		
哲学	二三至一〇三		
宗教	一〇四至一一〇		
社会科学	一一一至三七二		

续表

图书类别	种数及起止	册数	备注
语文学	三七三至三九〇		
自然科学	三九一至五〇八		
应用技术	五〇九至七〇一		
艺术	七〇二至七五〇		
文学	七五一至八八九		
史地	八九〇至一〇〇〇		

外附大本参考书一〇种

小学生文库	计三二九种	合计五〇〇册	
图书馆学	一种	一册	
读书指南	二种	二册	
社会	三种	四册	
政治	六种	六册	
国际	三种	四册	
经济	二种	二册	
实业	二种	二册	
法律	一种	一册	
童子军	九种	九册	
语文	五种	五册	
算术	二种	四册	
自然科学总类	三种	一八册	
天文	二种	二册	
地文	二种	七册	
物理	一六种	一六册	
化学	一种	八册	
矿物	三种	六册	
地质	四种	四册	
生物	四种	四册	
植物	九种	十册	
动物	二三种	二七册	
工程	一三种	一六册	
农业	十种	十册	
工业	十九种	十九册	
生理卫生	八种	八册	

劳作	十六种	二〇册	
美术	三种	五册	
音乐	二种	三册	
游戏	六种	六册	
神话	六种	六册	
童语	一五种	二五册	
寓言	六种	一二册	
故事	九种	三二册	
谚语	一种	二册	
谜语	二种	三微册	
诗歌	七种	九册	
歌剧	四种	四册	
剧本	三种	九册	
短篇小说	二种	四册	
长篇小说	一二种	五二册	
笑话	一种	二册	
公民道德	二种	二册	
史地	一七种	一七册	
地理	三二种	三五册	
传记	二九种	二九册	
历史	一八种	二五册	
古今图画集成	计八种	合计二〇二册	
交谊		五册	
家范		一〇册	
闺媛		三三册	
艺术		六六册	
禽虫		一六册	
草木		二六册	
学行		二四册	
文学		二二册	

（乙）通俗图书馆旧存与民教馆新购部分

图书类别	种数	册数	备注
社会科学	七六种	一二二册	
自然科学	二八种	三九册	

续表

图书类别	种数	册数	备注
哲学	一〇种	二五册	
经济学	八种	八册	
党义	二六种	三六册	
农业	一二种	二二册	
抗战	一二三种	一八七册	内分论文、文艺、戏剧、传记、宣传、社会、杂志
工商业	一〇种	一三册	
教育	六一种	七二册	
军事	一二种	一二册	
法政	三九种	二二一册	
宗教	一〇种	一九册	
史地	五〇种	三三九册	
语文学	二六种	三三册	
小说	五五种	八六册	
诗歌	二种	九册	
传记	二八种	四一册	
戏曲	一六种	二三册	
美术	四种	五册	
医药	九种	九册	
卫生	五种	五册	
体育	一四种	二〇册	
家政	二种	二册	
文牍	八种	二四册	
字典与辞典	九种	一一册	
科书	二一种	五三三册	
数学	六种	五〇册	
宣传	八〇种	一八一册	
四库残书及杂书	三二种	四八九册	

杂志刊物	册数	杂志刊物	册数
东方杂志	共一二〇册	民众教育季刊	六册
学生杂志	二七册	中华教育界	一二册
妇女杂志	二四册	儿童画报	三〇册

续表

杂志刊物	册数	杂志刊物	册数
教育杂志	三四册	儿童世界	八七册
小说月报	二九册	小朋友	八〇册
国闻周报	五四册	小学生	二九册
教育与民众	九册	现代儿童	六册
民众教育月刊	九册	儿童杂志	一〇册
现代父母	一二册	女子月刊	一一册
时事月报	一〇册	地方教育	一〇册
新中华	一二册	明日之教育	一册
云南实业杂志	一六册	东大特刊	八册
云南旅平学会会刊	一册	生活	七册
小学教育	一册	艺园	七册
教育与职业	三册	青年呼声	八册
云南学生	二册	民众公论	一册
教育声	一册	西南国民周刊	六册
未名	二册	民众周报	一册
萃林集	四册	新西南	三册
政治评论	六册	学部官报	一册
义勇军	一九册	民众月刊	四册
抗战救国	一册	云南教育官报	二册
中东路	二册	工商公报	四册
民众生活	四八册	云南经费教育月报	四三册
空军	一册	云南教育周刊	五〇册
天方理学月刊	七册	中央周报及新年增刊	一册
明证	六册	国民政府公报	一册
建设	四册	行政院公报	一二册
民生	五册	教育公报	三六册
三民旬刊	八册	新血轮	四册
成立特刊	一册	云南反日旬刊	四册
中国国民党第二次全代特刊	二册	云南省第一次教育会代表大会专刊	三册
云南首义拥护共和十六周年纪念	一册	财政特刊	一册
国货汇刊	一册	关税自主云南宣传委员会特刊	一册
一农校刊	二册	普及教育	二册
省师周刊	一〇册	政治周刊	一册

续表

杂志刊物	册数	杂志刊物	册数
昭通新声	六册	华年	六册
广西青年	一册	人民周报	五册
社会与教育	四册	国民空军	一四册
双十节运动会特刊	三册	九一八演说竞赛专刊	一册
三民旬刊	一册	农林新报	四册
红藕轩遗稿胜墨合刊	一册	建国月刊	二册
科学的中国	六册	国民周刊	一〇册
河口季刊	一册	巧家教育	一册
民教月刊	一册	中央半月刊	二四册
云南学术批评处周刊	六册	中央月刊	五册
革命外交	一三册	外交报	八五册
中央图画月刊	二册	中央画报半月刊	四册
申报元旦国庆特刊	二册	中央画报	一册
涛声	一册	社会周刊	三册
世界知识	一册	民众画报	一册
市教育图书附画	三张	四川省政府公报	二册
时事新报画刊	一册	上海民国日报画刊	一册
农村与教育	一册	新商报画刊	一册
云南日报画刊	一册	市政日刊画刊	一册
云南昆明市医师会周刊	一册	社会新闻	一册
卫生周刊	一册	独立评论	一册
国联合作报告	一册	全国运动会专刊	一册
航空生活	一册	读书杂志	四册
云南民众教育	二册	连环	一册
大众	二册	美术生活	四册
云南外交后援会周刊	一册	天南杂志	一册
申报国画特刊	一册	申报增刊	六一册
政治通讯	一〇册	宇宙风	一册
南强	一五册	论语	二一册
禁烟半月刊	二册	出版周刊	二四册
科学时报	二册	新人	三册
科学的中国	一册	边事教育	一二册
鸡与蛋	八册	教育通讯	一六册
新动向	二〇册	教育通讯	一六册

上列各书就图书分类法类别号数如下：

一总类计二百三十四号

一哲学类计九十号

一宗教类计十七号

一社会科学类计五百一十一号

一自然科学类计二百三十六号

一应用技术类计三百零七号

一美术类计七十八号

一文学类计三百八十三号

一史地类计三百零九号

九区巧家营有图书馆一所，成立于民国二十八年，内容设备以经费支绌，不甚完备，出版定期刊物一种。

（《巧家县志稿》卷六教育　民国三十一年铅印本）

嵩明县

社会教育

境内社会教育、学术团体、古物保存、博物馆等均无，民众教育馆虽有组织筹备成立，惟已成立者仅有图书馆二处。

县城图书馆　民国七年劝学所长李鸿裁创立阅书报室，始设黄龙山县议会，民九年劝学所长杨思诚迁劝学所于前清正学署，就前层附设图书馆、阅书报室。民二十教育局长李和清就教育款产筹增经费，加以整顿，计成立至今购各种图籍，任民众入览，以为开牖民智之资。

邵甸图书馆　设于第一高级小学校内，系邑人黄从汉（字云波）倡捐而设。黄君先自捐洋二百元，杨恩诚、杨思俭、苏文林等亦协同劝捐，共捐获票洋　千　百　十元，购买各种新旧书籍，任人借观入览，亦社会教育之一助也。

云南嵩明县图书馆调查表

名称及所在地	嵩明县图书馆，现设教育局，将来拟设前清副学衙门
创立年月及迁移改造年月	自民国七年劝学所长李鸿裁任内创立，其时系设于黄龙山土主庙内。民九年劝学所长移于今教育局内。二十年，局长李和清加以整顿，并将修改前清副学署而移焉
经费来源及逐年支出总数	就原有县教育款产筹增，计成立至今所用购置书报图籍及设备一切用洋四千三百余元
书库及阅览室之面积或幢数	现有书库一间，阅览室二间。拟于最短期迁于副学衙门，则有书库三间，阅览室四间，管理员室一间，约占地二十六方丈
藏书逐年增加之数及现在卷册总数	自成立至今计购得各种册籍共壹千五百肆拾册

续表

阅览人数逐年统计	自成立至今每日平均入馆阅览者约九人,以一年计当在三千左右
编目分类之类若何	按现有书报性质,约分哲学、文学、史地学、科学、法学等类
有无印成书目及概况报告等	无
逐年重要职员	陈钊
一馆之特点	

邵甸乡成立图书室募捐序　杨思诚

问何以知古知今乎?非读书不可。问何以希贤希圣乎?非读书不可。问何以求学问增知识乎?非读书不可。问何以开文化进文明乎?非读书不可。格物、致知、诚意、正心,非读书不足以致其道。修身、齐家、治国、平天下,非读书不足以致其功。读书之义大矣哉!语云不出户知天下事,又曰读万卷书行万里路,此之谓也。然此非读数卷之书守一家之言所足以语此也。必也博学乎古今中西文化哲学之书,然后定启发高尚之思想;善读乎中西各国之历史,然后知世界进化之变迁;广研乎中西各国之地理,然后知国家存亡之关系;穷究乎中西贤哲所著之物理化学,然后知物质进化之原因。以及传记百家之言,含英咀华,莫不足以益人神智。是知人之所以灵于万物贵于万物者,恃乎能学问耳;而所以资乎学问者,恃乎能读书耳,读书之益人不益大乎!顾欲博览图书究非一人之力所能办也,尤非寒素之士所能办也。故图书馆尚焉。泰西各国教育普及,文化猛进,尽不惟学校林立而图书馆亦莫不林立,使人人便于读书之所致也。我国除通都大邑立有图书馆,其余穷乡僻壤概属阙如,此亦教育普及不能,文化难于进步之一大原因也。吾乡地处山陬,民情风俗向称浑厚。然新文化难以输入,风气不开,民智锢闭。无他,由于不得博览书报之故耳。欲图补救,则图书室之设诚不容缓矣。兹拟于第一高级小学校附设图书室,俾诸生得以多读图书以启发其智识,并许外界人入览以为社会教育之助,是亦普及教育运动之不可缓者也。顾以学款支绌,以酬教职员之薪奉,犹时虞不足,安得有成立图书室之费乎?欲于不能成立者而勉强成立之,舍募捐一途厥道莫由。兹幸有乡人黄云波君慨然以募为己任,乃自先捐票洋三百元以倡之,其热心公益为何如乎?然一人之力有限,犹望仁人君子搜床头之金倾囊底之钱以助之。俾得集腋成裘,汇流成海,以成其事,其作育人才之功德庸可量乎?余虽不文,亦乐为之序。时于民国二十年二月日,凤仪山人杨思诚序于邵甸乡第一高级小学校。

(《嵩明县志》卷十一教育,卷三十二诗文征　民国三十四年铅印本)

昭通县

社会教育　民众教育馆附藏图书卷数表

教育之推进,必学校与社会并重,而社会教育尤以民众教育为先务。昭自民国二十年,本省教育厅鉴及于此,拨省帑滇币一万元创办云南第二民众教育馆,委令县长汤祚暨中学校长教员姜思敏、李立藩、周天佑、邓永龄、包鸣泉、杨家盛、唐永燮、张连楸等为筹备委员,以文庙为馆址,即着手于三月十八日正式成立筹备处,于文庙先事进行,嗣以规模宏大,所费不赀,继蒙主席龙公慨捐滇币万元,地方人士乐捐镍洋三千余元,阅时六月底于成。嗣因馆址毗连昭中，即以昭中校长兼任馆长，每月经常由省拨发滇币五百元撙节开支。自开馆以来，每日游观运动及阅览书报民众达百人，促进民智，造福地方，其功匪浅。惜近日经费支绌，图书报章新置甚鲜，一切规模远逊于前矣。近年，驻昭安旅长、县政府李县长以西城户口殷繁，因于西城楼创设民众阅览室，名曰昭通济川民众阅览室，复由地方建设委员会拨助镍洋千元，于城区男女各校及济川民众阅览室各附设民众学校一班，开办夜课，以教授年长失学子弟，尚收实效。兹将民众教育馆储藏图书附表于后。

民众教育馆储藏书籍卷数表
甲部　经类

十三经古注六十四卷	经义考五十卷	四部丛刊一万零零七十八卷
皇清经解三百二十卷	四部备要三百五十五卷	经典释文共二函十二卷
周礼六册	读礼通考二函四十卷	钦定周官义疏
汉学师承记四卷	钦定周官义疏三函三十卷	周礼正义二十卷
周礼精华二部十二卷	周易二卷	京氏易传一卷
御纂周易折中	尚书二卷	尚书大传二卷
春秋繁露二卷	毛诗四卷	诗外传二卷
钦定诗经传说	钦定书经传说	礼朴六卷
仪礼五卷	春秋穀梁传二卷	礼迻四卷
孝经一卷	春秋公羊经传解诂三卷	大戴礼记
孟子三卷	春秋经传集解六卷	钦定礼记义疏
尔雅一卷	纂图互注礼记五卷	钦定仪礼义疏
钦定春秋传说	论语集解二卷	大学衍义八卷
钦定五经一百卷	四书五经新义十六卷	四书大全一百卅五卷
玉海一百卷	礼记古注八卷	五华纂定四书大全四十卷
经解汇函六十九卷	御制日讲四书解义七十卷	小尔雅疏二卷
增删四书精言三十九	九经分类总纂八十卷	左绣十六卷
左传翼十五卷		

乙部　史类

史记廿四卷	国语六卷	通鉴纪事本末十三卷
汉书三十二卷	战国策校注八卷	历代名臣言行录十六卷
资治通鉴目录十卷	后汉书册卷	水经注十二卷
三国志十六卷	史通四卷	东华续录廿四卷
廿四史［"史"原为"吏"］论赞十二卷	逸周书一卷	竹书纪年一卷
史鉴节要八卷	华阳国志三卷	资治通鉴考异六卷
史论启蒙一卷	资治通鉴释文五卷	汉书补注四套四十卷

续表

续资治通鉴六十卷	前后汉纪	资治通鉴外纪十卷
绎史五十卷	读史方舆纪要四套三十二卷	史通通释一套计八卷
大清一统志六十卷	太平御览六函一百卷	资治通鉴一百卷
文史通义四卷	大清会典十六函一百六十卷	读史兵略十六卷
天下郡国利病书四函二十八卷	东华录三十二卷	

丙部 子类

晏子春秋二卷	吴越春秋二卷	孔子家语五卷
扬子法言一卷	商君书二卷	孔丛子二卷
潜子论二卷	六韬一卷	盐铁论二卷
申鉴一卷	吴子一卷	新序二卷
中论一卷	司马法一卷	新语一卷
中说一卷	邓析子三卷	新书二卷
孙子集注四卷	韩非子四卷	说苑六卷
管子四卷	齐民要术语一卷	荀子四卷
商子	吕氏春秋五卷	五子近思录八卷
庄子四卷	老子道德经	黄帝内经一卷
淮南子六卷	冲虚至德真经一卷	灵枢经一卷
列子三卷	难经集注一卷	尹文子一卷
伤寒论四卷	鹖冠子一卷	脉经一卷
子略一卷	政和经史证类十二卷	鬼谷子一卷
老子一卷	抱朴子六卷	许氏说文句读十六卷
越绝书二卷	墨子闲话八卷	说文义证三十二
濂洛关闽六卷	说文通训定声二十四卷	王文成公集二十四卷
小学考二十卷	理学宗传二十卷	古列女传三卷
宋元学案四套三十二卷	稽古录三卷	明儒学案六卷
大唐西域记四卷	清儒学案二大套十六卷	

丁部 集类

楚辞补注十七卷	谢宣城诗五卷	幽忧子集七卷附录一卷
蔡中郎文十卷	梁昭明太子文五卷	骆宾王文十卷
曹子建集十卷	梁江文通集十卷	陈伯玉前集五卷后集五卷
稽中散集十卷	徐孝穆集二本	张说之集二十五卷
陆士衡文十卷	庚子山集十六卷	张曲江集二十卷
陆士龙文十卷	寒山子诗	李太白诗三十卷

陶渊明集十卷	王子安集十六卷	杜工部诗二十五卷
鲍氏集十卷	盈川集十卷	唐王右丞集六卷
高常侍集八卷	钱考功集十卷	李文公集十八卷
孟浩然诗四卷	陆宣公输苑集二十四卷	欧阳行周文十卷
元次山文十卷	权载之文五十卷	孟东野诗十卷
颜鲁公文十五卷	韩昌黎文四十卷	唐贾浪仙长江诗十卷
岑嘉州诗七卷	柳子厚文四十三卷	李贺歌诗编四卷
皎然集十卷	刘梦得文三十册	沈下贤集十二卷
刘随州诗十卷	吕和叔文十卷	李卫公集廿卷
韦江州集十卷	张司业集八卷	元氏长庆集六十卷集外文章
毗陵集二十卷	皇甫持正文六卷	钱牧斋校本异同记一卷
白氏文集七十一	李群玉诗三卷	唐黄御史集八卷
樊川文廿卷	碧云集三卷	甲乙集十卷
姚少监诗十卷	披沙集六卷	白莲集十卷
李义山诗六卷	皮子文薮十卷	禅月集二十五卷
李义山文五卷	玉川子诗二卷	浣花集十卷
温庭筠诗七卷	司空表圣文十卷	广成集十七卷
丁卯集二卷	司空表圣诗五卷	徐公文集卅卷
唐刘蜕集六卷	玉山樵人香奁集附	河东集十六卷
唐孙樵文十卷	桂苑笔耕廿卷	小畜集三十卷
小畜残本七卷	元丰类稿五十卷	黄豫章文卅卷
林和靖诗四卷	陵宛先生集六十卷	后山诗注二十卷
穆河南集三卷	伊川击壤二十卷	张右史文六十卷
范文正公集廿卷	嘉祐集十五卷	淮海集四十卷
河南先生文廿文廿八卷	王临川文一百卷	石门文字禅三十卷
苏学士文十六卷	东坡先生诗廿五卷	济北晁鸡肋集七十卷
司马文正公文八十卷	经进东坡事略六十卷	浮溪集三十二卷
李真讲文卅七卷	栾城集五十卷	简斋诗三十卷
丹渊集四十卷	栾城应诏集十二卷	简斋诗外集一卷
于湖居士文四十卷	渭南文集五十卷	溥南遗老集四十六卷
朱文公集一百卷	陆放翁诗集十卷	元遗山文四十卷
止斋先生文五十二卷	水心文二十九卷	湛然居士文十四卷
梅溪廷试策春天五卷	鹤山大全集一百十卷	秋涧先生大全一百卷
攻丑集一百十二卷	西山真文忠公文五十一卷	剡源戴先生文三十卷

续表

陆象山集三十六卷	白石道人诗二卷	松雪斋文十卷
盘洲文集八十卷	后村先生全集一百六十九卷	静修先生文二十二卷
石湖居士诗三十四卷	文文山集二十卷	清容居士集五十卷
诚斋集一百卅三卷	滏水文集十二卷	牧庵集卅六卷
道园学古录五十卷	东维子文三十卷	匏翁家藏七十七卷
杨仲弘诗八卷	铁崖古乐府十卷	王文成功全书三十八卷
揭文安公全集十四卷	宋学士銮坡集十卷	唐荆川文十卷
范清机诗七卷	诚意伯文二十卷	归震川集三十卷
吴渊颖集十二卷	贝清江文三十卷	亭林诗五卷
金华黄文四十三卷	苏平仲文十六卷	亭林文六卷
圭斋集十五卷	高太史大全集十八卷	南雷文案十卷
柳待制文二十卷	高太史凫藻集五卷	姜斋诗文廿八卷
倪云林诗六卷	逊志斋集廿四卷	尧峰文钞四十卷
洪北江诗文六十六卷	茗柯文四卷	曝书亭集八十卷
孙渊如诗文廿一卷	曾文正诗三卷	陈迦陵集六卷
抱经堂文卅四卷	六臣注文选六十卷	敬业堂集五十卷
潜研堂文五十卷	玉台新咏十卷	方望溪全书十八卷
述学内篇三卷	中兴闲气集二卷	樊榭山房集十卷
汪容甫遗诗五卷	河岳英灵集三卷	惜抱轩文十六卷
研经室一十四卷	国秀集三卷	戴东原文十二卷
大云山房文稿四卷	才调集十卷	鲒碕亭集三十八
定庵文稿三卷	古文苑二十一卷	正续古文辞类纂十二卷
文献通考三十六卷	九种记事本末六函一百三十六卷	佩文韵府十函一百十五卷
日知录十六卷	经世文编五部八十卷	五礼通考六函一百卷
国朝文汇九十一卷	聚学轩一百卷	顾亭林遗书十二卷
困学纪闻二套六卷	东塾续书记五卷	陆宣公奏议一卷
南宋文范十六卷	顾氏音学五书十二卷	曾文正公全集一百四十二卷
金文雅四卷	龚定庵全集六卷	壮悔堂全集六卷
玉梅一百卷	黎洲遗著类刊二套二十卷	李氏五种十二卷
国朝先正事略廿二卷	钱大昕文八十八卷	带经堂全集集四套廿四卷
渔洋山人精华录十四卷	呻吟语四卷	俞曲园全集一百五十九卷
梅伯言全集八卷	广韵五卷	韩昌黎诗注四卷
李翰林集六本	苏文忠诗注二十四卷	古诗源四卷
黄山谷诗二部共二十卷	翠微山房十八卷	十八家诗钞六十卷

北堂书钞二十卷	吴梅村诗八卷	李义山诗四卷
经训堂书二十卷	康梁文集类编十六卷	槐庐丛书七卷
邵武徐氏书二十卷又一部	知不足斋丛书二百四十卷	古逸书四十八卷
章氏丛书二十四卷	百科小丛书八十卷	古今说部六十卷
富强斋书一百零四卷	翠琅玕馆书八十卷	矿务丛书六卷
新知识五十三卷	小说九十四卷	新文化一百二十五卷
杂书三百四十一卷	常识丛书三十七卷	万国政艺学三十卷
吴邀庵金石书四十三卷	明通本国语考异五卷	钟鼎彝品法帖四卷
满洲实录案二十八卷		

案上列各书，系将旧日书院内李培荣、正荣、唐友耕、林绍年所捐书，及后设教育局图书馆，即以各书归并其中，至民众教育馆成立，藏书更多，系十三年主席龙公志洲捐置。附志于此。

（《昭通县志稿》各种学校　民国二十七年铅印本）

鹤庆县

图书馆　在儒学副斋，民国　年设，内置图书：

十三经全部	廿一史全部	二十四子书	二十五子书
佩文韵府	三希堂法贴	仪礼	礼记节本
孝经注解	马氏文通	御制历象考成全部计前后两编	东华录
经世文编	古文渊鉴	大清会典	云南通志
备征志	滇南文略	滇击	康熙字典
古今笔记精华	理学宗传	南诏野史	本国史
本国史参考书	本国地理	中国文学史	中国文学史参考书
读史方舆纪要	历代政治策论一部	万国公法一部	五大洲志
国际公法志	三才略	东亚三国地志	世界近世史
世界通史	万国史纲目	译史纲目	世界文明史
万国史纲	中外地舆图	世界进化史	万国地理新编
中国文典	虞衡志	支那国际论	数理精蕴
政治史	日本维新三十年大事记	埃及近世史	亚美利加洲通史
外交通义	新译日本法规大全	西洋通史	日本明治小史
日本刑法志	日本裁判所构成法	日本警察法令提要	日本维新卅年史
经济大要	理化学大意	伦理学大意	矿物学
动物学	植物学	法制概要	教育原理

续表

理化学教授指南	数学讲义	心理学讲义	商工理财学
植物名实图考	满洲实业案	身家循环法戒图说	函芬楼文谈
钦冰室全部	昆明县志	大理县志	局外中立国法则
经世文续编	经世文三编		

以上八十二种均高级小学校购置。

大清刑律总则草案	万国史记	万国近政考略	泰西新史揽要
理财学纲要	自治模范一本		

以上六种均邑人杨松麟捐置。

聪训斋语恒产琐言合编	少年进德汇编	蔡子民先生言行录	胡适文存
独秀文存	少年进德录	新道德丛谭	自然道德
读书录	国际联盟讲评	中国家庭问题	妇女职业问题
产儿制限问题	劳动运动史	青年科书	实验养蜂历
财产起原论	欧美各国改造问题	丝业论	棉业论
烟业论	病人看护法	女诫注释	温氏母训
西洋古格言	朱执信集二本	农业大利	实用养鸡全书
实用养羊全书	实用果树园艺学	实用养蜂全书	实用养鸡要诀
蔬菜栽培新法一本	无花果之栽培一本	农家百事问答	果木栽培新法

以上三十六种均邑人蒋仁孝捐置。

礼记训纂	近思录八本	教育学按一本	学校制度一本
比利时政治要览一本	法制科一部	政治原论一本	法兰西政治要览一本
中西权度合数一本	财政经略一本	保赤须知一本	英国军制一本
对俄主战策一本	兵学丛钞一本	算学心悟一本	

以上十六(五)种均邑人舒嘉烈捐置。

大清一统志一部计六十本	皇朝事略一本
皇朝经世文编一部计十二本	皇朝经世文续编一部计十二本
皇朝续经世文新编一部计十二本	姓氏族谱四本
清汉对音一本	吾学录一部计七本

御纂周易折中二十三卷装订十二本夹板分两函	钦定书经传说汇纂二十三卷装订十二本夹板分两函
钦定诗经传说汇纂二十三卷装订十八本夹板分三函	钦定周官义疏四十九卷装订二十八本夹板分四函
钦定仪礼义疏五十卷装订三十二本夹板分五函	钦定礼记义疏八十三卷装订四十八本夹板分六函
钦定春秋传说汇纂四十卷装订二十册夹板分三函	

以上七经均系湖北崇文书局白纸大板，首尾尽有舒良弼印。

周易正义十卷装订五本作一套	
毛诗正义七十卷装订二十本作两套	
周礼注疏四十二卷装订十本作两套	
礼记正义六十三卷装订二十八本作三套,现二十四至三十九卷遗失	
论语正义二十卷装订五本并榖梁、孝经作一套	
春秋左传正义六十卷装订二十八本作三套又左传一部计七本	
孟子注疏十四卷装订六本并尔雅作一套	

以上诸书均系竹纸大板,首尾尽盖有舒良弼印。

大学衍义四十三卷清朝道光丁酉重刊上纸大板装订十本作两套	大学衍义补一百六十一卷清朝道光丁酉重刊上纸大板装订四十本作六套	史记	前汉书
后汉书	三国志	重刊正谊堂全书福州正谊书院版细竹纸印	周濂溪集十三卷
二程文集十二卷	张横渠集十二卷	朱子文集十八卷	杨龟山集六卷
尹和靖集一卷	罗豫章集十卷	李延年集四卷	张南轩集七卷
黄勉斋集八卷	陈克斋集五卷	许鲁斋集六卷	薛敬轩集十卷
胡敬斋集三卷	诸葛武侯文集四卷	陆宣公集四卷	韩魏公集二十卷
司马温公集十四卷	文文山集二卷	谢叠山集二卷	方正学集七卷
杨椒山集二卷	二程粹言二卷	伊洛渊源录十四卷	上蔡语录三卷
程氏家塾读书分年日程三卷	朱子学的二卷	学部通辨十二卷	读书录八卷
居业录八卷	道南源委六卷	困知记二卷续记二卷	思辨录辑要二十二卷
王学质疑五卷附录一卷	读礼志疑六卷	读朱随笔四卷	问学录四卷
松阳钞存一卷	石徂徕集二卷	高东溪集二卷	真西山集八卷
熊勿轩集六卷	闻过斋集四卷	魏庄渠集一卷	罗整庵集存稿二卷
陈剩夫集四卷	张阳和集三卷	汤潜庵集二卷	陆稼书集二卷
道统录二卷附录一卷	二程语录十八卷	朱子语类八卷	濂洛关闽书十九卷
近思录十四卷	广近思录十四卷	困学录集粹八卷	小学集解六卷
濂洛风雅九卷	学规类编二十七卷	养正类编十三卷	居济一得八卷
正谊堂文集十二卷	正谊堂续集八卷	唐宋八大家文钞十九卷	范文正公集九卷
杨大洪集二卷	续近思录十四卷	增广海国图志八本	瀛圜全志一本

续表

东亚各港志一本	四书五经类典集成十八本	国朝骈礼正宗一部计六本	琴学入门一部计二本
张南园漫录四卷	孙南邨诗集四卷	居易轩诗文遗钞向湖村舍诗初集共四本	增广本草纲目四套共计二十四本
中西算学大成一部计二十本分两函	官运盐案类编计四本	计岸官运盐案汇辑计八本	草字汇计四本
雪园丛书一本	医书提要	汪阳唱和集一本	生殖谭一本
白山黑水录一本	洞天奥旨四本	中国财政纪略一本	最近杨子江之大势一本
普通新历史一本	倍氏神经系病学一本	马氏精神病法一本	无药疗病法一本
公法新编二本	师竹轩诗集一本	墨池塘选帖四本	

以上一百二十七种均邑人舒良弼捐置。

（《鹤庆县志》 1983 年云南大理白族自治州图书馆油印本 底本为民国十二年稿本）

阿迷州

民众教育馆之设置计划

奉令筹设，积极募捐，现已募获捐款伍千余元，县政府由罚金项下及查封匪产内提拨捌万余元作修理及购备图书之费，以文庙为馆址，除留大成殿作孔子庙外，其余全部概作馆舍，正在兴工。

社会教育之改进办法

民十六年以前办有阅书报室、巡回文库、露天演讲各种，以地方屡遭事变，文库图书散失，教育经费破产，慨行停止。至民二十年始将附设中学校之阅书报室恢复。此后当渐次举办，并筹增经费，力谋推广。

县立图书馆之馆址经费图籍均须详记

阿迷图书馆创始于现任县长蒋子孝氏，名曰开远县立民众教育馆，图书为其一部，馆址原以旧日文庙改修，除遵照部令留大成殿作孔子庙及改崇圣殿作中山堂外，其余概改为馆舍，图籍方面以理科挂图、《万有文库》《四部丛刊》为整套整部外，其余名目繁多，不及备录。至经费一项，系蒋氏清乡剿匪，提拨匪产及游艺募捐等项，约筹获八万元左右。然购书置备修建已用去六万元之谱，仅留得两万元为馆内基金，不敷尚巨。现蒋氏正竭力筹集，以期逐渐增加，臻于完善焉。

（《阿迷州志》卷之第二十四艺文志 民国间抄本）

附：云南省民国时期图书馆史文献目录

图书（书名、著者、出版者、出版时间）

1. 云南图书馆阅书报规则 该馆编印 1915 年

2. 云南图书馆第一阅书报分处简章 该馆编印 1921 年

3. 云南图书博物馆一览　该馆编印　1923 年

4. 云南省立昆华图书馆概况　该馆编印　1937 年

5. 和顺图书馆十周年纪念刊　和顺图书馆及缅甸经理处　1939 年

论文（篇名、著者、期刊名、卷期、出版时间）

1. 云南省立昆华图书馆章程　公奇　云南教育行政周刊　2 卷 9 期　1932 年 6 月 17 日；民众生活　第 10、11 期合刊　1932 年 7 月 17 日

2. 云南图书馆事业之后顾与前瞻　曹钟瑜　民众生活　第 10—11 期合刊　1932 年 7 月 19 日

3. 云南图书馆及民众教育馆一览表　云南教育　2 卷 7 期　1934 年 3 月 15 日

4. 民国廿一年之昆华图书馆　公奇　民众生活　第 10—11 期合刊　1932 年 7 月 19 日

5. 贡献给昆华图书馆的一点意见　王君锡　民众生活　第 15 期　1932 年 8 月 16 日

6. 云南图书馆工作人员生活一瞥　蔡国铭　文华图书馆学专科学校季刊　5 卷 3、4 期合刊　1933 年 12 月

7. 本馆阅览部的过去和现在　周立慈　民众生活　第 10、11 期合刊　1932 年 7 月 19 日

8. 本馆阅览部现况及今后之改进计划　王济民　云南民众教育　1 卷 5 期　1933 年 11 月 30 日

9. [昆华民众教育馆]本馆儿童阅览室概况　赵银棠　昆华民众教育　3 卷 2—3 期合刊　1934 年 11 月 1 日

陕西省

地方志史料目录:《重修咸阳县志》《重修兴平县志》《盩厔县志》《续修醴泉县志稿》《邠州县新志稿》《乾县新志》《蓝田县志》《大荔县新志存稿》《同官县志》《潼关县新志》《岐山县志》《横山县志》《洛川县志》《黄陵县志》《续修南郑县志》

附陕西省民国时期图书馆史文献目录:3 种图书,10 篇论文。

咸阳县

公共图书馆、阅报社　民国十六年立,在高小校大门内,今迁安国寺,改名县立第一民众图书馆,内分讲演、图书、陈列、体育四部。

县立第一民众教育馆　民国二十年,县长刘安国督同教育局长刘汝容在文王陵前建,内分讲演、陈列、学校、古迹介绍四部。

刘古愚先生论教育曰:教无所异也,人殊而教异,时殊而教异,风气习尚殊而教异。要亦优游以养其心,鼓舞以作其气,使各励所学,以成其材而已。旨哉,斯言实得教育真谛。

(《重修咸阳县志》卷二建置志　教育　民国二十一年铅印本)

兴平县

夜学堂东大街内附通俗讲演所,十一年五月通俗教育讲演所成立,八月警佐商其桐提倡夜学堂,同县长王廷珪集款以教贫民之子弟读书识字演算,财政局出纸笔,劝学所出灯油,为久远计,附于此会。

(《重纂兴平县志》卷二建置　民国十二年铅印本)

盩厔县

教育

第一通俗教育讲演所设于县署前门内东厢,委讲演主任一人,讲演员二人,轮讲关于一切社会教育事宜。

阅报社　附设讲演所内。

(《盩厔县志》卷四教育　民国十四年铅印本)

醴泉县

民众公园在县府东即旧常平仓地址,民国十六年立,初名图书馆,二十二年改今名。

(《续修醴泉县志稿》卷四建置志　民国二十四年铅印本)

邠州县

社会教育

民众图书馆十八年四月成立,经费由教育局支结,年约需洋一百余元。

(《邠县新志稿》卷之十一教育　民国十八年铅印本)

乾县

教育志

民众教育馆　民国二十七年由书报阅览处改组成立。地址在东大街,傅至善、李烈如、王茂亭、胡安卿相继任馆长。二十九年移至槐阴馆,设有收音机两架,三十年三月,易任黄元之。增设有聚乐部,又设古物陈列["列"原为"烈"]室。

(《乾县新志》　民国三十年铅印本)

蓝田县

社会教育

十二年设立通俗图书馆,十八年改为大同图书馆,二十四年改为民众教育馆,附设民众学校于馆内。十七年就玉山书院旧址改建公共体育场。

(《续修蓝田县志》卷十学校志　民国二十四年铅印本)

大荔县

社会教育

民众教育馆　民国十六年就关帝庙剧楼改立通俗图书馆,二十一年移关帝庙内,改为民众教育馆,设馆长一、教导主任一、干事一,分任事务,办理民众壁报,经费年支七百八十元。

(《大荔县新志存稿》卷六学校志　民国二十六年铅印本)

同官县

社会教育
图书馆

二十年成立,附设教育局内。二十二年裁局并科,移孔庙内。二十八年复迁于南节街义祠内。嗣因书籍微少,于二十九年改为书报阅览处,设主任一人。现移归中山教育馆。

(《同官县志》卷二十二教育志　民国三十三年铅印本)

潼关县

图书馆　在博爱街旧三圣宫前院。
阅书楼　在西街文庙内之尊经阁。

（《潼关县新志》卷之上建置志第二　民国二十年铅印本）

岐山县

二十一年,在城东街创设图书馆一处。

（《岐山县志》卷之六学校　民国二十四年铅印本）

横山县

县立图书馆　附设县城第一高小校内,占石窑三孔,由馆主任经理。
社会教育　县城南关设平民学校一处,全县各区设立通俗讲演所五处,均附设公共阅报社,每处有主任一人,随时出外讲演,各所统由教育局督促办理。

（《横山县志》卷二建置志,卷三教育志　民国十八年石印本）

洛川县

社会教育
民众教育馆　附图书馆

洛川社会教育,实肇自民国十二年,时县知事王永佑建设颇多(省公署考严教育成绩,列为乙等,有"办理教育成绩斐然"之语,见十三年陕西各县政治视察汇刊),始创设县立通俗教育图书馆,以屈舒湘任馆长(地址初在中街,后移九里局,即今国民兵团部)。复创设讲演所,以行陕高任所长(十六年陕西教育年报云:洛川通俗讲演所一,图书馆一,阅报所一。又姜编云:讲演所在县治南什字口高台上)。至二十年,因经费无着,相继停办。廿三年,县长李绍符复设县立民众教育图书馆,以樊殿华任主任(内分阅览室、游艺室及民众问事处、代笔处。主任下设馆员、事务员各一人),廿六年,主任改称馆长。廿七年六月,改称县立民众教育馆。廿九年三月,因筹设省立洛川民众教育馆,遂迁往安民村;卅一年,复迁土基镇。九月实施特教后,改称县立中山教育馆(设馆长、主任干事、助理干事各一人,分总务、宣传、艺术三组。馆内阅览室一所,图书报章略备。其经常工作,除于街口揭示简报、书报外,并派干事往各乡辅导各中山中心小学,推行特种教育)。卅二年春,仍迁回城内。历任馆长为樊俊昇、龚廷荣、成世芳等。

洛川尚有省立洛川民众教育馆,成立于廿九年。先是省立米脂民众教育馆,因环境特殊,停止工作,议迁地;及米脂事变起,遂于本区另设此馆,为本区社教中心辅导机关,馆址就县立民众教育馆饰之(省拨临时开办费二千元,九月开馆。设馆长、主任各一人,干事数人,分总务、教导、生计、艺兹、研究辅导五组,外设各种委员会。以本区所辖各县为工作范围。

每月经费共一千二百元,计薪工费七百二十五元,办公费一百八十元,事业费二百九十元,全年共一万四千四百元,省库支付)。卅一年九月一日,令改称陕西省立洛川中山民众教育馆。历任馆长为李祯祥(自米脂改设)、花应时(三十年九月接任)。

至图书馆教育,则县立图书馆尚并在县立中山教育馆内,待建设云(中央文化驿站总管理处洛川支站,亦设城内,于图书及定期刊物有所供给)。

(《洛川县志》卷十九教育志　民国三十三年铅印本)

黄陵县

社会教育
图书馆及中山教育馆

民国二十六年,设立教育图书馆于城内(各处名流及县士绅捐赠书籍甚多,后馆址被驻军及过往军时常借住,馆中书籍挂图不知何方检去,现仅存陕西通志一部,藏县府民政科)。三十年,改为民众教育馆。三十一年实施特种教育,奉令依法成立中山教育馆,始改今名。正式专负特教之责,时派员赴各级学校主持特教事宜。

(《黄陵县志》卷十七教育志　民国三十三年铅印本)

南郑县

通俗教育讲演所在城内府街二圣庙,民国八年知事郭凤洲筹捐二千二百串开办,聘讲员二人,按日讲演。附设公共阅览图报室,购订图报多种,月费四十余元,由基金生息及花行公益捐等项支给。

(《续修南郑县志》卷三政治志　教育　民国十年刻本)

附:陕西省民国时期图书馆史文献目录

图书(书名、著者、出版者、出版时间)
1. 陕西省立第一图书馆概况　该馆编印　1932 年
2. 国立西安图书馆征集组工作概况　国立西安图书馆筹备委员会油印　1948 年
3. 私立西安知行流通图书馆工作报告　该馆编印　1935 年

论文(篇名、著者、期刊名、卷期、出版时间)
1. 陕西省各县县立图书馆暂订实施方案　陕西教育旬刊　2 卷 29—31 期合刊　1934 年 11 月 30 日
2. 奏陕省建置图书馆并附设教育品陈列所折　恩寿　学部官报　第 98 期　1909 年 7 月 21 日
3. 陕西图书馆概况报告书　教育公报　5 卷 13 期　1918 年 10 月;6 卷 10 期　1919 年 10 月;7 卷 10 期　1920 年 10 月;8 卷 9 期　1921 年 9 月;9 卷 7 期　1922 年 8 月;11 卷 1 期　1924 年 2 月;11 卷 9 期　1924 年 10 月(以上 1918—1924 年度)
4. 省立第一中山图书馆调查表　陕西教育周刊　第 66 期　1929 年 3 月 15 日
5. 陕西省立第一图书馆概况　图书馆(陕西省立第一图书馆)　1 卷 1 期　1933 年 11 月 1 日
6. 本馆廿一年度下半年度工作总报告　图书馆(陕西省立第一图书馆)　1 卷 1 期　1933 年 11 月 1 日
7. 本馆今后之展望　薇　图书馆(陕西省立第一图书馆)　1 卷 2 期　1933 年 12 月 1 日

8. 陕西省立第一图书馆二十四年度上学期工作进行计划大纲　图书馆（陕西省立第一图书馆）　第 5 期
　 1935 年 9 月 8 日

9. 省立图书馆藏书概况　图书馆（陕西省立第一图书馆）　第 10 期　1935 年 11 月 17 日

10. 陕西省立第一图书馆概况　张　图书馆（陕西省立第一图书馆）　第 27—28 期　30—32 期　1936 年 7
　 月 12—26 日；8 月 23 日—9 月 20 日

甘肃省

地方志史料目录:《新修张掖县志》《崇信县志》《华亭县志》

附甘肃省民国时期图书馆史文献目录:1 篇论文。

张掖县

教育志

图书馆在教育局,民国十七年立,经费一千元。(追后改移地址)

洛书之如字画者,为六书文字之宗;河图之如星点者,为后世图形之祖。古者,图与书并重。《周官》大司徒之职以天下土地之图,周知九州地域广轮之数,辨其山林川泽邱陵坟衍原隰之名物,而夏官司险及职方氏又各有分职,以掌其图。嬴秦焚书,独律令图书藏于史相,汉祖入关萧何收而有之,遂具知天下阨塞户口多少强弱,亡秦破楚,以得天下。汉时郡国舆地之图掌于司空,累朝不绝,汉以后浮文日盛,重书而不重图,庸庸者勿论矣。尝怪司马子长氏以通博有识之儒,其所为《史记》立体大备,独于图焉阙而弗载,班范而后相沿相袭,以至于今卒未有能悟之者,图学之不传久矣。张掖图与书并重,设馆于城内适中地,虽搜求不多,而普通社会藉资观感,开通民智,此其基础也乎。

讲演所在西街仙姑庙,民国十一年立,经费五百元。

阅报所附教育馆明听楼,民国十五年立,经费六百元。

(《新修张掖县志》教育志　民国间抄本)

崇信县

学校志

演讲所　民国五年,知事王廷议呈准设立,讲演员一。十五年邑人王安堂就关岳庙前院组织四明亭一座,外备休息室、所具用品,知事蒲溶委任所长一,增委辅治讲演员二,规定以每月单日讲演为固定日期,游行讲演不拘地点时间。

通俗教育馆　民国十五年知事蒲溶遵令就文庙省牲所设立。

通俗书报社　民国十五年知事蒲溶遵令就文庙名宦祠设立。

(《重修崇信县志》学校志学务　民国十七年石印本)

华亭县

民众教育

民国十七年已在城内佃设民众阅报观书处、讲演所,由县政府委派经理一名,讲演员二名。

民国十八年春在教育局东厢成立益智图书馆,搜集新旧图书以备民众领阅,又组织学生讲演团轮流在城关讲演。

(《华亭县志》教育　民国二十二年石印本)

附:甘肃省民国时期图书馆史文献目录

论文(篇名、著者、期刊名、卷期、出版时间)

1. 甘肃省立兰州图书馆概况　中华图书馆协会会报　15卷5、6期合刊　1944年12月

宁夏回族自治区

地方志史料目录:《宁夏纪要》《宁夏省考察记》《重修隆德县志》《新编平化县志》

教育和文化

社会教育

宁夏之创办社会教育,自十八年建省后。就其项目言之,可分为识字教育、图书教育、戏剧、美术、电化教育、民众教育等。

图书教育 本省图书教育,当以省立图书馆为巨擘。该馆成立于二十四年四月,馆址设于省城之玉泉阁,有图书七千余册。在此之前,尚有十九年建设厅所立之民国图书馆,及二十年吕毋氏私人所设立之吕毋图书馆。民国图书馆有图书三千二百余册,吕毋图书馆图书册数未悉,现均归并于省立图书馆内。此外,尚有兰江图书馆,系于十五年成立,为刘郁芬主甘时,捐赠甘肃省立第八师范学校者,现属宁夏省立师范学校,有图书四千八百余册。济苍图书馆,系于二十年成立,馆址在中卫,原属中卫县政府,现归并中卫应理小学,有图书三千册。其他民众教育馆并各机关学校附设之图书馆或图书室,亦所在多有,不一一赘述。

社会教育 二十四年各县(盐同磴三县除外)均普遍成立民众教育馆,附设教育局内,馆长即由局长兼任。二十五年创设省立民众教育馆于省城中山市场内,办理成绩尚佳。二十六年,以经费支绌停办。二十九年,重行恢复,移馆址于省城师范附小旧址。二十五年并成立省立公共体育场一所,旋即停办。三十六年六月,又利用春运会场所器械,恢复组织,惟现又趋停顿。

(《宁夏纪要》 民国三十六年铅印本)

教育

现在之宁夏教育(自民国十四年起至二十三年止)

社会教育 宁夏之社会教育殊感贫乏,一、因教育经费之困难,二、因教育行政人员对于社会教育之漠视,三、因社会教育人材缺乏。兹将省县立社会机关数目及职员人数列表于后。

教育设备 省会民众阅报室仅有少数之报纸,阅者极少,公共运动场,已塌败不堪,图书馆多系机关附设,虽有收藏,但不公开阅览,讲学所则亦系新创,尚无成绩可言。

宁夏省社教机关数目表

名称	数目	职员数	经费数	备考
民众阅报处	四	四	三七四四	
公共体育场	四	三	一七〇	
民众学校	九	二六	二五九六	(职员数内有教育员)(学生共三百二十五名)
民众书报阅览室	一	二	七二〇	

续表

名称	数目	职员数	经费数	备考
图书馆	四	四	八二六六	内有私立一处
公园	一	一	四八〇	
国货陈列馆	一	二	一〇三二	
通俗讲学所	一	一	一三九二	
总计	二四	四三	一八四〇〇	

（《宁夏省考察记》　民国二十四年铅印本）

隆德县

学制（社会教育附）

　　隆德人居城镇者尚多开通之风，在乡僻者仍守顽固之习。若晓共和名义，十人中只得一二焉，是缘社会教育不能普及之故。现在县城及市镇之区尚设有讲学会、阅报所、宣传党务处，在穷乡远村便无此种安置。故每逢开会演说时，村农见之有诧异者、喧笑者、讹议者，可知犹是太古之民。但性情多忠实良善，习气尚勤俭朴素，未变敦庞旧俗，犹有先民遗意，虽未感化教育，实良好教育也。较之都会热闹场中专务奢华竞斗谲诈者，不犹愈乎？

（《重修隆德县志》卷二经政志　民国二十四年石印本）

化平县

艺文志

　　化平县劝学所学事年报　民国十一年十二月　所长张逢泰呈报

　　县教育当年之经过情形

　　社会教育之情形　查社会教育固亦多术，而求其为用最广、收效最速者，厥维讲演阅报。化平虽系边瘠之区，然设有讲演所二处、阅报所一处。既经卑所督促各讲员订定规则，履行职务，不得徒托空名。又责成各区学校在附近人烟稠密之处将该校阅毕之报逐日张贴，以便公阅而开风气，凡此均已见诸实行者。此后当研究宽筹经费之法，以便加派讲员游行讲演，俾积极进行，用副国家开浚民智之意。

（《新编化平县志》　民国二十九年石印本）

新疆维吾尔自治区

地方志史料目录:《新疆研究》

筹办新疆图书馆、博物馆

新疆地居欧亚中心,为东西文化交流之总汇;本身又复地大物博,蕴藏丰富。以故古今撰述,汗牛充栋于各国图书馆,探检之文物,亦遍藏于世界博物馆。徒以国人忽视疆徼,既不将四部图籍,中原文物,介绍于天山南北;复不将关于古今研究西域著作,及在新省中亚所发掘之文化考古有关器物图片,展览于国人眼帘之前。用是内地边疆,情愫日隔;而新省人民,文化水准,亦难提高,识者憾焉。欲去其弊,似莫如于新疆省会迪化地方,或南北疆适中地点,筹设图书馆多所,庋藏中外图书,以瀹民智;其当地发掘探检所得之文物,则择地酌设小规模之博物馆以陈列之,并附置世界动植矿挂图标本等,以拓眼光。其首都所在及国内较大之都会,或公私立之大学研究所等,尤应广搜关于新疆研究之图书,及在该地探检所得之材料,以供捃撦,而资观摩,庶几文化沾溉,开发之效,一日千里也。

(《新疆研究》第四编文化　民国三十三年排印本)

青海省

地方志史料目录:《西北考察记》(青海篇)、《贵德县志稿》《贵德县风土调查大纲》《青海省各县风土概况调查记》

附青海省民国时期图书馆史文献目录:2 篇论文。

社会教育　青海社会教育,向少设施,改省后,始逐渐举办,最有成绩者,为省立青海图书馆,其范围之大,藏书之多,为西北各省第一。因系戴季陶先生赴青海时所发起,归后特捐赠各种图书三十余箱,价值约一万余元。马步芳氏又能用兵工建筑,省府仅出工料费二万元,而建成价约五万元之大图书馆。此外有省立民众书报社五处,讲演所二处,体育场一处,游艺所二处。又有娱民大会场陈列所,陈列古物书画及动植矿各种实物标本,搜罗甚富。至各县社会教育,西宁、大通、乐都、互助、民和、贵德、湟源、循化、亹源等九县,各有小图书馆一所,或名民众书报处。又多有讲演所,体育场一处。乐都并有游艺场二处,互助一处。民众学校,西宁有十三所,学生四百四十人,大通有三所,学生一百二十人,乐都十一所,学生三百二十人,互助二所,学生四十五人,贵德一所,学生二十五人,西北其他各省,恐无此成绩也。

(《西北考察记》青海篇下卷青海之政治教育　民国二十五年铅印本)

贵德县

学校

教育局设局长一名、教育会长一名、县视学一名、书记一名、会计一名,局夫一名,外设名誉讲演所、书报所、放足会、平民学校、平民工厂各一处["处"原为"赴"]。

(《贵德县志稿》　民国二十九年铅印本)

社会教育　有讲演所、书报社、天足会等。

(《贵德县风土调查大纲》司法教育　民国二十一年抄本)

西宁县

关于政治实业

社会教育设立阅报所数处,讲演社一处,并令各学校组织讲演团,每逢星期日及各纪念日在各街游行讲演。

(《青海各县风土概况调查记》　油印本)

附:青海省民国时期图书馆史文献目录

论文(篇名、著者、期刊名、卷期、出版时间)

1. 新青海图书馆筹备会简章　新青海　2 卷 6 期　1934 年 6 月
2. 青海省立图书馆成立纪念赠序　冯国瑞　新亚细亚　11 卷 1 期　1936 年 1 月